中国田野考古报告集
考古学专刊
丁种第一百零九号

辽祖陵

2003～2010年考古调查发掘报告

第三册

中国社会科学院考古研究所
内蒙古自治区文物考古研究院
编著

文物出版社
北京·2022

Zuling Mausoleum of the Liao Dynasty:

Report on the Archaeological Surveys and Excavations from 2003–2010

(Ⅲ)

By

Institute of Archaeology, Chinese Academy of Social Sciences

Institute of Cultural Relics and Archaeology, Inner Mongolia Autonomous Region

Cultural Relics Press

Beijing · 2022

（三）碑片

主要发现于建筑内龟趺座附近，个别散见于基址外。碑体残碎，碑首饰双龙，碑文楷书，可辨契丹大字及汉字两类。发掘显示，汉字碑块多见于 T4，契丹大字碑块多出于 T2。结合龟趺山建筑基址布局及龟趺座所处位置，可推断这块大型双语石碑碑阳当刊刻契丹大字，碑阴则附凿汉字[1]。

1. 碑首残片

均为砂岩。依照雕刻内容不同，分三组。

（1）龙鳞残片

正面雕刻鳞纹，依质地叙述如下。

1）红褐色砂岩

共 2 件。

07GT1 ②：13–1，局部泛青，整体略弯曲，似尾脊。残长 49.4、残宽 20.9、残厚 10.5 厘米（图 4–1–65，1）。

07GT1 ②：13–4，中部有一道“菱形”纹。残长 15.6、残宽 7.7、残厚 3.6 厘米（图 4–1–65，7）。

2）黄褐色砂岩

共 6 件。

07GT2 ②：6–14，残长 8.7、残宽 8.6、残厚 2.3 厘米（图 4–1–65，3；图版六四七，7）。

07GT2 ②：63–5，残长 17.6、残宽 13.2、残厚 2.1 厘米（图 4–1–65，4）。

07GT2 ②：69–10，中部有一道“菱形”纹。残长 11、残宽 4.2、残厚 2.3 厘米（图 4–1–65，5）。

07GT2 ②：69–22，中部有一道“菱形”纹将鳞纹分割成左、右两部分。残长 16.2、残宽 8.8、残厚 2.3 厘米（图 4–1–65，6）。

07GT4 ②：42–7，残长 9、残宽 9.1、残厚 2.5 厘米（图 4–1–65，2）。

15GT4 西扩②：74，残长 32.5、残宽 18、残厚 5 厘米（图 4–1–65，8）。

3）青色砂岩

共 10 件。

---

[1] 经初步拼缀、整理，龟趺山遗址共计出土典型碑片标本 1697 件（含巴林左旗博物馆藏早年采集标本，统一编为“采”，不附年份）。其中碑首残片 35 件、契丹大字碑片 492 件、汉字碑片 454 件、不可辨字体碑片 706 件、经幢残块 10 件。后期整理显示，个别残碑片与石龟趺上大型双语石碑的石料、字体均不相同，应该存在不止一通石碑。

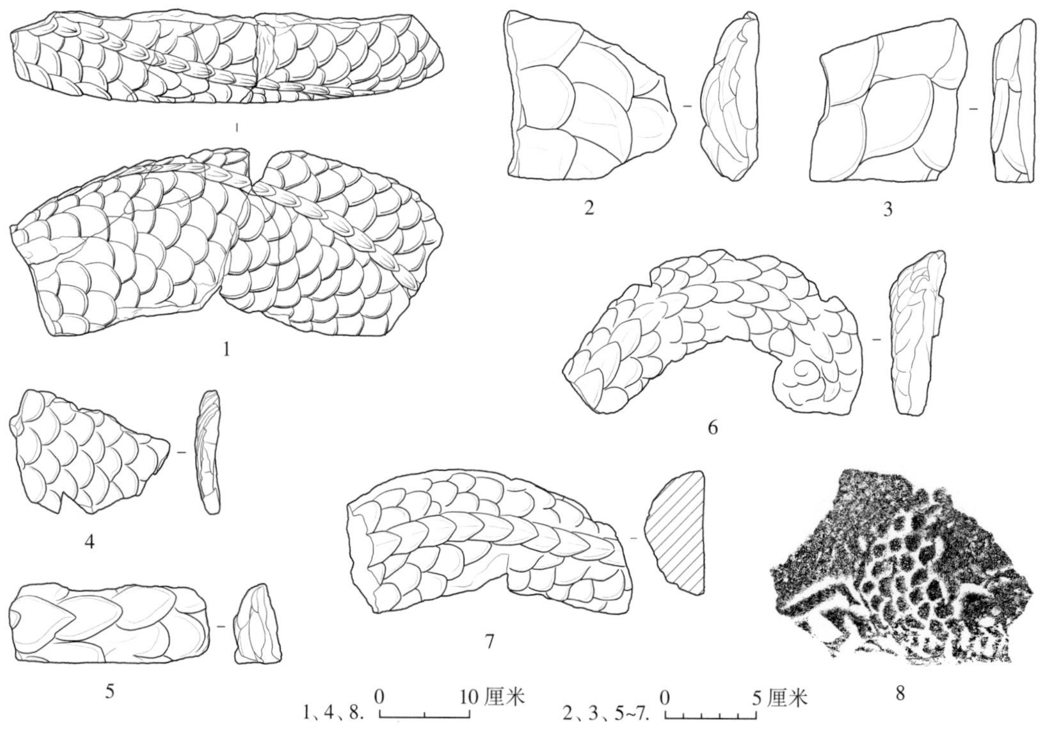

图 4-1-65　龟趺山建筑基址出土碑首龙鳞残片

1. 07GT1②：13-1　2. 07GT4②：42-7　3. 07GT2②：6-14　4. 07GT2②：63-5　5. 07GT2②：69-10　6. 07GT2②：69-22　7. 07GT1②：13-4　8. 15GT4西扩②：74

07GT1②：27-1，整体形状略弯曲，中部向两侧雕刻一道纹饰，似尾脊。残长51、残宽22、残厚7.8厘米（图4-1-66，1；图版六四七，8）。

07GT2②：64-1，整体形状略弯曲，中部向两侧雕刻一道纹饰，似尾脊。残长37.2、残宽19.3、残厚6厘米（图4-1-66，2；图版六四八，1）。

07GT2②：64-6，整体形状略弯曲，中部向两侧雕刻一道纹饰，似尾脊。残长10.9、残宽6.2、残厚2.9厘米（图4-1-66，3）。

07GT2②：65-3，整体纹饰呈弯曲状，左侧中部有一道"菱形"纹将鳞纹分割成左、右两部分。残长11.5、残宽6.4、残厚2.2厘米（图4-1-66，4）。

07GT2②：67-1，残长23.4、残宽19.1、残厚2厘米（图4-1-66，5）。

07GT2②：67-2，平面近"S"形。一道长30、宽3.9~4.3厘米的凸棱将其分为上、下两部分。上部向上盘绕处有凸起，表面饰鳞纹；下部阴刻楷书，自右向左存5行3列11字。残高53、残宽31、残厚2.9~3.2厘米（图4-1-66，10；图版六四八，2）。

07GT2②：70-2，残长16.1、残宽10.3、残厚1.9厘米（图4-1-66，6）。

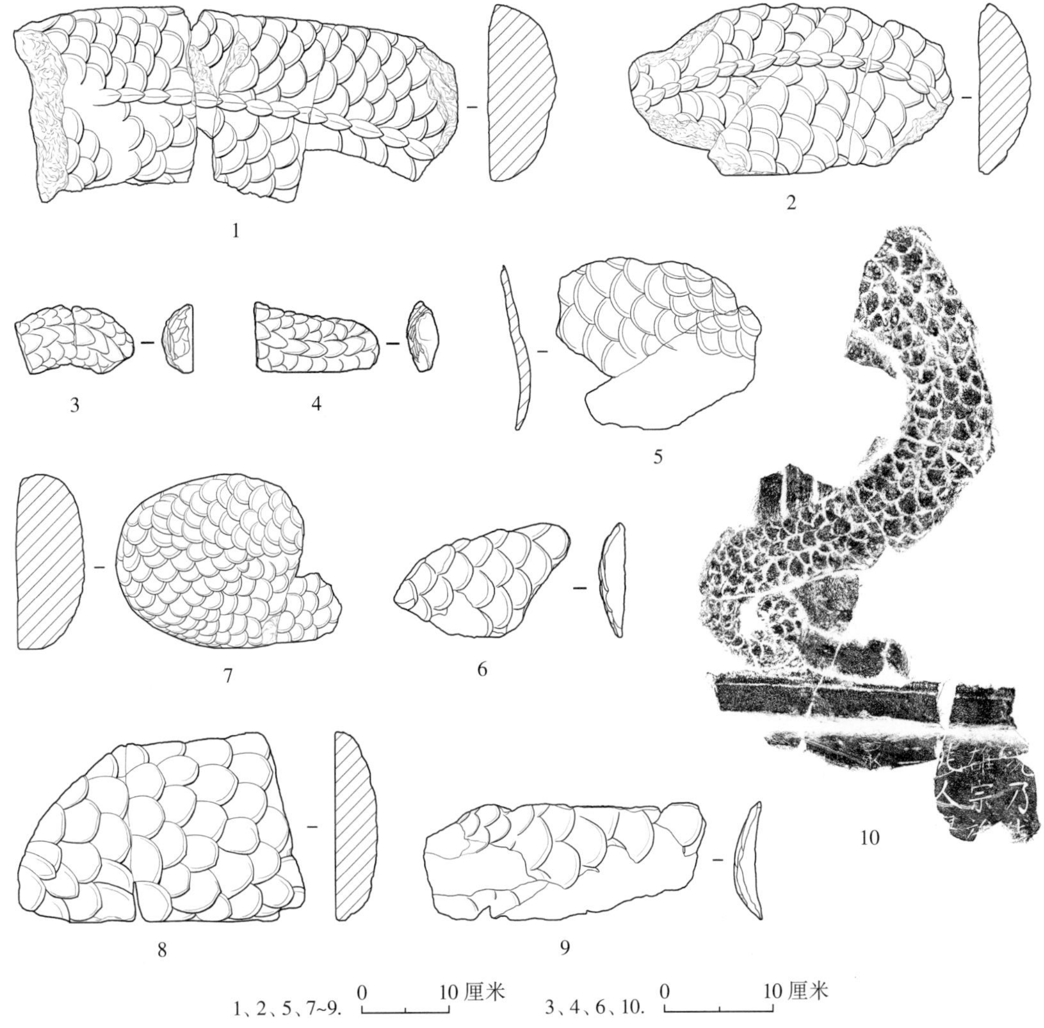

图 4-1-66　龟趺山建筑基址出土碑首龙鳞残片

1. 07GT1②：27-1　2. 07GT2②：64-1　3. 07GT2②：64-6　4. 07GT2②：65-3　5. 07GT2②：67-1　6. 07GT2②：70-2　7. 07GT2②：71-1　8. 07GT4②：42-1　9. 07GT4②：44-1　10. 07GT2②：67-2

07GT2②：71-1，表皮红褐。一侧为圆角状。残长 25.4、残宽 19.1、残厚 7.9 厘米（图 4-1-66，7；图版六四八，3）。

07GT4②：42-1，残长 32.9、残宽 21.1、残厚 4.9 厘米（图 4-1-66，8）。

07GT4②：44-1，残长 32.3、残宽 13、残厚 2.5 厘米（图 4-1-66，9）。

（2）石雕残片

正面雕刻纹饰，依质地叙述如下。

1）黄褐色砂岩

共 1 件。

07GT4②：42–12，正面雕刻兽眼，眉脊粗重，有眼睑。残长12.4、残宽9.8、残厚3.3厘米（图4–1–67，1；图版六四八，4）。

2）灰色砂岩

共1件。

07GT1②：13–5，正面雕刻兽眼，有眼睑。残长10.9、残宽8.4、残厚4.3厘米（图4–1–67，2；图版六四九，1）。

3）青色砂岩

共1件。

07GT1②：13–9，正面雕刻兽眼，有眼睑。残长11.4、残宽7.6、残厚3.1厘米（图4–1–67，3）。

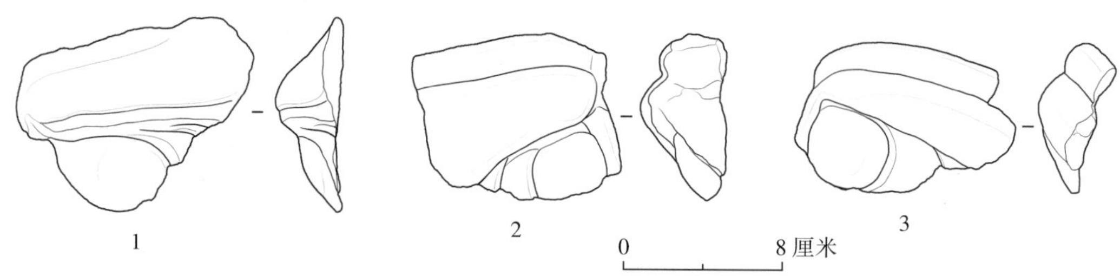

图4–1–67　龟趺山建筑基址出土碑首石雕残片

1. 07GT4②：42–12　2. 07GT1②：13–5　3. 07GT1②：13–9

（3）碑文残片

均为黄褐色砂岩。依照字类及可辨程度，分三类。

1）契丹大字

共9件。

07GT1②：4–2，自右向左存1字。字体大，已残缺。侧缘有一道宽0.8~1、深0.1厘米的浅槽（图4–1–68，1）。

07GT1②：17–11，自右向左存1字。字体大，已残缺（图4–1–68，2）。

07GT2②：9–3，自右向左存1字。字体大，已残缺（图4–1–68，3）。

07GT2②：13，自右向左存1字。字体大，已残缺（图4–1–68，4）。

07GT2②：16–9，自右向左存2行1列2字。字体大，已残缺。下侧有一道宽0.9、深0.1厘米的残槽（图4–1–68，5）。

07GT2②：22–1，自右向左存1字。字体大，已残缺。右侧有一道宽0.9、深0.1厘米的残槽（图4–1–68，7）。

07GT2②：22–12，自右向左存1字。字体大，已残缺。左侧有一道宽0.7~1、深0.1

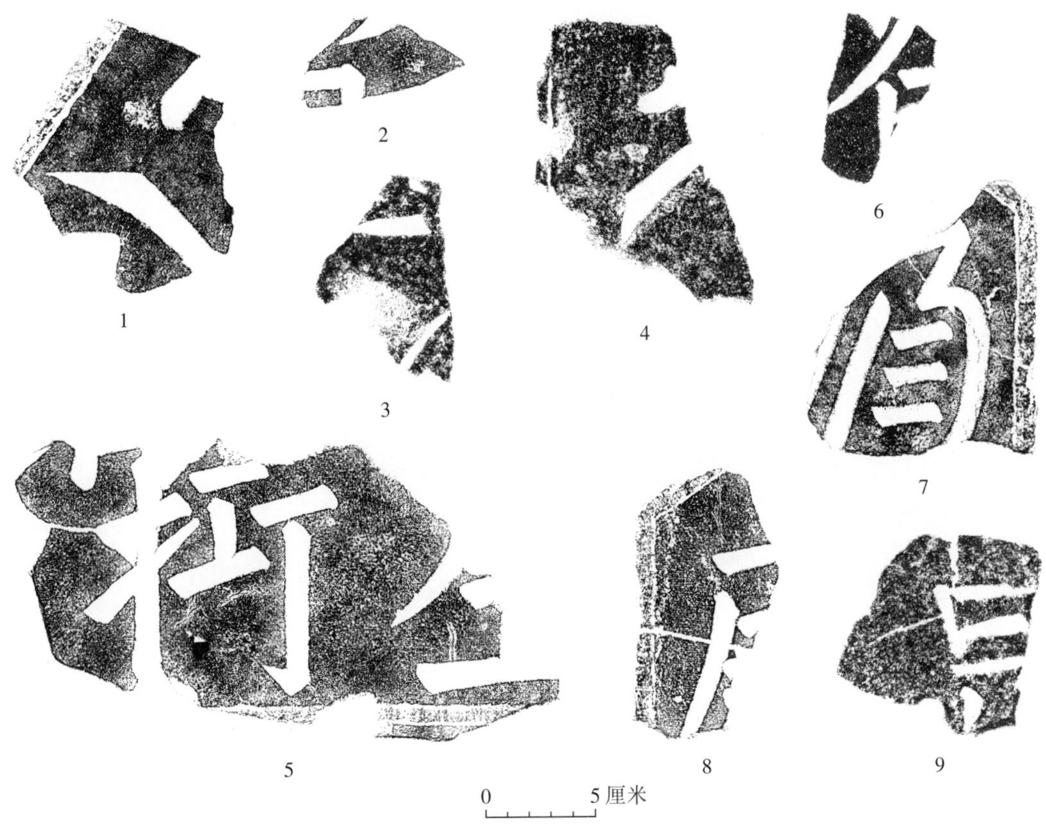

图 4-1-68　龟趺山建筑基址出土碑首契丹大字残片

1. 07GT1②：4-2　2. 07GT1②：17-11　3. 07GT2②：9-3　4. 07GT2②：13　5. 07GT2②：16-9　6. 07GT2②：44-8　7. 07GT2②：22-1　8. 07GT2②：22-12　9. 07GT3②：7-5

厘米的残槽（图 4-1-68，8）。

07GT2②：44-8，自右向左存 1 字。字体大，已残缺（图 4-1-68，6）。

07GT3②：7-5，自右向左存 1 字。字体大，已残缺（图 4-1-68，9）。

2）汉字

共 2 件。

07GT4②：23，圭首残块。自右向左存 3 行 1 列 3 字。字体大，残缺，有描金痕。边缘有阴刻线（图 4-1-69，1；图版六四九，2）。

07GT4②：38-1，自右向左存 1 行 2 列 2 字。字体大，已残缺。左侧、下侧均有一道宽 0.9、深 0.1 厘米的残槽（图 4-1-69，2；图版六四九，3）。

3）不可辨字体

共 3 件。

07GT2②：9-8，自右向左存 1 字。字体大，已残缺（图 4-1-69，4）。

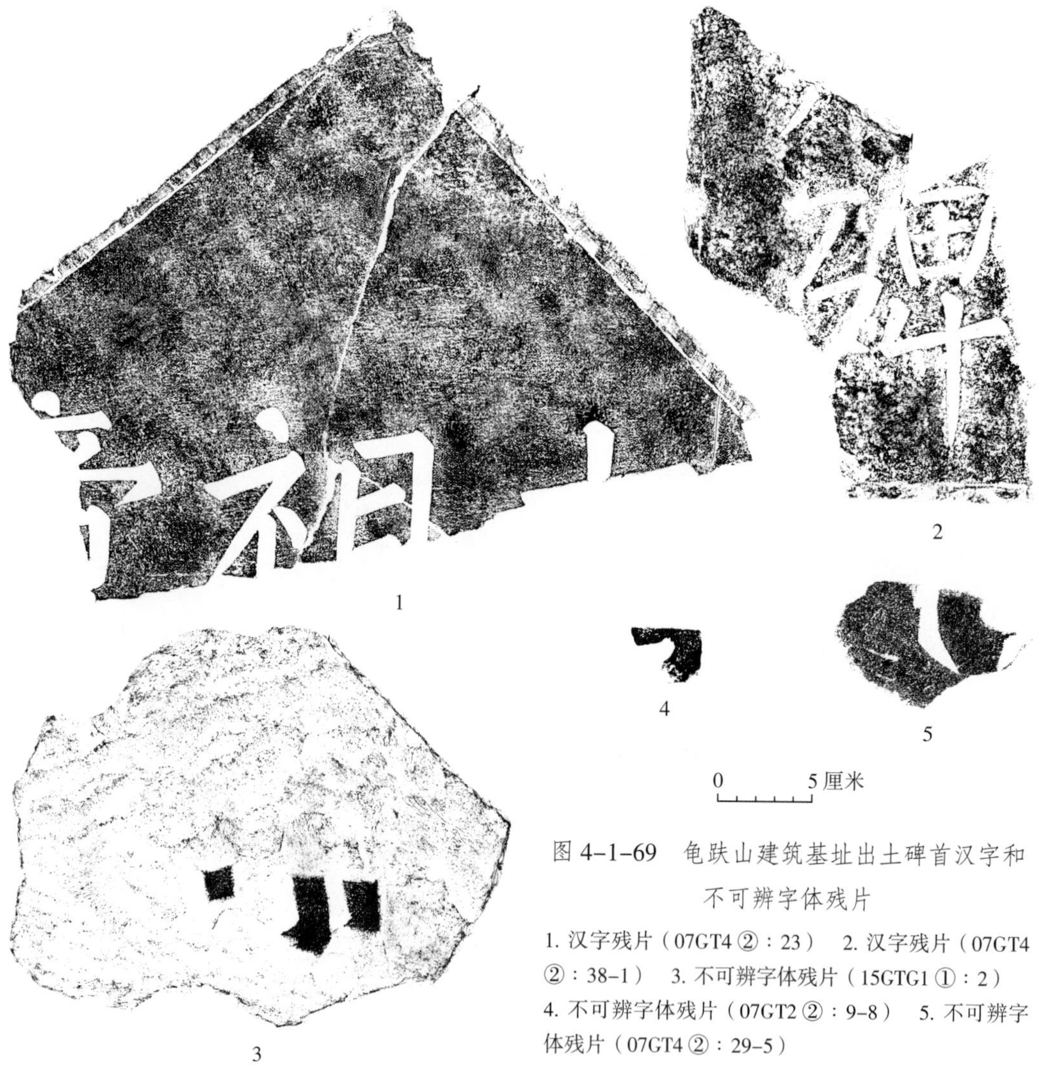

图 4-1-69　龟趺山建筑基址出土碑首汉字和不可辨字体残片

1. 汉字残片（07GT4 ②：23）　2. 汉字残片（07GT4 ②：38-1）　3. 不可辨字体残片（15GTG1 ①：2）　4. 不可辨字体残片（07GT2 ②：9-8）　5. 不可辨字体残片（07GT4 ②：29-5）

07GT4 ②：29-5，泛褐。自右向左存 1 字。字体大，已残缺（图 4-1-69，5）。

15GTG1 ①：2，自右向左存 1 字。字体大且突出，已残缺（图 4-1-69，3）。

2. 碑文残片

计有契丹大字、汉字两种。

（1）契丹大字

依据石料、字体、刻工等不同，可将这批契丹大字碑片分作甲、乙、丙、丁四组。

1）甲组

砂岩，正面磨光刻字。楷体，字形纤细，刻工细腻。根据石料色泽差异，分述如下。

①红褐色砂岩

共 2 件。

07GT1 ②：11–1，自右向左存 2 行 2 列 4 字（图 4–1–70，1）。

07GT2 ②：41–17，自右向左存 2 行 2 列 3 字（图 4–1–70，2）。

②黄褐色砂岩

共 17 件。

07GT1 ②：23–8，自右向左存 3 行 3 列 6 字（图 4–1–70，3；图版六四九，5）。

07GT1 ②：23–3，自右向左存 2 行 2 列 4 字（图 4–1–70，4）。

07GT1 ②：25–3，自右向左存 3 行 2 列 4 字（图 4–1–70，5）。

07GT2 ②：15–4，自右向左存 2 行 2 列 4 字（图 4–1–70，6）。

07GT2 ②：22–14，自右向左存 2 行 3 列 4 字（图 4–1–70，7）。

07GT2 ②：25–14，自右向左存 2 行 2 列 4 字（图 4–1–70，8）。

07GT3 ②：4–14，自右向左存 2 行 2 列 4 字（图 4–1–70，9）。

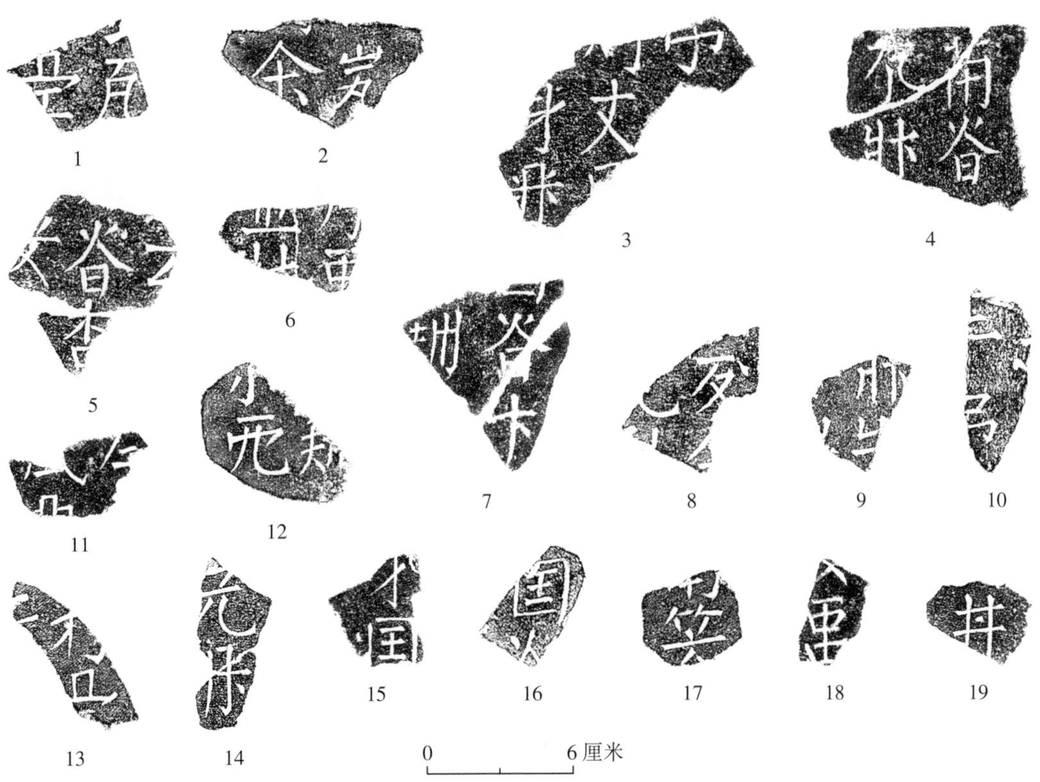

图 4–1–70　龟趺山建筑基址出土契丹大字甲组碑文残片

1. 07GT1 ②：11–1　2. 07GT2 ②：41–17　3. 07GT1 ②：23–8　4. 07GT1 ②：23–3　5. 07GT1 ②：25–3　6. 07GT2 ②：15–4　7. 07GT2 ②：22–14　8. 07GT2 ②：25–14　9. 07GT3 ②：4–14　10. 07GT1 ②：12–8　11. 07GT1 ②：23–7　12. 07GT1 ②：26–8　13. 07GT2 ②：35–11　14. 07GT2 ②：14–1　15. 07GT2 ②：27–13　16. 07GT2 ②：34–4　17. 07GT2 ②：35–17　18. 07GT2 ②：47–12　19. 07GT2 ②：20–12

07GT1②：12-8，自右向左存2行2列3字（图4-1-70，10）。

07GT1②：23-7，自右向左存2行2列3字（图4-1-70，11）。

07GT1②：26-8，自右向左存2行2列3字（图4-1-70，12）。

07GT2②：35-11，自右向左存2行2列3字（图4-1-70，13）。

07GT2②：14-1，自右向左存1行2列2字（图4-1-70，14）。

07GT2②：27-13，自右向左存1行2列2字（图4-1-70，15）。

07GT2②：34-4，自右向左存1行2列2字（图4-1-70，16）。

07GT2②：35-17，自右向左存1行2列2字（图4-1-70，17）。

07GT2②：47-12，自右向左存1行2列2字（图4-1-70，18）。

07GT2②：20-12，自右向左存1字（图4-1-70，19）。

③灰褐色砂岩

共2件。

07GT2②：38-3，自右向左存1行2列2字（图4-1-71，1）。

07GT2②：53-8，自右向左存1行2列2字（图4-1-71，2）。

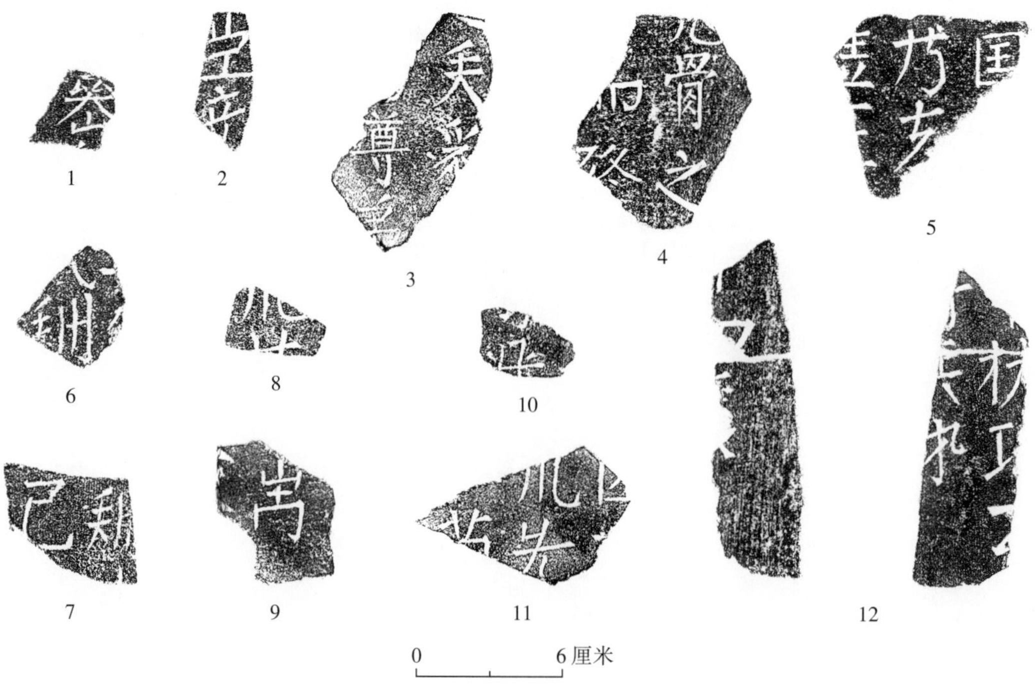

图4-1-71　龟趺山建筑基址出土契丹大字甲组碑文残片

1. 07GT2②：38-3　2. 07GT2②：53-8　3. 07GT1②：21-18　4. 07GT2②：41-13　5. 07GT2②：43-2　6. 07GT2②：56-9　7. 07GT2②：10-4　8. 07GT1②：21-40　9. 07GT2②：58-5　10. 07GT3②：8-21　11. 07GT2②：7-2　12. 07GT2②：37-7

④青色砂岩

共 8 件。

07GT1②：21–18，自右向左存有 2 行 4 列 6 字（图 4–1–71，3；图版六五〇，1）。

07GT2②：41–13，自右向左存 2 行 3 列 5 字（图 4–1–71，4）。

07GT2②：43–2，自右向左存 3 行 2 列 5 字（图 4–1–71，5）。

07GT2②：56–9，自右向左存 2 行 2 列 4 字（图 4–1–71，6）。

07GT2②：10–4，自右向左存 2 行 2 列 3 字（图 4–1–71，7）。

07GT1②：21–40，自右向左存 1 行 2 列 2 字（图 4–1–71，8）。

07GT2②：58–5，自右向左存 2 行 1 列 2 字（图 4–1–71，9）。

07GT3②：8–21，自右向左存 1 行 2 列 2 字（图 4–1–71，10）。

⑤青绿色砂岩

共 2 件。

07GT2②：7–2，局部泛褐。自右向左存 3 行 2 列 5 字（图 4–1–71，11；图版六五〇，2）。

07GT2②：37–7，左、右面夹角呈 90°。左面自右向左存 1 行残字；右面自右向左存 2 行 4 列 7 字（图 4–1–71，12）。

2）乙组

砂岩，正面磨光刻字。楷体，字形浑厚，刻工粗糙。这组碑文石料打磨不甚细，根据其色泽差异，分述如下。

①红褐色砂岩

共 20 件。

07GT2②：19–1，自右向左存 7 行 5 列 30 字（图 4–1–72，1；图版六五一，1）。

07GT2②：11–6，自右向左存 5 行 5 列 18 字（图 4–1–72，2）。

07GT2②：19–10，自右向左存 4 行 5 列 16 字（图 4–1–72，3）。

07GT2②：32–2，自右向左存 4 行 4 列 12 字（图 4–1–72，4）。

07GT1②：10–3，自右向左存 5 行 3 列 10 字（图 4–1–72，5）。

07GT4②：35–1，自右向左存 4 行 3 列 10 字（图 4–1–72，6）。

07GT2②：26–4，自右向左存 4 行 4 列 9 字（图 4–1–72，7）。

07GT2②：41–11，自右向左存 3 行 4 列 9 字（图 4–1–72，8）。

07GT2②：45–2，自右向左存 4 行 3 列 9 字（图 4–1–72，9）。

07GT2②：30–4，自右向左存 3 行 3 列 7 字（图 4–1–72，10）。

07GT2②：22–11，自右向左存 3 行 2 列 6 字（图 4–1–73，1）。

07GT2②：26–5，自右向左存 3 行 3 列 6 字（图 4–1–73，2）。

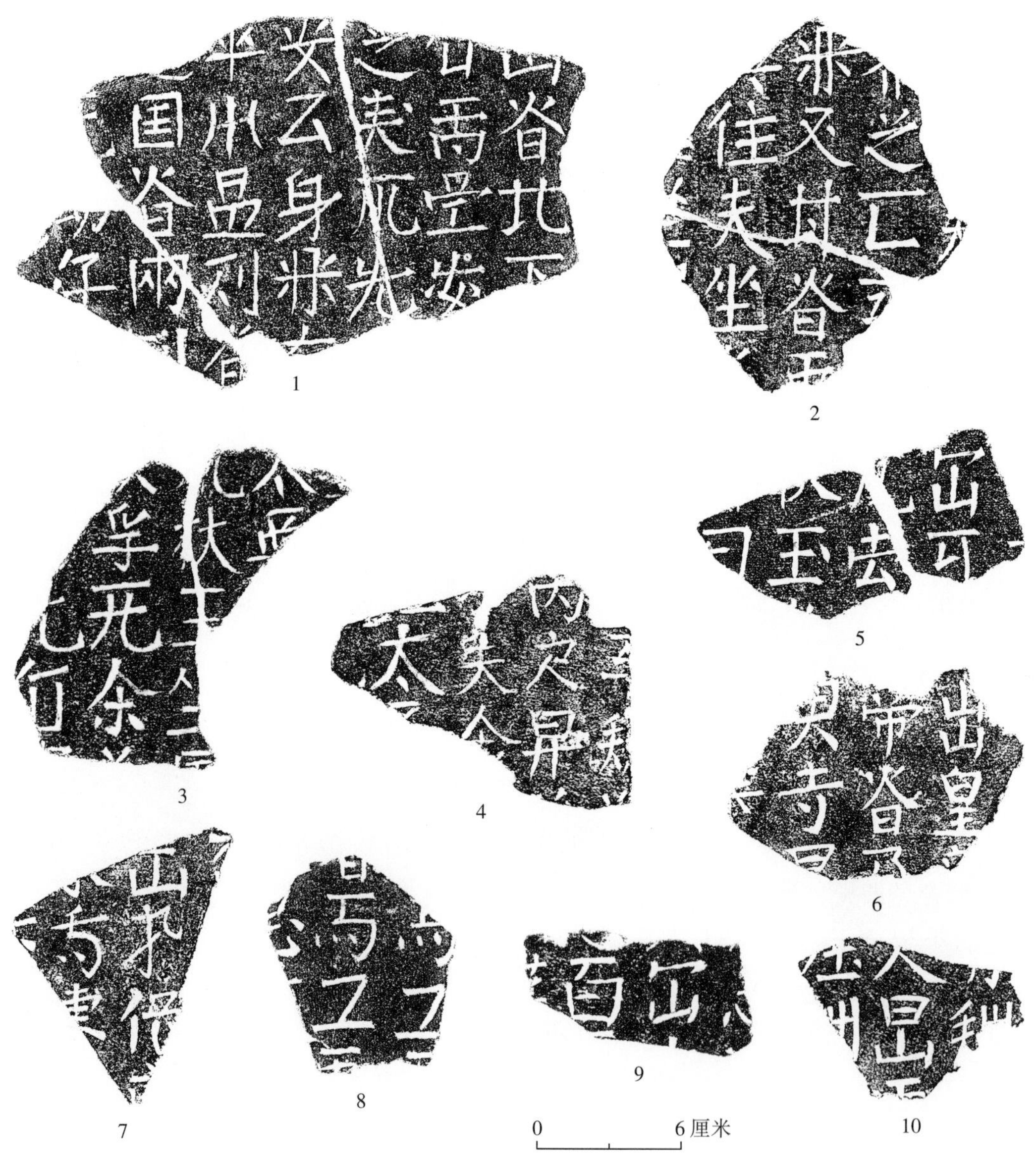

图 4-1-72　龟趺山建筑基址出土契丹大字乙组碑文残片

1. 07GT2 ②：19-1　2. 07GT2 ②：11-6　3. 07GT2 ②：19-10　4. 07GT2 ②：32-2　5. 07GT1 ②：10-3　6. 07GT4 ②：35-1　7. 07GT2 ②：26-4　8. 07GT2 ②：41-11　9. 07GT2 ②：45-2　10. 07GT2 ②：30-4

07GT2 ②：59-12，自右向左存 3 行 2 列 6 字（图 4-1-73，3）。

07GT2 ②：60-7，自右向左存 2 行 3 列 6 字（图 4-1-73，4）。

07GT2 ②：53-4，自右向左存 2 行 3 列 5 字（图 4-1-73，5）。

07GT2 ②：6-5，自右向左存 2 行 2 列 3 字（图 4-1-73，6）。

07GT2 ②：16-8，自右向左存 2 行 2 列 3 字（图 4-1-73，7）。

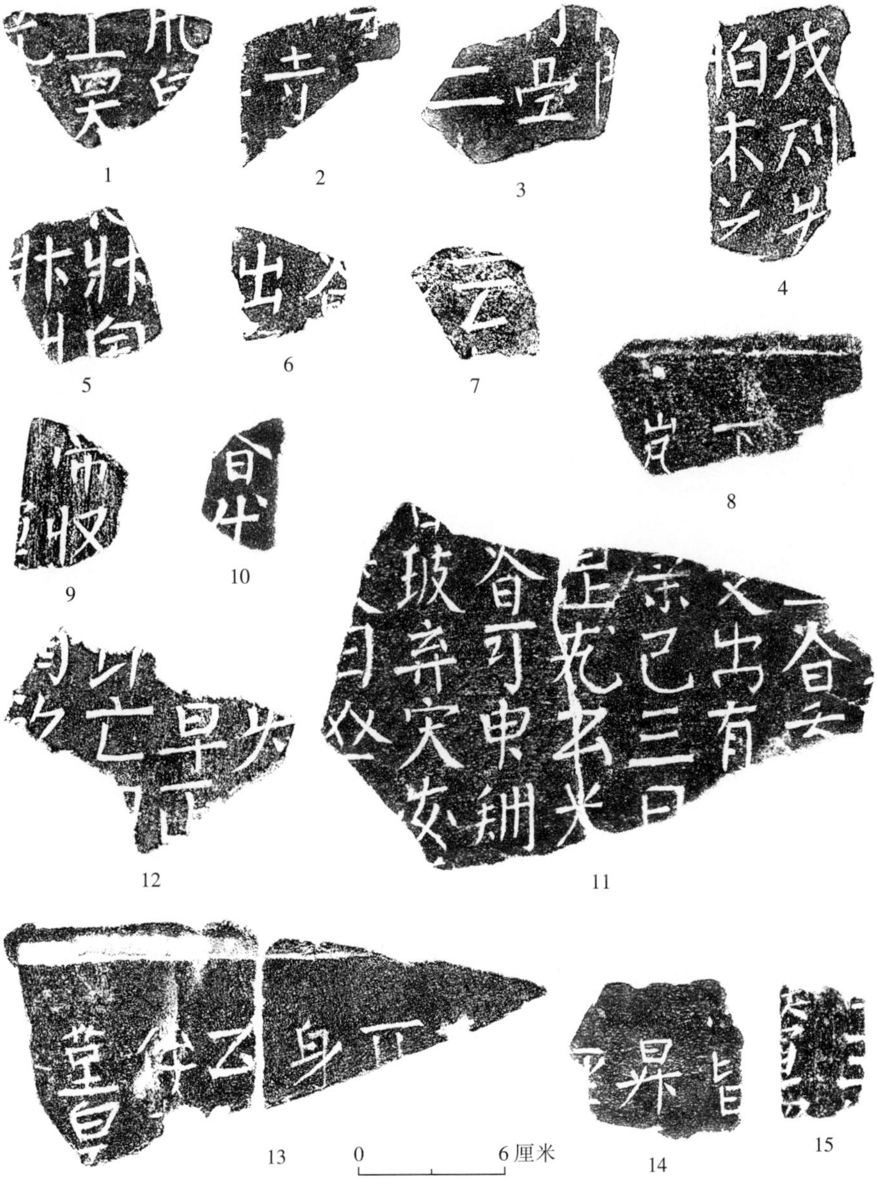

0　　　6 厘米

图 4-1-73　龟趺山建筑基址出土契丹大字乙组碑文残片

1. 07GT2 ②：22-11　2. 07GT2 ②：26-5　3. 07GT2 ②：59-12　4. 07GT2 ②：60-7　5. 07GT2 ②：53-4　6. 07GT2 ②：6-5　7. 07GT2 ②：16-8　8. 07GT2 ②：29-10　9. 07GT2 ②：45-11　10. 07GT2 ②：50-1　11. 07GT2 ②：28-1　12. 07GT2 ②：47-1　13. 07GT2 ②：36-1　14. 07GT4 ②：37-8　15. 07GT2 ②：11-9

07GT2 ②：29-10，上缘有一道凹弦纹。自右向左存 3 行 1 列 3 字（图 4-1-73，8）。

07GT2 ②：45-11，自右向左存 2 行 2 列 3 字（图 4-1-73，9）。

07GT2 ②：50-1，自右向左存 1 行 2 列 2 字（图 4-1-73，10）。

②黄褐色砂岩

共 5 件。

07GT2 ②：28–1，岩体泛青。自右向左存 8 行 6 列 28 字（图 4–1–73，11；图版六五一，2）。

07GT2 ②：47–1，自右向左存 4 行 3 列 8 字（图 4–1–73，12）。

07GT2 ②：36–1，上部雕刻浅槽。自右向左存 5 行 2 列 6 字（图 4–1–73，13；图版六四九，4）。

07GT4 ②：37–8，自右向左存 3 行 2 列 4 字（图 4–1–73，14）。

07GT2 ②：11–9，字迹残损不清（图 4–1–73，15）。

③青色砂岩

共 3 件。

07GT2 ②：55–1，自右向左存 2 行 5 列 7 字（图 4–1–74，1）。

07GT1 ②：6–1，自右向左存 3 行 3 列 5 字（图 4–1–74，2）。

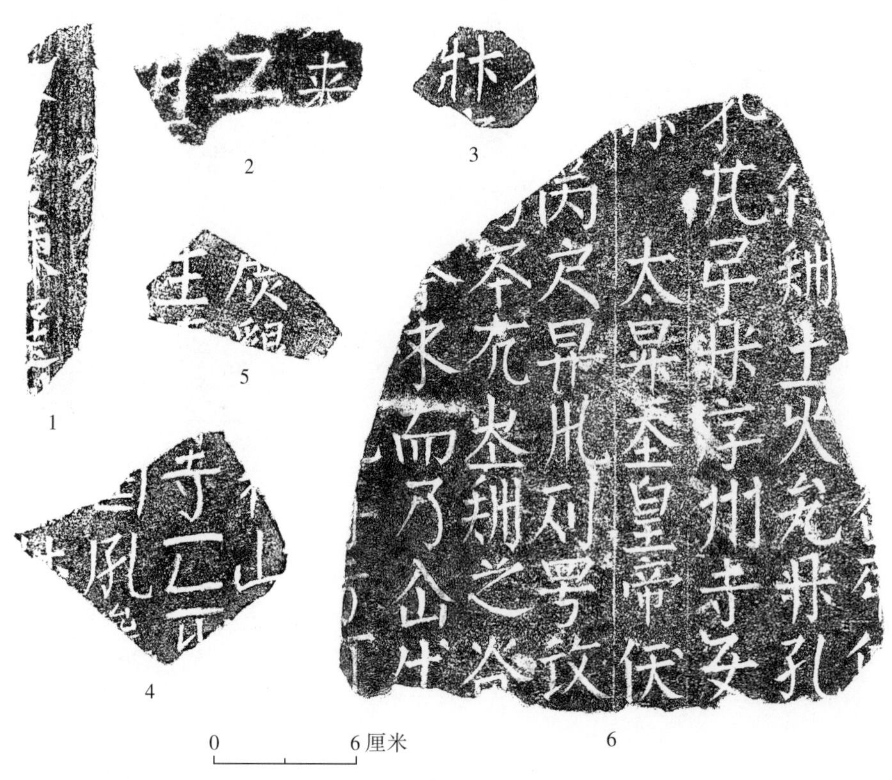

图 4–1–74　龟趺山建筑基址出土契丹大字乙组、丙组碑文残片

1. 乙组（07GT2 ②：55–1）　2. 乙组（07GT1 ②：6–1）　3. 乙组（07GT2 ②：59–18）　4. 乙组（07GT2 ②：47–4）　5. 乙组（07GT2 ②：54–7）　6. 丙组（15GT1 南扩②：38）

07GT2②：59–18，自右向左存2行2列3字（图4–1–74，3）。

④青绿色砂岩

共2件。

07GT2②：47–4，自右向左存4行4列10字（图4–1–74，4；图版六五〇，4）。

07GT2②：54–7，自右向左存2行2列4字（图4–1–74，5）。

3）丙组

砂岩，正面磨光刻字。楷体，字形规正，刻工精细。根据石料的色泽差异，分述如下。

①红褐色砂岩

共80件。

07GT2②：29–1，自右向左存9行8列57字（图4–1–75，1；图版六五二，1）。

15GT1南扩②：38，自右向左存8行8列50字（图4–1–74，6；图版六五二，2）。

07GT2②：11–4，自右向左存8行4列23字（图4–1–75，2）。

07GT2②：46–1，自右向左存6行4列21字（图4–1–75，3）。

07GT1②：1–2，自右向左存5行6列20字（图4–1–75，4）。

07GT2②：32–3，自右向左存7行5列20字（图4–1–76，1；图版六四九，6）。

07GT2②：2，自右向左存6行4列19字（图4–1–76，2）。

07GT2②：15–3，自右向左存6行4列18字（图4–1–76，3）。

07GT2②：35–1，自右向左存5行3列14字（图4–1–76，4）。

07GT1②：7–1，自右向左存4行4列13字（图4–1–76，5）。

07GT4②：38–5，自右向左存5行3列12字（图4–1–76，6）。

07GT1②：14–2，自右向左存4行3列11字（图4–1–76，7）。

07GT1②：19–3，自右向左存4行3列11字（图4–1–77，1）。

07GT2②：31–2，自右向左存4行3列11字（图4–1–77，2）。

07GT2②：9–1，自右向左存4行3列9字（图4–1–77，3）。

07GT2②：16–1，自右向左存3行5列9字（图4–1–77，4）。

07GT2②：43–4，自右向左存3行5列9字（图4–1–77，5）。

07GT2②：46–5，自右向左存4行3列9字（图4–1–77，6）。

07GT2②：47–10，自右向左存3行4列9字（图4–1–77，7）。

07GT2②：22–4，自右向左存4行3列8字（图4–1–77，8）。

07GT2②：25–11，自右向左存4行3列8字（图4–1–77，9）。

07GT2②：26–6，自右向左存4行3列8字（图4–1–77，10）。

07GT2②：26–7，自右向左存3行3列7字（图4–1–78，3）。

图 4-1-75　龟趺山建筑基址出土契丹大字丙组碑文残片

1. 07GT2 ②：29-1　2. 07GT2 ②：11-4　3. 07GT2 ②：46-1　4. 07GT1 ②：1-2

07GT2 ②：38-7，自右向左存 3 行 3 列 7 字（图 4-1-78，1）。

07GT4 ②：38-6，自右向左存 3 行 3 列 7 字（图 4-1-78，2）。

07GT1 ②：23-10，自右向左存 3 行 3 列 6 字（图 4-1-78，4）。

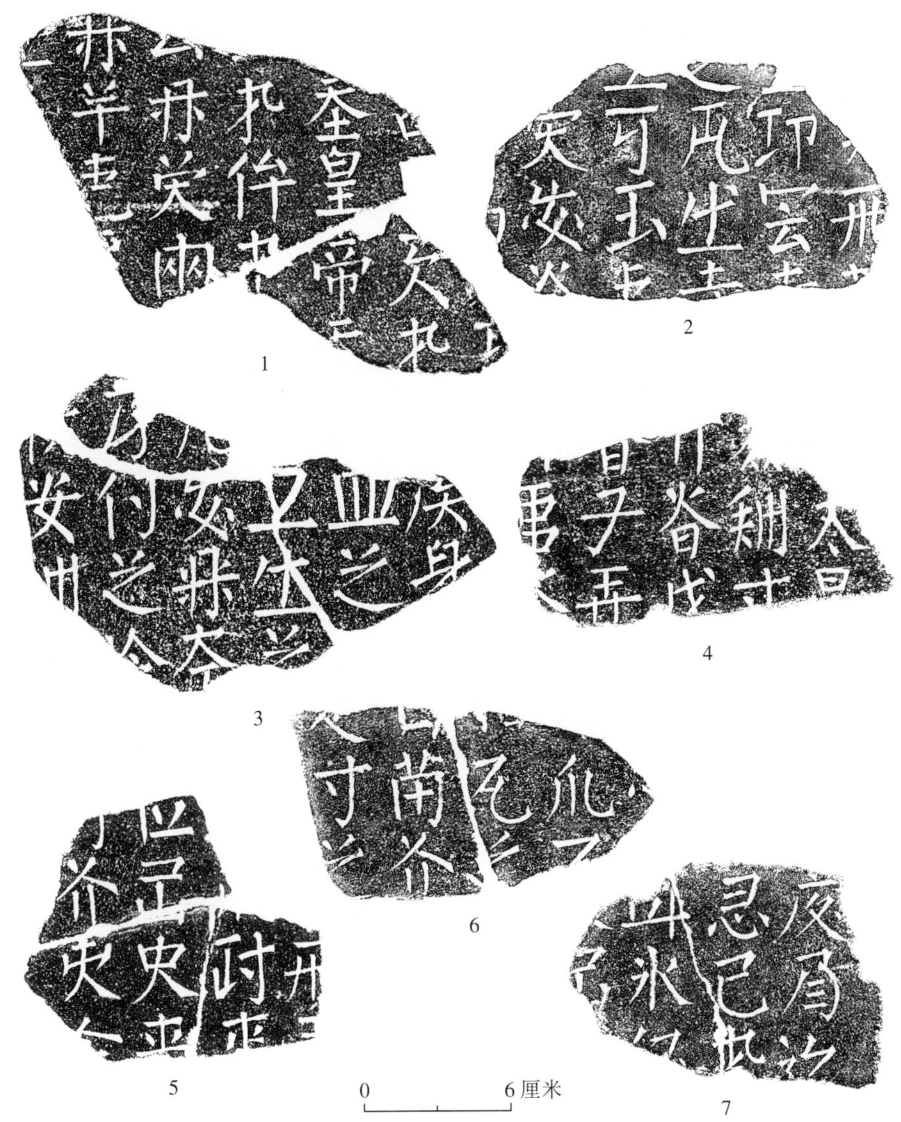

图 4-1-76　龟趺山建筑基址出土契丹大字丙组碑文残片

1. 07GT2 ②：32-3　2. 07GT2 ②：2　3. 07GT2 ②：15-3　4. 07GT2 ②：35-1　5. 07GT1 ②：7-1　6. 07GT4 ②：38-5　7. 07GT1 ②：14-2

07GT2 ②：25-5，自右向左存 2 行 3 列 6 字（图 4-1-78，5）。

07GT2 ②：27-10，自右向左存 1 行 6 列 6 字（图 4-1-78，6）。

07GT2 ②：41-16，局部泛灰。自右向左存 2 行 3 列 6 字（图 4-1-78，7）。

07GT2 ②：42-3，自右向左存 2 行 3 列 6 字（图 4-1-78，8）。

07GT2 ②：46-7，自右向左存 2 行 3 列 6 字（图 4-1-78，9）。

07GT2 ②：52-3，自右向左存 3 行 3 列 6 字（图 4-1-78，10）。

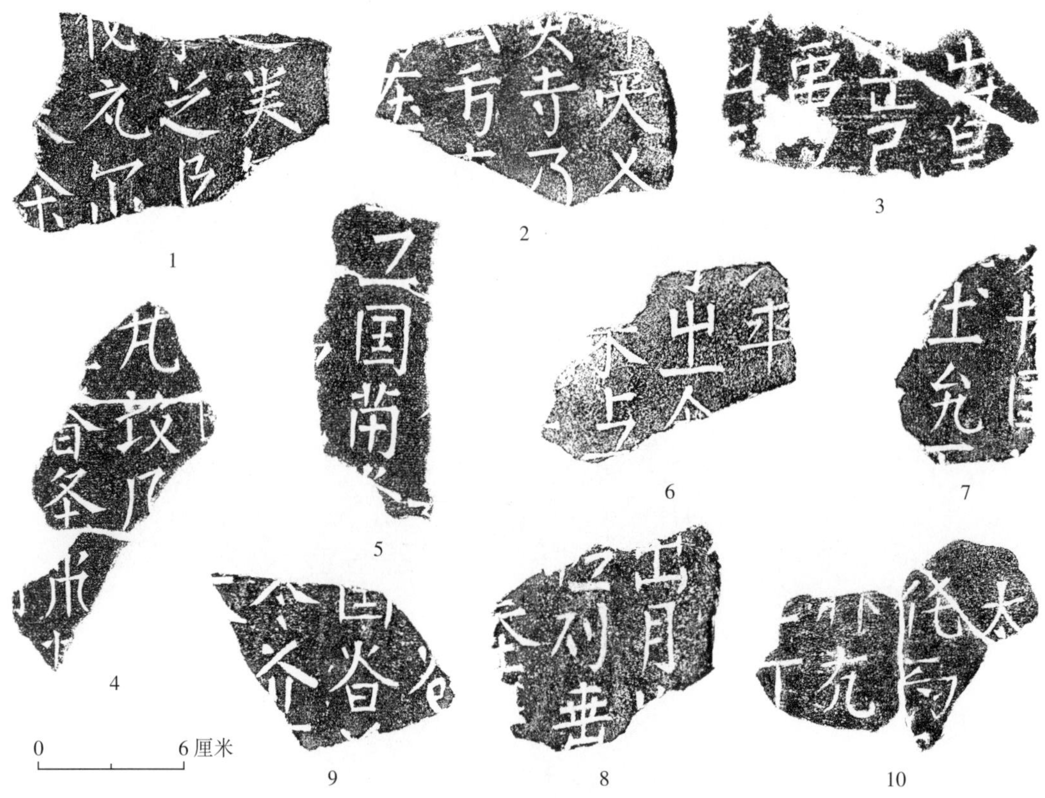

图4-1-77　龟趺山建筑基址出土契丹大字丙组碑文残片

1. 07GT1②：19-3　2. 07GT2②：31-2　3. 07GT2②：9-1　4. 07GT2②：16-1　5. 07GT2②：43-4　6. 07GT2②：46-5　7. 07GT2②：47-10　8. 07GT2②：22-4　9. 07GT2②：25-11　10. 07GT2②：26-6

07GT2②：52-8，自右向左存3行2列6字（图4-1-78，11）。

07GT1②：12-3，自右向左存2行4列5字（图4-1-78，12）。

07GT1②：17-6，自右向左存3行2列5字（图4-1-78，13）。

07GT2②：19-6，自右向左存4行2列5字（图4-1-78，14）。

07GT2②：19-14，自右向左存3行3列5字（图4-1-79，1）。

07GT2②：30-10，自右向左存3行2列5字（图4-1-79，2）。

07GT2②：34-2，自右向左存2行3列5字（图4-1-79，3）。

07GT2②：44-6，自右向左存2行3列5字（图4-1-79，4）。

07GT2②：46-8，自右向左存3行2列5字（图4-1-79，5）。

07GT3②：2-6，自右向左存2行3列5字（图4-1-79，6）。

07GT4②：24-19，自右向左存3行3列5字（图4-1-79，7）。

07GT1②：11-16，自右向左存2行2列4字（图4-1-79，8）。

图 4–1–78　龟趺山建筑基址出土契丹大字丙组碑文残片

1. 07GT2 ②：38–7　2. 07GT4 ②：38–6　3. 07GT2 ②：26–7　4. 07GT1 ②：23–10　5. 07GT2 ②：25–5　6. 07GT2 ②：27–10　7. 07GT2 ②：41–16　8. 07GT2 ②：42–3　9. 07GT2 ②：46–7　10. 07GT2 ②：52–3　11. 07GT2 ②：52–8　12. 07GT1 ②：12–3　13. 07GT1 ②：17–6　14. 07GT2 ②：19–6

07GT1 ②：17–18，自右向左存 2 行 3 列 4 字（图 4–1–79，9）。

07GT2 ②：28–2，自右向左存 2 行 2 列 4 字（图 4–1–79，10）。

07GT2 ②：29–3，被火烧过。自右向左存 2 行 2 列 4 字（图 4–1–79，11）。

07GT2 ②：30–8，自右向左存 2 行 2 列 4 字（图 4–1–79，12）。

07GT2 ②：35–7，自右向左存 3 行 2 列 4 字（图 4–1–79，13）。

07GT2 ②：40–7，自右向左存 2 行 2 列 4 字（图 4–1–79，14）。

07GT2 ②：47–15，自右向左存 2 行 2 列 4 字（图 4–1–79，15）。

07GT2 ②：47–21，自右向左存 2 行 2 列 4 字（图 4–1–79，16）。

07GT2 ②：50–5，自右向左存 2 行 2 列 4 字（图 4–1–79，17）。

07GT4 ②：34–10，自右向左存 2 行 2 列 4 字（图 4–1–79，18）。

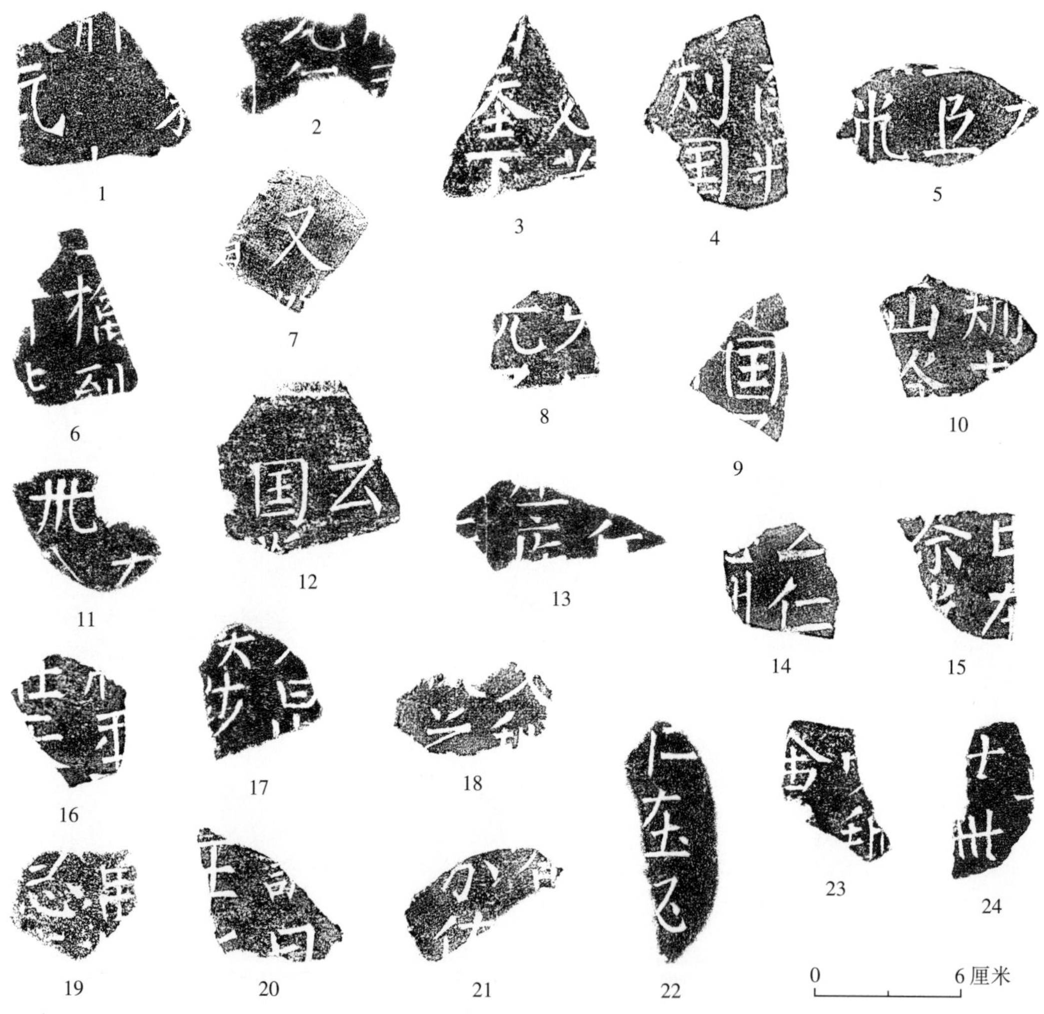

图 4-1-79 龟趺山建筑基址出土契丹大字丙组碑文残片

1. 07GT2 ②：19-14 2. 07GT2 ②：30-10 3. 07GT2 ②：34-2 4. 07GT2 ②：44-6 5. 07GT2 ②：46-8
6. 07GT3 ②：2-6 7. 07GT4 ②：24-19 8. 07GT1 ②：11-16 9. 07GT1 ②：17-18 10. 07GT2 ②：28-2
11. 07GT2 ②：29-3 12. 07GT2 ②：30-8 13. 07GT2 ②：35-7 14. 07GT2 ②：40-7 15. 07GT2 ②：47-15
16. 07GT2 ②：47-21 17. 07GT2 ②：50-5 18. 07GT4 ②：34-10 19. 07GT4 ②：35-25 20. 07GT4 ②：37-11
21. 07GT1 ②：19-7 22. 07GT2 ②：11-5 23. 07GT2 ②：20-6 24. 07GT2 ②：21-1

07GT4 ②：35-25，自右向左存 2 行 2 列 4 字（图 4-1-79，19）。

07GT4 ②：37-11，自右向左存 2 行 2 列 4 字（图 4-1-79，20）。

07GT1 ②：19-7，自右向左存 2 行 2 列 3 字（图 4-1-79，21）。

07GT2 ②：11-5，表皮泛灰。自右向左存 1 行 3 列 3 字（图 4-1-79，22）。

07GT2 ②：20-6，自右向左存 2 行 2 列 3 字（图 4-1-79，23）。

07GT2 ②：21-1，列距相错。自右向左存 2 行 3 列 3 字（图 4-1-79，24）。

07GT2②：30–12，自右向左存2行2列3字（图4–1–80，1）。

07GT4②：16–7，自右向左存2行2列3字（图4–1–80，2）。

07GT1②：7–9，自右向左存1行2列2字（图4–1–80，3）。

07GT2②：11–16，自右向左存2行1列2字（图4–1–80，4）。

07GT2②：26–8，自右向左存2行1列2字（图4–1–80，5）。

07GT2②：35–6，自右向左存1行2列2字（图4–1–80，6）。

07GT3②：1–4，自右向左存2行1列2字（图4–1–80，7）。

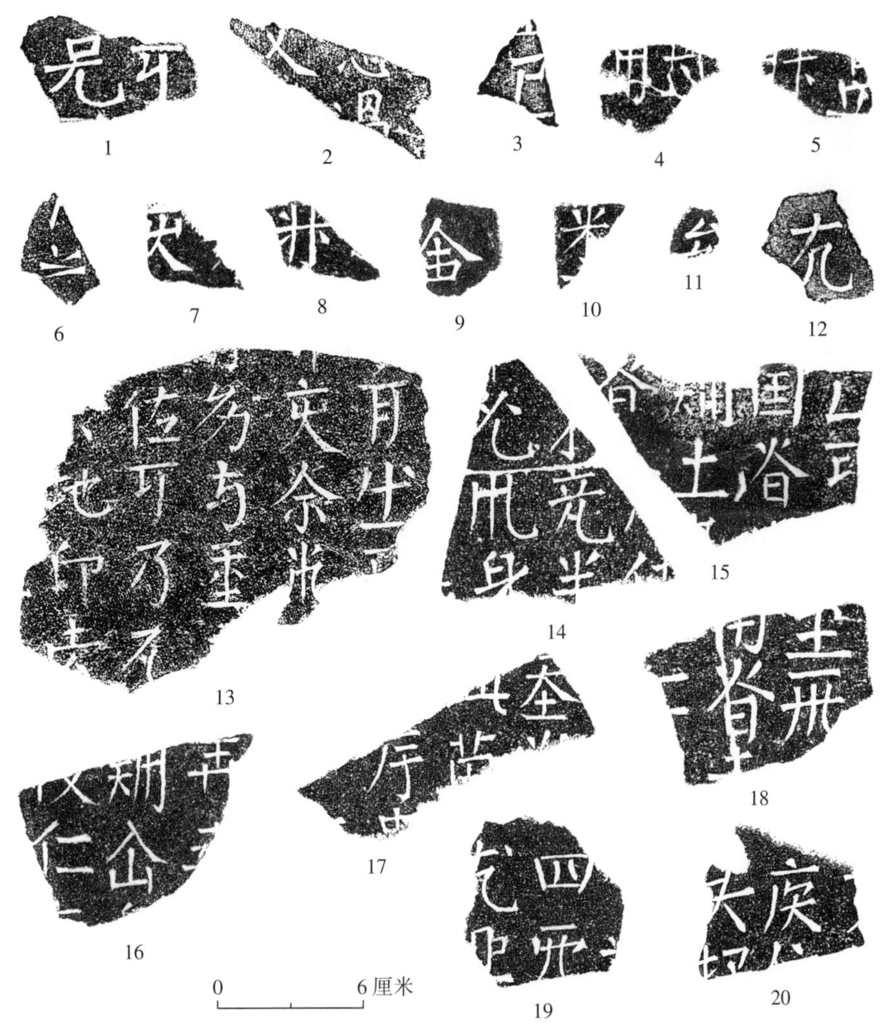

图4–1–80　龟趺山建筑基址出土契丹大字丙组碑文残片

1. 07GT2②：30–12　2. 07GT4②：16–7　3. 07GT1②：7–9　4. 07GT2②：11–16　5. 07GT2②：26–8　6. 07GT2②：35–6　7. 07GT3②：1–4　8. 07GT3②：7–16　9. 07GT1②：7–5　10. 07GT2②：28–3　11. 07GT2②：41–14　12. 07GT2②：44–1　13. 15G：采1　14. 采：17　15. 采：7　16. 采：16　17. 采：20　18. 采：74　19. 采：25　20. 采：4

07GT3②：7-16，自右向左存2行1列2字（图4-1-80，8）。

07GT1②：7-5，自右向左存1字（图4-1-80，9）。

07GT2②：28-3，自右向左存1字（图4-1-80，10）。

07GT2②：41-14，自右向左存1字（图4-1-80，11）。

07GT2②：44-1，自右向左存1字（图4-1-80，12）。

15G：采1，自右向左存6行5列22字（图4-1-80，13；图版六五三，1）。

采：17，自右向左存4行4列10字（图4-1-80，14）。

采：7，自右向左存4行3列9字（图4-1-80，15）。

采：16，自右向左存3行3列8字（图4-1-80，16）。

采：20，自右向左存4行3列7字（图4-1-80，17）。

采：74，自右向左存3行3列6字（图4-1-80，18）。

采：25，自右向左存3行2列5字（图4-1-80，19）。

采：4，正面泛碱。自右向左存3行2列5字（图4-1-80，20）。

②黄褐色砂岩

共198件。

07GT4②：40-1，岩体泛青。自右向左存13行20列124字（图4-1-81，1；图版六五四）。

07GT2②：31-1，自右向左存10行11列67字（图4-1-81，2；图版六五三，2）。

07GT1②：18，自右向左存8行10列66字（图4-1-82，1；图版六五五，1）。

07GT2②：24-1，自右向左存10行10列65字（图4-1-82，2；图版六五五，2）。

07GT2②：62，自右向左存11行8列54字（图4-1-82，3；图版六五六，1）。

07GT2②：52-1，岩体泛青。自右向左存8行10列50字（图4-1-82，4；图版六五六，2）。

07GT2②：29-2，自右向左存11行8列46字（图4-1-83，1；图版六五七，1）。

07GT3②：19-7，自右向左存12行7列46字（图4-1-83，2；图版六五七，2）。

07GT2②：53-1，自右向左存9行7列39字（图4-1-83，3）。

07GT2②：11-3，自右向左存8行7列37字（图4-1-83，4）。

07GT2②：54-1，自右向左存8行6列34字（图4-1-83，5）。

07GT2②：12-1，自右向左存9行6列33字（图4-1-83，6；图版六五八，1）。

07GT2②：26-1，岩体泛青。自右向左存9行5列32字（图4-1-84，1）。

07GT1②：20-1，自右向左存8行5列31字（图4-1-84，2）。

07GT2②：54-2，岩体泛青。自右向左存6行7列31字（图4-1-84，3）。

07GT1②：7-4，自右向左存6行7列26字（图4-1-84，4）。

1　　2

0　8厘米

图 4-1-81　龟趺山建筑基址出土契丹大字丙组碑文残片

1. 07GT4②：40-1　2. 07GT2②：31-1

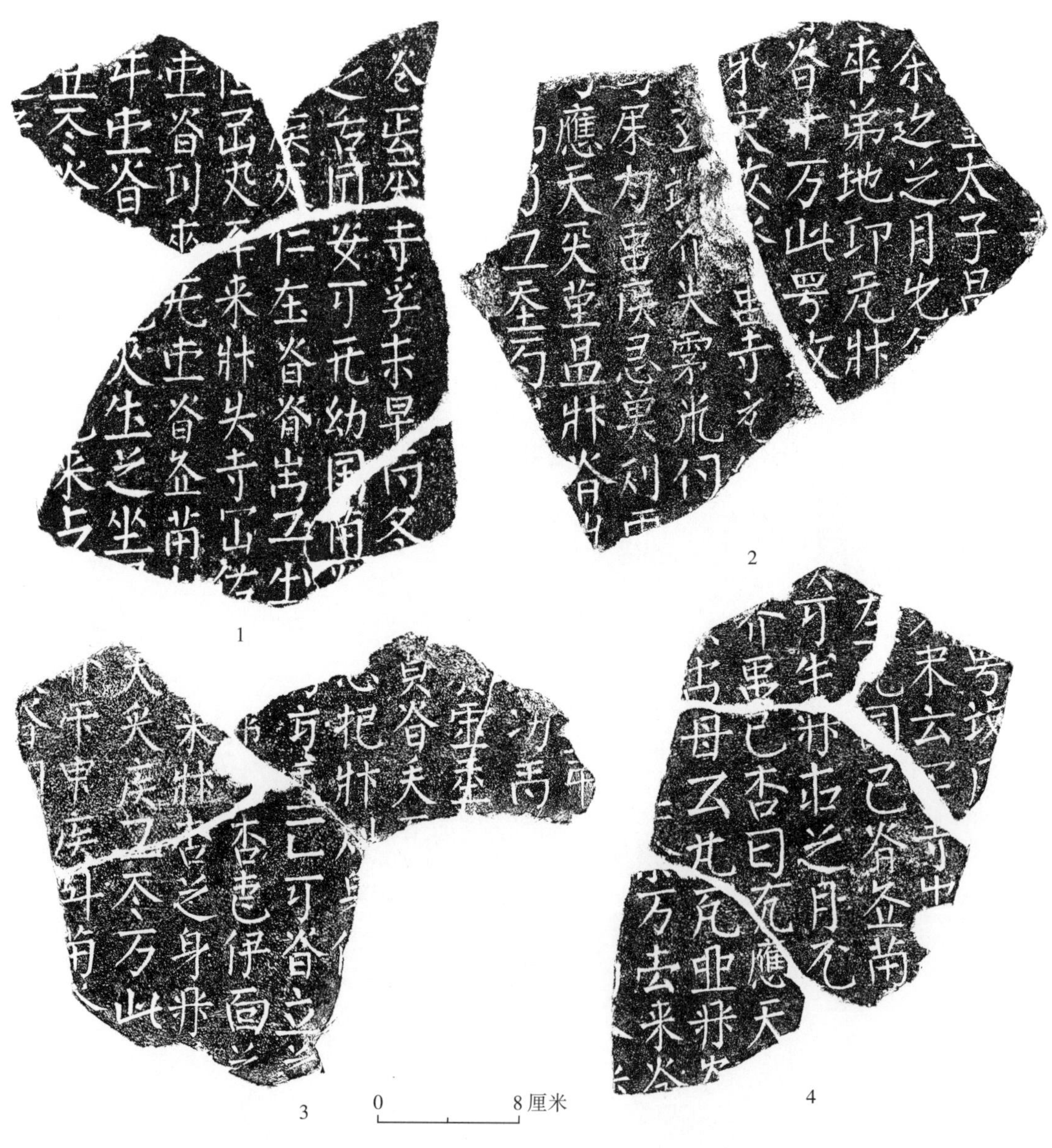

图 4-1-82 龟趺山建筑基址出土契丹大字丙组碑文残片

1. 07GT1 ②：18 2. 07GT2 ②：24-1 3. 07GT2 ②：62 4. 07GT2 ②：52-1

07GT4 ②：31，自右向左存 6 行 6 列 25 字（图 4-1-84，5）。

07GT2 ②：30-2，自右向左存 6 行 5 列 22 字（图 4-1-84，6）。

07GT1 ②：19-1，自右向左存 7 行 4 列 21 字（图 4-1-84，7）。

07GT2 ②：12-2，自右向左存 5 行 5 列 18 字（图 4-1-84，8；图版六五九，1）。

07GT2 ②：19-4，自右向左存 5 行 4 列 18 字（图 4-1-85，1）。

图 4-1-83　龟趺山建筑基址出土契丹大字丙组碑文残片

1. 07GT2 ②：29-2　2. 07GT3 ②：19-7　3. 07GT2 ②：53-1　4. 07GT2 ②：11-3　5. 07GT2 ②：54-1　6. 07GT2 ②：12-1

图 4-1-84　龟趺山建筑基址出土契丹大字丙组碑文残片

1. 07GT2②：26-1　2. 07GT1②：20-1　3. 07GT2②：54-2　4. 07GT1②：7-4　5. 07GT4②：31　6. 07GT2②：30-2　7. 07GT1②：19-1　8. 07GT2②：12-2

07GT2②：27-2，自右向左存5行5列18字（图4-1-85，2）。

07GT2②：26-2，岩体泛青。自右向左存5行5列17字（图4-1-85，3；图版六五八，2）。

07GT1②：20-3，自右向左存6行4列16字（图4-1-85，5）。

07GT2②：43-1，自右向左存7行3列16字（图4-1-85，6）。

07GT1②：14-1，自右向左存5行4列15字（图4-1-85，4）。

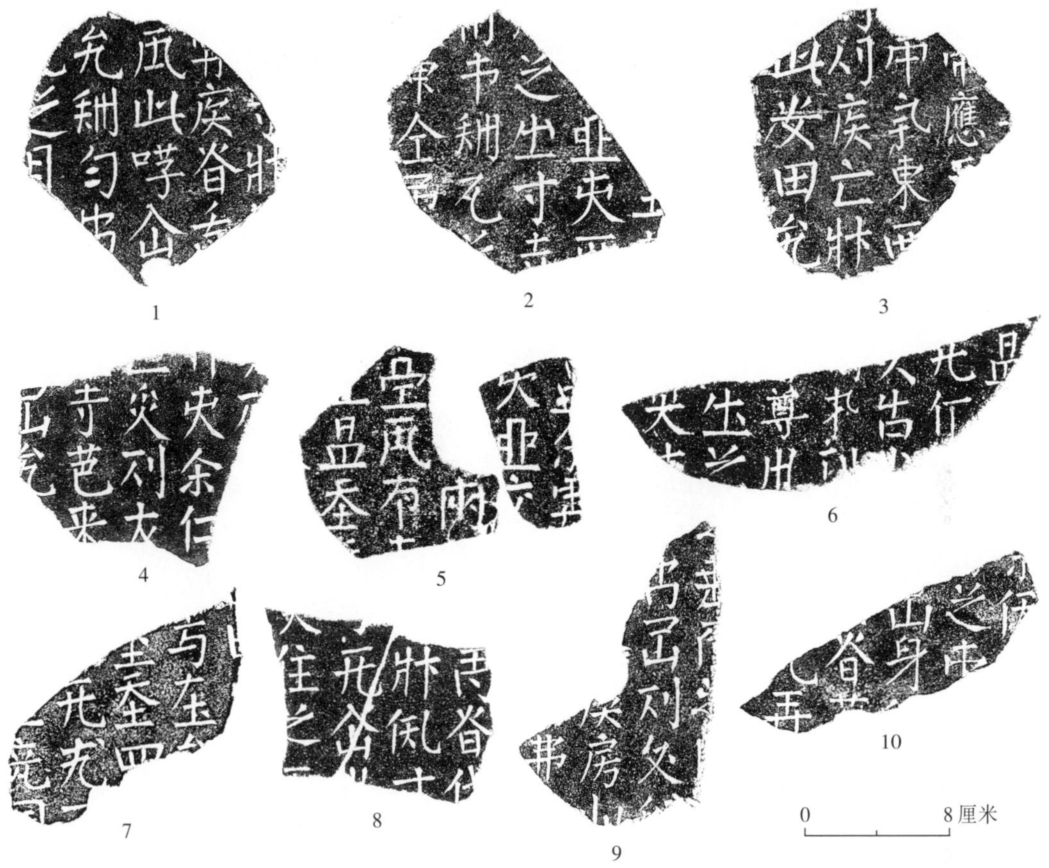

图 4-1-85　龟趺山建筑基址出土契丹大字丙组碑文残片

1. 07GT2 ②：19-4　2. 07GT2 ②：27-2　3. 07GT2 ②：26-2　4. 07GT1 ②：14-1　5. 07GT1 ②：20-3　6. 07GT2 ②：43-1　7. 07GT1 ②：7-7　8. 07GT1 ②：16-1　9. 07GT1 ②：21-4　10. 07GT1 ②：12-5

07GT1 ②：7-7，自右向左存 5 行 5 列 14 字（图 4-1-85，7）。

07GT1 ②：16-1，自右向左存 4 行 4 列 14 字（图 4-1-85，8）。

07GT1 ②：21-4，自右向左存 4 行 6 列 14 字（图 4-1-85，9）。

07GT1 ②：12-5，自右向左存 5 行 4 列 13 字（图 4-1-85，10）。

07GT2 ②：29-6，自右向左存 5 行 3 列 13 字（图 4-1-86，1）。

07GT2 ②：15-8，自右向左存 3 行 4 列 12 字（图 4-1-86，2）。

07GT2 ②：16-2，自右向左存 5 行 3 列 12 字（图 4-1-86，3）。

07GT2 ②：27-4，自右向左存 3 行 6 列 12 字（图 4-1-86，4）。

07GT2 ②：56-1，局部泛青。自右向左存 4 行 4 列 12 字（图 4-1-86，5）。

07GT3 ②：7-3，自右向左存 4 行 4 列 12 字（图 4-1-86，6）。

07GT3 ②：19-1，自右向左存 5 行 3 列 12 字（图 4-1-86，7）。

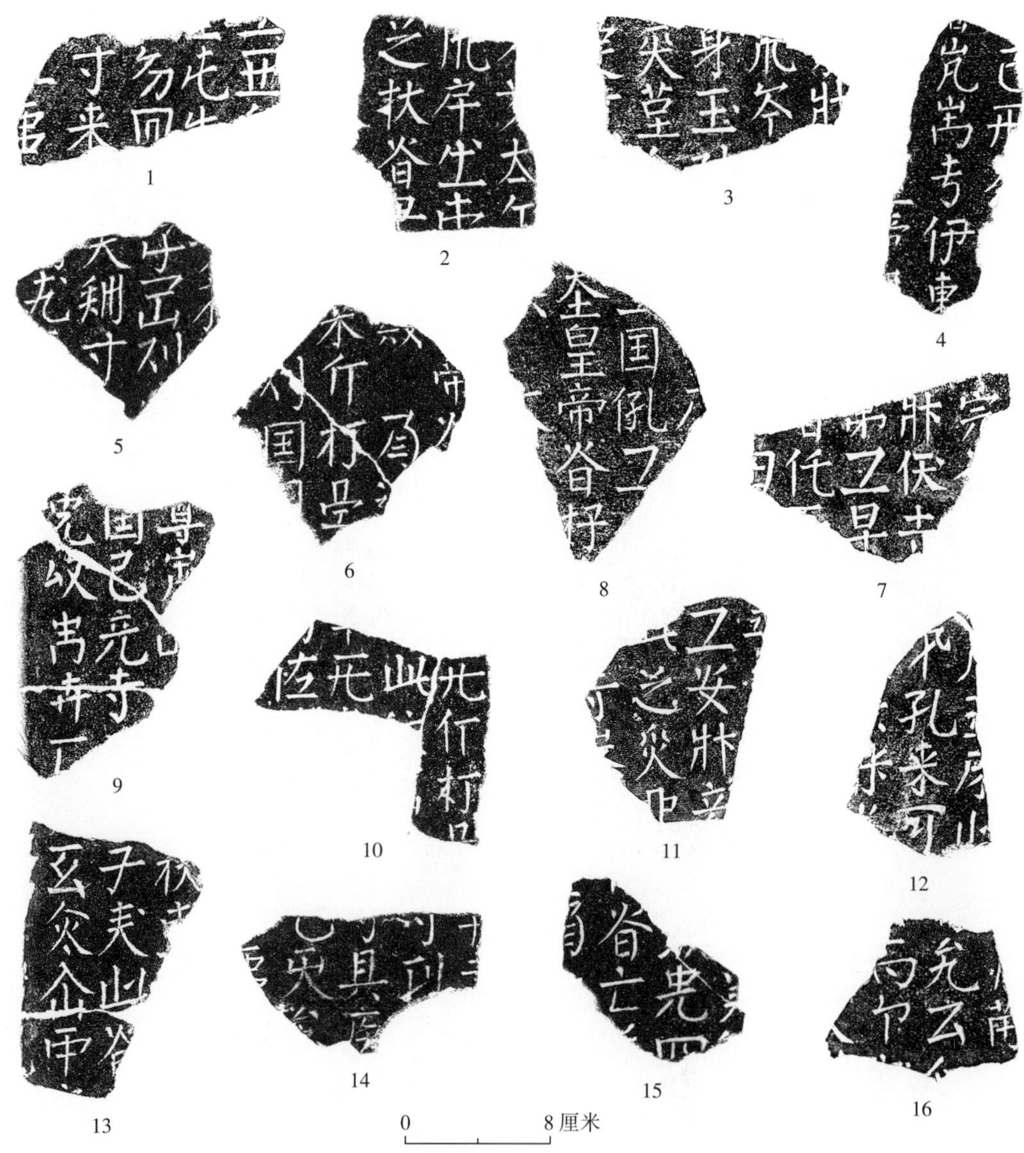

图4-1-86　龟趺山建筑基址出土契丹大字丙组碑文残片

1. 07GT2②：29-6　2. 07GT2②：15-8　3. 07GT2②：16-2　4. 07GT2②：27-4　5. 07GT2②：56-1　6. 07GT3②：7-3　7. 07GT3②：19-1　8. 07GT4②：11-3　9. 07GT4②：40-3　10. 07GT1②：12-1　11. 07GT1②：17-1　12. 07GT2②：8-1　13. 07GT2②：41-1　14. 07GT2②：29-5　15. 07GT2②：5-4　16. 07GT2②：22-5

07GT4②：11-3，自右向左存4行5列12字（图4-1-86，8）。

07GT4②：40-3，自右向左存3行5列12字（图4-1-86，9）。

07GT1②：12-1，自右向左存4行5列11字（图4-1-86，10）。

07GT1②：17-1，自右向左存4行4列11字（图4-1-86，11）。

07GT2②：8–1，自右向左存3行4列11字（图4–1–86，12）。

07GT2②：41–1，自右向左存3行5列11字（图4–1–86，13）。

07GT2②：29–5，表面泛碱。自右向左存5行3列11字（图4–1–86，14）。

07GT2②：5–4，自右向左存4行4列10字（图4–1–86，15）。

07GT2②：22–5，自右向左存4行3列10字（图4–1–86，16）。

07GT2②：45–4，自右向左存4行3列10字（图4–1–87，1）。

07GT2②：47–2，自右向左存5行3列10字（图4–1–87，2）。

07GT2②：56–3，自右向左存4行3列10字（图4–1–87，3）。

07GT4②：26–5，自右向左存4行3列10字（图4–1–87，4）。

07GT1②：16–4，自右向左存4行3列9字（图4–1–87，5）。

07GT2②：51–1，自右向左存3行3列9字（图4–1–87，6）。

07GT2②：51–3，自右向左存4行3列9字（图4–1–87，7）。

07GT4②：5–2，自右向左存3行4列9字（图4–1–87，8）。

07GT1②：8–3，自右向左存5行2列8字（图4–1–87，9）。

07GT1②：16–2，自右向左存3行3列8字（图4–1–87，10）。

07GT1②：21–9，自右向左存4行3列8字（图4–1–87，11）。

07GT1②：23–5，自右向左存4行3列8字（图4–1–87，12）。

07GT1②：24–4，自右向左存3行4列8字（图4–1–87，13）。

07GT2②：15–1，自右向左存3行4列8字（图4–1–87，14）。

07GT2②：19–8，自右向左存3行3列8字（图4–1–87，15）。

07GT2②：24–4，自右向左存3行3列8字（图4–1–87，16）。

07GT2②：25–4，自右向左存3行3列8字（图4–1–87，17）。

07GT2②：25–7，自右向左存3行3列8字（图4–1–87，18）。

07GT2②：27–1，自右向左存4行3列8字（图4–1–87，19）。

07GT2②：40–1，自右向左存3行3列8字（图4–1–87，20）。

07GT2②：46–6，自右向左存4行3列8字（图4–1–88，1）。

07GT2②：47–9，自右向左存4行3列8字（图4–1–88，2）。

07GT2②：48–2，自右向左存3行3列8字（图4–1–88，3）。

07GT2②：49–5，局部泛青。自右向左存3行3列8字（图4–1–88，4）。

07GT2②：52–4，自右向左存4行3列8字（图4–1–88，5）。

07GT1②：19–4，自右向左存3行3列7字（图4–1–88，6）。

07GT2②：15–6，自右向左存3行3列7字（图4–1–88，7）。

07GT2②：24–2，自右向左存4行2列7字（图4–1–88，8）。

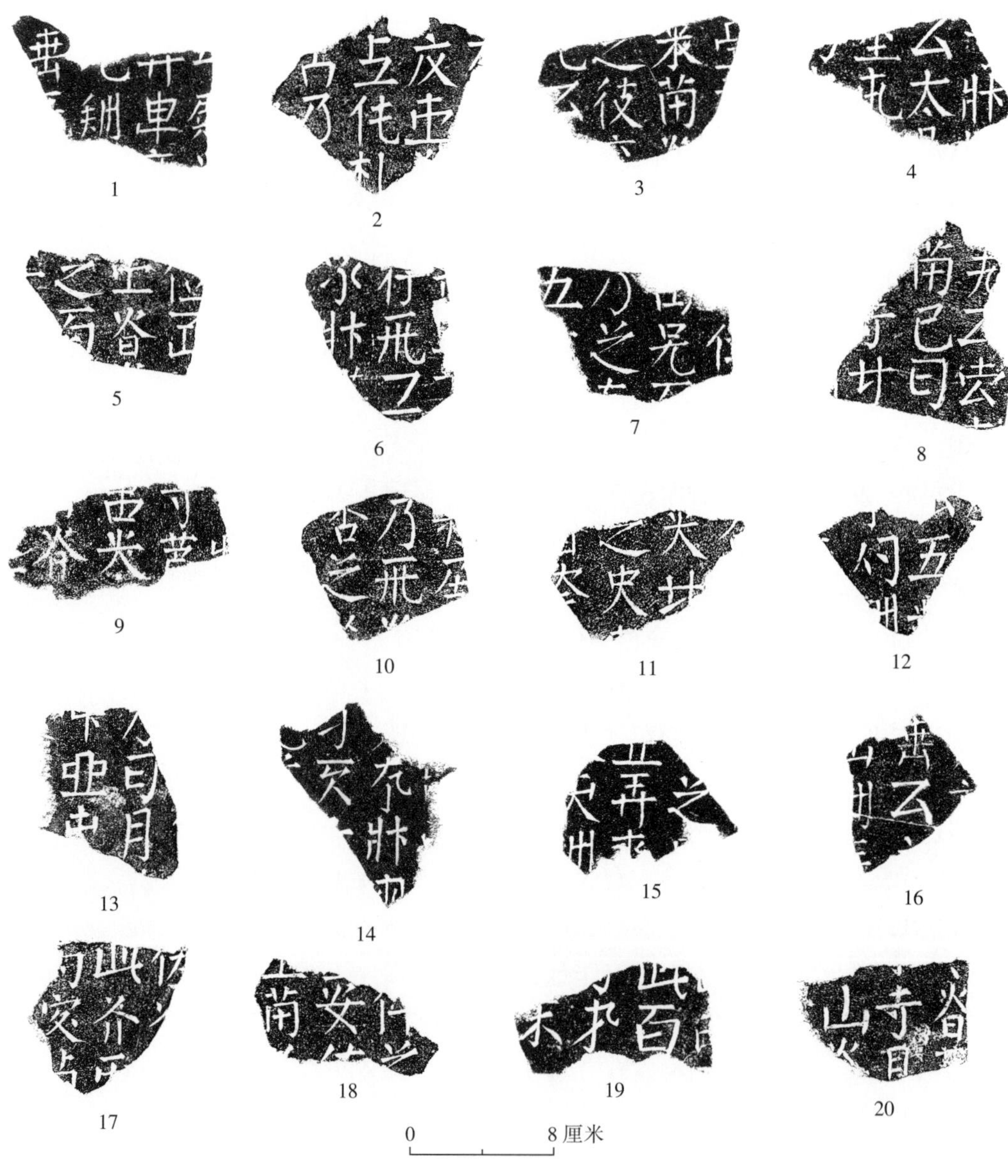

图 4-1-87　龟趺山建筑基址出土契丹大字丙组碑文残片

1. 07GT2 ②：45-4　2. 07GT2 ②：47-2　3. 07GT2 ②：56-3　4. 07GT4 ②：26-5　5. 07GT1 ②：16-4　6. 07GT2 ②：51-1　7. 07GT2 ②：51-3　8. 07GT4 ②：5-2　9. 07GT1 ②：8-3　10. 07GT1 ②：16-2　11. 07GT1 ②：21-9　12. 07GT1 ②：23-5　13. 07GT1 ②：24-4　14. 07GT2 ②：15-1　15. 07GT2 ②：19-8　16. 07GT2 ②：24-4　17. 07GT2 ②：25-4　18. 07GT2 ②：25-7　19. 07GT2 ②：27-1　20. 07GT2 ②：40-1

07GT2 ②：25-10，自右向左存 3 行 3 列 7 字（图 4-1-88，9）。

07GT2 ②：37-4，略泛青。自右向左存 1 行 7 列 7 字（图 4-1-88，10）。

07GT2 ②：47-13，自右向左存 3 行 3 列 7 字（图 4-1-88，11）。

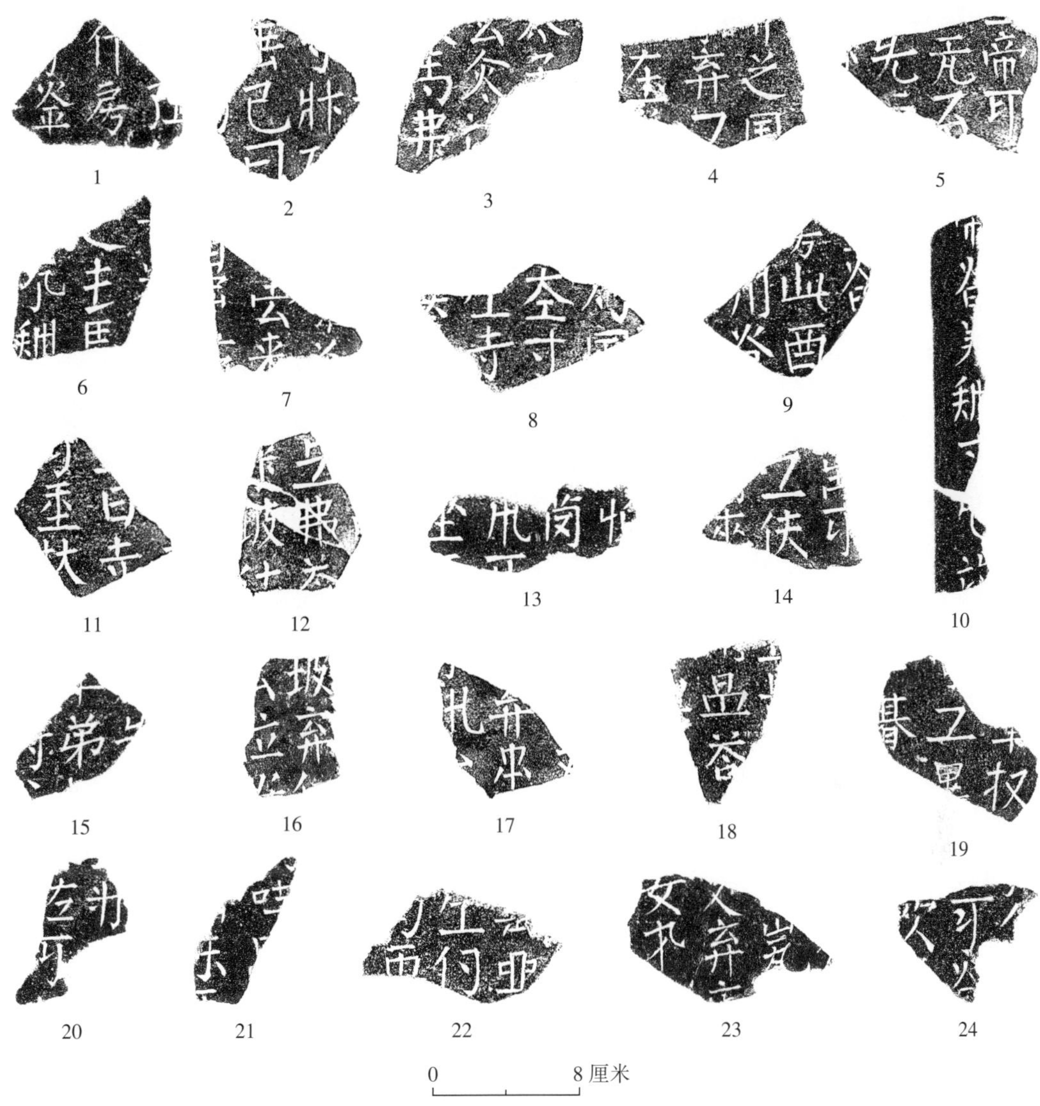

图 4-1-88　龟趺山建筑基址出土契丹大字丙组碑文残片

1. 07GT2 ②：46-6　2. 07GT2 ②：47-9　3. 07GT2 ②：48-2　4. 07GT2 ②：49-5　5. 07GT2 ②：52-4　6. 07GT1 ②：19-4　7. 07GT2 ②：15-6　8. 07GT2 ②：24-2　9. 07GT2 ②：25-10　10. 07GT2 ②：37-4　11. 07GT2 ②：47-13　12. 07GT2 ②：52-2　13. 07GT1 ②：7-8　14. 07GT1 ②：10-2　15. 07GT1 ②：12-12　16. 07GT1 ②：17-7　17. 07GT1 ②：21-22　18. 07GT2 ②：15-11　19. 07GT2 ②：22-8　20. 07GT2 ②：27-7　21. 07GT2 ②：45-5　22. 07GT2 ②：49-4　23. 07GT2 ②：56-4　24. 07GT2 ②：57-2

07GT2 ②：52-2，自右向左存 3 行 3 列 7 字（图 4-1-88，12）。

07GT1 ②：7-8，自右向左存 4 行 2 列 6 字（图 4-1-88，13）。

07GT1 ②：10-2，自右向左存 3 行 2 列 6 字（图 4-1-88，14）。

07GT1 ②：12-12，自右向左存 3 行 3 列 6 字（图 4-1-88，15）。

07GT1 ②：17–7，自右向左存 2 行 3 列 6 字（图 4–1–88，16）。

07GT1 ②：21–22，自右向左存 3 行 3 列 6 字（图 4–1–88，17）。

07GT2 ②：15–11，自右向左存 3 行 3 列 6 字（图 4–1–88，18）。

07GT2 ②：22–8，自右向左存 3 行 3 列 6 字（图 4–1–88，19）。

07GT2 ②：27–7，自右向左存 2 行 4 列 6 字（图 4–1–88，20）。

07GT2 ②：45–5，自右向左存 2 行 4 列 6 字（图 4–1–88，21）。

07GT2 ②：49–4，自右向左存 3 行 2 列 6 字（图 4–1–88，22）。

07GT2 ②：56–4，自右向左存 3 行 3 列 6 字（图 4–1–88，23）。

07GT2 ②：57–2，自右向左存 3 行 3 列 6 字（图 4–1–88，24）。

07GT2 ②：57–4，自右向左存 3 行 3 列 6 字（图 4–1–89，1）。

07GT3 ②：14–11，自右向左存 3 行 3 列 6 字（图 4–1–89，2）。

07GT1 ②：6–4，自右向左存 2 行 3 列 5 字（图 4–1–89，3）。

07GT1 ②：16–3，自右向左存 3 行 2 列 5 字（图 4–1–89，4）。

07GT2 ②：20–9，自右向左存 3 行 3 列 5 字（图 4–1–89，5）。

07GT1 ②：21–5，自右向左存 2 行 3 列 5 字（图 4–1–89，6）。

07GT2 ②：6–2，左侧面与正面交角处有磨棱。自右向左存 2 行 3 列 5 字（图 4–1–89，7）。

07GT2 ②：11–2，岩体泛青。自右向左存 2 行 3 列 5 字（图 4–1–89，8）。

07GT2 ②：16–7，自右向左存 3 行 3 列 5 字（图 4–1–89，9）。

07GT2 ②：19–11，自右向左存 2 行 3 列 5 字（图 4–1–89，10）。

07GT2 ②：35–4，自右向左存 2 行 3 列 5 字（图 4–1–89，11）。

07GT2 ②：45–13，自右向左存 3 行 2 列 5 字（图 4–1–89，12）。

07GT2 ②：50–6，自右向左存 3 行 2 列 5 字（图 4–1–89，13）。

07GT2 ②：52–6，自右向左存 3 行 3 列 5 字（图 4–1–89，14）。

07GT2 ②：52–9，自右向左存 2 行 3 列 5 字（图 4–1–89，15）。

07GT3 ②：7–6，自右向左存 2 行 3 列 5 字（图 4–1–89，16）。

07GT4 ②：8–1，自右向左存 2 行 3 列 5 字（图 4–1–89，17）。

07GT4 ②：14–11，自右向左存 2 行 3 列 5 字（图 4–1–89，18）。

07GT4 ②：22–6，自右向左存 2 行 3 列 5 字（图 4–1–89，19）。

07GT4 ②：24–29，自右向左存 3 行 2 列 5 字（图 4–1–89，20）。

07GT4 ②：36–3，自右向左存 2 行 3 列 5 字（图 4–1–89，21）。

07GT4 ②：36–9，自右向左存 4 行 2 列 5 字（图 4–1–89，22）。

07GT4 ②：36–22，自右向左存 3 行 3 列 5 字（图 4–1–89，23）。

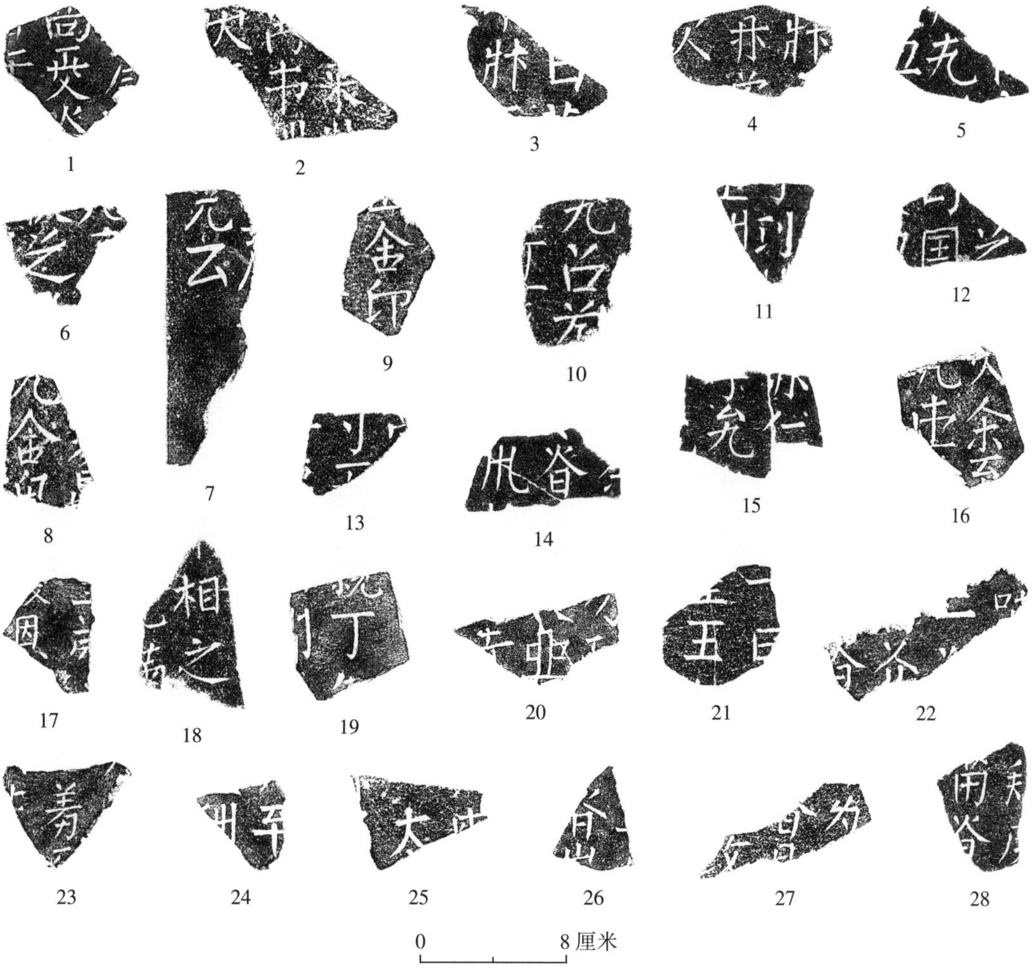

1　2　3　4　5

6　7　9　10　11　12

8　13　14　15　16

17　18　19　20　21　22

23　24　25　26　27　28

0　8厘米

图 4-1-89　龟趺山建筑基址出土契丹大字丙组碑文残片

1. 07GT2 ②：57-4　2. 07GT3 ②：14-11　3. 07GT1 ②：6-4　4. 07GT1 ②：16-3　5. 07GT2 ②：20-9　6. 07GT1 ②：21-5　7. 07GT2 ②：6-2　8. 07GT2 ②：11-2　9. 07GT2 ②：16-7　10. 07GT2 ②：19-11　11. 07GT2 ②：35-4　12. 07GT2 ②：45-13　13. 07GT2 ②：50-6　14. 07GT2 ②：52-6　15. 07GT2 ②：52-9　16. 07GT3 ②：7-6　17. 07GT4 ②：8-1　18. 07GT4 ②：14-11　19. 07GT4 ②：22-6　20. 07GT4 ②：24-29　21. 07GT4 ②：36-3　22. 07GT4 ②：36-9　23. 07GT4 ②：36-22　24. 07GT1 ②：5-3　25. 07GT1 ②：9-2　26. 07GT1 ②：11-6　27. 07GT1 ②：11-9　28. 07GT2 ②：16-4

07GT1 ②：5-3，自右向左存 2 行 2 列 4 字（图 4-1-89，24）。

07GT1 ②：9-2，自右向左存 3 行 2 列 4 字（图 4-1-89，25）。

07GT1 ②：11-6，自右向左存 2 行 2 列 4 字（图 4-1-89，26）。

07GT1 ②：11-9，自右向左存 3 行 2 列 4 字（图 4-1-89，27）。

07GT1 ②：17-2，自右向左存 2 行 2 列 4 字（图 4-1-90，1）。

07GT1 ②：23-9，自右向左存 3 行 2 列 4 字（图 4-1-90，2）。

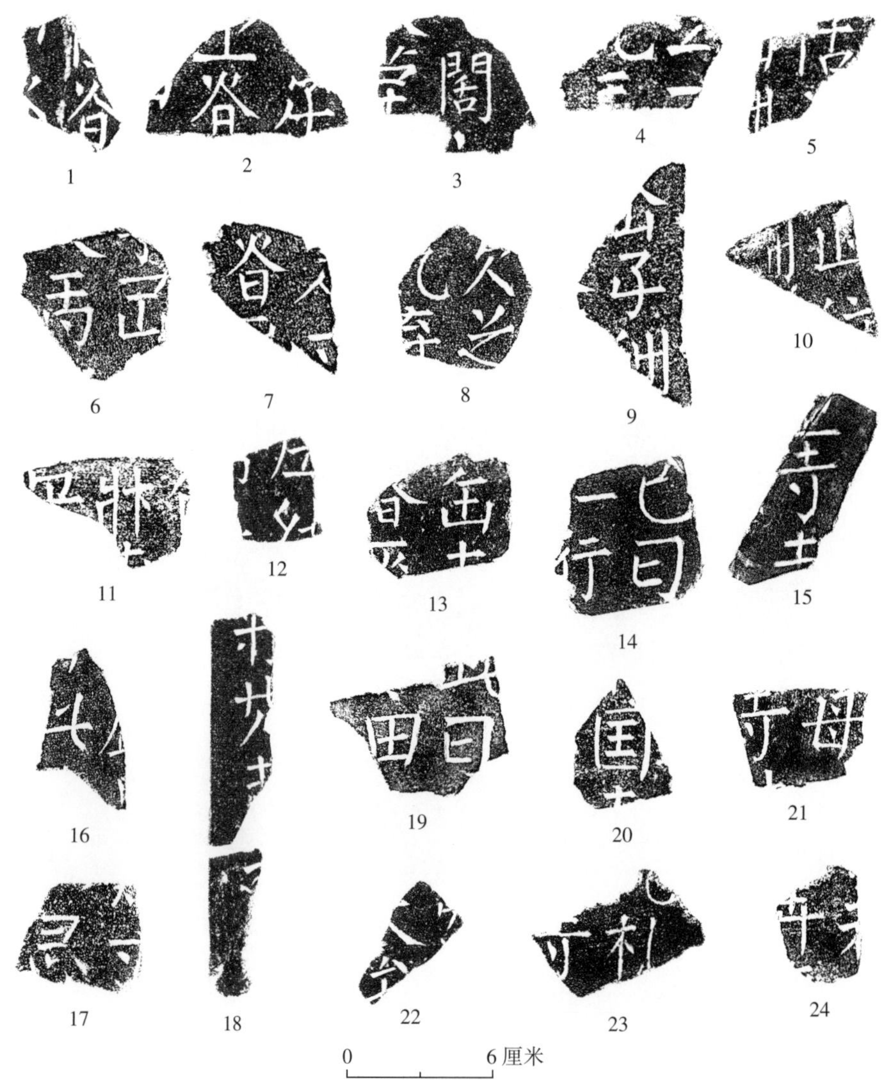

图 4-1-90　龟趺山建筑基址出土契丹大字丙组碑文残片

1. 07GT1②：17-2　2. 07GT1②：23-9　3. 07GT1②：26-5　4. 07GT2②：8-3　5. 07GT2②：16-6　6. 07GT2②：19-12　7. 07GT2②：19-15　8. 07GT2②：20-11　9. 07GT2②：22-10　10. 07GT2②：27-19　11. 07GT2②：35-5　12. 07GT2②：50-4　13. 07GT2②：51-2　14. 07GT2②：59-9　15. 07GT2②：59-10　16. 07GT4②：35-32　17. 07GT4②：37-46　18. 07GT2②：20-3　19. 07GT3②：20-3　20. 07GT1②：6-5　21. 07GT1②：10-4　22. 07GT1②：11-18　23. 07GT1②：12-4　24. 07GT1②：12-9

07GT1②：26-5，自右向左存2行3列4字（图4-1-90，3）。

07GT2②：8-3，自右向左存2行2列4字（图4-1-90，4）。

07GT2②：16-4，自右向左存2行2列4字（图4-1-89，28）。

07GT2②：16-6，自右向左存2行2列4字（图4-1-90，5）。

07GT2②：19-12，自右向左存2行2列4字（图4-1-90，6）。

07GT2②：19-15，自右向左存2行2列4字（图4-1-90，7）。

07GT2②：20-11，自右向左存2行2列4字（图4-1-90，8）。

07GT2②：22-10，自右向左存2行3列4字（图4-1-90，9）。

07GT2②：27-19，自右向左存2行2列4字（图4-1-90，10）。

07GT2②：35-5，自右向左存3行2列4字（图4-1-90，11）。

07GT2②：50-4，自右向左存2行2列4字（图4-1-90，12）。

07GT2②：51-2，自右向左存2行2列4字（图4-1-90，13）。

07GT2②：59-9，自右向左存2行2列4字（图4-1-90，14）。

07GT2②：59-10，自右向左存2行3列4字（图4-1-90，15）。

07GT4②：35-32，自右向左存2行3列4字（图4-1-90，16）。

07GT4②：37-46，自右向左存2行2列4字（图4-1-90，17）。

07GT2②：20-3，自右向左存1行4列4字（图4-1-90，18）。

07GT3②：20-3，自右向左存2行2列4字（图4-1-90，19）。

07GT1②：6-5，自右向左存1行3列3字（图4-1-90，20）。

07GT1②：10-4，自右向左存2行2列3字（图4-1-90，21）。

07GT1②：11-18，自右向左存2行2列3字（图4-1-90，22）。

07GT1②：12-4，自右向左存2行2列3字（图4-1-90，23）。

07GT1②：12-9，自右向左存2行2列3字（图4-1-90，24）。

07GT1②：15-2，自右向左存2行2列3字（图4-1-91，1）。

07GT1②：17-10，自右向左存1行3列3字（图4-1-91，2）。

07GT1②：21-7，自右向左存3行1列3字（图4-1-91，3）。

07GT1②：24-1，自右向左存2行2列3字（图4-1-91，4）。

07GT2②：11-11，自右向左存2行2列3字（图4-1-91，5）。

07GT2②：11-12，自右向左存2行2列3字（图4-1-91，6）。

07GT2②：15-12，自右向左存2行2列3字（图4-1-91，7）。

07GT2②：16-11，自右向左存2行2列3字（图4-1-91，8）。

07GT2②：16-12，自右向左存2行2列3字（图4-1-91，9）。

07GT2②：19-16，自右向左存2行2列3字（图4-1-91，10）。

07GT2②：22-13，自右向左存2行2列3字（图4-1-91，11）。

07GT2②：27-6，自右向左存2行2列3字（图4-1-91，12）。

07GT2②：27-15，自右向左存2行2列3字（图4-1-91，13）。

07GT2②：27-20，自右向左存2行2列3字（图4-1-91，14）。

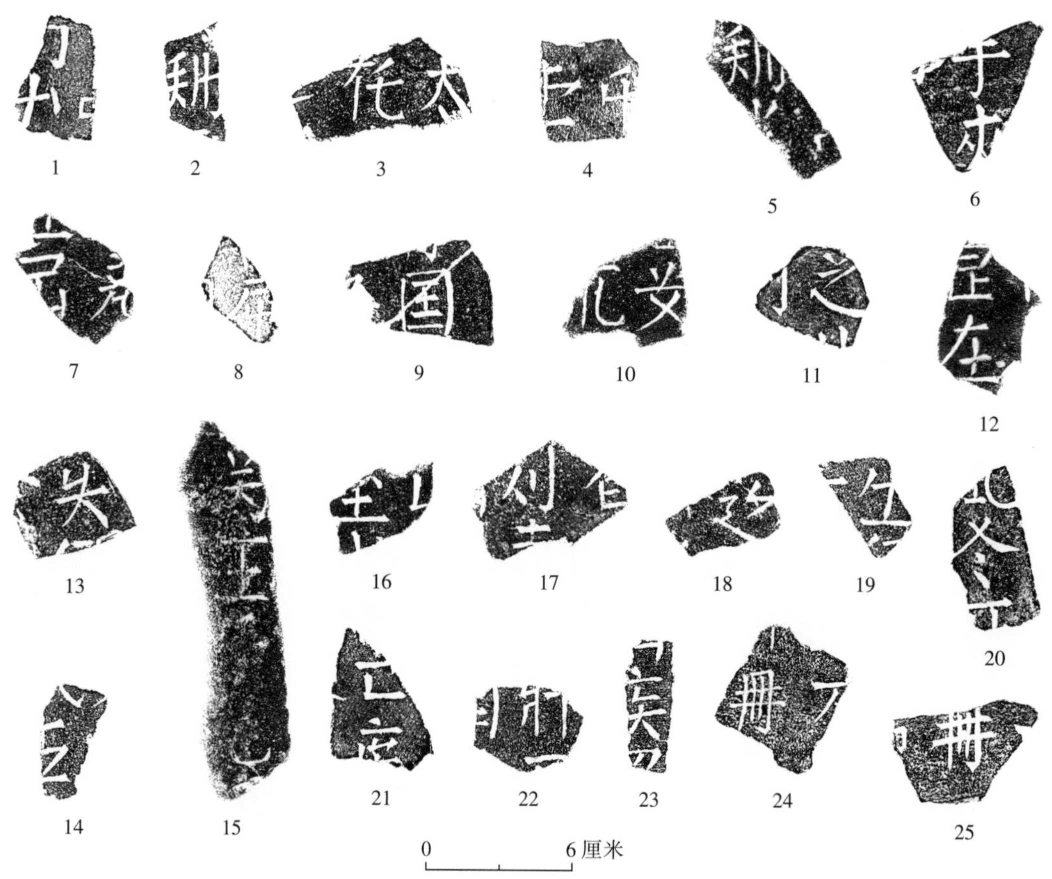

图 4-1-91 龟趺山建筑基址出土契丹大字丙组碑文残片

1. 07GT1 ②：15-2 2. 07GT1 ②：17-10 3. 07GT1 ②：21-7 4. 07GT1 ②：24-1 5. 07GT2 ②：11-11 6. 07GT2 ②：11-12 7. 07GT2 ②：15-12 8. 07GT2 ②：16-11 9. 07GT2 ②：16-12 10. 07GT2 ②：19-16 11. 07GT2 ②：22-13 12. 07GT2 ②：27-6 13. 07GT2 ②：27-15 14. 07GT2 ②：27-20 15. 07GT2 ②：32-1 16. 07GT2 ②：35-10 17. 07GT2 ②：41-19 18. 07GT2 ②：45-16 19. 07GT2 ②：47-17 20. 07GT2 ②：47-19 21. 07GT2 ②：50-8 22. 07GT2 ②：52-11 23. 07GT2 ②：60-8 24. 07GT4 ②：12-14 25. 07GT4 ②：15-7

07GT2 ②：32-1，自右向左存 1 行 4 列 4 字（图 4-1-91，15）。

07GT2 ②：35-10，自右向左存 2 行 2 列 3 字（图 4-1-91，16）。

07GT2 ②：41-19，自右向左存 2 行 2 列 3 字（图 4-1-91，17）。

07GT2 ②：45-16，自右向左存 2 行 2 列 3 字（图 4-1-91，18）。

07GT2 ②：47-17，自右向左存 2 行 2 列 3 字（图 4-1-91，19）。

07GT2 ②：47-19，自右向左存 1 行 3 列 3 字（图 4-1-91，20）。

07GT2 ②：50-8，自右向左存 2 行 2 列 3 字（图 4-1-91，21）。

07GT2 ②：52-11，自右向左存 2 行 2 列 3 字（图 4-1-91，22）。

07GT2 ②：60-8，自右向左存 1 行 3 列 3 字（图 4-1-91，23）。

07GT4②：12-14，自右向左存2行2列3字（图4-1-91，24）。

07GT4②：15-7，自右向左存3行1列3字（图4-1-91，25）。

07GT4②：16-4，自右向左存2行2列3字（图4-1-92，1）。

07GT4②：22-3，自右向左存2行2列3字（图4-1-92，2）。

07GT4②：29-7，自右向左存2行2列3字（图4-1-92，3）。

07GT4②：35-48，自右向左存2行2列3字（图4-1-92，4）。

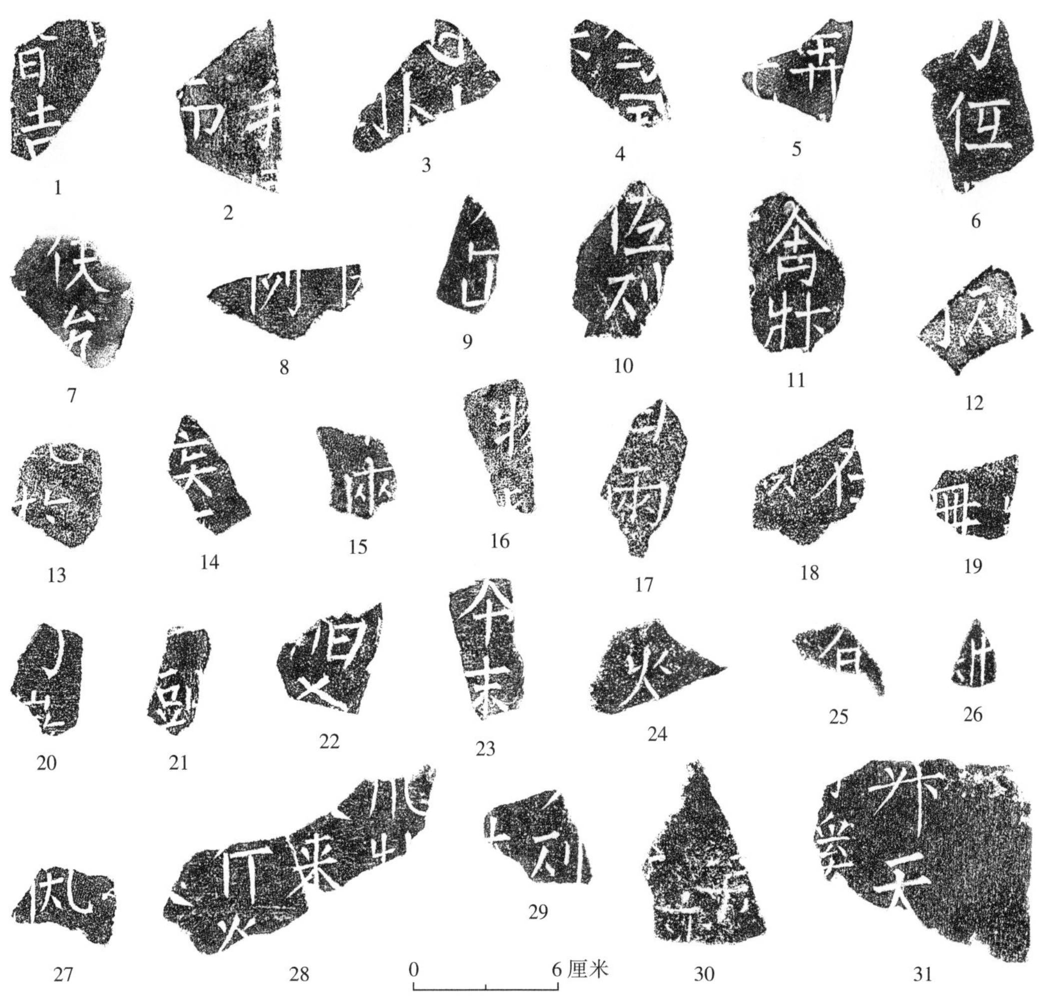

图4-1-92　龟趺山建筑基址出土契丹大字丙组碑文残片

1. 07GT4②：16-4　2. 07GT4②：22-3　3. 07GT4②：29-7　4. 07GT4②：35-48　5. 07GT1②：23-15　6. 07GT4②：10-9　7. 07GT4②：26-7　8. 07GT1②：11-23　9. 07GT2②：6-8　10. 07GT2②：9-5　11. 07GT2②：20-8　12. 07GT2②：26-3　13. 07GT2②：27-14　14. 07GT2②：41-25　15. 07GT2②：41-26　16. 07GT2②：45-15　17. 07GT3②：4-19　18. 07GT3②：8-15　19. 07GT3②：12-4　20. 07GT3②：14-29　21. 07GT4②：28-13　22. 07GT4②：29-9　23. 07GT4②：29-23　24. 07GT1②：19-2　25. 07GT2②：47-11　26. 07GT2②：49-2　27. 07GT2②：52-10　28. 采：24　29. 采：31　30. 采：49　31. 采：52

07GT1 ②：23–15，自右向左存 2 行 2 列 3 字（图 4–1–92，5）。

07GT4 ②：10–9，自右向左存 1 行 3 列 3 字（图 4–1–92，6）。

07GT4 ②：26–7，自右向左存 2 行 2 列 3 字（图 4–1–92，7）。

07GT1 ②：11–23，自右向左存 2 行 1 列 2 字（图 4–1–92，8）。

07GT2 ②：6–8，自右向左存 1 行 2 列 2 字（图 4–1–92，9）。

07GT2 ②：9–5，自右向左存 1 行 2 列 2 字（图 4–1–92，10）。

07GT2 ②：20–8，自右向左存 1 行 2 列 2 字（图 4–1–92，11）。

07GT2 ②：26–3，自右向左存 2 行 1 列 2 字（图 4–1–92，12）。

07GT2 ②：27–14，自右向左存 1 行 2 列 2 字（图 4–1–92，13）。

07GT2 ②：41–25，自右向左存 1 行 2 列 2 字（图 4–1–92，14）。

07GT2 ②：41–26，自右向左存 1 行 2 列 2 字（图 4–1–92，15）。

07GT2 ②：45–15，自右向左存 1 行 2 列 2 字（图 4–1–92，16）。

07GT3 ②：4–19，自右向左存 1 行 2 列 2 字（图 4–1–92，17）。

07GT3 ②：8–15，自右向左存 2 行 1 列 2 字（图 4–1–92，18）。

07GT3 ②：12–4，自右向左存 2 行 1 列 2 字（图 4–1–92，19）。

07GT3 ②：14–29，自右向左存 1 行 2 列 2 字（图 4–1–92，20）。

07GT4 ②：28–13，自右向左存 1 行 2 列 2 字（图 4–1–92，21）。

07GT4 ②：29–9，自右向左存 1 行 2 列 2 字（图 4–1–92，22）。

07GT4 ②：29–23，自右向左存 1 行 2 列 2 字（图 4–1–92，23）。

07GT1 ②：19–2，自右向左存 1 字（图 4–1–92，24）。

07GT2 ②：47–11，自右向左存 1 字（图 4–1–92，25）。

07GT2 ②：49–2，自右向左存 1 字（图 4–1–92，26）。

07GT2 ②：52–10，自右向左存 1 字（图 4–1–92，27）。

采：24，自右向左存 4 行 3 列 7 字（图 4–1–92，28）。

采：31，自右向左存 2 行 2 列 3 字（图 4–1–92，29）。

采：49，自右向左存 2 行 2 列 3 字（图 4–1–92，30）。

采：52，行距相错，自右向左存 2 行 2 列 4 字（图 4–1–92，31）。

③灰色砂岩

共 37 件。

07GT2 ②：30–1，自右向左存 7 行 6 列 31 字（图 4–1–93，1；图版六五九，2）。

07GT2 ②：3–1，自右向左存 7 行 7 列 28 字（图 4–1–93，2；图版六五九，3）。

07GT2 ②：3–2，局部呈红褐色或青灰色。自右向左存 7 行 6 列 20 字（图 4–1–93，4）。

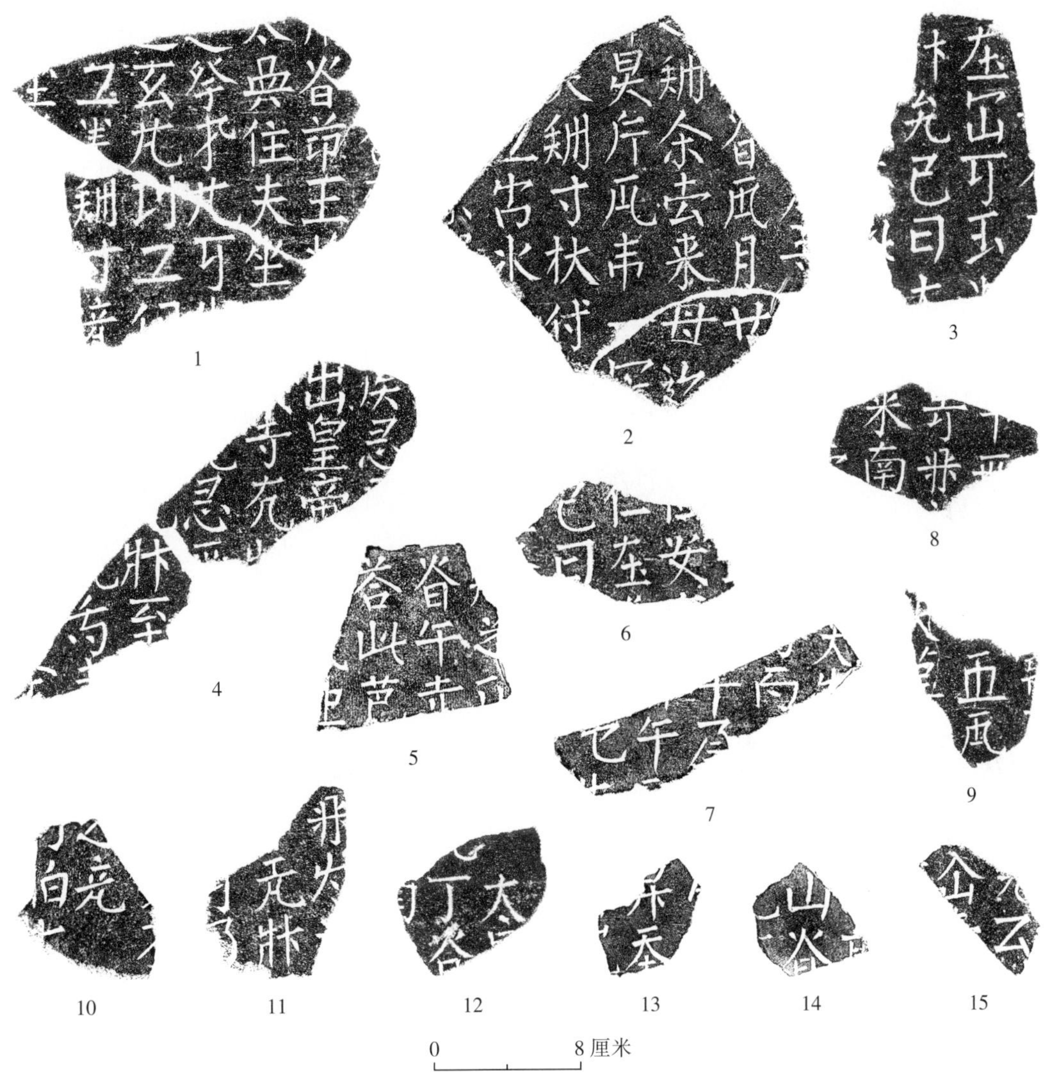

图 4-1-93　龟趺山建筑基址出土契丹大字丙组碑文残片

1. 07GT2 ②：30-1　2. 07GT2 ②：3-1　3. 07GT2 ②：38-4　4. 07GT2 ②：3-2　5. 07GT2 ②：34-1　6. 07GT2 ②：47-6　7. 07GT4 ②：9-2　8. 07GT2 ②：30-7　9. 07GT2 ②：3-3　10. 07GT2 ②：25-9　11. 07GT4 ②：4-4　12. 07GT2 ②：27-5　13. 07GT2 ②：25-13　14. 07GT2 ②：39-4　15. 07GT3 ②：17-6

07GT2 ②：38-4，自右向左存 4 行 5 列 15 字（图 4-1-93，3）。

07GT2 ②：34-1，自右向左存 4 行 3 列 11 字（图 4-1-93，5）。

07GT2 ②：47-6，局部泛褐。自右向左存 5 行 3 列 11 字（图 4-1-93，6）。

07GT4 ②：9-2，自右向左存 5 行 4 列 11 字（图 4-1-93，7）。

07GT2 ②：30-7，自右向左存 4 行 3 列 8 字（图 4-1-93，8）。

07GT2 ②：3-3，自右向左存 3 行 4 列 7 字（图 4-1-93，9）。

07GT2 ②：25-9，局部泛褐。自右向左存 3 行 3 列 7 字（图 4-1-93，10）。

07GT4 ②：4-4，自右向左存 3 行 3 列 7 字（图 4-1-93，11）。

07GT2 ②：27-5，自右向左存 3 行 3 列 6 字（图 4-1-93，12）。

07GT2 ②：25-13，行距相错，自右向左存 3 行 2 列 5 字（图 4-1-93，13）。

07GT2 ②：39-4，自右向左存 3 行 2 列 5 字（图 4-1-93，14）。

07GT3 ②：17-6，自右向左存 3 行 2 列 5 字（图 4-1-93，15）。

07GT4 ②：34-13，自右向左存 2 行 3 列 5 字（图 4-1-94，1）。

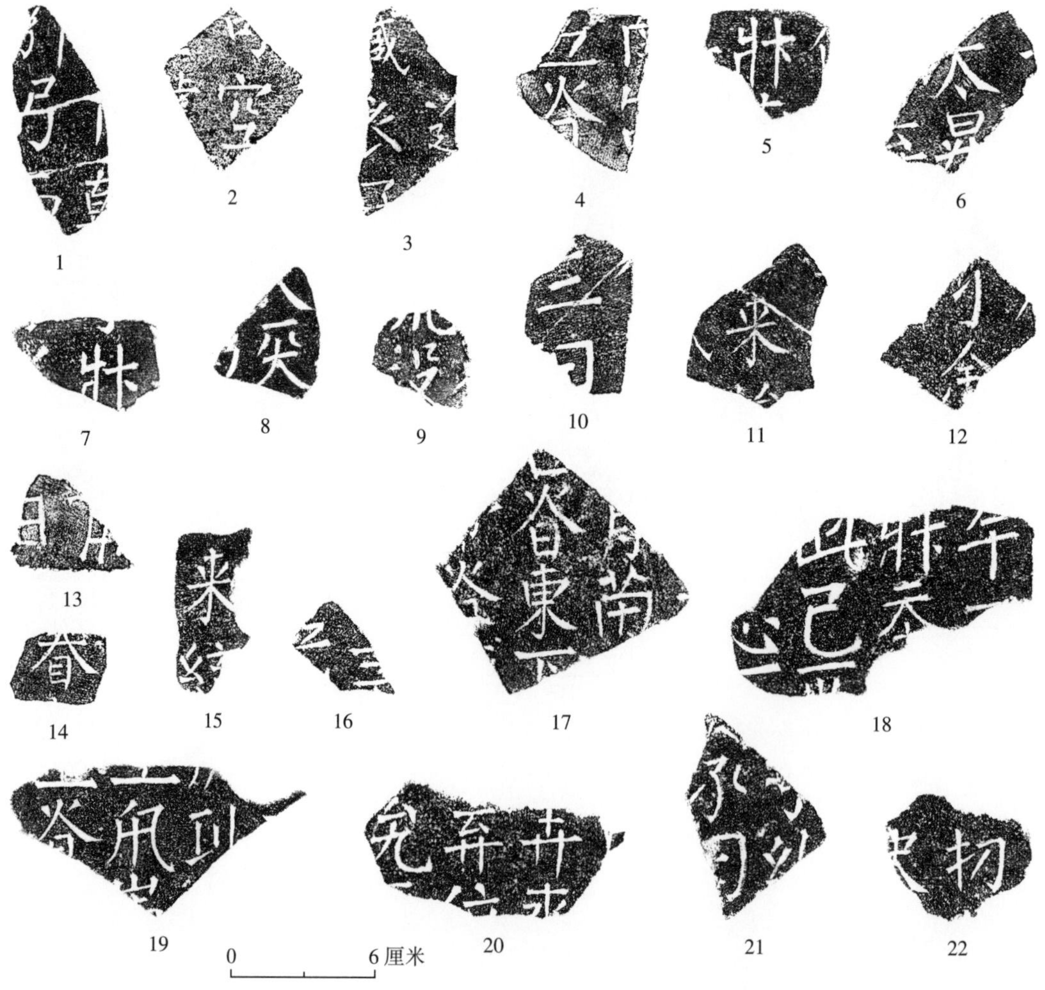

图 4-1-94　龟趺山建筑基址出土契丹大字丙组碑文残片

1. 07GT4 ②：34-13　2. 07GT4 ②：36-30　3. 07GT1 ②：21-20　4. 07GT2 ②：34-5　5. 07GT2 ②：35-8　6. 07GT2 ②：39-6　7. 07GT2 ②：39-7　8. 07GT2 ②：30-11　9. 07GT2 ②：47-22　10. 07GT4 ②：22-16　11. 07GT4 ②：25-13　12. 07GT4 ②：29-6　13. 07GT3 ②：7-15　14. 07GT3 ②：12-8　15. 07GT4 ②：16-15　16. 07GT4 ②：22-12　17. 采：48　18. 采：18　19. 采：10　20. 采：55　21. 采：21　22. 采：35

07GT4②：36–30，自右向左存3行2列5字（图4–1–94，2）。

07GT1②：21–20，自右向左存2行3列4字（图4–1–94，3）。

07GT2②：34–5，局部泛褐。自右向左存2行2列4字（图4–1–94，4）。

07GT2②：35–8，自右向左存3行2列4字（图4–1–94，5）。

07GT2②：39–6，自右向左存3行2列4字（图4–1–94，6）。

07GT2②：39–7，自右向左存2行2列4字（图4–1–94，7）。

07GT2②：30–11，自右向左存2行2列3字（图4–1–94，8）。

07GT2②：47–22，自右向左存2行2列3字（图4–1–94，9）。

07GT4②：22–16，自右向左存2行2列3字（图4–1–94，10）。

07GT4②：25–13，自右向左存2行2列3字（图4–1–94，11）。

07GT4②：29–6，自右向左存2行2列3字（图4–1–94，12）。

07GT3②：7–15，自右向左存2行1列2字（图4–1–94，13）。

07GT3②：12–8，自右向左存1行2列2字（图4–1–94，14）。

07GT4②：16–15，自右向左存1行2列2字（图4–1–94，15）。

07GT4②：22–12，自右向左存2行1列2字（图4–1–94，16）。

采：48，自右向左存4行4列10字（图4–1–94，17）。

采：18，自右向左存4行3列9字（图4–1–94，18）。

采：10，自右向左存4行3列8字（图4–1–94，19）。

采：55，自右向左存3行2列6字（图4–1–94，20）。

采：21，自右向左存2行3列5字（图4–1–94，21）。

采：35，自右向左存2行1列2字（图4–1–94，22）。

④灰褐色砂岩

共3件。

07GT1②：23–2，自右向左存4行6列21字（图4–1–95，1；图版六六〇，1）。

07GT1②：5–1，自右向左存4行3列8字（图4–1–95，2）。

07GT2②：38–6，自右向左存3行3列7字（图4–1–95，3）。

⑤青色砂岩

共72件。

07GT1②：7–3，自右向左存6行6列25字（图4–1–95，5；图版六六〇，2）。

07GT1②：23–1，自右向左存6行5列20字（图4–1–95，6；图版六六一，1）。

07GT2②：55–2，自右向左存3行6列16字（图4–1–95，7）。

07GT3②：20–1，自右向左存5行5列16字（图4–1–95，8）。

07GT1②：7–2，自右向左存4行6列15字（图4–1–95，9）。

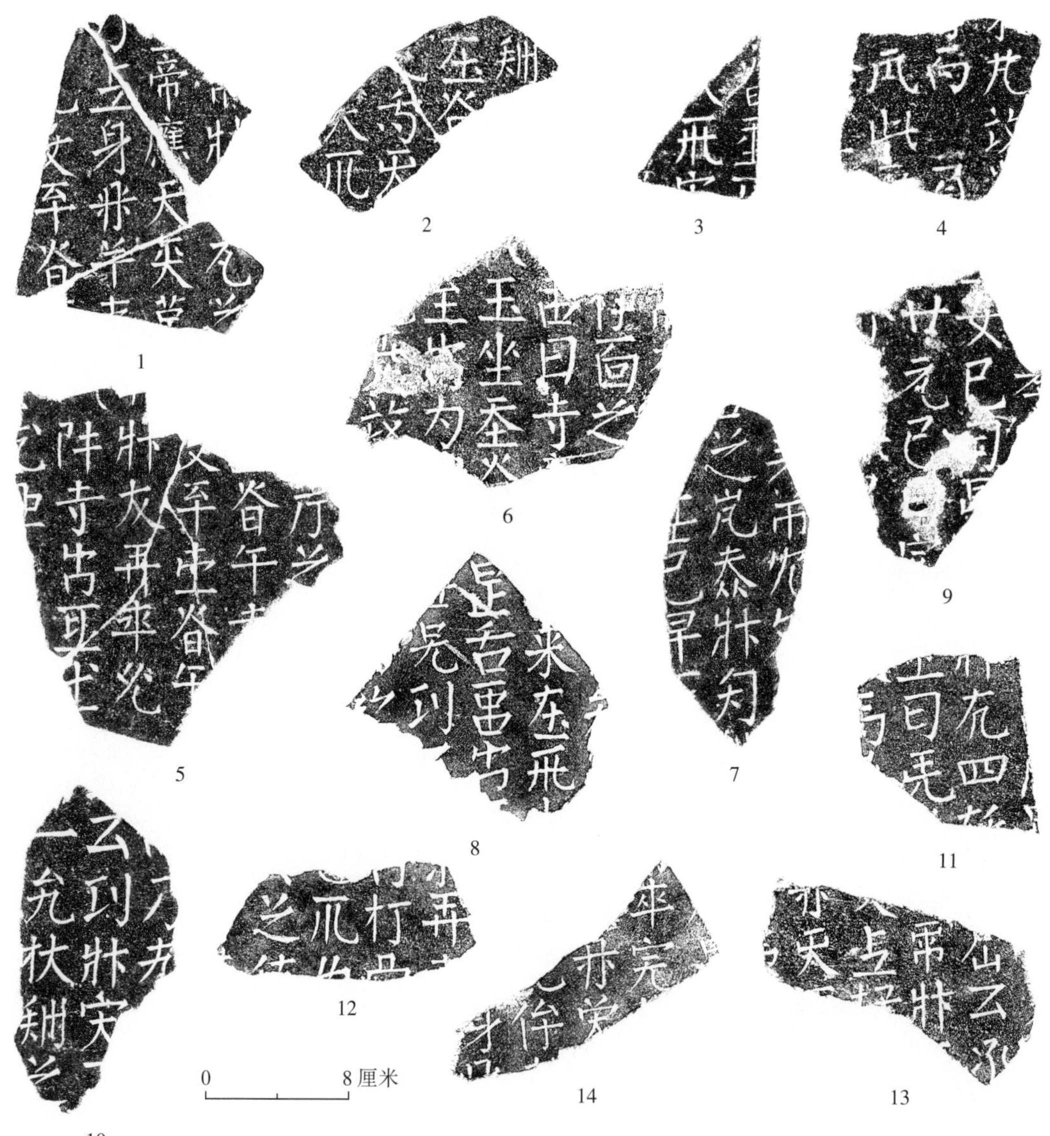

图 4-1-95 龟趺山建筑基址出土契丹大字丙组碑文残片

1. 07GT1 ②：23-2 2. 07GT1 ②：5-1 3. 07GT2 ②：38-6 4. 07GT2 ②：21-3 5. 07GT1 ②：7-3 6. 07GT1 ②：23-1 7. 07GT2 ②：55-2 8. 07GT3 ②：20-1 9. 07GT1 ②：7-2 10. 07GT2 ②：60-1 11. 07GT2 ②：19-2 12. 07GT1 ②：21-11 13. 07GT4 ②：28-3 14. 07GT2 ②：20-1

07GT2 ②：60-1，自右向左存 3 行 6 列 15 字（图 4-1-95，10）。

07GT2 ②：19-2，自右向左存 4 行 4 列 14 字（图 4-1-95，11）。

07GT1 ②：21-11，自右向左存 5 行 3 列 13 字（图 4-1-95，12）。

07GT4 ②：28-3，自右向左存 5 行 4 列 13 字（图 4-1-95，13）。

07GT2 ②：20-1，自右向左存 5 行 4 列 12 字（图 4-1-95，14；图版六五八，3）。

07GT2②：21–3，局部泛褐。自右向左存4行4列12字（图4–1–95，4）。

07GT1②：4–1，自右向左存5行3列11字（图4–1–96，1）。

07GT1②：6–3，自右向左存5行3列11字（图4–1–96，2）。

07GT2②：16–3，表皮微泛褐。自右向左存3行4列11字（图4–1–96，3）。

07GT1②：21–8，自右向左存4行4列10字（图4–1–96，4）。

07GT1②：8–1，自右向左存3行3列9字（图4–1–96，5）。

07GT2②：43–3，自右向左存4行4列9字（图4–1–96，6）。

07GT2②：59–1，碑文下方3.5厘米处有一条很细的阴刻线。自右向左存4行3列9字（图4–1–96，7）。

07GT3②：8–2，局部黄褐色。自右向左存4行3列9字（图4–1–96，8）。

07GT1②：12–10，自右向左存4行3列8字（图4–1–96，9）。

07GT2②：44–4，自右向左存3行3列8字（图4–1–96，10）。

07GT2②：57–1，自右向左存4行2列8字（图4–1–96，11）。

07GT4②：38–2，自右向左存4行3列8字（图4–1–96，12）。

07GT1②：17–5，自右向左存4行3列7字（图4–1–96，13）。

07GT1②：26–6，自右向左存3行3列7字（图4–1–96，14）。

07GT2②：60–3，自右向左存3行4列7字（图4–1–96，15）。

07GT1②：3–1，自右向左存3行3列6字（图4–1–96，16）。

07GT2②：20–5，自右向左存3行2列6字（图4–1–96，17）。

07GT2②：37–3，自右向左存3行3列6字（图4–1–96，18）。

07GT2②：37–5，自右向左存3行2列6字（图4–1–96，19）。

07GT3②：17–1，自右向左存2行3列6字（图4–1–96，20）。

07GT1②：15–3，自右向左存3行3列5字（图4–1–96，21）。

07GT1②：21–17，自右向左存3行2列5字（图4–1–96，22）。

07GT2②：19–7，左侧面与正面相交处抹斜。自右向左存1行5列5字（图4–1–96，23）。

07GT2②：41–10，自右向左存2行3列5字（图4–1–96，24）。

07GT4②：28–4，自右向左存2行4列5字（图4–1–96，25）。

07GT1②：6–2，自右向左存2行3列4字（图4–1–96，26）。

07GT1②：15–5，自右向左存2行2列4字（图4–1–96，27）。

07GT1②：17–3，自右向左存2行2列4字（图4–1–97，1）。

07GT1②：17–14，自右向左存2行2列4字（图4–1–97，2）。

07GT1②：20–4，自右向左存3行2列4字（图4–1–97，3）。

图 4-1-96　龟趺山建筑基址出土契丹大字丙组碑文残片

1. 07GT1 ②：4-1　2. 07GT1 ②：6-3　3. 07GT2 ②：16-3　4. 07GT1 ②：21-8　5. 07GT1 ②：8-1
6. 07GT2 ②：43-3　7. 07GT2 ②：59-1　8. 07GT3 ②：8-2　9. 07GT1 ②：12-10　10. 07GT2 ②：44-4
11. 07GT2 ②：57-1　12. 07GT4 ②：38-2　13. 07GT1 ②：17-5　14. 07GT1 ②：26-6　15. 07GT2 ②：60-3
16. 07GT1 ②：3-1　17. 07GT2 ②：20-5　18. 07GT2 ②：37-3　19. 07GT2 ②：37-5　20. 07GT3 ②：17-1
21. 07GT1 ②：15-3　22. 07GT1 ②：21-17　23. 07GT2 ②：19-7　24. 07GT2 ②：41-10　25. 07GT4 ②：28-4
26. 07GT1 ②：6-2　27. 07GT1 ②：15-5

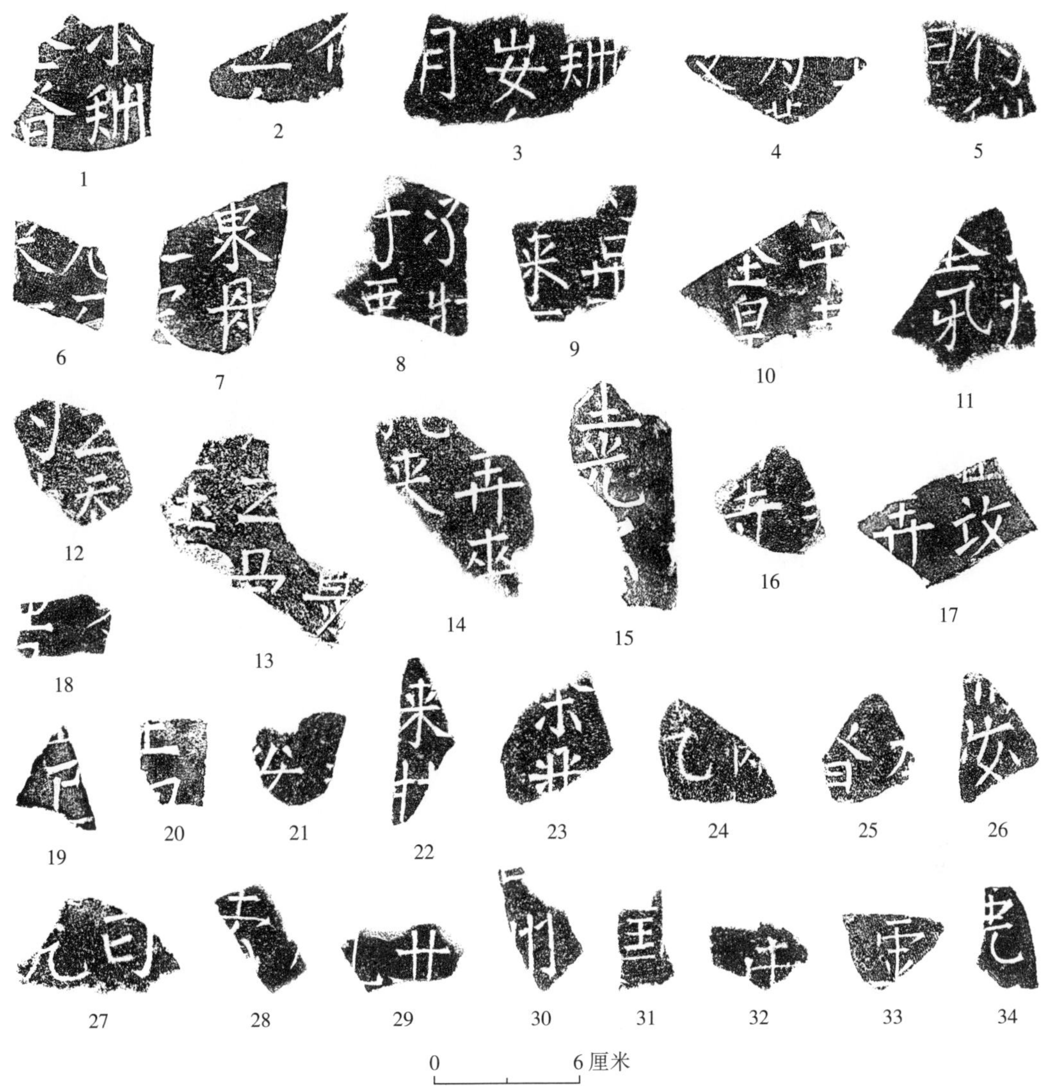

图 4–1–97　龟趺山建筑基址出土契丹大字丙组碑文残片

1. 07GT1②：17–3　2. 07GT1②：17–14　3. 07GT1②：20–4　4. 07GT1②：21–36　5. 07GT2②：9–6　6. 07GT2②：56–8　7. 07GT2②：59–11　8. 07GT2②：59–13　9. 07GT3②：7–7　10. 07GT3②：8–7　11. 07GT3②：12–21　12. 07GT4②：4–14　13. 07GT4②：9–4　14. 07GT4②：25–14　15. 07GT1②：5–2　16. 07GT2②：19–17　17. 07GT2②：57–3　18. 07GT4②：35–31　19. 07GT1②：7–6　20. 07GT1②：11–11　21. 07GT1②：11–22　22. 07GT1②：15–1　23. 07GT1②：17–8　24. 07GT1②：21–27　25. 07GT1②：21–29　26. 07GT2②：6–10　27. 07GT2②：16–10　28. 07GT2②：40–6　29. 07GT3②：14–18　30. 07GT4②：15–9　31. 07GT1②：17–4　32. 07GT1②：20–2　33. 07GT1②：21–47　34. 07GT2②：59–6

07GT1②：21–36，自右向左存 3 行 2 列 4 字（图 4–1–97，4）。

07GT2②：9–6，自右向左存 2 行 2 列 4 字（图 4–1–97，5）。

07GT2②：56–8，自右向左存 2 行 2 列 4 字（图 4–1–97，6）。

07GT2 ②：59–11，自右向左存 2 行 2 列 4 字（图 4–1–97，7；图版六五〇，3）。

07GT2 ②：59–13，自右向左存 2 行 2 列 4 字（图 4–1–97，8）。

07GT3 ②：7–7，自右向左存 2 行 3 列 4 字（图 4–1–97，9）。

07GT3 ②：8–7，自右向左存 2 行 2 列 4 字（图 4–1–97，10）。

07GT3 ②：12–21，自右向左存 2 行 2 列 4 字（图 4–1–97，11）。

07GT4 ②：4–14，自右向左存 2 行 2 列 4 字（图 4–1–97，12）。

07GT4 ②：9–4，自右向左存 3 行 2 列 4 字（图 4–1–97，13）。

07GT4 ②：25–14，自右向左存 2 行 3 列 4 字（图 4–1–97，14）。

07GT1 ②：5–2，自右向左存 1 行 2 列 3 字（图 4–1–97，15）。

07GT2 ②：19–17，自右向左存 2 行 2 列 3 字（图 4–1–97，16）。

07GT2 ②：57–3，自右向左存 2 行 2 列 3 字（图 4–1–97，17）。

07GT4 ②：35–31，自右向左存 2 行 2 列 3 字（图 4–1–97，18）。

07GT1 ②：7–6，自右向左存 1 行 2 列 2 字（图 4–1–97，19）。

07GT1 ②：11–11，自右向左存 1 行 2 列 2 字（图 4–1–97，20）。

07GT1 ②：11–22，自右向左存 2 行 1 列 2 字（图 4–1–97，21）。

07GT1 ②：15–1，自右向左存 1 行 2 列 2 字（图 4–1–97，22）。

07GT1 ②：17–8，自右向左存 1 行 2 列 2 字（图 4–1–97，23）。

07GT1 ②：21–27，自右向左存 2 行 1 列 2 字（图 4–1–97，24）。

07GT1 ②：21–29，自右向左存 2 行 1 列 2 字（图 4–1–97，25）。

07GT2 ②：6–10，自右向左存 1 行 2 列 2 字（图 4–1–97，26）。

07GT2 ②：16–10，自右向左存 2 行 1 列 2 字（图 4–1–97，27）。

07GT2 ②：40–6，自右向左存 2 行 1 列 2 字（图 4–1–97，28）。

07GT3 ②：14–18，自右向左存 2 行 1 列 2 字（图 4–1–97，29）。

07GT4 ②：15–9，自右向左存 1 行 2 列 2 字（图 4–1–97，30）。

07GT1 ②：17–4，自右向左存 1 字（图 4–1–97，31）。

07GT1 ②：20–2，自右向左存 1 字（图 4–1–97，32）。

07GT1 ②：21–47，自右向左存 1 字（图 4–1–97，33）。

07GT2 ②：59–6，自右向左存 1 字（图 4–1–97，34）。

⑥青绿色砂岩

共 25 件。

07GT2 ②：46–3，背面泛黄。自右向左存 10 行 5 列 35 字（图 4–1–98，1；图版六六一，2）。

07GT2 ②：23–1，自右向左存 7 行 6 列 26 字（图 4–1–98，2）。

图 4-1-98　龟趺山建筑基址出土契丹大字丙组、丁组碑文残片

1. 07GT2②：46-3　2. 07GT2②：23-1　3. 15G：采2　4. 07GT2②：46-2　5. 07GT2②：49-3　6. 07GT2②：61　7. 07GT2②：5-2　8. 07GT2②：47-8　9. 07GT2②：6-3　10. 07GT2②：49-8　11. 07GT2②：5-5　12. 07GT2②：22-3　13. 07GT2②：50-3　14. 07GT4②：39-2　15. 07GT2②：5-7　16. 07GT2②：25-12　17. 07GT2②：5-1　18. 07GT2②：9-4　19. 07GT2②：47-20

07GT2②：46-2，自右向左存5行4列19字（图4-1-98，4）。

07GT2②：49-3，自右向左存5行4列13字（图4-1-98，5）。

07GT2②：61，局部泛褐。自右向左存4行4列12字（图4-1-98，6）。

07GT2②：5–2，自右向左存4行3列10字（图4–1–98，7）。

07GT2②：47–8，自右向左存3行3列8字（图4–1–98，8）。

07GT2②：6–3，自右向左存3行3列7字（图4–1–98，9）。

07GT2②：49–8，局部泛褐。自右向左存3行3列7字（图4–1–98，10）。

07GT2②：5–5，自右向左存3行2列6字（图4–1–98，11）。

07GT2②：22–3，自右向左存2行4列6字（图4–1–98，12）。

07GT2②：50–3，自右向左存3行3列5字（图4–1–98，13）。

07GT4②：39–2，下缘有一道细刻线。自右向左存3行2列5字（图4–1–98，14）。

07GT2②：5–7，自右向左存2行2列4字（图4–1–98，15）。

07GT2②：25–12，自右向左存2行3列4字（图4–1–98，16）。

07GT2②：5–1，左侧面与正面相交处抹斜。自右向左存1行3列3字（图4–1–98，17）。

07GT2②：9–4，自右向左存2行2列3字（图4–1–98，18）。

07GT2②：47–20，自右向左存2行2列3字（图4–1–98，19）。

07GT2②：53–3，自右向左存2行2列3字（图4–1–99，1）。

07GT4②：22–8，自右向左存3行1列3字（图4–1–99，2）。

07GT2②：11–10，自右向左存1行2列2字（图4–1–99，3）。

07GT2②：53–7，自右向左存2行1列2字（图4–1–99，4）。

采：65，自右向左存3行3列5字（图4–1–99，5）。

采：56，正面泛碱。自右向左存2行2列4字（图4–1–99，6）。

采：29，自右向左存1行2列2字（图4–1–99，7）。

⑦青灰色砂岩

共15件。

07GT2②：44–3，自右向左存4行4列11字（图4–1–99，8；图版六六二，2）。

07GT2②：27–3，局部泛绿。自右向左存5行3列10字（图4–1–99，9）。

07GT2②：59–15，局部泛褐。自右向左存3行2列6字（图4–1–99，10）。

07GT2②：38–9，自右向左存2行3列5字（图4–1–99，11）。

07GT2②：54–4，自右向左存2行3列5字（图4–1–99，12）。

07GT2②：11–13，局部泛褐。自右向左存2行2列4字（图4–1–99，13）。

07GT2②：29–8，自右向左存2行2列4字（图4–1–99，14）。

07GT2②：30–9，自右向左存3行2列4字（图4–1–99，15）。

07GT2②：45–14，自右向左存2行2列4字（图4–1–99，16）。

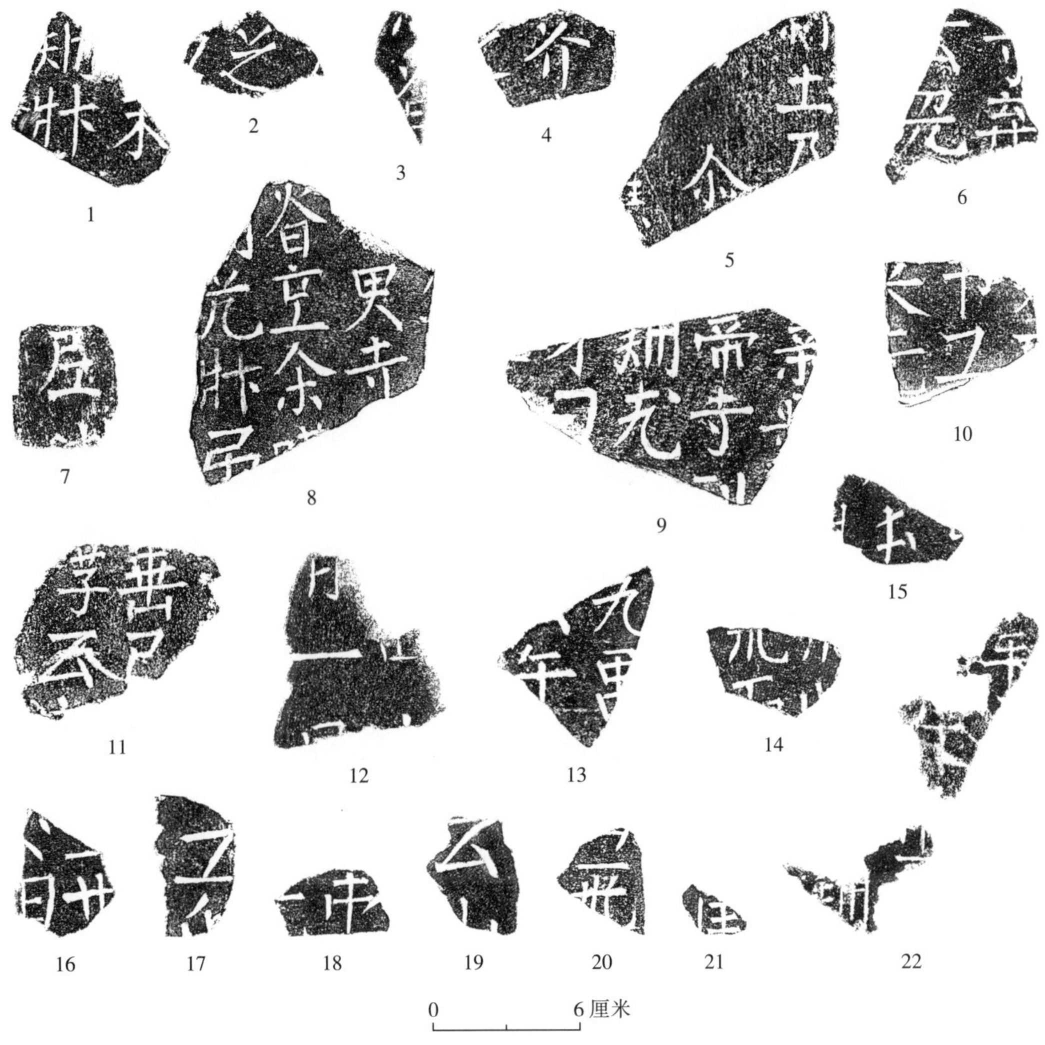

图 4-1-99　龟趺山建筑基址出土契丹大字丙组碑文残片

1. 07GT2②：53-3　2. 07GT4②：22-8　3. 07GT2②：11-10　4. 07GT2②：53-7　5. 采：65　6. 采：56　7. 采：29　8. 07GT2②：44-3　9. 07GT2②：27-3　10. 07GT2②：59-15　11. 07GT2②：38-9　12. 07GT2②：54-4　13. 07GT2②：11-13　14. 07GT2②：29-8　15. 07GT2②：30-9　16. 07GT2②：45-14　17. 07GT2②：6-4　18. 07GT2②：1-4　19. 07GT2②：27-18　20. 07GT2②：27-21　21. 07GT2②：27-24　22. 采：12

07GT2②：6-4，自右向左存 2 行 2 列 3 字（图 4-1-99，17）。

07GT2②：1-4，自右向左存 2 行 1 列 2 字（图 4-1-99，18）。

07GT2②：27-18，自右向左存 1 行 2 列 2 字（图 4-1-99，19）。

07GT2②：27-21，自右向左存 1 行 2 列 2 字（图 4-1-99，20）。

07GT2②：27-24，自右向左存 1 字（图 4-1-99，21）。

采：12，自右向左存 3 行 4 列 5 字（图 4-1-99，22）。

4）丁组

红褐色砂岩，正面磨光刻字。楷体，字形大小不一，刻工细腻。

仅 1 件。

15G：采 2，自右向左存 5 行 4 列 17 字。右侧 3 行 4 列 9 字形体纤细；左侧 2 行 4 列 8 字字形规正（图 4–1–98，3；图版六六二，1）。

（2）汉字

依据石料、字体、刻工等方面的不同，可将这批汉字碑片分作甲、乙、丙三组。

1）甲组

砂岩，正面磨光刻字。楷体，字大小不一，刻工细腻。根据石料色泽差异，分述如下。

①红褐色砂岩

共 5 件。

07GT3 ②：17–2，自右向左存 5 行 4 列 14 字（图 4–1–100，1；图版六六二，3）。

07GT1 ②：10–5，自右向左存 2 行 3 列 4 字（图 4–1–100，2）。

07GT1 ②：11–7，自右向左存 2 行 2 列 4 字（图 4–1–100，3）。

07GT2 ②：40–5，自右向左存 2 行 3 列 4 字（图 4–1–100，4）。

07GT2 ②：54–6，自右向左存 1 行 2 列 2 字（图 4–1–100，5）。

②黄褐色砂岩

共 11 件。

07GT3 ②：14–8，自右向左存 3 行 4 列 8 字（图 4–1–100，6；图版六六二，4）。

07GT4 ②：36–11，自右向左存 3 行 3 列 6 字（图 4–1–100，7；图版六六三，1）。

07GT3 ②：2–3，自右向左存 3 行 2 列 5 字（图 4–1–100，8）。

07GT4 ②：10–1，自右向左存 3 行 2 列 5 字（图 4–1–100，9；图版六六三，2）。

07GT1 ②：11–15，自右向左存 2 行 2 列 3 字（图 4–1–100，10）。

07GT3 ②：8–10，自右向左存 2 行 2 列 3 字（图 4–1–100，11）。

07GT4 ②：12–21，自右向左存 3 行 1 列 3 字（图 4–1–100，12）。

07GT4 ②：36–36，自右向左存 2 行 2 列 3 字（图 4–1–100，13）。

07GT1 ②：26–3，自右向左存 1 行 2 列 2 字（图 4–1–100，14）。

07GT1 ②：11–20，自右向左存 1 字（图 4–1–100，15）。

07GT2 ②：55–10，自右向左存 1 字（图 4–1–100，16）。

③青色砂岩

共 3 件。

07GT4 ②：27–1，自右向左存 3 行 2 列 6 字（图 4–1–100，17；图版六六三，3）。

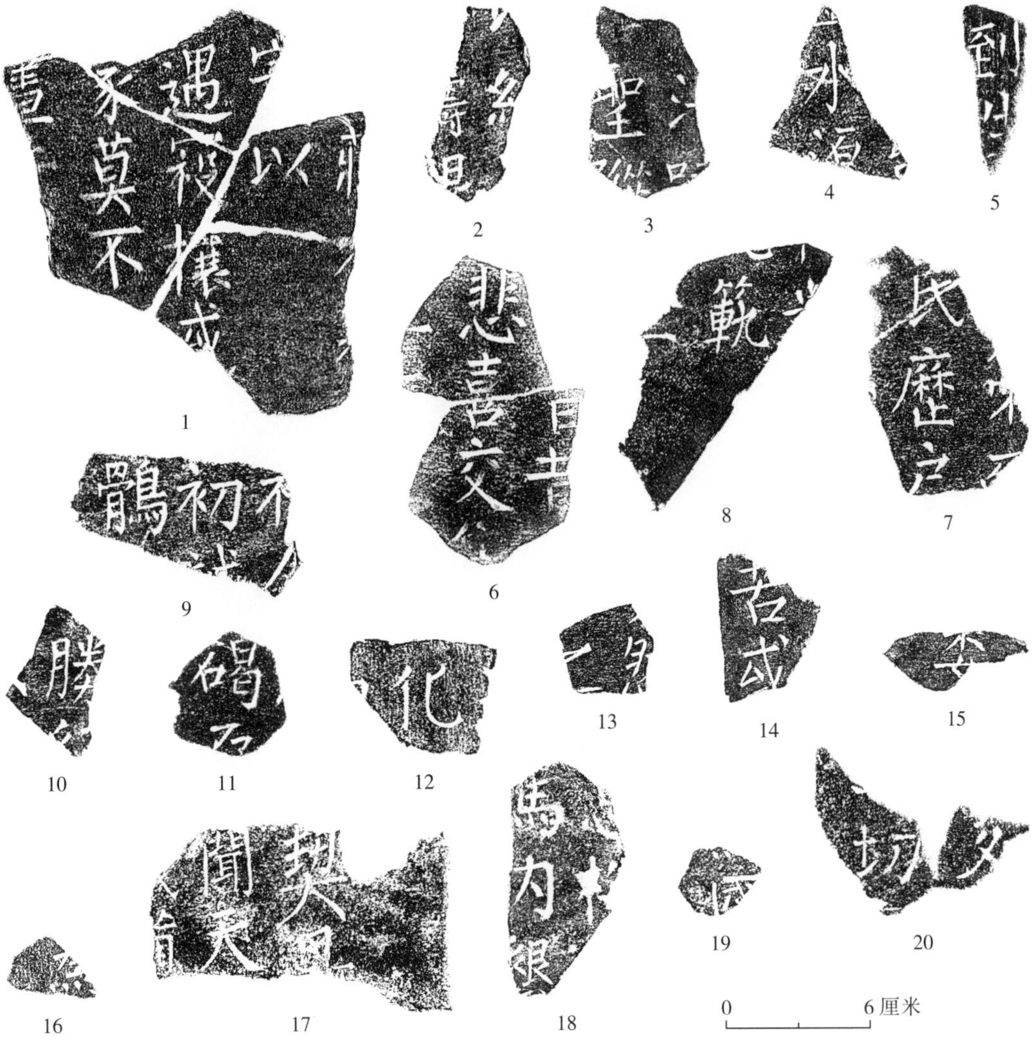

图 4-1-100　龟趺山建筑基址出土汉字甲组碑文残片

1. 07GT3 ②：17-2　2. 07GT1 ②：10-5　3. 07GT1 ②：11-7　4. 07GT2 ②：40-5　5. 07GT2 ②：54-6　6. 07GT3 ②：14-8　7. 07GT4 ②：36-11　8. 07GT3 ②：2-3　9. 07GT4 ②：10-1　10. 07GT1 ②：11-15　11. 07GT3 ②：8-10　12. 07GT4 ②：12-21　13. 07GT4 ②：36-36　14. 07GT1 ②：26-3　15. 07GT1 ②：11-20　16. 07GT2 ②：55-10　17. 07GT4 ②：27-1　18. 07GT4 ②：4-7　19. 07GT2 ②：19-9　20. 采：26

07GT4 ②：4-7，自右向左存 2 行 3 列 5 字（图 4-1-100，18）。

07GT2 ②：19-9，自右向左存 1 行 2 列 2 字（图 4-1-100，19）。

④青绿色砂岩

仅 1 件。

采：26，左、右面形成 90° 角。左面自右向左存 1 行 2 列 2 字；右面自右向左存 1 字。疑似经幢残片（图 4-1-100，20）。

2）乙组

砂岩，正面磨光刻字。楷体，字形浑厚，刻工粗糙。石料打磨不甚细。根据其色泽差异，分述如下。

①红褐色砂岩

共 8 件。

07GT4 ②：2，自右向左存 8 行 20 列 88 字（图 4–1–101，1；图版六六四，1）。

07GT4 ②：27–7，自右向左存 3 行 3 列 7 字（图 4–1–101，2）。

07GT2 ②：34–3，自右向左存 2 行 3 列 5 字（图 4–1–101，3）。

07GT3 ②：17–3，自右向左存 2 行 3 列 5 字（图 4–1–101，4）。

07GT4 ②：12–3，自右向左存 2 行 3 列 5 字（图 4–1–101，5）。

07GT2 ②：58–2，自右向左存 2 行 2 列 3 字（图 4–1–101，6）。

07GT4 ②：12–5，自右向左存 2 行 2 列 3 字（图 4–1–101，7）。

07GT4 ②：1–1，自右向左存 1 字（图 4–1–101，8）。

②黄褐色砂岩

共 14 件。

07GT4 ②：29–1，自右向左存 3 行 10 列 28 字（图 4–1–101，9；图版六六四，2）。

07GT2 ②：56–2，自右向左存 3 行 7 列 15 字（图 4–1–102，1）。

07GT2 ②：12–3，自右向左存 3 行 4 列 9 字（图 4–1–102，2）。

07GT4 ②：4–12，自右向左存 2 行 5 列 9 字（图 4–1–102，3）。

07GT2 ②：15–9，碑文左侧有一道阴刻线。自右向左存 2 行 4 列 7 字（图 4–1–102，4）。

07GT2 ②：29–11，自右向左存 3 行 5 列 7 字（图 4–1–102，5）。

07GT2 ②：44–2，自右向左存 3 行 2 列 6 字（图 4–1–102，6）。

07GT2 ②：40–3，自右向左存 2 行 3 列 5 字（图 4–1–102，7）。

07GT2 ②：53–2，自右向左存 2 行 3 列 5 字（图 4–1–102，8）。

07GT2 ②：55–3，自右向左存 3 行 3 列 5 字（图 4–1–102，9）。

07GT2 ②：60–6，自右向左存 2 行 3 列 5 字（图 4–1–102，10）。

07GT2 ②：16–5，自右向左存 3 行 2 列 4 字（图 4–1–102，11）。

07GT2 ②：19–5，自右向左存 1 行 3 列 3 字（图 4–1–102，12）。

07GT3 ②：14–2，自右向左存 1 行 2 列 2 字（图 4–1–102，13）。

③青灰色砂岩

共 2 件。

07GT2 ②：60–2，局部红褐色。自右向左存 4 行 3 列 9 字（图 4–1–102，14；图

图 4-1-101　龟趺山建筑基址出土汉字乙组碑文残片

1. 07GT4②：2　2. 07GT4②：27-7　3. 07GT2②：34-3　4. 07GT3②：17-3　5. 07GT4②：12-3　6. 07GT2②：58-2　7. 07GT4②：12-5　8. 07GT4②：1-1　9. 07GT4②：29-1

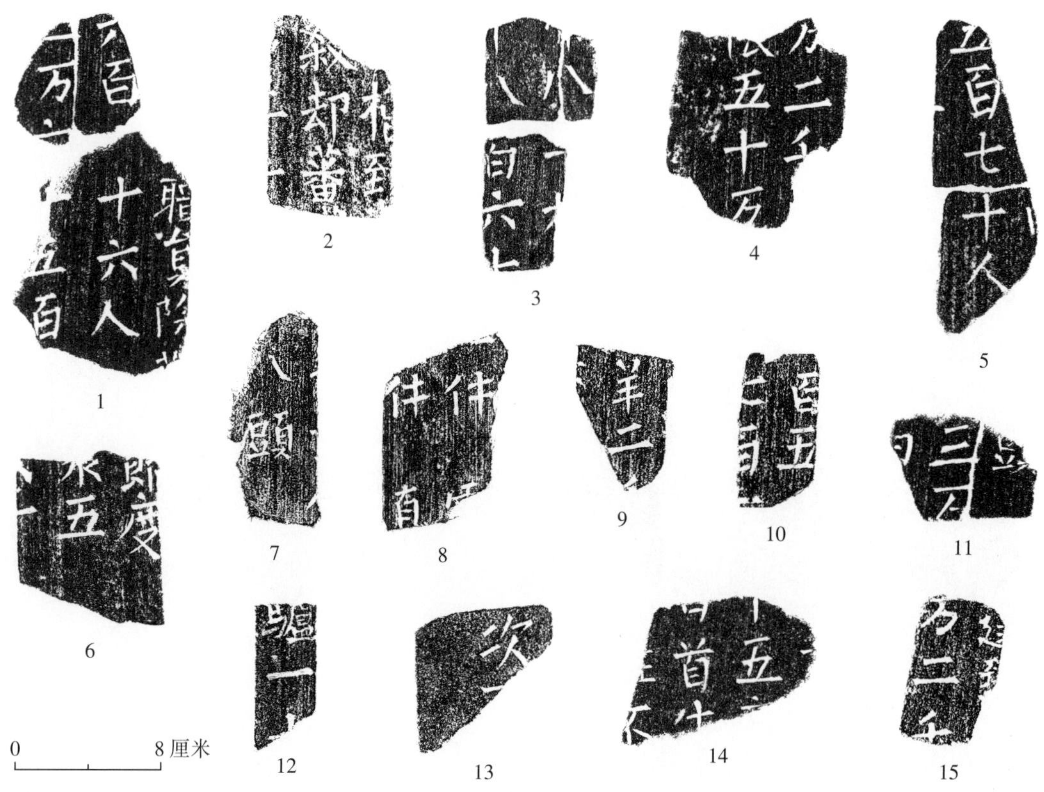

图 4-1-102 龟趺山建筑基址出土汉字乙组碑文残片

1. 07GT2 ②：56-2 2. 07GT2 ②：12-3 3. 07GT4 ②：4-12 4. 07GT2 ②：15-9 5. 07GT2 ②：29-11 6. 07GT2 ②：44-2 7. 07GT2 ②：40-3 8. 07GT2 ②：53-2 9. 07GT2 ②：55-3 10. 07GT2 ②：60-6 11. 07GT2 ②：16-5 12. 07GT2 ②：19-5 13. 07GT3 ②：14-2 14. 07GT2 ②：60-2 15. 采：76

版六六三，4）。

采：76，自右向左存 2 行 3 列 5 字（图 4-1-102，15）。

3）丙组

砂岩，正面磨光刻字。楷体，字形规正，刻工精细。根据石料的色泽差异，分述如下。

①红褐色砂岩

共 74 件。

07GT2 ②：11-7，自右向左存有 14 行 17 列 112 字（图 4-1-103，1；图版六六五，1）。

07GT4 ②：6-4，自右向左存 8 行 13 列 86 字。第 8 行字大于其他几行（图 4-1-104，1；图版六六五，2）。

07GT3 ②：3-1，自右向左存 8 行 13 列 68 字。第 8 列字大于其他几列（图 4-1-104，2；图版六六六，1）。

图 4-1-103　龟趺山建筑基址出土汉字丙组碑文残片

1. 07GT2②：11-7　2. 07GT4②：41-1

图 4-1-104　龟趺山建筑基址出土汉字丙组碑文残片

1. 07GT4②：6-4　2. 07GT3②：3-1

07GT3②：8-1，左侧面与正面交接处出棱，右侧面呈曲尺状直边。自右向左存5行16列66字（图4-1-105，1；图版六六七，1）。

07GT2②：6-1，自右向左存9行15列63字（图4-1-105，2；图版六六七，2）。

07GT4②：41-1，自右向左存有9行10列48字（图4-1-103，2；图版六六六，2）。

07GT2②：18，自右向左存7行10列40字（图4-1-106，3；图版六六八，1）。

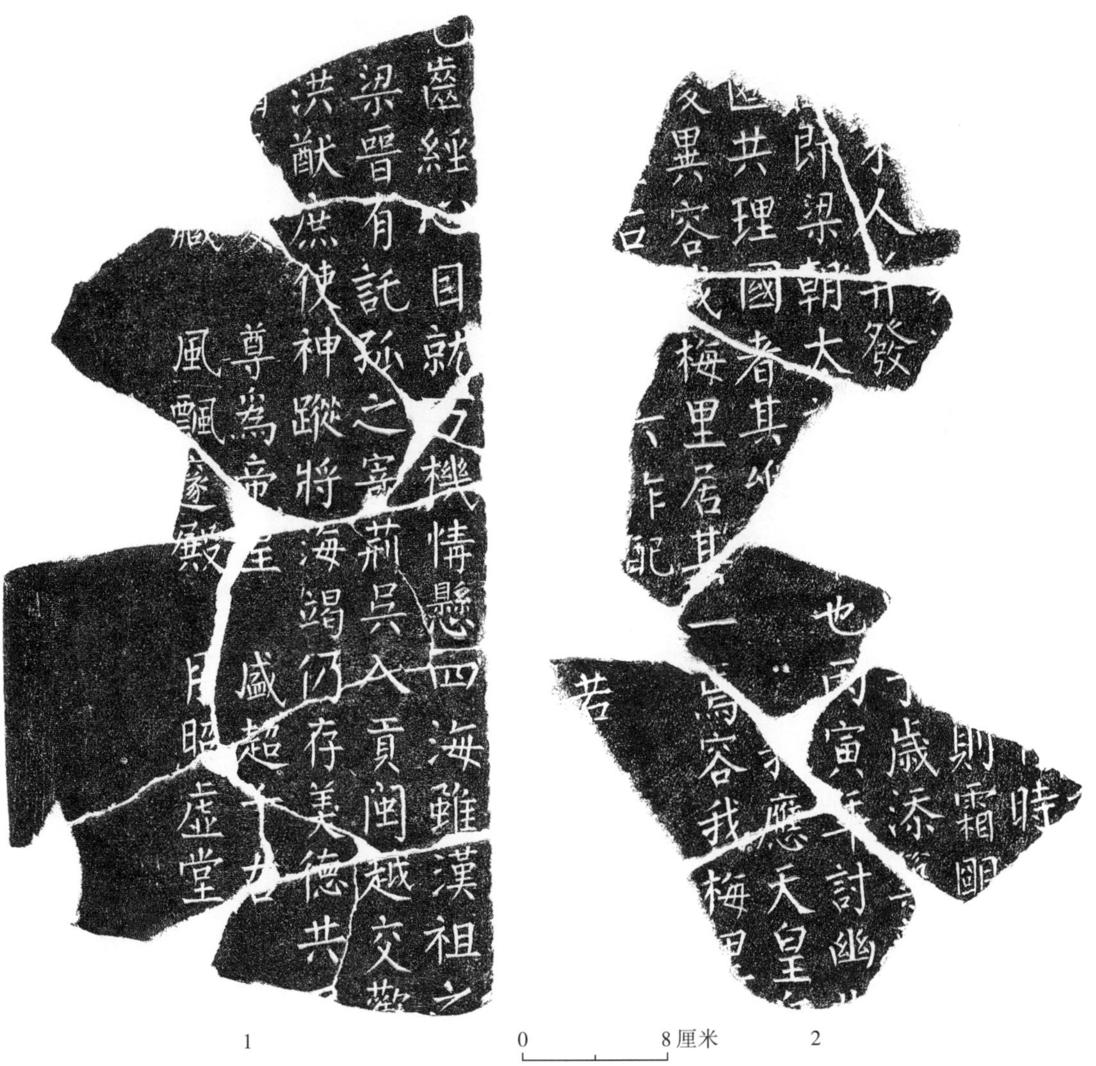

图4-1-105　龟趺山建筑基址出土汉字丙组碑文残片

1. 07GT3②：8-1　2. 07GT2②：6-1

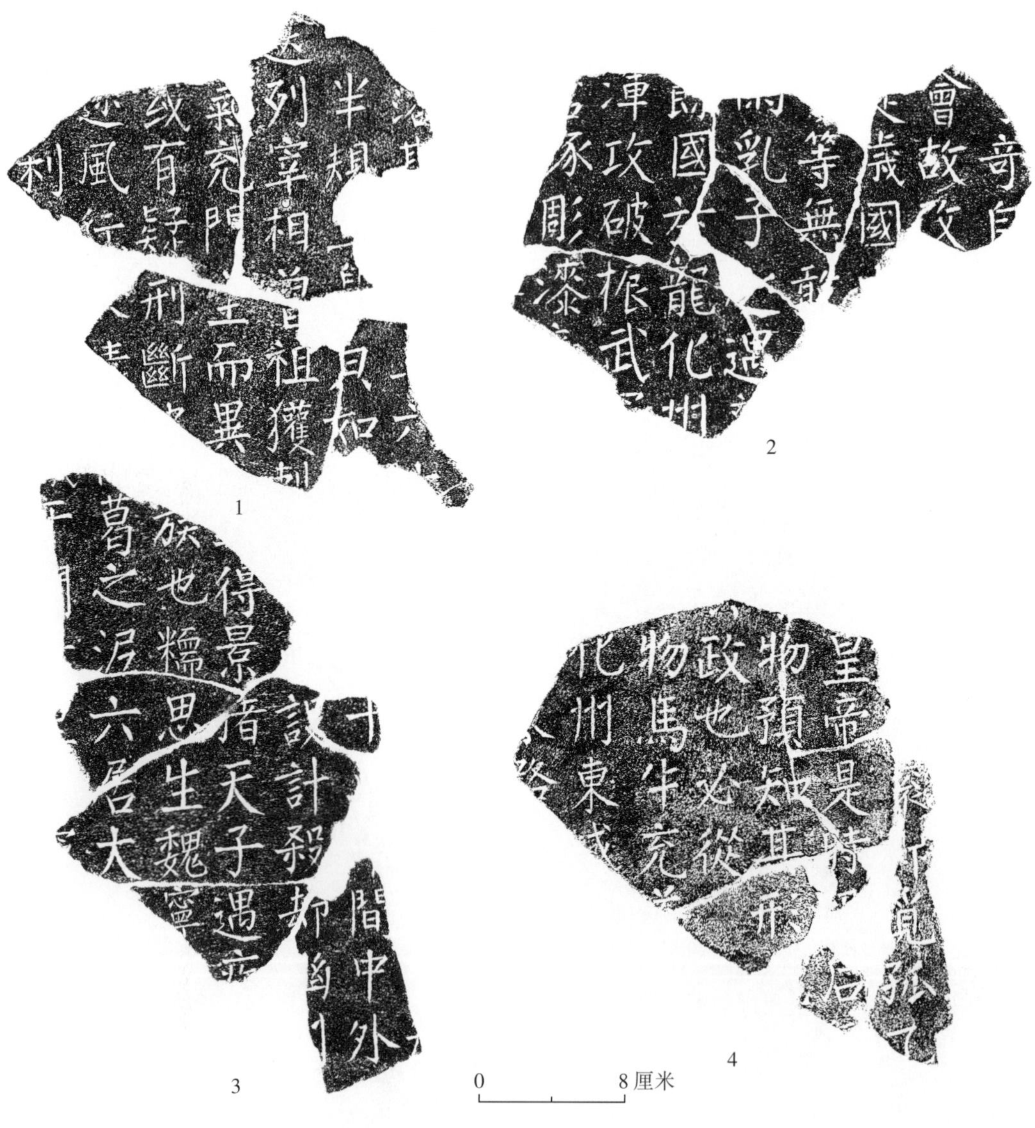

图 4-1-106　龟趺山建筑基址出土汉字丙组碑文残片

1. 07GT4 ②：26-1　2. 07GT4 ②：41-2　3. 07GT2 ②：18　4. 07GT4 ②：11-1

07GT4 ②：26-1，自右向左存 7 行 8 列 37 字（图 4-1-106，1；图版六六八，2）。

07GT4 ②：41-2，自右向左存 8 行 6 列 37 字（图 4-1-106，2；图版六六九，1）。

07GT4 ②：11-1，自右向左存 7 行 8 列 34 字（图 4-1-106，4；图版六六九，2）。

07GT4 ②：26-2，自右向左存 5 行 11 列 33 字（图 4-1-107，1；图版六七〇，

0　　8厘米

图 4–1–107　龟趺山建筑基址出土汉字丙组碑文残片

1. 07GT4 ②：26–2　2. 07GT4 ②：32–6　3. 07GT3 ②：11–1　4. 07GT1 ②：10–1　5. 07GT2 ②：37–1　6. 07GT4 ②：24–4　7. 07GT2 ②：15–7　8. 07GT2 ②：29–7　9. 07GT2 ②：58–1　10. 07GT4 ②：25–2　11. 07GT4 ②：11–4　12. 07GT2 ②：42–2

1）。

07GT4②：32–6，自右向左存 4 行 10 列 30 字（图 4–1–107，2；图版六七〇，2）。

07GT1②：10–1，自右向左存 5 行 7 列 20 字（图 4–1–107，4；图版六七一，1）。

07GT3②：11–1，自右向左存 5 行 5 列 16 字（图 4–1–107，3）。

07GT2②：37–1，自右向左存 5 行 5 列 13 字（图 4–1–107，5）。

07GT2②：58–1，自右向左存 4 行 3 列 10 字（图 4–1–107，9）。

07GT4②：24–4，自右向左存 5 行 4 列 10 字（图 4–1–107，6）。

07GT2②：15–7，自右向左存 4 行 3 列 9 字（图 4–1–107，7）。

07GT2②：29–7，自右向左存 4 行 3 列 9 字（图 4–1–107，8）。

07GT4②：25–2，自右向左存 3 行 4 列 9 字（图 4–1–107，10）。

07GT4②：11–4，自右向左存 3 行 5 列 8 字（图 4–1–107，11）。

07GT2②：42–2，自右向左存 4 行 3 列 8 字（图 4–1–107，12）。

07GT4②：12–7，自右向左存 3 行 4 列 7 字（图 4–1–108，1）。

07GT4②：16–5，自右向左存 4 行 2 列 7 字（图 4–1–108，2）。

07GT1②：2，行距相错。自右向左存 3 行 2 列 6 字（图 4–1–108，3）。

07GT3②：2–5，自右向左存 3 行 3 列 6 字（图 4–1–108，4）。

07GT3②：14–3，自右向左存 2 行 3 列 6 字（图 4–1–108，5）。

07GT1②：21–16，自右向左存 2 行 3 列 5 字（图 4–1–108，6）。

07GT2②：24–3，自右向左存 2 行 3 列 5 字（图 4–1–108，7）。

07GT2②：41–3，自右向左存 4 行 2 列 5 字（图 4–1–108，8）。

07GT2②：41–5，自右向左存 4 行 2 列 5 字（图 4–1–108，9）。

07GT2②：45–3，自右向左存 3 行 3 列 5 字（图 4–1–108，10）。

07GT4②：17–3，自右向左存 2 行 3 列 5 字（图 4–1–108，11）。

07GT4②：30–1，自右向左存 3 行 2 列 5 字（图 4–1–108，12）。

07GT4②：30–2，自右向左存 3 行 2 列 5 字（图 4–1–108，13）。

07GT1②：12–2，自右向左存 2 行 3 列 4 字（图 4–1–108，14）。

07GT1②：12–11，自右向左存 2 行 2 列 4 字（图 4–1–108，15）。

07GT1②：21–3，自右向左存 3 行 2 列 4 字（图 4–1–108，16）。

07GT1②：23–4，自右向左存 2 行 3 列 4 字（图 4–1–108，17）。

07GT2②：9–9，自右向左存 2 行 3 列 4 字（图 4–1–108，18）。

07GT2②：41–15，自右向左存 3 行 2 列 4 字（图 4–1–108，19）。

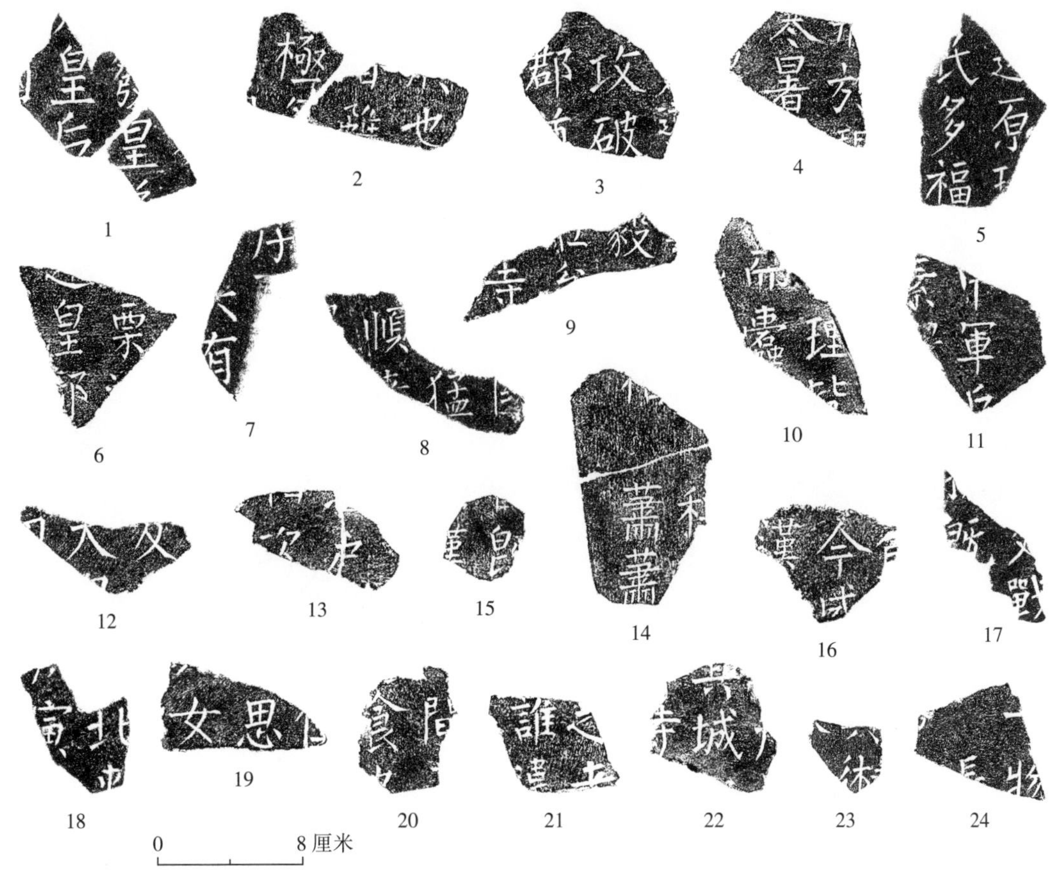

图 4-1-108　龟趺山建筑基址出土汉字丙组碑文残片

1. 07GT4②：12-7　2. 07GT4②：16-5　3. 07GT1②：2　4. 07GT3②：2-5　5. 07GT3②：14-3　6. 07GT1②：21-16　7. 07GT2②：24-3　8. 07GT2②：41-3　9. 07GT2②：41-5　10. 07GT2②：45-3　11. 07GT4②：17-3　12. 07GT4②：30-1　13. 07GT4②：30-2　14. 07GT1②：12-2　15. 07GT1②：12-11　16. 07GT1②：21-3　17. 07GT1②：23-4　18. 07GT2②：9-9　19. 07GT2②：41-15　20. 07GT2②：49-7　21. 07GT2②：58-4　22. 07GT4②：12-6　23. 07GT4②：12-19　24. 07GT4②：12-30

07GT2②：49-7，自右向左存 2 行 2 列 4 字（图 4-1-108，20）。

07GT2②：58-4，自右向左存 2 行 2 列 4 字（图 4-1-108，21）。

07GT4②：12-6，自右向左存 3 行 2 列 4 字（图 4-1-108，22）。

07GT4②：12-19，自右向左存 2 行 2 列 4 字（图 4-1-108，23）。

07GT4②：12-30，自右向左存 3 行 2 列 4 字（图 4-1-108，24）。

07GT4②：17-1，自右向左存 3 行 2 列 4 字（图 4-1-109，1）。

07GT4②：22-2，自右向左存 2 行 2 列 4 字（图 4-1-109，2）。

07GT1②：10-6，自右向左存 2 行 2 列 3 字（图 4-1-109，3）。

07GT2②：56-6，自右向左存 2 行 2 列 3 字（图 4-1-109，4）。

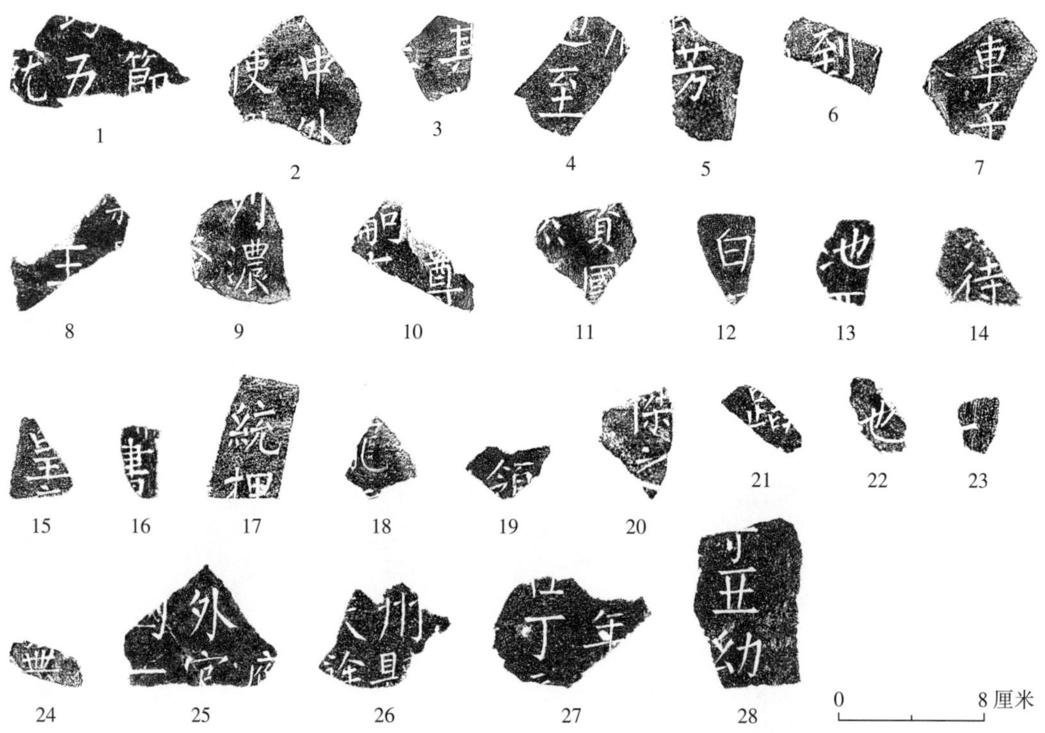

图 4-1-109　龟趺山建筑基址出土汉字丙组碑文残片

1. 07GT4 ②：17-1　2. 07GT4 ②：22-2　3. 07GT1 ②：10-6　4. 07GT2 ②：56-6　5. 07GT3 ②：11-3　6. 07GT4 ②：12-13　7. 07GT4 ②：12-20　8. 07GT4 ②：22-1　9. 07GT4 ②：27-9　10. 07GT4 ②：32-15　11. 07GT4 ②：37-20　12. 07GT1 ②：21-32　13. 07GT2 ②：1-5　14. 07GT2 ②：47-18　15. 07GT2 ②：49-6　16. 07GT2 ②：59-17　17. 07GT3 ②：3-2　18. 07GT4 ②：14-8　19. 07GT4 ②：27-27　20. 07GT4 ②：36-60　21. 07GT1 ②：21-46　22. 07GT2 ②：58-8　23. 07GT2 ②：59-4　24. 07GT4 ②：9-13　25. 采：60　26. 采：22　27. 采：37　28. 采：8

07GT3 ②：11-3，自右向左存 2 行 2 列 3 字（图 4-1-109，5）。

07GT4 ②：12-13，自右向左存 3 行 1 列 3 字（图 4-1-109，6）。

07GT4 ②：12-20，自右向左存 2 行 2 列 3 字（图 4-1-109，7）。

07GT4 ②：22-1，自右向左存 2 行 2 列 3 字（图 4-1-109，8）。

07GT4 ②：27-9，自右向左存 2 行 2 列 3 字（图 4-1-109，9）。

07GT4 ②：32-15，自右向左存 2 行 2 列 3 字（图 4-1-109，10）。

07GT4 ②：37-20，自右向左存 2 行 2 列 3 字（图 4-1-109，11）。

07GT1 ②：21-32，自右向左存 1 行 2 列 2 字（图 4-1-109，12）。

07GT2 ②：1-5，自右向左存 1 行 2 列 2 字（图 4-1-109，13）。

07GT2 ②：47-18，自右向左存 1 行 2 列 2 字（图 4-1-109，14）。

07GT2 ②：49-6，自右向左存 1 行 2 列 2 字（图 4-1-109，15）。

07GT2②：59–17，自右向左存1行2列2字（图4–1–109，16）。

07GT3②：3–2，自右向左存1行2列2字（图4–1–109，17）。

07GT4②：14–8，自右向左存1行2列2字（图4–1–109，18）。

07GT4②：27–27，自右向左存2行1列2字（图4–1–109，19）。

07GT4②：36–60，自右向左存1行2列2字（图4–1–109，20）。

07GT1②：21–46，自右向左存1字（图4–1–109，21）。

07GT2②：58–8，自右向左存1字（图4–1–109，22）。

07GT2②：59–4，自右向左存1字（图4–1–109，23）。

07GT4②：9–13，自右向左存1字（图4–1–109，24）。

采：60，正面泛碱。自右向左存3行2列5字（图4–1–109，25）。

采：22，自右向左存2行2列4字（图4–1–109，26）。

采：37，自右向左存2行3列4字（图4–1–109，27）。

采：8，左面磨光，右面刻字。右面自右向左存1行3列3字（图4–1–109，28）。

②黄褐色砂岩

共217件。

07GT3②：13，自右向左存19行22列196字（图4–1–110；图版六七二）。

07GT4②：3，自右向左存9行11列45字（图4–1–111，1；图版六七一，2）。

07GT2②：42–1，正面泛碱。自右向左存7行6列32字（图4–1–111，2；图版六七三，1）。

07GT3②：11–2，自右向左存5行9列29字（图4–1–111，3；图版六七三，2）。

07GT2②：33，自右向左存6行6列27字（图4–1–111，4；图版六七四，1）。

07GT4②：5–1，正面泛碱。自右向左存8行4列24字（图4–1–111，5；图版六七四，2）。

07GT4②：19–1，表面灰白。自右向左存7行6列22字（图4–1–112，2）。

07GT4②：17–2，自右向左存6行7列21字（图4–1–112，1）。

07GT3②：12–13，背面右缘受火焦灼。自右向左存4行7列18字（图4–1–112，3）。

07GT4②：35–3，自右向左存5行5列18字（图4–1–112，4）。

07GT4②：12–1，自右向左存5行5列17字（图4–1–112，5）。

07GT2②：40–2，自右向左存7行4列16字（图4–1–112，6）。

07GT4②：4–1，自右向左存6行5列16字（图4–1–112，7）。

07GT4②：9–6，自右向左存4行6列16字（图4–1–112，8）。

图 4-1-110　龟趺山建筑基址出土汉字丙组碑文残片（07GT3②：13）

图 4–1–111　龟趺山建筑基址出土汉字丙组碑文残片

1. 07GT4 ②：3　2. 07GT2 ②：42–1　3. 07GT3 ②：11–2　4. 07GT2 ②：33　5. 07GT4 ②：5–1

07GT4 ②：14–2，自右向左存 4 行 6 列 15 字（图 4–1–112，9）。

07GT2 ②：41–9，自右向左存 5 行 4 列 14 字（图 4–1–112，10）。

07GT3 ②：4–1，自右向左存 4 行 4 列 13 字（图 4–1–113，1；图版六七四，3）。

07GT3 ②：12–20，自右向左存 4 行 5 列 13 字（图 4–1–113，2）。

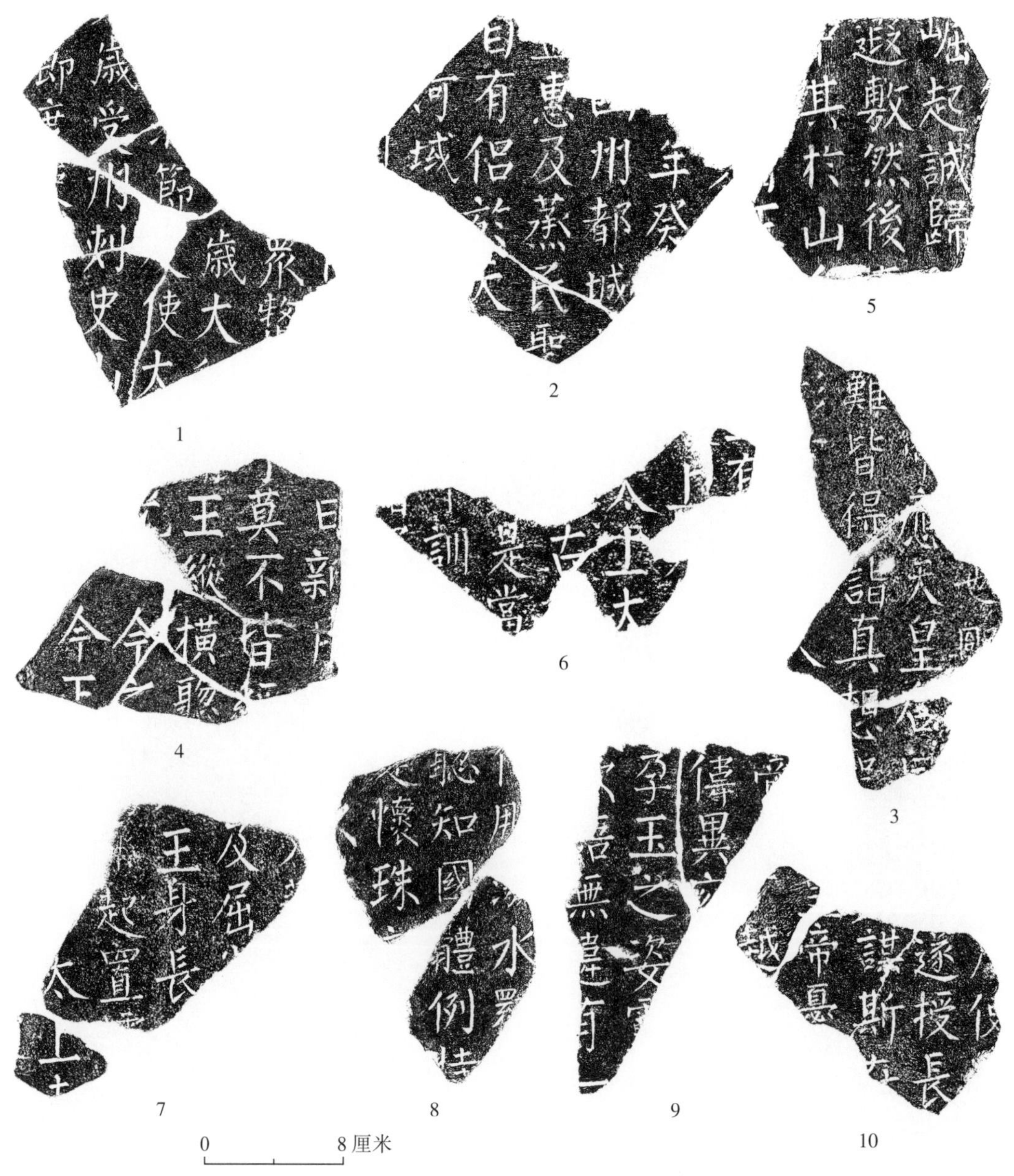

图 4-1-112 龟趺山建筑基址出土汉字丙组碑文残片

1. 07GT4②：17-2 2. 07GT4②：19-1 3. 07GT3②：12-13 4. 07GT4②：35-3 5. 07GT4②：12-1 6. 07GT2②：40-2 7. 07GT4②：4-1 8. 07GT4②：9-6 9. 07GT4②：14-2 10. 07GT2②：41-9

07GT4②：10-3，自右向左存4行5列13字（图4-1-113，3）。

07GT4②：16-12，自右向左存5行4列13字（图4-1-113，5）。

07GT4②：28-2，自右向左存4行5列13字（图4-1-113，4）。

07GT3②：14-9，另一半红褐色。自右向左存3行6列12字（图4-1-113，6；

图 4-1-113　龟趺山建筑基址出土汉字丙组碑文残片

1. 07GT3 ②：4-1　2. 07GT3 ②：12-20　3. 07GT4 ②：10-3　4. 07GT4 ②：28-2　5. 07GT4 ②：16-12　6. 07GT3 ②：14-9　7. 07GT4 ②：32-1　8. 07GT4 ②：8-3　9. 07GT4 ②：25-3　10. 07GT4 ②：35-10　11. 07GT4 ②：36-8　12. 07GT4 ②：37-10　13. 07GT2 ②：41-2　14. 07GT2 ②：41-6　15. 07GT4 ②：15-1　16. 07GT4 ②：32-7

图版六七四，4）。

07GT4②：32–1，自右向左存6行4列12字（图4–1–113，7）。

07GT4②：8–3，自右向左存4行4列11字（图4–1–113，8）。

07GT4②：25–3，自右向左存3行4列11字（图4–1–113，9）。

07GT4②：35–10，自右向左存4行4列11字（图4–1–113，10）。

07GT4②：36–8，自右向左存4行4列11字（图4–1–113，11）。

07GT4②：37–10，自右向左存4行4列11字（图4–1–113，12；图版六七五，1）。

07GT2②：41–2，自右向左存3行4列10字（图4–1–113，13）。

07GT2②：41–6，自右向左存3行4列10字（图4–1–113，14）。

07GT4②：15–1，自右向左存3行6列10字（图4–1–113，15）。

07GT4②：32–7，自右向左存3行4列10字（图4–1–113，16）。

07GT4②：37–7，自右向左存4行3列10字（图4–1–114，1）。

07GT4②：37–12，自右向左存4行4列10字（图4–1–114，2）。

07GT4②：39–3，自右向左存4行3列10字（图4–1–114，3）。

07GT3②：5–1，自右向左存3行4列9字（图4–1–114，4）。

07GT4②：10–2，正面泛碱。自右向左存3行5列9字（图4–1–114，5）。

07GT4②：16–2，自右向左存5行2列9字（图4–1–114，6）。

07GT4②：37–14，局部火烧作灰黑色。自右向左存3行4列9字（图4–1–114，7）。

07GT1②：23–17，自右向左存3行3列8字（图4–1–114，8）。

07GT2②：58–3，自右向左存3行4列8字（图4–1–114，9）。

07GT3②：7–4，自右向左存3行5列8字（图4–1–114，10）。

07GT3②：12–12，自右向左存3行3列8字（图4–1–114，11）。

07GT4②：9–1，自右向左存3行4列8字（图4–1–114，12）。

07GT4②：12–2，自右向左存4行3列8字（图4–1–114，13）。

07GT4②：25–1，自右向左存4行3列8字（图4–1–114，14）。

07GT4②：27–3，自右向左存2行6列8字（图4–1–114，15）。

07GT2②：5–3，自右向左存3行3列7字（图4–1–114，16）。

07GT2②：7–1，自右向左存3行3列7字（图4–1–114，17）。

07GT4②：9–7，自右向左存3行3列7字（图4–1–114，18）。

07GT1②：11–4，自右向左存2行4列7字（图4–1–114，19）。

07GT3②：14–1，自右向左存3行4列7字（图4–1–114，20）。

07GT3②：14–6，自右向左存3行3列7字（图4–1–115，1）。

图 4-1-114　龟趺山建筑基址出土汉字丙组碑文残片

1. 07GT4②：37-7　2. 07GT4②：37-12　3. 07GT4②：39-3　4. 07GT3②：5-1　5. 07GT4②：10-2　6. 07GT4②：16-2　7. 07GT4②：37-14　8. 07GT1②：23-17　9. 07GT2②：58-3　10. 07GT3②：7-4　11. 07GT3②：12-12　12. 07GT4②：9-1　13. 07GT4②：12-2　14. 07GT4②：25-1　15. 07GT4②：27-3　16. 07GT2②：5-3　17. 07GT2②：7-1　18. 07GT4②：9-7　19. 07GT1②：11-4　20. 07GT3②：14-1

07GT4②：20-2，自右向左存 2 行 4 列 7 字（图 4-1-115，2）。

07GT4②：25-9，自右向左存 3 行 3 列 7 字（图 4-1-115，3）。

07GT2②：27-12，自右向左存 3 行 3 列 7 字（图 4-1-115，4；图版六七五，2）。

07GT4②：35-2，自右向左存 3 行 3 列 7 字（图 4-1-115，5）。

图 4-1-115　龟趺山建筑基址出土汉字丙组碑文残片

1. 07GT3 ②：14-6　2. 07GT4 ②：20-2　3. 07GT4 ②：25-9　4. 07GT2 ②：27-12　5. 07GT4 ②：35-2
6. 07GT1 ②：26-4　7. 07GT2 ②：4-1　8. 07GT2 ②：27-8　9. 07GT2 ②：29-4　10. 07GT3 ②：7-8
11. 07GT4 ②：6-5　12. 07GT4 ②：12-23　13. 07GT4 ②：24-18　14. 07GT4 ②：35-5　15. 07GT4 ②：36-18
16. 07GT4 ②：36-25　17. 07GT4 ②：40-5　18. 07GT1 ②：25-1　19. 07GT2 ②：25-2　20. 07GT2 ②：39-5
21. 07GT3 ②：1-2　22. 07GT3 ②：4-13　23. 07GT3 ②：8-6　24. 07GT4 ②：4-6　25. 07GT4 ②：9-8

07GT1 ②：26-4，自右向左存3行3列6字（图4-1-115，6）。

07GT2 ②：4-1，自右向左存1行6列6字（图4-1-115，7）。

07GT2 ②：27-8，自右向左存2行3列6字（图4-1-115，8）。

07GT2 ②：29-4，自右向左存3行3列6字（图4-1-115，9）。

07GT3②：7–8，自右向左存3行2列6字（图4–1–115，10）。

07GT4②：6–5，自右向左存3行4列6字（图4–1–115，11）。

07GT4②：12–23，自右向左存3行3列6字（图4–1–115，12）。

07GT4②：24–18，自右向左存3行2列6字（图4–1–115，13）。

07GT4②：35–5，自右向左存4行2列6字（图4–1–115，14）。

07GT4②：36–18，自右向左存3行2列6字（图4–1–115，15）。

07GT4②：36–25，自右向左存3行3列6字（图4–1–115，16）。

07GT4②：40–5，自右向左存3行3列6字（图4–1–115，17）。

07GT1②：25–1，自右向左存3行2列5字（图4–1–115，18）。

07GT2②：25–2，自右向左存3行2列5字（图4–1–115，19）。

07GT2②：39–5，自右向左存2行3列5字（图4–1–115，20）。

07GT3②：1–2，自右向左存3行2列5字（图4–1–115，21）。

07GT3②：4–13，自右向左存3行3列5字（图4–1–115，22）。

07GT3②：8–6，自右向左存3行2列5字（图4–1–115，23）。

07GT4②：4–6，自右向左存2行3列5字（图4–1–115，24）。

07GT4②：9–8，自右向左存3行2列5字（图4–1–115，25）。

07GT4②：10–6，自右向左存2行3列5字（图4–1–116，1）。

07GT4②：12–12，自右向左存2行3列5字（图4–1–116，2）。

07GT4②：15–2，自右向左存3行3列5字（图4–1–116，3）。

07GT4②：15–4，自右向左存3行2列5字（图4–1–116，4）。

07GT4②：24–13，自右向左存2行3列5字（图4–1–116，5）。

07GT4②：24–16，自右向左存3行2列5字（图4–1–116，6）。

07GT4②：29–8，自右向左存3行2列5字（图4–1–116，7）。

07GT4②：35–16，自右向左存2行3列5字（图4–1–116，8）。

07GT4②：35–38，自右向左存3行2列5字（图4–1–116，9）。

07GT4②：36–2，自右向左存2行4列5字（图4–1–116，10）。

07GT4②：36–5，自右向左存2行4列5字（图4–1–116，11）。

07GT4②：37–1，自右向左存3行2列5字（图4–1–116，12）。

07GT4②：37–5，自右向左存3行2列5字（图4–1–116，13）。

07GT1②：12–6，自右向左存2行2列3字（图4–1–116，14）。

07GT1②：21–10，自右向左存2行2列4字（图4–1–116，15）。

07GT1②：21–21，自右向左存2行3列4字（图4–1–116，16）。

07GT2②：25–8，自右向左存2行2列4字（图4–1–116，17）。

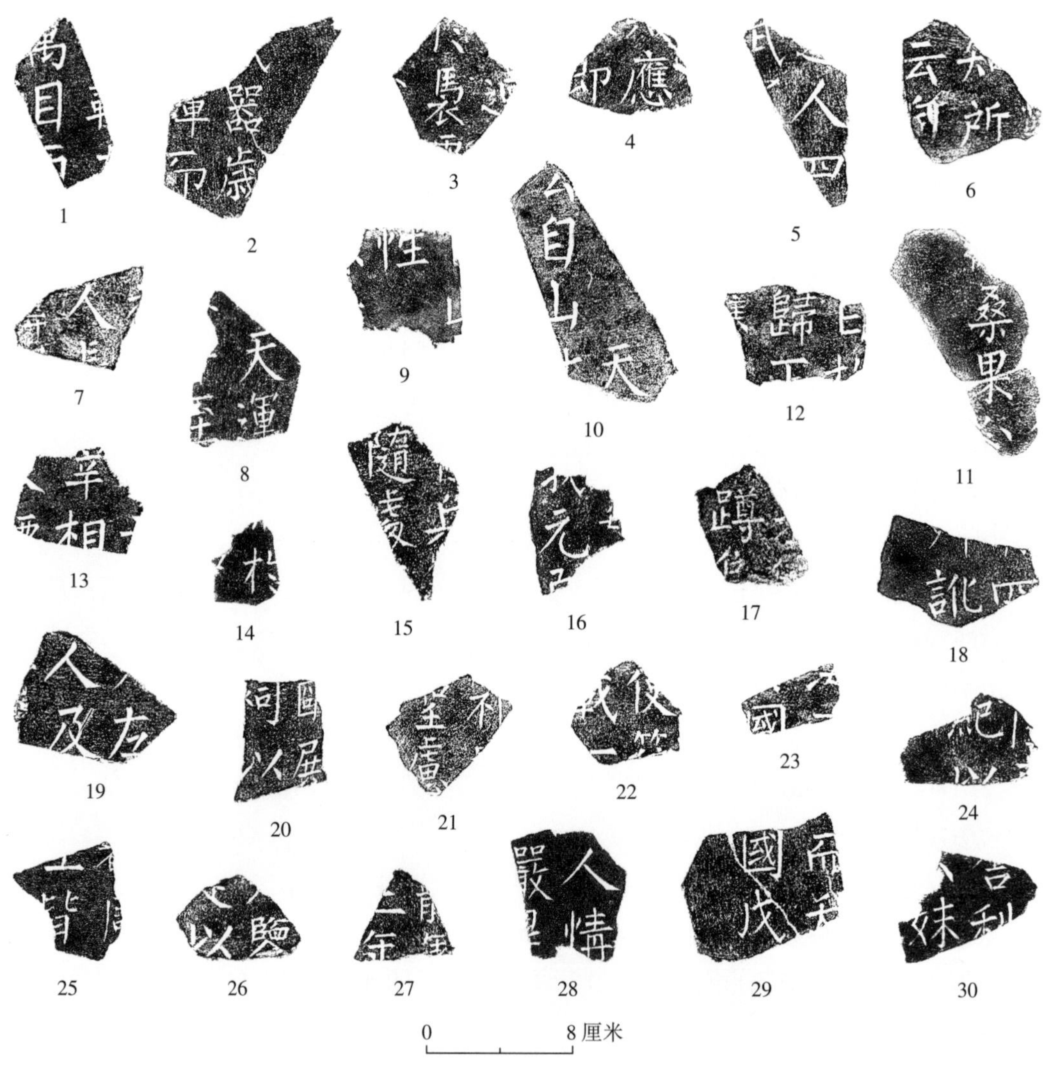

图 4-1-116 龟趺山建筑基址出土汉字丙组碑文残片

1. 07GT4 ②：10-6 2. 07GT4 ②：12-12 3. 07GT4 ②：15-2 4. 07GT4 ②：15-4 5. 07GT4 ②：24-13 6. 07GT4 ②：24-16 7. 07GT4 ②：29-8 8. 07GT4 ②：35-16 9. 07GT4 ②：35-38 10. 07GT4 ②：36-2 11. 07GT4 ②：36-5 12. 07GT4 ②：37-1 13. 07GT4 ②：37-5 14. 07GT1 ②：12-6 15. 07GT1 ②：21-10 16. 07GT1 ②：21-21 17. 07GT2 ②：25-8 18. 07GT2 ②：48-3 19. 07GT3 ②：2-4 20. 07GT3 ②：4-7 21. 07GT3 ②：5-2 22. 07GT3 ②：7-12 23. 07GT3 ②：7-19 24. 07GT3 ②：7-21 25. 07GT3 ②：14-10 26. 07GT3 ②：14-14 27. 07GT3 ②：14-15 28. 07GT4 ②：4-3 29. 07GT4 ②：4-11 30. 07GT4 ②：10-4

07GT2 ②：48-3，自右向左存 2 行 2 列 4 字（图 4-1-116，18）。

07GT3 ②：2-4，自右向左存 2 行 2 列 4 字（图 4-1-116，19）。

07GT3 ②：4-7，自右向左存 2 行 2 列 4 字（图 4-1-116，20）。

07GT3 ②：5-2，自右向左存 2 行 2 列 4 字（图 4-1-116，21）。

07GT3②：7-12，自右向左存2行2列4字（图4-1-116，22）。

07GT3②：7-19，自右向左存2行2列4字（图4-1-116，23）。

07GT3②：7-21，自右向左存2行2列4字（图4-1-116，24）。

07GT3②：14-10，自右向左存2行2列4字（图4-1-116，25）。

07GT3②：14-14，自右向左存2行2列4字（图4-1-116，26）。

07GT3②：14-15，自右向左存2行2列4字（图4-1-116，27）。

07GT4②：4-3，自右向左存2行2列4字（图4-1-116，28）。

07GT4②：4-11，自右向左存2行2列4字（图4-1-116，29）。

07GT4②：10-4，自右向左存2行2列4字（图4-1-116，30）。

07GT4②：12-8，自右向左存2行2列4字（图4-1-117，1）。

07GT4②：14-5，自右向左存3行2列4字（图4-1-117，2）。

07GT4②：20-3，自右向左存1行4列4字（图4-1-117，3；图版六七五，3）。

07GT4②：24-12，自右向左存3行2列4字（图4-1-117，4）。

07GT4②：24-14，自右向左存2行2列4字（图4-1-117，5）。

07GT4②：26-6，自右向左存2行2列4字（图4-1-117，6）。

07GT4②：27-13，自右向左存3行2列4字（图4-1-117，7）。

07GT4②：29-3，自右向左存2行3列4字（图4-1-117，8）。

07GT4②：32-8，自右向左存2行2列4字（图4-1-117，9）。

07GT4②：35-34，自右向左存2行3列4字（图4-1-117，10）。

07GT4②：36-1，自右向左存2行2列4字（图4-1-117，11）。

07GT4②：36-14，自右向左存3行2列4字（图4-1-117，12）。

07GT4②：36-19，自右向左存3行2列4字（图4-1-117，13）。

07GT4②：36-21，自右向左存2行3列4字（图4-1-117，14）。

07GT4②：36-24，自右向左存2行3列4字（图4-1-117，15）。

07GT4②：36-27，自右向左存3行2列4字（图4-1-117，16）。

07GT4②：37-6，自右向左存2行2列4字（图4-1-117，17）。

07GT4②：37-17，自右向左存2行2列4字（图4-1-117，18）。

07GT1②：3-2，自右向左存2行2列3字（图4-1-117，19）。

07GT1②：11-14，自右向左存2行2列3字（图4-1-117，20）。

07GT1②：21-30，自右向左存2行2列3字（图4-1-117，21）。

07GT2②：8-2，自右向左存1行3列3字（图4-1-117，22）。

07GT3②：2-8，自右向左存2行2列3字（图4-1-117，23）。

07GT3②：4-17，自右向左存2行2列3字（图4-1-117，24）。

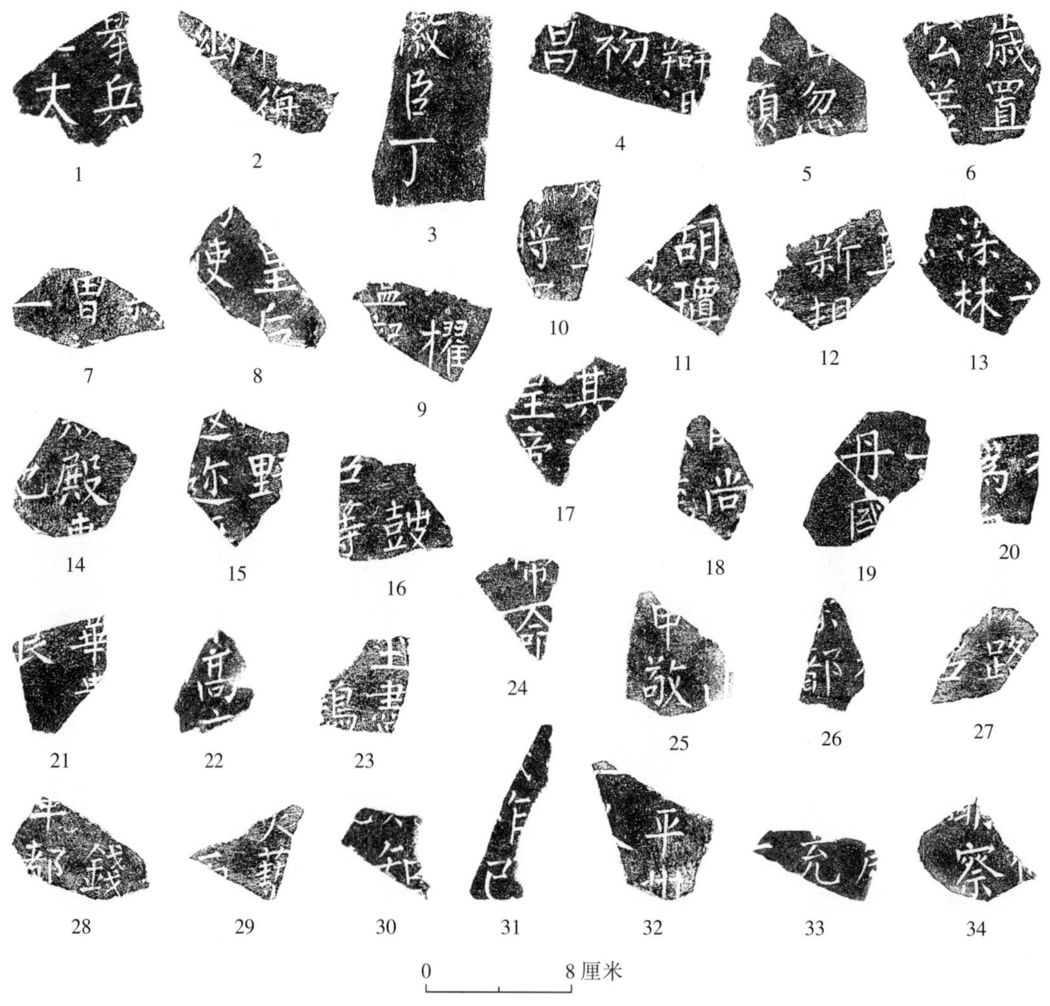

图 4-1-117 龟趺山建筑基址出土汉字丙组碑文残片

1. 07GT4 ②：12-8 2. 07GT4 ②：14-5 3. 07GT4 ②：20-3 4. 07GT4 ②：24-12 5. 07GT4 ②：24-14 6. 07GT4 ②：26-6 7. 07GT4 ②：27-13 8. 07GT4 ②：29-3 9. 07GT4 ②：32-8 10. 07GT4 ②：35-34 11. 07GT4 ②：36-1 12. 07GT4 ②：36-14 13. 07GT4 ②：36-19 14. 07GT4 ②：36-21 15. 07GT4 ②：36-24 16. 07GT4 ②：36-27 17. 07GT4 ②：37-6 18. 07GT4 ②：37-17 19. 07GT1 ②：3-2 20. 07GT1 ②：11-14 21. 07GT1 ②：21-30 22. 07GT2 ②：8-2 23. 07GT3 ②：2-8 24. 07GT3 ②：4-17 25. 07GT3 ②：8-8 26. 07GT3 ②：14-17 27. 07GT3 ②：19-5 28. 07GT4 ②：4-10 29. 07GT4 ②：4-15 30. 07GT4 ②：12-37 31. 07GT4 ②：22-4 32. 07GT4 ②：22-5 33. 07GT4 ②：22-7 34. 07GT4 ②：22-14

07GT3 ②：8-8，自右向左存 2 行 2 列 3 字（图 4-1-117，25）。

07GT3 ②：14-17，自右向左存 2 行 2 列 3 字（图 4-1-117，26）。

07GT3 ②：19-5，自右向左存 2 行 2 列 3 字（图 4-1-117，27）。

07GT4 ②：4-10，自右向左存 2 行 2 列 3 字（图 4-1-117，28）。

07GT4 ②：4-15，自右向左存 2 行 2 列 3 字（图 4-1-117，29）。

07GT4②：12–37，自右向左存2行2列3字（图4–1–117，30）。

07GT4②：22–4，自右向左存1行3列3字（图4–1–117，31）。

07GT4②：22–5，上部有一道阴刻线。自右向左存2行2列3字（图4–1–117，32）。

07GT4②：22–7，自右向左存3行1列3字（图4–1–117，33）。

07GT4②：22–14，自右向左存2行2列3字（图4–1–117，34）。

07GT4②：24–5，自右向左存2行2列3字（图4–1–118，1）。

07GT4②：24–20，自右向左存2行2列3字（图4–1–118，2）。

07GT4②：24–21，自右向左存2行2列3字（图4–1–118，3）。

07GT4②：27–23，自右向左存2行2列3字（图4–1–118，4）。

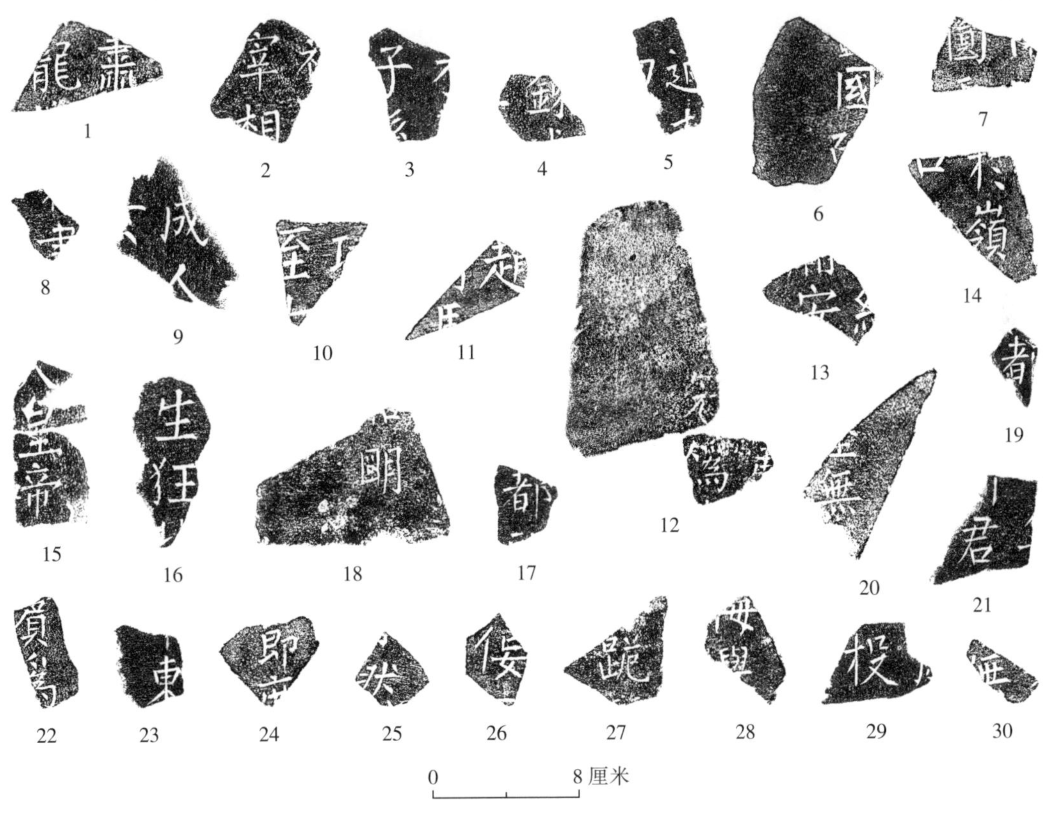

图4–1–118　龟趺山建筑基址出土汉字丙组碑文残片

1. 07GT4②：24–5　2. 07GT4②：24–20　3. 07GT4②：24–21　4. 07GT4②：27–23　5. 07GT4②：29–12　6. 07GT4②：32–11　7. 07GT4②：32–14　8. 07GT4②：35–51　9. 07GT4②：36–15　10. 07GT4②：36–38　11. 07GT4②：36–44　12. 07GT4②：37–2　13. 07GT4②：37–18　14. 07GT4②：38–7　15. 07GT4②：38–8　16. 07GT4②：39–4　17. 07GT1②：11–21　18. 07GT1②：21–12　19. 07GT1②：21–24　20. 07GT2②：44–7　21. 07GT3②：4–3　22. 07GT3②：4–9　23. 07GT3②：4–16　24. 07GT3②：8–12　25. 07GT3②：8–49　26. 07GT3②：12–3　27. 07GT3②：14–19　28. 07GT4②：9–3　29. 07GT4②：12–15　30. 07GT4②：12–31

07GT4 ②：29–12，自右向左存 2 行 2 列 3 字（图 4–1–118，5）。

07GT4 ②：32–11，自右向左存 1 行 3 列 3 字（图 4–1–118，6）。

07GT4 ②：32–14，自右向左存 2 行 2 列 3 字（图 4–1–118，7）。

07GT4 ②：35–51，自右向左存 2 行 2 列 3 字（图 4–1–118，8）。

07GT4 ②：36–15，自右向左存 2 行 2 列 3 字（图 4–1–118，9）。

07GT4 ②：36–38，自右向左存 2 行 2 列 3 字（图 4–1–118，10）。

07GT4 ②：36–44，自右向左存 2 行 2 列 3 字（图 4–1–118，11）。

07GT4 ②：37–2，自右向左存 2 行 2 列 3 字（图 4–1–118，12）。

07GT4 ②：37–18，自右向左存 2 行 2 列 3 字（图 4–1–118，13）。

07GT4 ②：38–7，自右向左存 2 行 2 列 3 字（图 4–1–118，14）。

07GT4 ②：38–8，自右向左存 1 行 3 列 3 字（图 4–1–118，15）。

07GT4 ②：39–4，自右向左存 1 行 3 列 3 字（图 4–1–118，16）。

07GT1 ②：11–21，自右向左存 1 行 2 列 2 字（图 4–1–118，17）。

07GT1 ②：21–12，自右向左存 1 行 2 列 2 字（图 4–1–118，18）。

07GT1 ②：21–24，自右向左存 1 行 2 列 2 字（图 4–1–118，19）。

07GT2 ②：44–7，自右向左存 1 行 2 列 2 字（图 4–1–118，20）。

07GT3 ②：4–3，自右向左存 2 行 2 列 3 字（图 4–1–118，21）。

07GT3 ②：4–9，自右向左存 1 行 2 列 2 字（图 4–1–118，22）。

07GT3 ②：4–16，自右向左存 1 行 2 列 2 字（图 4–1–118，23）。

07GT3 ②：8–12，自右向左存 1 行 2 列 2 字（图 4–1–118，24）。

07GT3 ②：8–49，自右向左存 1 行 2 列 2 字（图 4–1–118，25）。

07GT3 ②：12–3，自右向左存 1 行 2 列 2 字（图 4–1–118，26）。

07GT3 ②：14–19，自右向左存 1 行 2 列 2 字（图 4–1–118，27）。

07GT4 ②：9–3，自右向左存 1 行 2 列 2 字（图 4–1–118，28）。

07GT4 ②：12–15，自右向左存 2 行 1 列 2 字（图 4–1–118，29）。

07GT4 ②：12–31，自右向左存 2 行 1 列 2 字（图 4–1–118，30）。

07GT4 ②：14–9，自右向左存 2 行 1 列 2 字（图 4–1–119，1）。

07GT4 ②：14–12，自右向左存 1 行 2 列 2 字（图 4–1–119，2）。

07GT4 ②：21–6，自右向左存 2 行 1 列 2 字（图 4–1–119，3）。

07GT4 ②：21–8，自右向左存 1 行 2 列 2 字（图 4–1–119，4）。

07GT4 ②：22–9，自右向左存 1 行 2 列 2 字（图 4–1–119，5）。

07GT4 ②：24–15，自右向左存 2 行 1 列 2 字（图 4–1–119，6）。

07GT4 ②：28–11，自右向左存 1 行 2 列 2 字（图 4–1–119，7）。

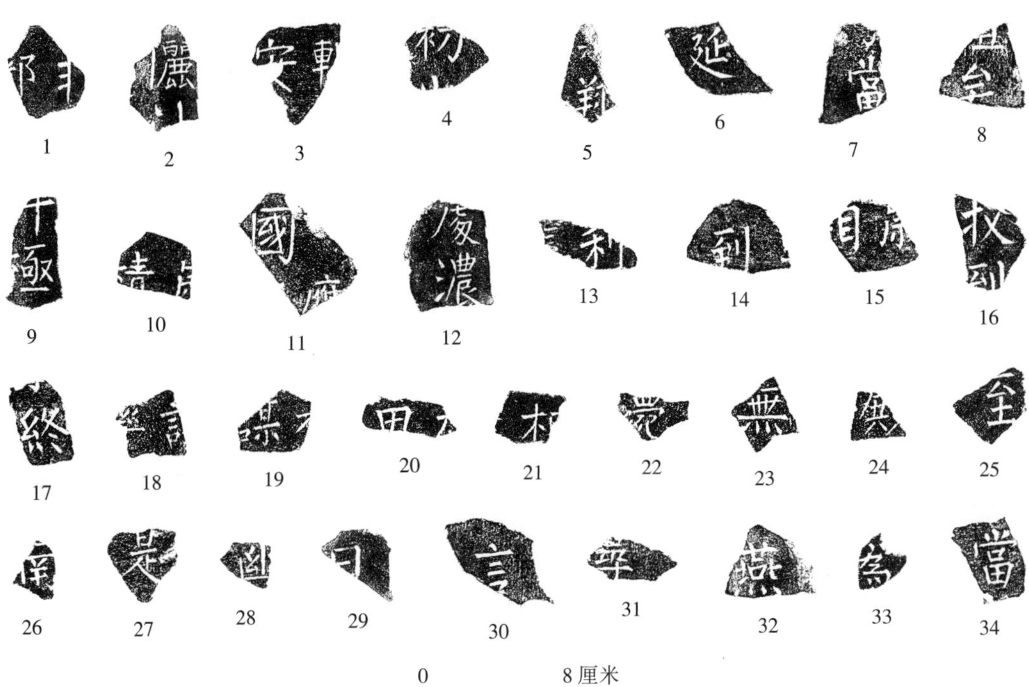

图 4-1-119　龟趺山建筑基址出土汉字丙组碑文残片

1. 07GT4②：14-9　2. 07GT4②：14-12　3. 07GT4②：21-6　4. 07GT4②：21-8　5. 07GT4②：22-9　6. 07GT4②：24-15　7. 07GT4②：28-11　8. 07GT4②：29-10　9. 07GT4②：32-19　10. 07GT4②：32-26　11. 07GT4②：35-7　12. 07GT4②：36-7　13. 07GT4②：36-20　14. 07GT4②：36-50　15. 07GT4②：37-24　16. 07GT4②：37-25　17. 07GT4②：37-26　18. 07GT4②：37-30　19. 07GT4②：39-10　20. 07GT4②：39-13　21. 07GT4②：39-16　22. 07GT2②：56-5　23. 07GT3②：4-25　24. 07GT3②：4-28　25. 07GT3②：8-19　26. 07GT3②：17-4　27. 07GT4②：9-12　28. 07GT4②：14-6　29. 07GT4②：24-31　30. 07GT4②：28-1　31. 07GT4②：28-17　32. 07GT4②：30-3　33. 07GT4②：35-50　34. 07GT4②：37-27

07GT4②：29-10，自右向左存 1 行 2 列 2 字（图 4-1-119，8）。

07GT4②：32-19，自右向左存 1 行 2 列 2 字（图 4-1-119，9）。

07GT4②：32-26，自右向左存 2 行 1 列 2 字（图 4-1-119，10）。

07GT4②：35-7，自右向左存 2 行 2 列 2 字（图 4-1-119，11）。

07GT4②：36-7，自右向左存 1 行 2 列 2 字（图 4-1-119，12）。

07GT4②：36-20，自右向左存 2 行 1 列 2 字（图 4-1-119，13）。

07GT4②：36-50，自右向左存 2 行 1 列 2 字（图 4-1-119，14）。

07GT4②：37-24，自右向左存 2 行 1 列 2 字（图 4-1-119，15）。

07GT4②：37-25，自右向左存 1 行 2 列 2 字（图 4-1-119，16）。

07GT4②：37-26，自右向左存 1 行 2 列 2 字（图 4-1-119，17）。

07GT4②：37-30，自右向左存 2 行 1 列 2 字（图 4-1-119，18）。

07GT4②：39–10，自右向左存 2 行 1 列 2 字（图 4–1–119，19）。

07GT4②：39–13，自右向左存 2 行 1 列 2 字（图 4–1–119，20）。

07GT4②：39–16，自右向左存 1 行 2 列 2 字（图 4–1–119，21）。

07GT2②：56–5，自右向左存 1 字（图 4–1–119，22）。

07GT3②：4–25，自右向左存 1 字（图 4–1–119，23）。

07GT3②：4–28，自右向左存 1 字（图 4–1–119，24）。

07GT3②：8–19，自右向左存 1 字（图 4–1–119，25）。

07GT3②：17–4，自右向左存 1 字（图 4–1–119，26）。

07GT4②：9–12，自右向左存 1 字（图 4–1–119，27）。

07GT4②：14–6，自右向左存 1 字（图 4–1–119，28）。

07GT4②：24–31，自右向左存 1 字（图 4–1–119，29）。

07GT4②：28–1，自右向左存 1 字（图 4–1–119，30）。

07GT4②：28–17，自右向左存 1 字（图 4–1–119，31）。

07GT4②：30–3，自右向左存 1 字（图 4–1–119，32）。

07GT4②：35–50，自右向左存 1 字（图 4–1–119，33）。

07GT4②：37–27，自右向左存 1 字（图 4–1–119，34）。

采：43，自右向左存 6 行 5 列 27 字（图 4–1–120，1；图版六七五，4）。

采：54，自右向左存 4 行 4 列 14 字（图 4–1–120，2）。

采：44，自右向左存 4 行 5 列 12 字（图 4–1–120，3）。

采：46，自右向左存 3 行 4 列 10 字（图 4–1–120，4）。

采：80，自右向左存 3 行 3 列 7 字（图 4–1–120，5）。

采：53，自右向左存 3 行 3 列 6 字（图 4–1–120，6）。

采：51，自右向左存 2 行 3 列 4 字（图 4–1–120，7）。

采：61，自右向左存 3 行 2 列 4 字（图 4–1–120，8）。

采：32，自右向左存 2 行 2 列 3 字（图 4–1–120，9）。

采：84，自右向左存 2 行 2 列 3 字（图 4–1–120，10）。

采：86，自右向左存 2 行 2 列 3 字（图 4–1–120，11）。

采：88，自右向左存 2 行 2 列 3 字（图 4–1–120，12）。

③灰色砂岩

共 73 件。

07GT4②：34–1，自右向左存 3 行 15 列 36 字（图 4–1–120，13；图版六七六，1）。

07GT4②：24–9，自右向左存 6 行 6 列 22 字（图 4–1–120，14；图版六七六，2）。

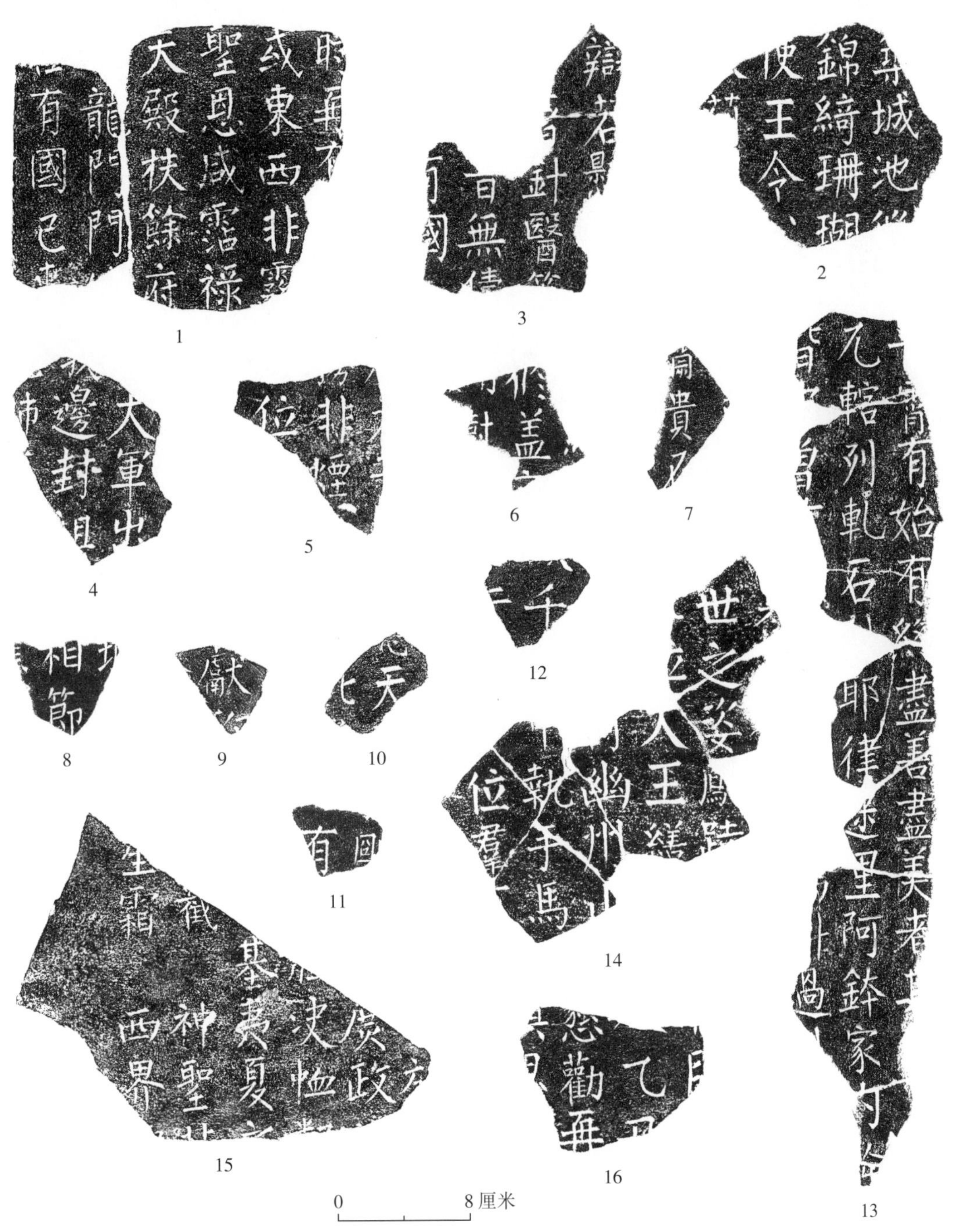

图 4-1-120　龟趺山建筑基址出土汉字丙组碑文残片

1. 采：43　2. 采：54　3. 采：44　4. 采：46　5. 采：80　6. 采：53　7. 采：51　8. 采：61　9. 采：32　10. 采：84　11. 采：86　12. 采：88　13. 07GT4 ②：34–1　14. 07GT4 ②：24–9　15. 07GT3 ②：6　16. 07GT2 ②：22–7

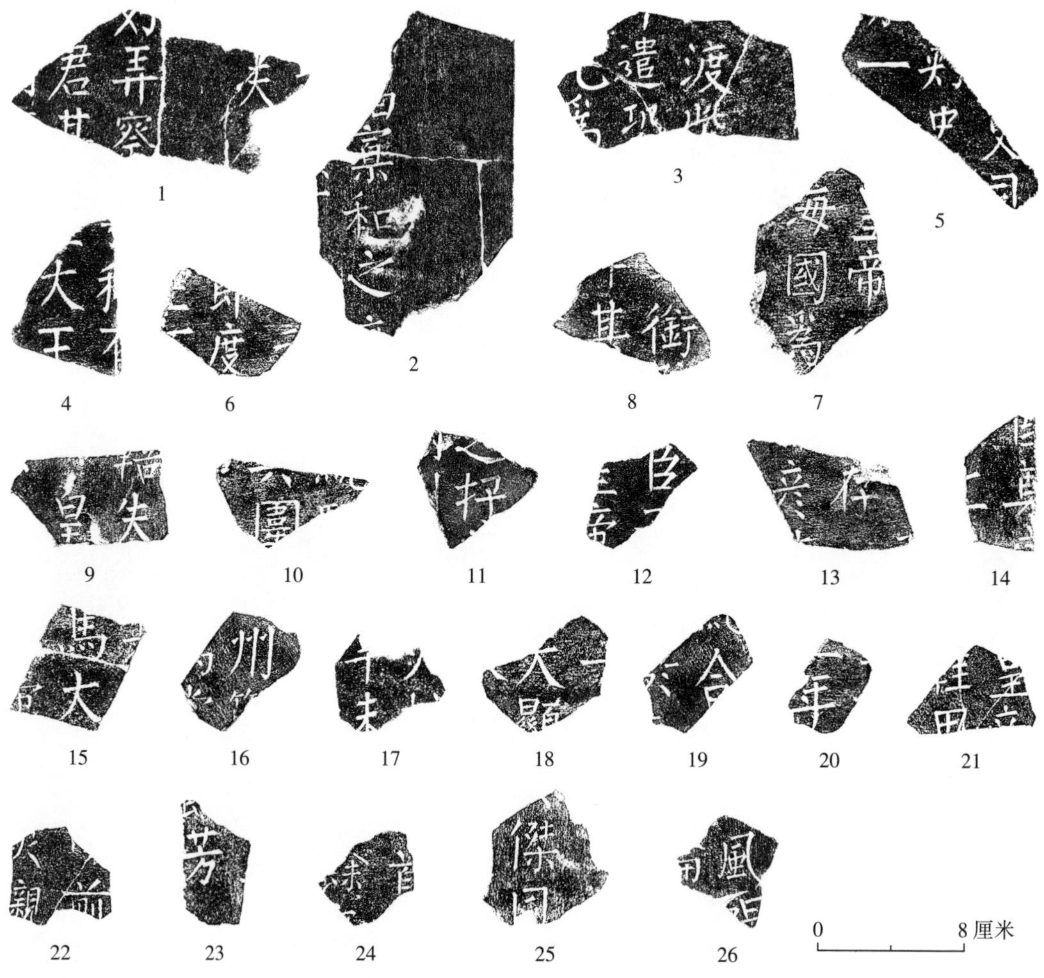

图 4-1-121 龟趺山建筑基址出土汉字丙组碑文残片

1. 07GT4②：19-3 2. 07GT4②：21-3 3. 07GT4②：35-15 4. 07GT4②：12-17 5. 07GT4②：38-4 6. 07GT4②：16-6 7. 07GT4②：25-6 8. 07GT4②：32-9 9. 07GT4②：35-12 10. 07GT4②：36-4 11. 07GT2②：20-7 12. 07GT3②：2-7 13. 07GT4②：4-9 14. 07GT4②：6-3 15. 07GT4②：28-9 16. 07GT4②：35-14 17. 07GT4②：35-36 18. 07GT4②：36-28 19. 07GT4②：36-39 20. 07GT4②：37-23 21. 07GT4②：38-10 22. 07GT4②：39-7 23. 07GT3②：11-3 24. 07GT3②：14-26 25. 07GT4②：16-3 26. 07GT4②：25-8

07GT3②：6，自右向左存 6 行 6 列 21 字（图 4-1-120，15；图版六七六，3）。

07GT2②：22-7，局部泛绿。自右向左存 4 行 3 列 10 字（图 4-1-120，16）。

07GT4②：19-3，背面有焦结物。自右向左存 5 行 3 列 9 字（图 4-1-121，1）。

07GT4②：21-3，自右向左存 2 行 6 列 7 字（图 4-1-121，2）。

07GT4②：35-15，自右向左存 3 行 3 列 7 字（图 4-1-121，3）。

07GT4②：12-17，自右向左存 2 行 3 列 6 字（图 4-1-121，4）。

07GT4②：38-4，自右向左存3行4列6字（图4-1-121，5）。

07GT4②：16-6，自右向左存3行2列5字（图4-1-121，6）。

07GT4②：25-6，自右向左存2行3列5字（图4-1-121，7）。

07GT4②：32-9，自右向左存2行3列5字（图4-1-121，8）。

07GT4②：35-12，自右向左存3行2列5字（图4-1-121，9）。

07GT4②：36-4，自右向左存3行2列5字（图4-1-121，10）。

07GT2②：20-7，自右向左存2行2列4字（图4-1-121，11）。

07GT3②：2-7，自右向左存2行2列4字（图4-1-121，12）。

07GT4②：4-9，自右向左存3行2列4字（图4-1-121，13）。

07GT4②：6-3，自右向左存2行3列4字（图4-1-121，14）。

07GT4②：28-9，自右向左存3行2列4字（图4-1-121，15）。

07GT4②：35-14，自右向左存2行2列4字（图4-1-121，16）。

07GT4②：35-36，自右向左存2行2列4字（图4-1-121，17）。

07GT4②：36-28，自右向左存3行2列4字（图4-1-121，18）。

07GT4②：36-39，自右向左存2行3列4字（图4-1-121，19）。

07GT4②：37-23，自右向左存2行2列4字（图4-1-121，20）。

07GT4②：38-10，自右向左存2行2列4字（图4-1-121，21）。

07GT4②：39-7，自右向左存2行2列4字（图4-1-121，22）。

07GT3②：11-3，自右向左存2行2列3字（图4-1-121，23）。

07GT3②：14-26，自右向左存2行2列3字（图4-1-121，24）。

07GT4②：16-3，自右向左存1行3列3字（图4-1-121，25）。

07GT4②：25-8，自右向左存2行2列3字（图4-1-121，26）。

07GT4②：27-6，自右向左存1行3列3字（图4-1-122，1）。

07GT4②：27-22，自右向左存2行2列3字（图4-1-122，2）。

07GT4②：32-17，自右向左存1行3列3字（图4-1-122，3）。

07GT4②：34-17，自右向左存2行2列3字（图4-1-122，4）。

07GT4②：35-18，自右向左存2行2列3字（图4-1-122，5）。

07GT4②：35-20，自右向左存2行2列3字（图4-1-122，6）。

07GT4②：36-43，自右向左存1行3列3字（图4-1-122，7）。

07GT4②：37-16，自右向左存3行1列3字（图4-1-122，8）。

07GT4②：4-13，自右向左存1行2列2字（图4-1-122，9）。

07GT4②：4-19，自右向左存2行1列2字（图4-1-122，10）。

07GT4②：4-25，自右向左存2行2列2字（图4-1-122，11）。

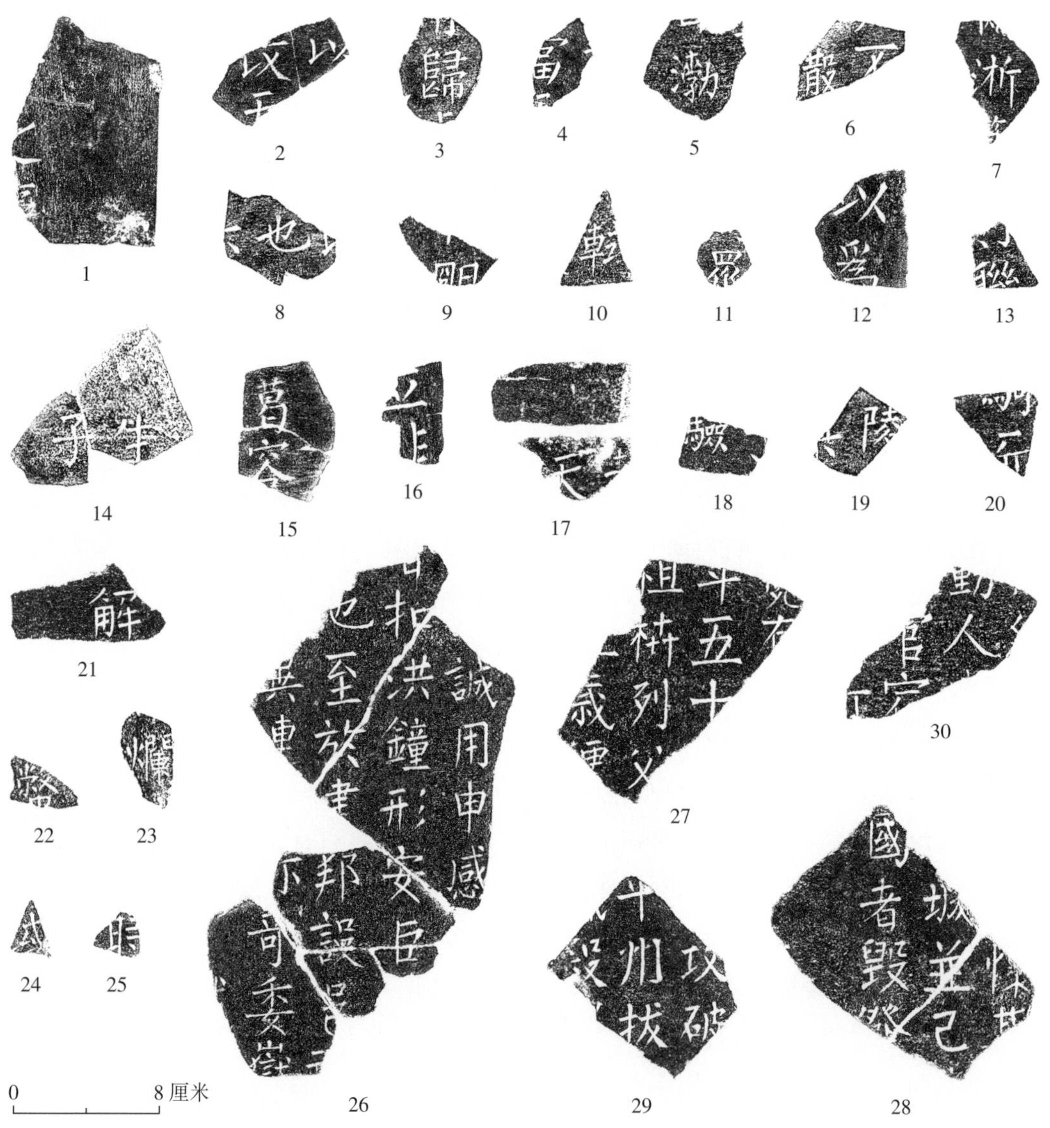

图 4-1-122　龟趺山建筑基址出土汉字丙组碑文残片

1. 07GT4②：27-6　2. 07GT4②：27-22　3. 07GT4②：32-17　4. 07GT4②：34-17　5. 07GT4②：35-18　6. 07GT4②：35-20　7. 07GT4②：36-43　8. 07GT4②：37-16　9. 07GT4②：4-13　10. 07GT4②：4-19　11. 07GT4②：4-25　12. 07GT4②：12-26　13. 07GT4②：22-17　14. 07GT4②：27-12　15. 07GT4②：27-16　16. 07GT4②：28-10　17. 07GT4②：36-16　18. 07GT4②：36-33　19. 07GT4②：36-41　20. 07GT4②：37-22　21. 07GT4②：12-18　22. 07GT4②：22-25　23. 07GT4②：25-15　24. 07GT4②：35-58　25. 07GT4②：37-43　26. 采：87　27. 采：72　28. 采：13　29. 采：50　30. 采：75

07GT4②：12-26，自右向左存1行2列2字（图4-1-122，12）。

07GT4②：22-17，自右向左存1行2列2字（图4-1-122，13）。

07GT4②：27-12，自右向左存2行1列2字（图4-1-122，14）。

07GT4②：27–16，自右向左存1行2列2字（图4–1–122，15）。

07GT4②：28–10，自右向左存1行2列2字（图4–1–122，16）。

07GT4②：36–16，上部凸框宽3.4厘米，距框0.4厘米处阴刻楷书。自右向左残存2行1列2字（图4–1–122，17）。

07GT4②：36–33，自右向左存2行1列2字（图4–1–122，18）。

07GT4②：36–41，自右向左存2行1列2字（图4–1–122，19）。

07GT4②：37–22，自右向左存1行2列2字（图4–1–122，20）。

07GT4②：12–18，自右向左存1字（图4–1–122，21）。

07GT4②：22–25，自右向左存1字（图4–1–122，22）。

07GT4②：25–15，自右向左存1字（图4–1–122，23）。

07GT4②：35–58，自右向左存1字（图4–1–122，24）。

07GT4②：37–43，自右向左存1字（图4–1–122，25）。

采：87，自右向左存5行9列26字（图4–1–122，26；图版六七六，4）。

采：72，自右向左存4行4列12字（图4–1–122，27）。

采：13，自右向左存3行5列10字（图4–1–122，28）。

采：50，正面泛碱。自右向左存3行3列8字（图4–1–122，29；图版六七七，1）。

采：75，自右向左存4行3列8字（图4–1–122，30）。

采：62，自右向左存3行4列8字（图4–1–123，1）。

采：28，自右向左存2行3列5字（图4–1–123，2）。

采：79，自右向左存2行3列5字（图4–1–123，3）。

采：81，自右向左存2行3列5字（图4–1–123，4）。

采：11，自右向左存2行2列4字（图4–1–123，5）。

采：38，自右向左存2行2列4字（图4–1–123，6）。

采：63，自右向左存2行3列4字（图4–1–123，7）。

采：64，自右向左存3行2列4字（图4–1–123，8）。

采：67，自右向左存3行2列4字（图4–1–123，9）。

采：68，自右向左存3行2列4字（图4–1–123，10）。

采：82，自右向左存2行2列4字（图4–1–123，11）。

采：33，自右向左存2行2列3字（图4–1–123，12）。

采：69，自右向左存2行2列3字（图4–1–123，13）。

④灰褐色砂岩

仅1件。

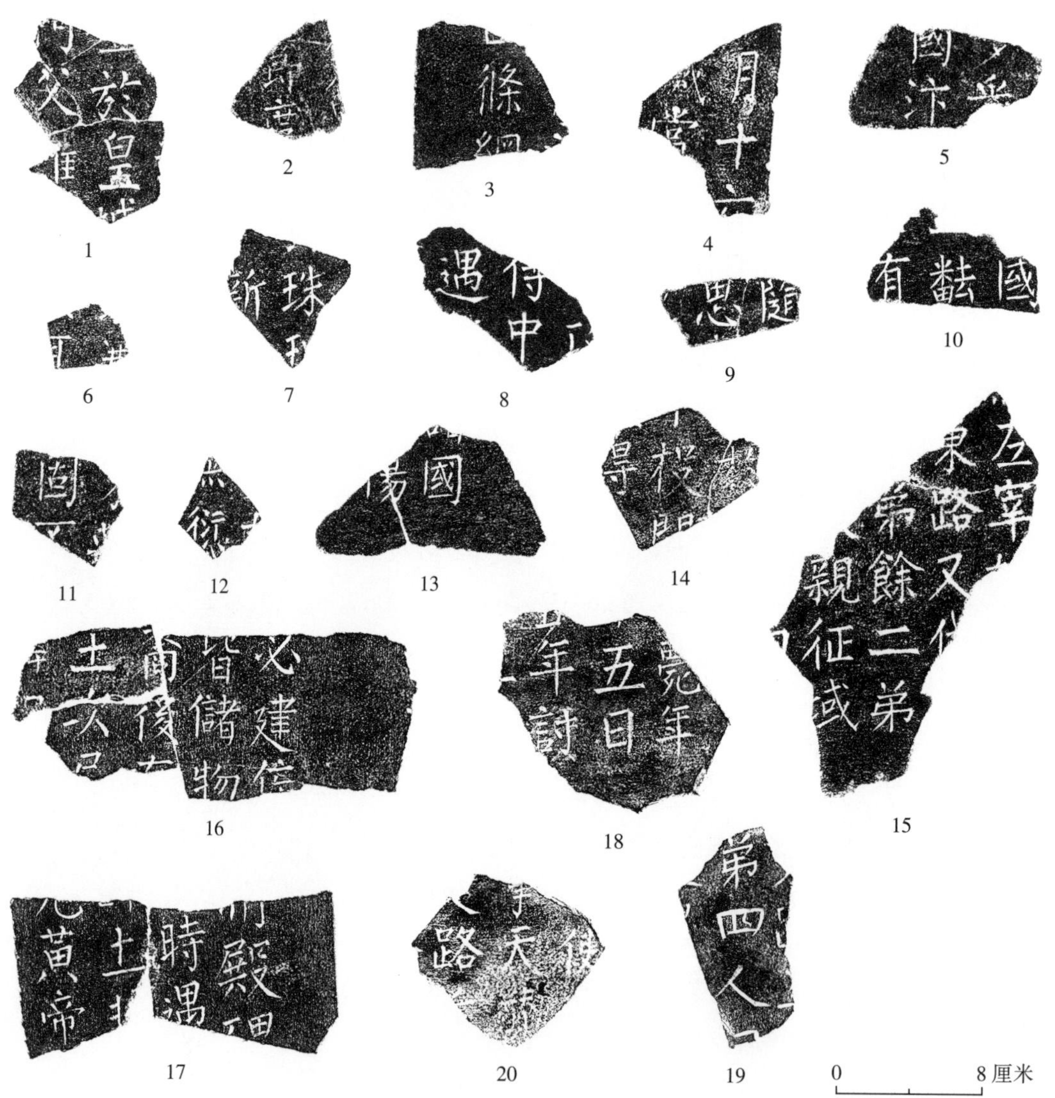

图4-1-123 龟趺山建筑基址出土汉字丙组碑文残片

1.采：62 2.采：28 3.采：79 4.采：81 5.采：11 6.采：38 7.采：63 8.采：64 9.采：67 10.采：68 11.采：82 12.采：33 13.采：69 14.采：59 15.07GT4②：14-1 16.07GT4②：32-4 17.07GT4②：34-4 18.07GT2②：20-2 19.07GT3②：8-4 20.07GT4②：14-3

采：59，自右向左存3行3列5字（图4-1-123，14；图版六七七，2）。

⑤青色砂岩

共35件。

07GT4②：14-1，自右向左存5行6列17字（图4-1-123，15；图版六七七，3）。

07GT4②：32-4，自右向左存5行3列14字（图4-1-123，16）。

07GT4②：34-4，自右向左存4行3列11字。首列字体较大，与后3行错列（图

4-1-123，17）。

07GT2②：20-2，自右向左存4行3列9字（图4-1-123，18）。

07GT3②：8-4，自右向左存3行4列9字（图4-1-123，19）。

07GT4②：14-3，自右向左存4行3列8字（图4-1-123，20）。

07GT1②：21-1，自右向左存3行3列7字（图4-1-124，1）。

07GT3②：1-1，自右向左存3行4列7字（图4-1-124，2）。

07GT4②：40-2，自右向左存3行3列7字（图4-1-124，3）。

07GT2②：20-4，自右向左存3行3列6字（图4-1-124，4）。

07GT1②：21-6，自右向左存4行2列5字（图4-1-124，5）。

07GT3②：14-7，自右向左存2行3列5字（图4-1-124，6）。

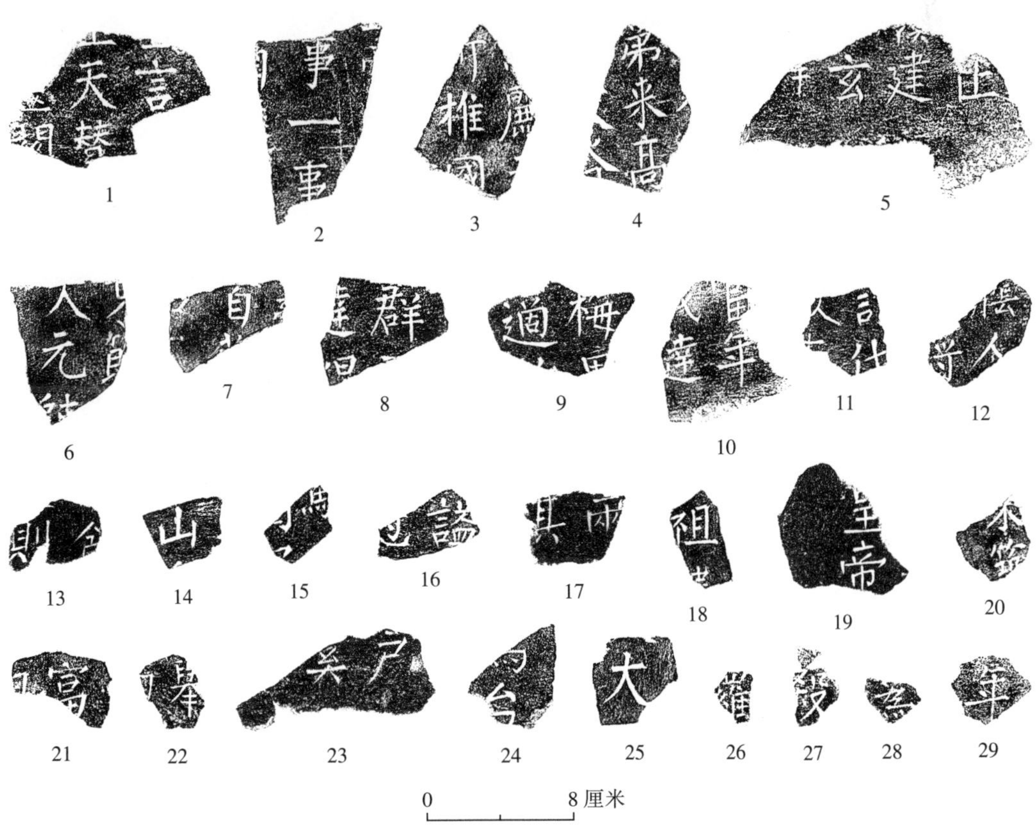

图4-1-124　龟趺山建筑基址出土汉字丙组碑文残片

1. 07GT1②：21-1　2. 07GT3②：1-1　3. 07GT4②：40-2　4. 07GT2②：20-4　5. 07GT1②：21-6　6. 07GT3②：14-7　7. 07GT4②：27-17　8. 07GT1②：21-13　9. 07GT4②：24-10　10. 07GT4②：24-11　11. 07GT4②：39-23　12. 07GT1②：25-2　13. 07GT3②：19-4　14. 07GT4②：4-17　15. 07GT4②：36-32　16. 07GT1②：21-26　17. 07GT3②：4-6　18. 07GT3②：8-17　19. 07GT3②：12-11　20. 07GT3②：12-16　21. 07GT3②：19-3　22. 07GT4②：10-12　23. 07GT4②：16-1　24. 07GT4②：29-11　25. 07GT4②：37-19　26. 07GT2②：59-5　27. 07GT3②：7-11　28. 07GT4②：4-26　29. 07GT4②：24-28

07GT4②：27–17，自右向左存 3 行 2 列 5 字（图 4–1–124，7）。

07GT1②：21–13，自右向左存 2 行 2 列 4 字（图 4–1–124，8）。

07GT4②：24–10，自右向左存 2 行 2 列 4 字（图 4–1–124，9）

07GT4②：24–11，自右向左存 2 行 2 列 4 字（图 4–1–124，10）。

07GT4②：39–23，自右向左存 2 行 2 列 4 字（图 4–1–124，11）。

07GT1②：25–2，自右向左存 2 行 2 列 3 字（图 4–1–124，12）。

07GT3②：19–4，自右向左存 2 行 2 列 3 字（图 4–1–124，13）。

07GT4②：4–17，自右向左存 2 行 2 列 3 字（图 4–1–124，14）。

07GT4②：36–32，自右向左存 2 行 2 列 3 字（图 4–1–124，15）。

07GT1②：21–26，局部泛褐。自右向左存 2 行 1 列 2 字（图 4–1–124，16）。

07GT3②：4–6，自右向左存 2 行 1 列 2 字（图 4–1–124，17）。

07GT3②：8–17，自右向左存 1 行 2 列 2 字（图 4–1–124，18）。

07GT3②：12–11，自右向左存 1 行 2 列 2 字（图 4–1–124，19）。

07GT3②：12–16，自右向左存 1 行 2 列 2 字（图 4–1–124，20）。

07GT3②：19–3，自右向左存 2 行 1 列 2 字（图 4–1–124，21）。

07GT4②：10–12，自右向左存 2 行 1 列 2 字（图 4–1–124，22）。

07GT4②：16–1，自右向左存 2 行 1 列 2 字（图 4–1–124，23）。

07GT4②：29–11，自右向左存 1 行 2 列 2 字（图 4–1–124，24）。

07GT4②：37–19，自右向左存 1 行 2 列 2 字（图 4–1–124，25）。

07GT2②：59–5，自右向左存 1 字（图 4–1–124，26）。

07GT3②：7–11，自右向左存 1 字（图 4–1–124，27）。

07GT4②：4–26，自右向左存 1 字（图 4–1–124，28）。

07GT4②：24–28，自右向左存 1 字（图 4–1–124，29）。

⑥青绿色砂岩

共 6 件。

07GT2②：46–4，自右向左存 5 行 8 列 23 字（图 4–1–125，1；图版六七七，4）。

07GT2②：58–6，自右向左存 4 行 3 列 8 字（图 4–1–125，2）。

07GT2②：59–16，自右向左存 2 行 2 列 3 字（图 4–1–125，3）。

采：5，自右向左存 2 行 3 列 5 字（图 4–1–125，4）。

采：9，自右向左存 2 行 2 列 4 字（图 4–1–125，5）。

采：57，自右向左存 2 行 1 列 2 字（图 4–1–125，6）。

⑦青灰色砂岩

共 4 件。

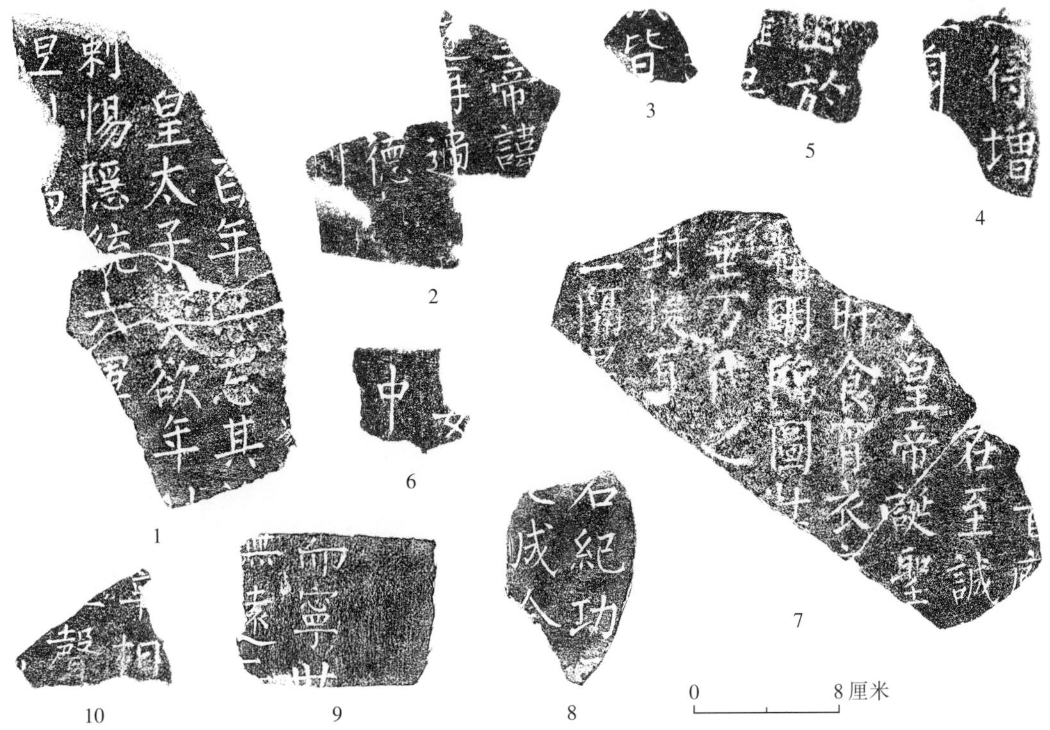

图 4-1-125　龟趺山建筑基址出土汉字丙组碑文残片

1. 07GT2 ②：46-4　2. 07GT2 ②：58-6　3. 07GT2 ②：59-16　4. 采：5　5. 采：9　6. 采：57　7. 14GT3 北扩①：2　8. 07GT2 ②：38-2　9. 07GT2 ②：48-1　10. 采：6

14GT3 北扩①：2，自右向左存 8 行 6 列 30 字（图 4-1-125，7；图版六七八，1）。

07GT2 ②：38-2，自右向左存 2 行 4 列 7 字（图 4-1-125，8）。

07GT2 ②：48-1，自右向左存 2 行 3 列 6 字（图 4-1-125，9）。

采：6，自右向左存 2 行 2 列 4 字（图 4-1-125，10）。

（3）不可辨字体

依据石料、字体、刻工等不同，可将这批碑片分作甲、乙、丙三组。

1）甲组

砂岩，正面磨光刻字。楷体，字形纤细，刻工细腻。根据石料色泽差异，分述如下。

①红褐色砂岩

共 49 件。

07GT1 ②：21-39，自右向左存 3 行 2 列 5 字（图 4-1-126，1；图版六七八，2）。

07GT1 ②：12-14，自右向左存 2 行 2 列 4 字（图 4-1-126，2）。

07GT2 ②：41-7，自右向左存 2 行 2 列 4 字（图 4-1-126，3）。

07GT1 ②：24-2，自右向左存 2 行 2 列 3 字（图 4-1-126，4）。

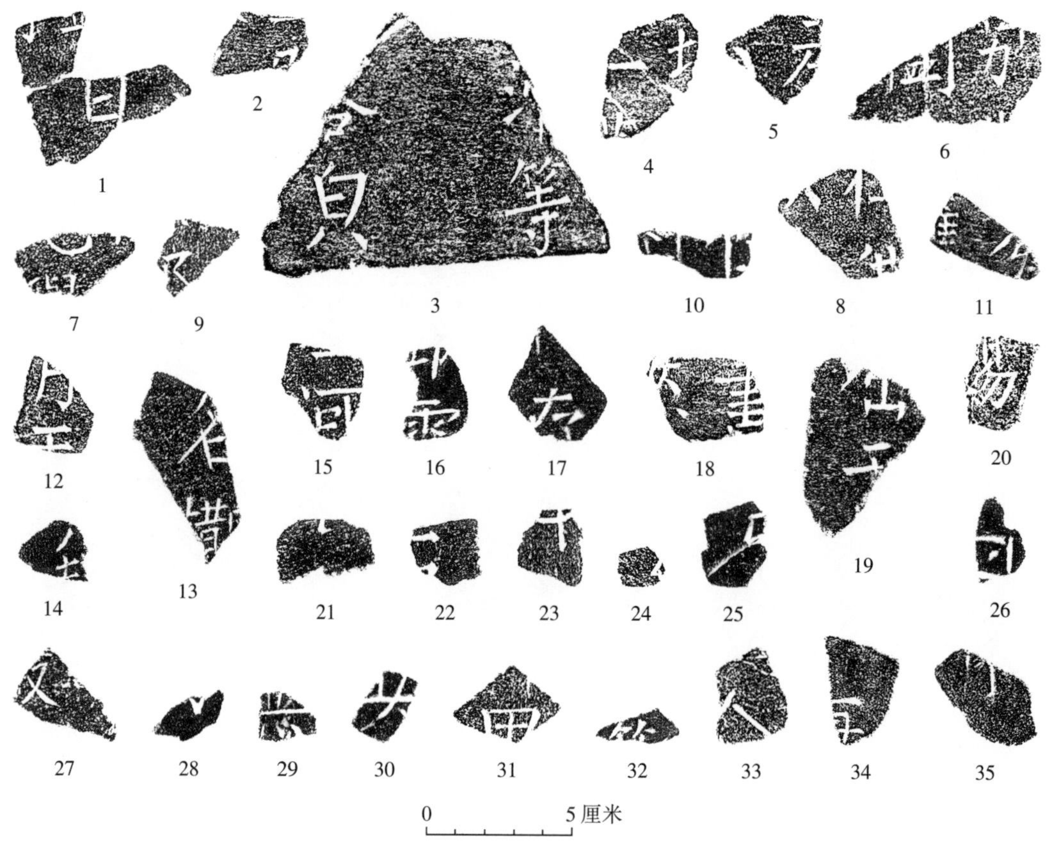

图4-1-126　龟趺山建筑基址出土不可辨字体甲组碑文残片

1. 07GT1②：21-39　2. 07GT1②：12-14　3. 07GT2②：41-7　4. 07GT1②：24-2　5. 07GT2②：59-3　6. 07GT3②：12-14　7. 07GT4②：27-33　8. 07GT4②：35-42　9. 07GT1②：11-5　10. 07GT1②：17-15　11. 07GT1②：21-52　12. 07GT2②：35-2　13. 07GT2②：53-5　14. 07GT2②：55-12　15. 07GT3②：4-34　16. 07GT3②：8-24　17. 07GT3②：14-23　18. 07GT3②：14-27　19. 07GT4②：28-7　20. 07GT1②：17-17　21. 07GT1②：19-5　22. 07GT1②：21-14　23. 07GT1②：26-1　24. 07GT2②：14-14　25. 07GT2②：21-2　26. 07GT2②：53-9　27. 07GT2②：54-3　28. 07GT2②：55-9　29. 07GT2②：55-13　30. 07GT2②：56-7　31. 07GT3②：8-20　32. 07GT3②：8-50　33. 07GT4②：12-33　34. 07GT3②：14-38　35. 07GT3②：14-40

07GT2②：59-3，自右向左存2行2列3字（图4-1-126，5）。

07GT3②：12-14，自右向左存2行2列3字（图4-1-126，6）。

07GT4②：27-33，自右向左存2行2列3字（图4-1-126，7）。

07GT4②：35-42，自右向左存2行2列3字（图4-1-126，8）。

07GT1②：11-5，自右向左存1行2列2字（图4-1-126，9）。

07GT1②：17-15，自右向左存2行1列2字（图4-1-126，10）。

07GT1②：21-52，自右向左存2行1列2字（图4-1-126，11）。

07GT2②：35-2，自右向左存1行2列2字（图4-1-126，12）。

07GT2②：53–5，自右向左存1行2列2字（图4–1–126，13）。

07GT2②：55–12，自右向左存1行2列2字（图4–1–126，14）。

07GT3②：4–34，自右向左存1行2列2字（图4–1–126，15）。

07GT3②：8–24，自右向左存1行2列2字（图4–1–126，16）。

07GT3②：14–23，自右向左存1行2列2字（图4–1–126，17）。

07GT3②：14–27，自右向左存2行1列2字（图4–1–126，18）。

07GT4②：28–7，自右向左存1行2列2字（图4–1–126，19）。

07GT1②：17–17，自右向左存1字（图4–1–126，20）。

07GT1②：19–5，自右向左存1字（图4–1–126，21）。

07GT1②：21–14，自右向左存1字（图4–1–126，22）。

07GT1②：26–1，自右向左存1字（图4–1–126，23）。

07GT2②：14–14，自右向左存1字（图4–1–126，24）。

07GT2②：21–2，自右向左存1字（图4–1–126，25）。

07GT2②：53–9，自右向左存1字（图4–1–126，26）。

07GT2②：54–3，自右向左存1字（图4–1–126，27）。

07GT2②：55–9，自右向左存1字（图4–1–126，28）。

07GT2②：55–13，自右向左存1字（图4–1–126，29）。

07GT2②：56–7，自右向左存1字（图4–1–126，30）。

07GT3②：8–20，自右向左存1字（图4–1–126，31）。

07GT3②：8–50，自右向左存1字（图4–1–126，32）。

07GT4②：12–33，自右向左存1字（图4–1–126，33）。

07GT3②：14–38，自右向左存1字（图4–1–126，34）。

07GT3②：14–40，自右向左存1字（图4–1–126，35）。

07GT3②：14–48，自右向左存1字（图4–1–127，1）。

07GT3②：14–49，自右向左存1字（图4–1–127，2）。

07GT3②：14–51，自右向左存1字（图4–1–127，3）。

07GT3②：14–54，自右向左存1字（图4–1–127，4）。

07GT3②：17–10，自右向左存1字（图4–1–127，5）。

07GT4②：35–24，自右向左存1字（图4–1–127，6）。

07GT4②：37–15，自右向左存1字（图4–1–127，7）。

07GT2②：41–8，字迹残损不清（图4–1–127，8）。

07GT2②：52–13，字迹残损不清（图4–1–127，9）。

07GT2②：57–7，字迹残损不清（图4–1–127，10）。

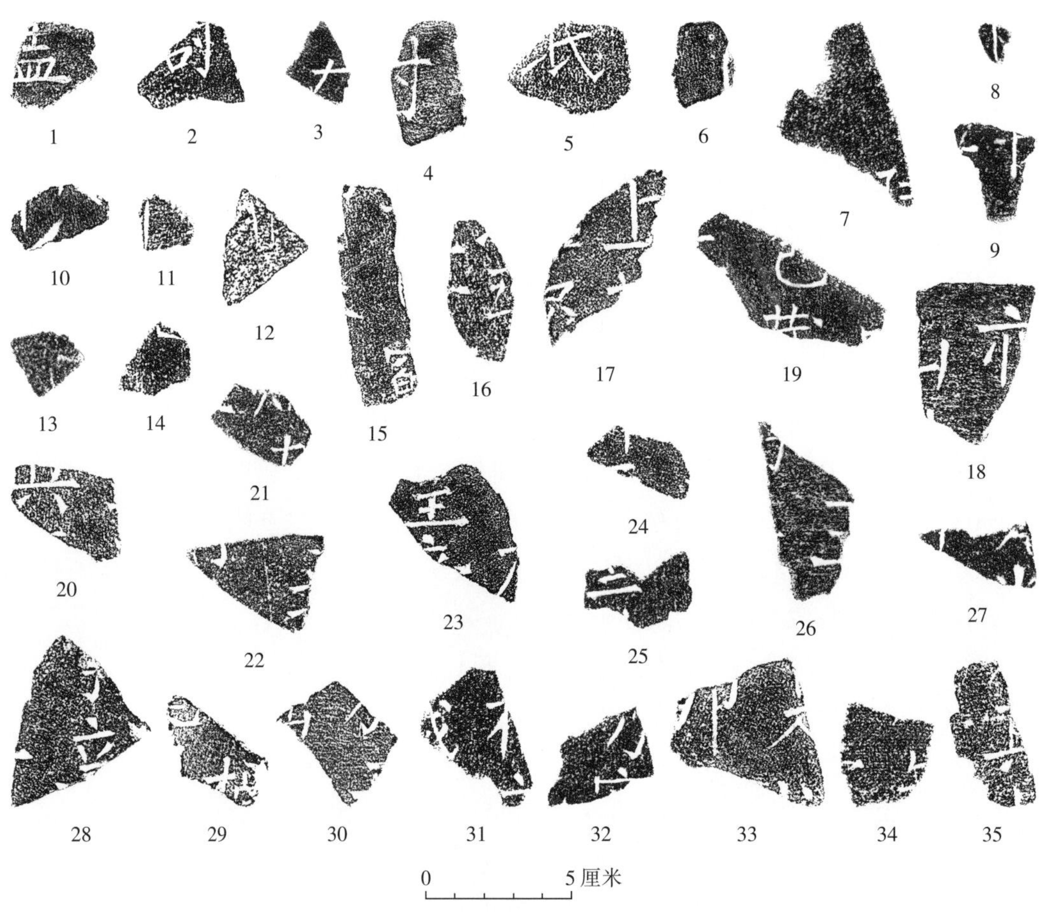

图 4-1-127　龟趺山建筑基址出土不可辨字体甲组碑文残片

1. 07GT3 ②：14-48　2. 07GT3 ②：14-49　3. 07GT3 ②：14-51　4. 07GT3 ②：14-54　5. 07GT3 ②：17-10　6. 07GT4 ②：35-24　7. 07GT4 ②：37-15　8. 07GT2 ②：41-8　9. 07GT2 ②：52-13　10. 07GT2 ②：57-7　11. 07GT3 ②：7-9　12. 07GT4 ②：27-35　13. 07GT4 ②：36-69　14. 采：41　15. 07GT4 ②：11-2　16. 07GT1 ②：23-13　17. 07GT2 ②：41-21　18. 07GT3 ②：8-5　19. 07GT4 ②：10-7　20. 07GT4 ②：26-4　21. 07GT2 ②：14-3　22. 07GT2 ②：20-13　23. 07GT2 ②：22-19　24. 07GT2 ②：27-25　25. 07GT2 ②：35-16　26. 07GT2 ②：37-2　27. 07GT2 ②：57-5　28. 07GT2 ②：58-7　29. 07GT3 ②：2-2　30. 07GT3 ②：14-37　31. 07GT4 ②：4-16　32. 07GT4 ②：4-21　33. 07GT4 ②：27-20　34. 07GT4 ②：27-25　35. 07GT4 ②：29-21

07GT3 ②：7-9，字迹残损不清（图 4-1-127，11）。

07GT4 ②：27-35，字迹残损不清（图 4-1-127，12）。

07GT4 ②：36-69，字迹残损不清（图 4-1-127，13）。

采：41，自右向左存 1 字（图 4-1-127，14）。

②黄褐色砂岩

共 152 件。

07GT4 ②：11-2，自右向左存 2 行 3 列 5 字（图 4-1-127，15）。

07GT1②：23-13，自右向左存2行2列4字（图4-1-127，16）。

07GT2②：41-21，自右向左存2行2列4字（图4-1-127，17）。

07GT3②：8-5，自右向左存2行2列4字（图4-1-127，18）。

07GT4②：10-7，自右向左存3行2列4字（图4-1-127，19）。

07GT4②：26-4，自右向左存2行2列4字（图4-1-127，20）。

07GT2②：14-3，自右向左存2行2列3字（图4-1-127，21）。

07GT2②：20-13，自右向左存2行2列3字（图4-1-127，22）。

07GT2②：22-19，自右向左存2行2列3字（图4-1-127，23）。

07GT2②：27-25，自右向左存2行2列3字（图4-1-127，24）。

07GT2②：35-16，自右向左存2行2列3字（图4-1-127，25）。

07GT2②：37-2，自右向左存2行2列3字（图4-1-127，26）。

07GT2②：57-5，自右向左存2行2列3字（图4-1-127，27）。

07GT2②：58-7，自右向左存2行2列3字（图4-1-127，28）。

07GT3②：2-2，自右向左存2行2列3字（图4-1-127，29）。

07GT3②：14-37，自右向左存2行2列3字（图4-1-127，30）。

07GT4②：4-16，自右向左存2行2列3字（图4-1-127，31）。

07GT4②：4-21，自右向左存2行2列3字（图4-1-127，32）。

07GT4②：27-20，自右向左存2行2列3字（图4-1-127，33）。

07GT4②：27-25，自右向左存2行2列3字（图4-1-127，34）。

07GT4②：29-21，自右向左存1行3列3字（图4-1-127，35）。

07GT4②：32-3，自右向左存2行2列3字（图4-1-128，1）。

07GT4②：35-22，自右向左存2行2列3字（图4-1-128，2）。

07GT4②：36-47，自右向左存2行2列3字（图4-1-128，3）。

07GT1②：11-13，自右向左存1行2列2字（图4-1-128，4）。

07GT1②：11-28，自右向左存2行2列2字（图4-1-128，5）。

07GT1②：21-43，自右向左存1行2列2字（图4-1-128，6）。

07GT1②：21-50，自右向左存1行2列2字（图4-1-128，7）。

07GT1②：21-57，自右向左存1行2列2字（图4-1-128，8）。

07GT1②：23-11，自右向左存1行2列2字（图4-1-128，9）。

07GT1②：26-14，自右向左存1行2列2字（图4-1-128，10）。

07GT2②：5-6，自右向左存2行1列2字（图4-1-128，11）。

07GT2②：9-2，自右向左存2行1列2字（图4-1-128，12）。

07GT2②：14-7，自右向左存2行1列2字（图4-1-128，13）。

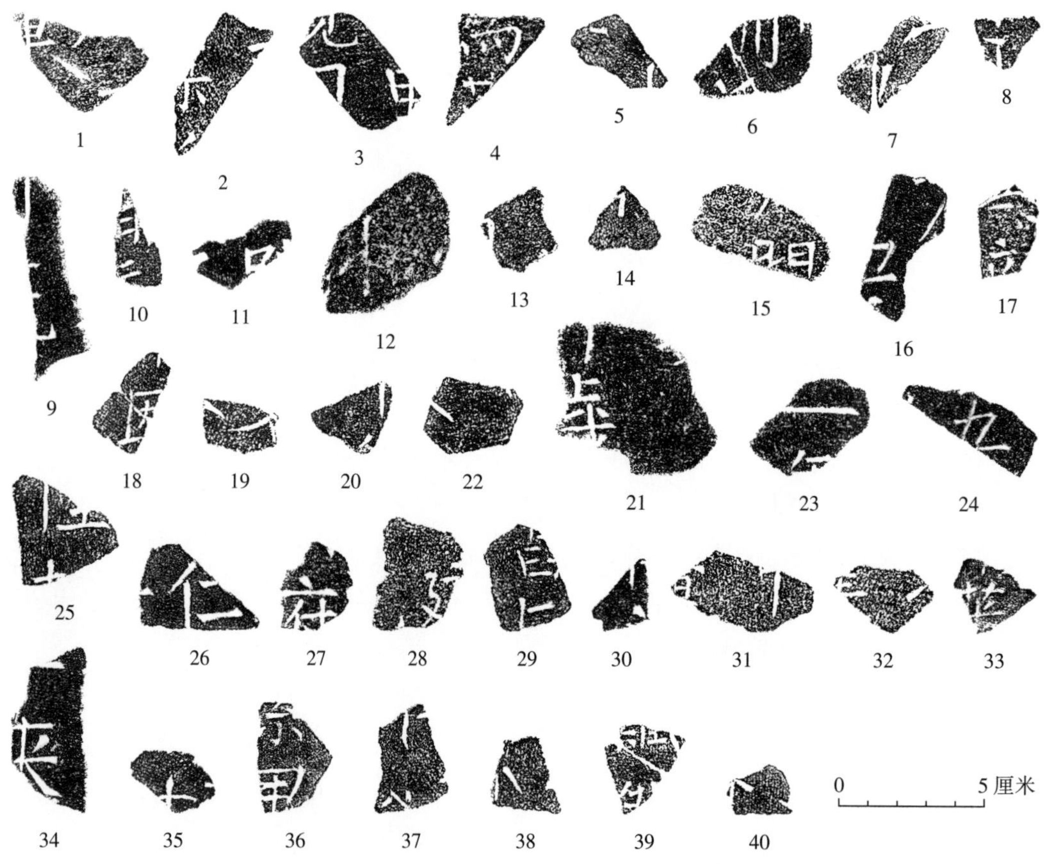

图4-1-128　龟趺山建筑基址出土不可辨字体甲组碑文残片

1. 07GT4②：32-3　2. 07GT4②：35-22　3. 07GT4②：36-47　4. 07GT1②：11-13　5. 07GT1②：11-28　6. 07GT1②：21-43　7. 07GT1②：21-50　8. 07GT1②：21-57　9. 07GT1②：23-11　10. 07GT1②：26-14　11. 07GT2②：5-6　12. 07GT2②：9-2　13. 07GT2②：14-7　14. 07GT2②：14-12　15. 07GT2②：27-17　16. 07GT2②：44-5　17. 07GT2②：45-6　18. 07GT2②：47-5　19. 07GT2②：59-2　20. 07GT2②：59-7　21. 07GT3②：1-3　22. 07GT3②：7-23　23. 07GT3②：8-11　24. 07GT3②：8-14　25. 07GT3②：8-18　26. 07GT3②：8-22　27. 07GT3②：8-26　28. 07GT3②：8-28　29. 07GT3②：8-30　30. 07GT3②：8-37　31. 07GT3②：12-2　32. 07GT3②：12-7　33. 07GT3②：12-9　34. 07GT3②：14-13　35. 07GT3②：14-28　36. 07GT3②：14-33　37. 07GT3②：14-35　38. 07GT3②：14-43　39. 07GT3②：14-55　40. 07GT4②：4-29

07GT2②：14-12，自右向左存1字（图4-1-128，14）。

07GT2②：27-17，自右向左存1行2列2字（图4-1-128，15）。

07GT2②：44-5，自右向左存2行2列2字（图4-1-128，16）。

07GT2②：45-6，自右向左存1行2列2字（图4-1-128，17）。

07GT2②：47-5，自右向左存1行2列2字（图4-1-128，18）。

07GT2②：59-2，自右向左存2行2列2字（图4-1-128，19）。

07GT2②：59-7，自右向左存1行2列2字（图4-1-128，20）。

07GT3②：1–3，自右向左存1行2列2字（图4–1–128，21）。

07GT3②：7–23，自右向左存2行2列2字（图4–1–128，22）。

07GT3②：8–11，自右向左存1行2列2字（图4–1–128，23）。

07GT3②：8–14，自右向左存2行1列2字（图4–1–128，24）。

07GT3②：8–18，自右向左存1行2列2字（图4–1–128，25）。

07GT3②：8–22，自右向左存2行1列2字（图4–1–128，26）。

07GT3②：8–26，自右向左存1行2列2字（图4–1–128，27）。

07GT3②：8–28，自右向左存2行1列2字（图4–1–128，28）。

07GT3②：8–30，自右向左存1行2列2字（图4–1–128，29）。

07GT3②：8–37，自右向左存1行2列2字（图4–1–128，30）。

07GT3②：12–2，自右向左存2行1列2字（图4–1–128，31）。

07GT3②：12–7，自右向左存2行1列2字（图4–1–128，32）。

07GT3②：12–9，自右向左存1行2列2字（图4–1–128，33）。

07GT3②：14–13，自右向左存1行2列2字（图4–1–128，34）。

07GT3②：14–28，自右向左存2行1列2字（图4–1–128，35）。

07GT3②：14–33，自右向左存1行2列2字（图4–1–128，36）。

07GT3②：14–35，自右向左存1行2列2字（图4–1–128，37）。

07GT3②：14–43，自右向左存2行1列2字（图4–1–128，38）。

07GT3②：14–55，自右向左存1行2列2字（图4–1–128，39）。

07GT4②：4–29，自右向左存2行1列2字（图4–1–128，40）。

07GT4②：9–11，自右向左存1行2列2字（图4–1–129，1）。

07GT4②：10–8，自右向左存1行2列2字（图4–1–129，2）。

07GT4②：12–24，自右向左存2行2列2字（图4–1–129，3）。

07GT4②：12–29，自右向左存2行1列2字（图4–1–129，4）。

07GT4②：25–19，自右向左存1行2列2字（图4–1–129，5）。

07GT4②：27–5，自右向左存1行2列2字（图4–1–129，6）。

07GT4②：28–15，自右向左存2行2列2字（图4–1–129，7）。

07GT4②：32–5，自右向左存2行1列2字（图4–1–129，8）。

07GT4②：32–21，自右向左存2行1列2字（图4–1–129，9）。

07GT4②：34–21，自右向左存2行1列2字（图4–1–129，10）。

07GT4②：35–9，自右向左存1行2列2字（图4–1–129，11）。

07GT4②：35–43，自右向左存1行2列2字（图4–1–129，12）。

07GT4②：35–49，自右向左存2行1列2字（图4–1–129，13）。

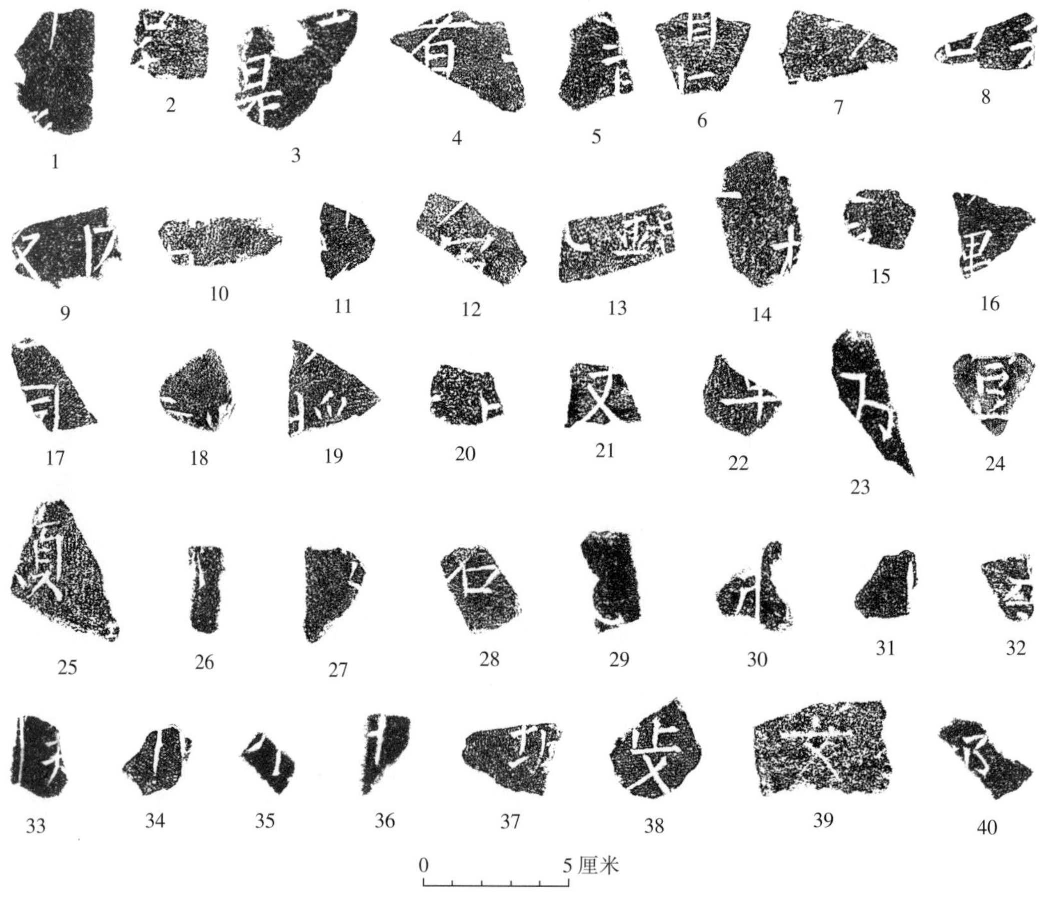

图 4-1-129 龟趺山建筑基址出土不可辨字体甲组碑文残片

1. 07GT4 ②：9-11 2. 07GT4 ②：10-8 3. 07GT4 ②：12-24 4. 07GT4 ②：12-29 5. 07GT4 ②：25-19 6. 07GT4 ②：27-5 7. 07GT4 ②：28-15 8. 07GT4 ②：32-5 9. 07GT4 ②：32-21 10. 07GT4 ②：34-21 11. 07GT4 ②：35-9 12. 07GT4 ②：35-43 13. 07GT4 ②：35-49 14. 07GT4 ②：35-55 15. 07GT4 ②：36-35 16. 07GT4 ②：36-59 17. 07GT4 ②：36-61 18. 07GT4 ②：37-13 19. 07GT4 ②：37-38 20. 07GT4 ②：38-3 21. 07GT1 ②：11-2 22. 07GT1 ②：11-17 23. 07GT1 ②：21-23 24. 07GT1 ②：21-56 25. 07GT1 ②：23-12 26. 07GT1 ②：26-7 27. 07GT1 ②：26-13 28. 07GT1 ②：26-16 29. 07GT2 ②：11-1 30. 07GT2 ②：15-5 31. 07GT2 ②：23-2 32. 07GT2 ②：27-22 33. 07GT2 ②：30-3 34. 07GT2 ②：39-3 35. 07GT2 ②：45-8 36. 07GT2 ②：54-9 37. 07GT2 ②：57-6 38. 07GT2 ②：59-14 39. 07GT3 ②：1-5 40. 07GT3 ②：1-6

07GT4 ②：35-55，自右向左存 2 行 2 列 2 字（图 4-1-129，14）。

07GT4 ②：36-35，自右向左存 1 行 2 列 2 字（图 4-1-129，15）。

07GT4 ②：36-59，自右向左存 1 行 2 列 2 字（图 4-1-129，16）。

07GT4 ②：36-61，自右向左存 1 行 2 列 2 字（图 4-1-129，17）。

07GT4 ②：37-13，自右向左存 2 行 1 列 2 字（图 4-1-129，18）。

07GT4 ②：37-38，自右向左存 1 行 2 列 2 字（图 4-1-129，19）。

07GT4②：38–3，自右向左存2行1列2字（图4–1–129，20）。

07GT1②：11–2，自右向左存1字（图4–1–129，21）。

07GT1②：11–17，自右向左存1字（图4–1–129，22）。

07GT1②：21–23，自右向左存1字（图4–1–129，23）。

07GT1②：21–56，自右向左存1字（图4–1–129，24）。

07GT1②：23–12，自右向左存1字（图4–1–129，25）。

07GT1②：26–7，自右向左存1字（图4–1–129，26）。

07GT1②：26–13，自右向左存1字（图4–1–129，27）。

07GT1②：26–16，自右向左存1字（图4–1–129，28）。

07GT2②：11–1，自右向左存1字（图4–1–129，29）。

07GT2②：15–5，自右向左存1字（图4–1–129，30）。

07GT2②：23–2，自右向左存1字（图4–1–129，31）。

07GT2②：27–22，自右向左存1字（图4–1–129，32）。

07GT2②：30–3，左侧缘有凹弦纹。自右向左存1字（图4–1–129，33）。

07GT2②：39–3，自右向左存1字（图4–1–129，34）。

07GT2②：45–8，自右向左存1字（图4–1–129，35）。

07GT2②：54–9，自右向左存1字（图4–1–129，36）。

07GT2②：57–6，自右向左存1字（图4–1–129，37）。

07GT2②：59–14，自右向左存1字（图4–1–129，38）。

07GT3②：1–5，自右向左存1字（图4–1–129，39）。

07GT3②：1–6，自右向左存1字（图4–1–129，40）。

07GT3②：1–8，自右向左存1字（图4–1–130，1）。

07GT3②：1–9，自右向左存1字（图4–1–130，2）。

07GT3②：1–10，自右向左存1字（图4–1–130，3）。

07GT3②：2–1，自右向左存1字（图4–1–130，4）。

07GT3②：4–18，自右向左存1字（图4–1–130，5）。

07GT3②：5–5，自右向左存1字（图4–1–130，6）。

07GT3②：7–1，自右向左存1字（图4–1–130，7）。

07GT3②：8–29，自右向左存1字（图4–1–130，8）。

07GT3②：8–35，自右向左存1字（图4–1–130，9）。

07GT3②：8–38，自右向左存1字（图4–1–130，10）。

07GT3②：8–46，自右向左存1字（图4–1–130，11）。

07GT3②：8–48，自右向左存1字（图4–1–130，12）。

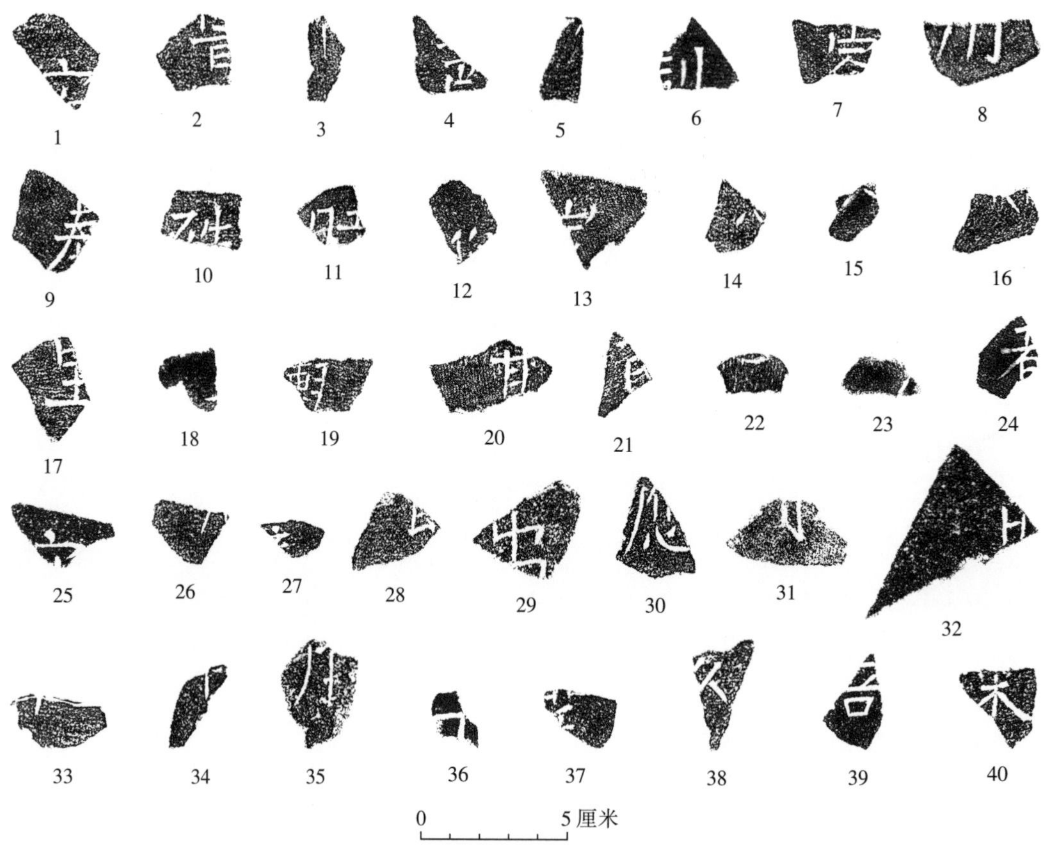

图 4-1-130 龟趺山建筑基址出土不可辨字体甲组碑文残片

1. 07GT3 ②：1-8 2. 07GT3 ②：1-9 3. 07GT3 ②：1-10 4. 07GT3 ②：2-1 5. 07GT3 ②：4-18 6. 07GT3 ②：5-5 7. 07GT3 ②：7-1 8. 07GT3 ②：8-29 9. 07GT3 ②：8-35 10. 07GT3 ②：8-38 11. 07GT3 ②：8-46 12. 07GT3 ②：8-48 13. 07GT3 ②：12-5 14. 07GT3 ②：12-6 15. 07GT3 ②：14-25 16. 07GT3 ②：14-34 17. 07GT3 ②：14-42 18. 07GT3 ②：14-45 19. 07GT3 ②：14-52 20. 07GT3 ②：17-12 21. 07GT3 ②：17-15 22. 07GT3 ②：17-16 23. 07GT3 ②：19-2 24. 07GT4 ②：4-2 25. 07GT4 ②：4-20 26. 07GT4 ②：4-28 27. 07GT4 ②：9-17 28. 07GT4 ②：12-34 29. 07GT4 ②：22-21 30. 07GT4 ②：22-27 31. 07GT4 ②：24-35 32. 07GT4 ②：25-7 33. 07GT4 ②：27-15 34. 07GT4 ②：27-28 35. 07GT4 ②：27-34 36. 07GT4 ②：28-16 37. 07GT4 ②：29-18 38. 07GT4 ②：29-20 39. 07GT4 ②：35-57 40. 07GT4 ②：36-34

07GT3 ②：12-5，自右向左存 1 字（图 4-1-130，13）。

07GT3 ②：12-6，自右向左存 1 字（图 4-1-130，14）。

07GT3 ②：14-25，自右向左存 1 字（图 4-1-130，15）。

07GT3 ②：14-34，自右向左存 1 字（图 4-1-130，16）。

07GT3 ②：14-42，自右向左存 1 字（图 4-1-130，17）。

07GT3 ②：14-45，自右向左存 1 字（图 4-1-130，18）。

07GT3 ②：14-52，自右向左存 1 字（图 4-1-130，19）。

07GT3②：17-12，自右向左存1字（图4-1-130，20）。

07GT3②：17-15，自右向左存1字（图4-1-130，21）。

07GT3②：17-16，自右向左存1字（图4-1-130，22）。

07GT3②：19-2，自右向左存1字（图4-1-130，23）。

07GT4②：4-2，自右向左存1字（图4-1-130，24）。

07GT4②：4-20，自右向左存1字（图4-1-130，25）。

07GT4②：4-28，自右向左存1字（图4-1-130，26）。

07GT4②：9-17，自右向左存1字（图4-1-130，27）。

07GT4②：12-34，自右向左存1字（图4-1-130，28）。

07GT4②：22-21，自右向左存1字（图4-1-130，29）。

07GT4②：22-27，自右向左存1字（图4-1-130，30）。

07GT4②：24-35，自右向左存1字（图4-1-130，31）。

07GT4②：25-7，自右向左存1字（图4-1-130，32）。

07GT4②：27-15，自右向左存1字（图4-1-130，33）。

07GT4②：27-28，自右向左存1字（图4-1-130，34）。

07GT4②：27-34，自右向左存1字（图4-1-130，35）。

07GT4②：28-16，自右向左存1字（图4-1-130，36）。

07GT4②：29-18，自右向左存1字（图4-1-130，37）。

07GT4②：29-20，自右向左存1字（图4-1-130，38）。

07GT4②：35-57，自右向左存1字（图4-1-130，39）。

07GT4②：36-34，自右向左存1字（图4-1-130，40）。

07GT4②：36-56，自右向左存1字（图4-1-131，1）。

07GT4②：37-3，自右向左存1字（图4-1-131，2）。

07GT4②：37-39，左侧阴刻一道直线。自右向左存1字（图4-1-131，3）。

07GT4②：37-42，自右向左存1字（图4-1-131，4）。

07GT4②：37-48，自右向左存1字（图4-1-131，5）。

07GT4②：39-12，自右向左存1字（图4-1-131，6）。

07GT4②：39-21，自右向左存1字（图4-1-131，7）。

07GT2②：55-5，字迹残损不清（图4-1-131，8）。

07GT3②：8-32，字迹磨损不清（图4-1-131，9）。

采：40，自右向左存2行2列4字（图4-1-131，10）。

采：42，自右向左存2行1列2字（图4-1-131，11）。

③灰色砂岩

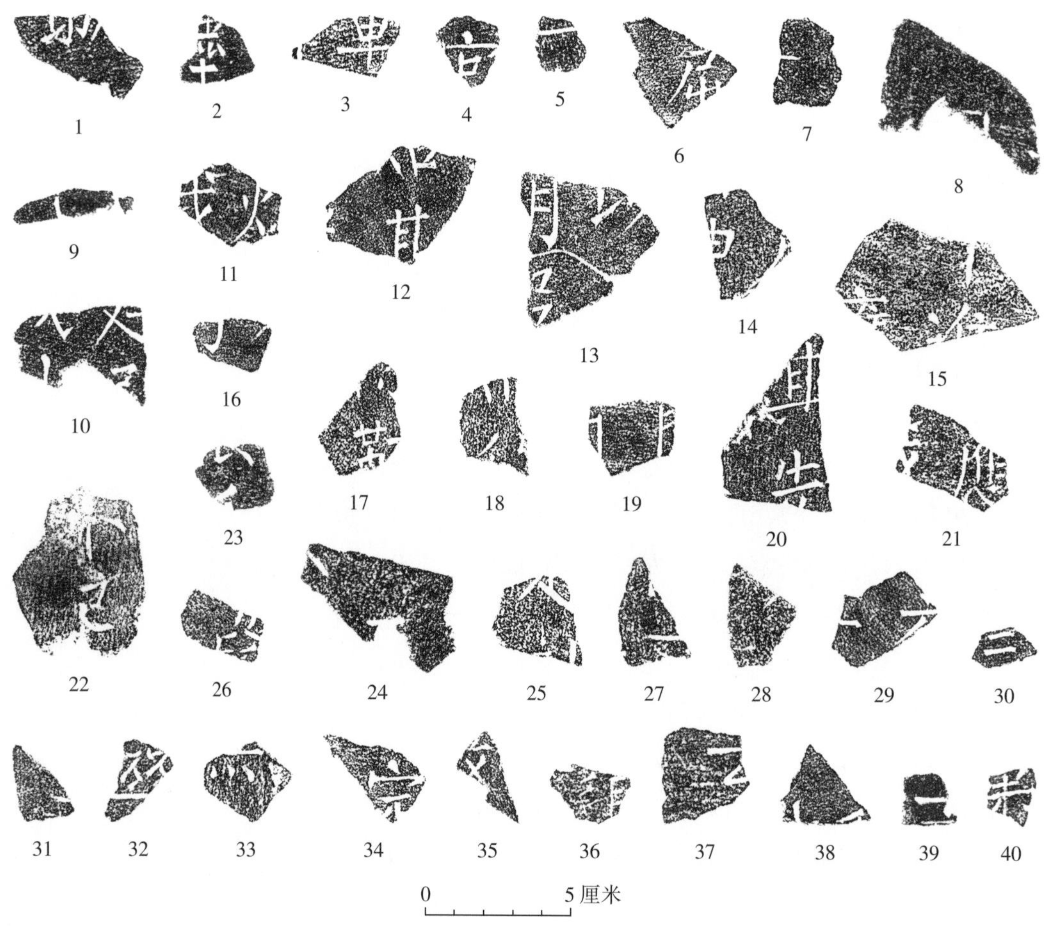

图 4-1-131　龟趺山建筑基址出土不可辨字体甲组碑文残片

1. 07GT4 ②：36-56　2. 07GT4 ②：37-3　3. 07GT4 ②：37-39　4. 07GT4 ②：37-42　5. 07GT4 ②：37-48　6. 07GT4 ②：39-12　7. 07GT4 ②：39-21　8. 07GT2 ②：55-5　9. 07GT3 ②：8-32　10. 采：40　11. 采：42　12. 07GT4 ②：36-45　13. 07GT3 ②：4-20　14. 07GT4 ②：35-37　15. 07GT4 ②：27-18　16. 07GT3 ②：4-33　17. 07GT3 ②：8-34　18. 07GT4 ②：12-32　19. 07GT4 ②：15-11　20. 07GT4 ②：22-10　21. 07GT4 ②：27-36　22. 07GT4 ②：34-6　23. 07GT4 ②：34-7　24. 07GT4 ②：35-39　25. 07GT4 ②：35-52　26. 07GT4 ②：35-60　27. 07GT4 ②：36-13　28. 07GT4 ②：36-63　29. 07GT4 ②：39-20　30. 07GT3 ②：8-36　31. 07GT3 ②：8-44　32. 07GT3 ②：8-45　33. 07GT4 ②：9-16　34. 07GT4 ②：15-12　35. 07GT4 ②：15-13　36. 07GT4 ②：16-13　37. 07GT4 ②：22-18　38. 07GT4 ②：22-31　39. 07GT4 ②：27-2　40. 07GT4 ②：27-4

共 48 件。

07GT4 ②：36-45，自右向左存 3 行 2 列 4 字（图 4-1-131，12）。

07GT3 ②：4-20，自右向左存 2 行 2 列 3 字（图 4-1-131，13）。

07GT4 ②：35-37，自右向左存 2 行 2 列 3 字（图 4-1-131，14）。

07GT4 ②：27-18，自右向左存 2 行 2 列 3 字（图 4-1-131，15）。

07GT3 ②：4-33，自右向左存 2 行 1 列 2 字（图 4-1-131，16）。

07GT3②：8–34，自右向左存1行2列2字（图4–1–131，17）。

07GT4②：12–32，自右向左存1行2列2字（图4–1–131，18）。

07GT4②：15–11，自右向左存2行1列2字（图4–1–131，19）。

07GT4②：22–10，自右向左存1行2列2字（图4–1–131，20）。

07GT4②：27–36，自右向左存2行1列2字（图4–1–131，21）。

07GT4②：34–6，自右向左存1行2列2字（图4–1–131，22）。

07GT4②：34–7，自右向左存1行2列2字（图4–1–131，23）。

07GT4②：35–39，自右向左存2行2列2字（图4–1–131，24）。

07GT4②：35–52，自右向左存1行2列2字（图4–1–131，25）。

07GT4②：35–60，自右向左存2行1列2字（图4–1–131，26）。

07GT4②：36–13，自右向左存1行2列2字（图4–1–131，27）。

07GT4②：36–63，自右向左存1行2列2字（图4–1–131，28）。

07GT4②：39–20，自右向左存2行1列2字（图4–1–131，29）。

07GT3②：8–36，自右向左存1字（图4–1–131，30）。

07GT3②：8–44，自右向左存1字（图4–1–131，31）。

07GT3②：8–45，自右向左存1字（图4–1–131，32）。

07GT4②：9–16，自右向左存1字（图4–1–131，33）。

07GT4②：15–12，自右向左存1字（图4–1–131，34）。

07GT4②：15–13，自右向左存1字（图4–1–131，35）。

07GT4②：16–13，自右向左存1字（图4–1–131，36）。

07GT4②：22–18，自右向左存1字（图4–1–131，37）。

07GT4②：22–31，自右向左存1字（图4–1–131，38）。

07GT4②：27–2，自右向左存1字（图4–1–131，39）。

07GT4②：27–4，自右向左存1字（图4–1–131，40）。

07GT4②：27–10，自右向左存1字（图4–1–132，1）。

07GT4②：27–11，自右向左存1字（图4–1–132，2）。

07GT4②：27–14，自右向左存1字（图4–1–132，3）。

07GT4②：27–19，自右向左存1字（图4–1–132，4）。

07GT4②：27–26，自右向左存1字（图4–1–132，5）。

07GT4②：27–30，自右向左存1字（图4–1–132，6）。

07GT4②：33–4，自右向左存1字（图4–1–132，7）。

07GT4②：34–2，自右向左存1字（图4–1–132，8）。

07GT4②：35–28，自右向左存1字（图4–1–132，9）。

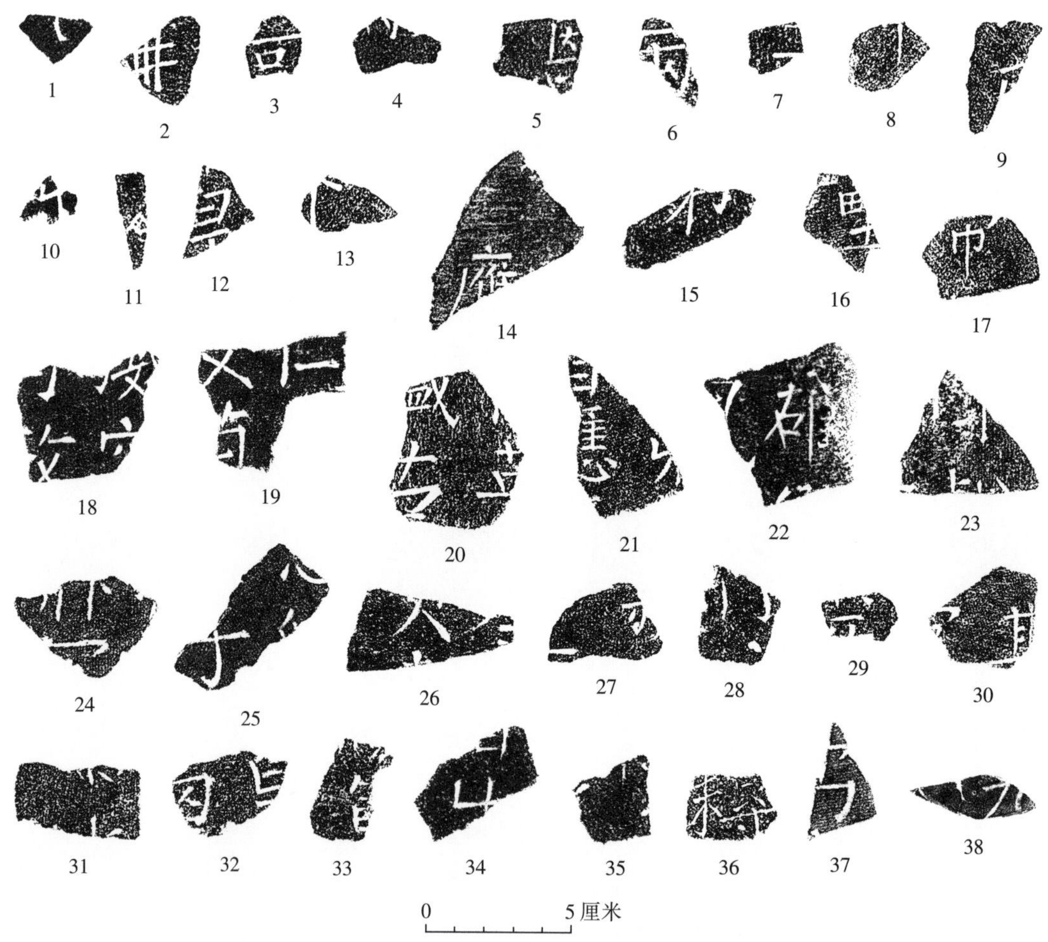

图 4-1-132 龟趺山建筑基址出土不可辨字体甲组碑文残片

1. 07GT4 ②：27-10 2. 07GT4 ②：27-11 3. 07GT4 ②：27-14 4. 07GT4 ②：27-19 5. 07GT4 ②：27-26 6. 07GT4 ②：27-30 7. 07GT4 ②：33-4 8. 07GT4 ②：34-2 9. 07GT4 ②：35-28 10. 07GT4 ②：35-30 11. 07GT4 ②：36-54 12. 07GT4 ②：36-65 13. 07GT4 ②：37-4 14. 07GT4 ②：37-9 15. 07GT4 ②：37-31 16. 07GT4 ②：37-35 17. 07GT4 ②：39-14 18. 采：30 19. 采：83 20. 07GT2 ②：40-4 21. 07GT2 ②：41-22 22. 07GT3 ②：17-11 23. 07GT4 ②：14-7 24. 07GT2 ②：39-10 25. 07GT2 ②：68 26. 07GT3 ②：14-20 27. 07GT3 ②：14-32 28. 07GT3 ②：14-39 29. 07GT1 ②：12-7 30. 07GT1 ②：19-6 31. 07GT1 ②：21-37 32. 07GT1 ②：21-48 33. 07GT1 ②：21-54 34. 07GT1 ②：23-14 35. 07GT1 ②：26-15 36. 07GT2 ②：6-13 37. 07GT2 ②：15-15 38. 07GT2 ②：45-23

07GT4 ②：35-30，自右向左存 1 字（图 4-1-132，10）。

07GT4 ②：36-54，自右向左存 1 字（图 4-1-132，11）。

07GT4 ②：36-65，自右向左存 1 字（图 4-1-132，12）。

07GT4 ②：37-4，自右向左存 1 字（图 4-1-132，13）。

07GT4 ②：37-9，自右向左存 1 字（图 4-1-132，14）。

07GT4②：37-31，自右向左存1字（图4-1-132，15）。

07GT4②：37-35，自右向左存1字（图4-1-132，16）。

07GT4②：39-14，自右向左存1字（图4-1-132，17）。

采：30，自右向左存2行2列4字（图4-1-132，18）。

采：83，自右向左存2行2列3字（图4-1-132，19）。

④青色砂岩

共43件。

07GT2②：40-4，自右向左存2行2列4字（图4-1-132，20）。

07GT2②：41-22，自右向左存2行3列4字（图4-1-132，21）。

07GT3②：17-11，自右向左存2行2列4字（图4-1-132，22）。

07GT4②：14-7，自右向左存2行2列4字（图4-1-132，23）。

07GT2②：39-10，自右向左存2行2列3字（图4-1-132，24）。

07GT2②：68，自右向左存2行2列3字（图4-1-132，25）。

07GT3②：14-20，自右向左存2行2列3字（图4-1-132，26）。

07GT3②：14-32，自右向左存2行2列3字（图4-1-132，27）。

07GT3②：14-39，自右向左存2行2列3字（图4-1-132，28）。

07GT1②：12-7，自右向左存1行2列2字（图4-1-132，29）。

07GT1②：19-6，自右向左存2行1列2字（图4-1-132，30）。

07GT1②：21-37，自右向左存1行2列2字（图4-1-132，31）。

07GT1②：21-48，自右向左存2行1列2字（图4-1-132，32）。

07GT1②：21-54，自右向左存1行2列2字（图4-1-132，33）。

07GT1②：23-14，自右向左存1行2列2字（图4-1-132，34）。

07GT1②：26-15，自右向左存2行1列2字（图4-1-132，35）。

07GT2②：6-13，自右向左存2行1列2字（图4-1-132，36）。

07GT2②：15-15，自右向左存1行2列2字（图4-1-132，37）。

07GT2②：45-23，自右向左存2行1列2字（图4-1-132，38）。

07GT2②：47-3，自右向左存2行1列2字（图4-1-133，1）。

07GT2②：55-7，自右向左存1行2列2字（图4-1-133，2）。

07GT3②：4-22，自右向左存2行1列2字（图4-1-133，3）。

07GT4②：12-27，自右向左存2行1列2字（图4-1-133，4）。

07GT4②：22-23，自右向左存2行1列2字（图4-1-133，5）。

07GT4②：29-2，自右向左存1行2列2字（图4-1-133，6）。

07GT4②：35-26，自右向左存2行1列2字（图4-1-133，7）。

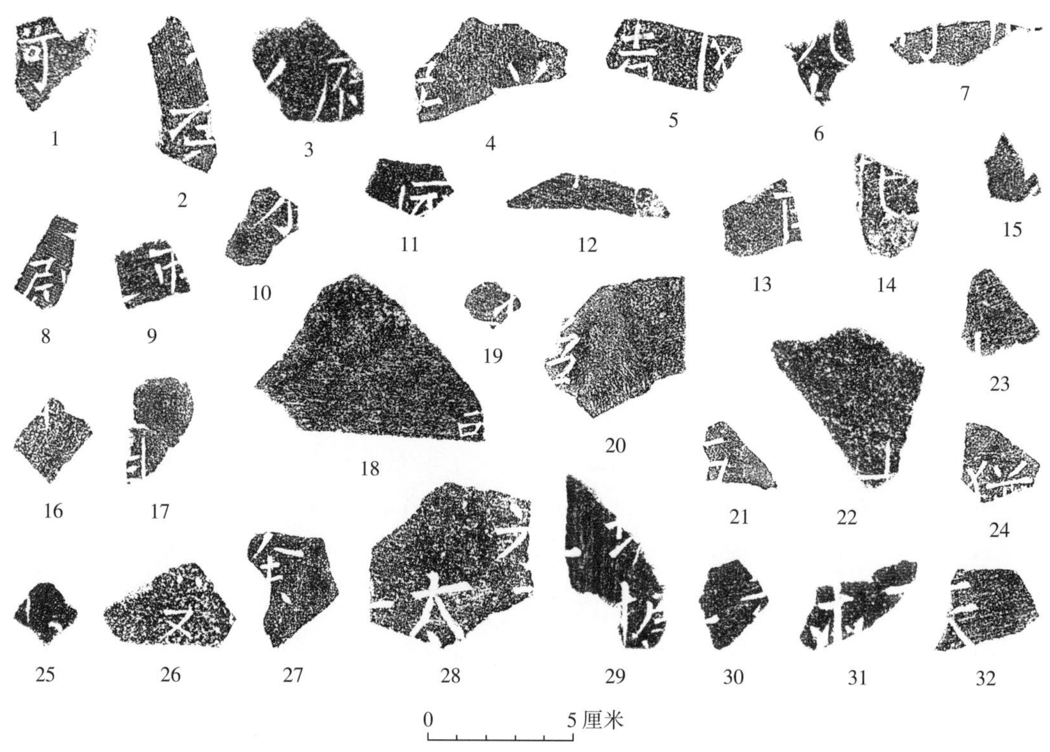

图4-1-133 龟趺山建筑基址出土不可辨字体甲组、乙组碑文残片

1~28.甲组 29~32.乙组 1. 07GT2②：47-3 2. 07GT2②：55-7 3. 07GT3②：4-22 4. 07GT4②：12-27 5. 07GT4②：22-23 6. 07GT4②：29-2 7. 07GT4②：35-26 8. 07GT4②：35-56 9. 07GT4②：39-17 10. 07GT1②：11-8 11. 07GT1②：11-10 12. 07GT1②：21-55 13. 07GT1②：24-3 14. 07GT2②：14-2 15. 07GT2②：59-8 16. 07GT3②：1-7 17. 07GT3②：11-8 18. 07GT3②：12-18 19. 07GT3②：14-31 20. 07GT4②：15-8 21. 07GT4②：35-62 22. 07GT4②：36-23 23. 07GT4②：37-36 24. 07GT4②：37-45 25. 07GT2②：53-10 26. 07GT4②：27-37 27. 07GT3②：14-36 28. 07GT2②：35-9 29. 07GT2②：22-9 30. 07GT4②：34-8 31. 07GT4②：34-18 32. 07GT4②：35-47

07GT4②：35-56，自右向左存1行2列2字（图4-1-133，8）。

07GT4②：39-17，自右向左存2行1列2字（图4-1-133，9）。

07GT1②：11-8，自右向左存1字（图4-1-133，10）。

07GT1②：11-10，自右向左存1字（图4-1-133，11）。

07GT1②：21-55，自右向左存1字（图4-1-133，12）。

07GT1②：24-3，自右向左存1字（图4-1-133，13）。

07GT2②：14-2，自右向左存1字（图4-1-133，14）。

07GT2②：59-8，自右向左存1字（图4-1-133，15）。

07GT3②：1-7，自右向左存1字（图4-1-133，16）。

07GT3②：11-8，自右向左存1字（图4-1-133，17）。

07GT3②：12–18，自右向左存1字（图4–1–133，18）。

07GT3②：14–31，自右向左存1字（图4–1–133，19）。

07GT4②：15–8，自右向左存1字（图4–1–133，20）。

07GT4②：35–62，自右向左存1字（图4–1–133，21）。

07GT4②：36–23，自右向左存1字（图4–1–133，22）。

07GT4②：37–36，自右向左存1字（图4–1–133，23）。

07GT4②：37–45，自右向左存1字（图4–1–133，24）。

⑤青绿色砂岩

共3件。

07GT2②：53–10，自右向左存2行2列2字（图4–1–133，25）。

07GT4②：27–37，自右向左存1行2列2字（图4–1–133，26）。

07GT3②：14–36，自右向左存1字（图4–1–133，27）。

⑥青灰色砂岩

仅1件。

07GT2②：35–9，局部红褐色。自右向左存3行2列4字（图4–1–133，28）。

2）乙组

黄褐色砂岩，正面磨光刻字。楷体，字形浑厚，刻工粗糙。石料打磨不甚细。

共4件。

07GT2②：22–9，自右向左存2行2列3字（图4–1–133，29；图版六七八，3）。

07GT4②：34–8，自右向左存2行1列2字（图4–1–133，30）。

07GT4②：34–18，自右向左存2行1列2字（图4–1–133，31）。

07GT4②：35–47，自右向左存1字（图4–1–133，32）。

3）丙组

砂岩，正面磨光刻字。楷体，字形规正，刻工精细。根据石料的色泽差异，分述如下。

①红褐色砂岩

共70件。

07GT2②：60–4，自右向左存2行3列5字（图4–1–134，1；图版六七八，4）。

07GT1②：21–15，自右向左存2行2列4字（图4–1–134，2）。

07GT3②：4–23，自右向左存2行2列4字（图4–1–134，3）。

07GT1②：21–35，自右向左存2行2列3字（图4–1–134，4）。

07GT2②：1–2，自右向左存2行2列3字（图4–1–134，5）。

07GT2②：10–1，被火烧过，表面略胶结。正面自右向左存2行2列3字（图4–1–134，6）。

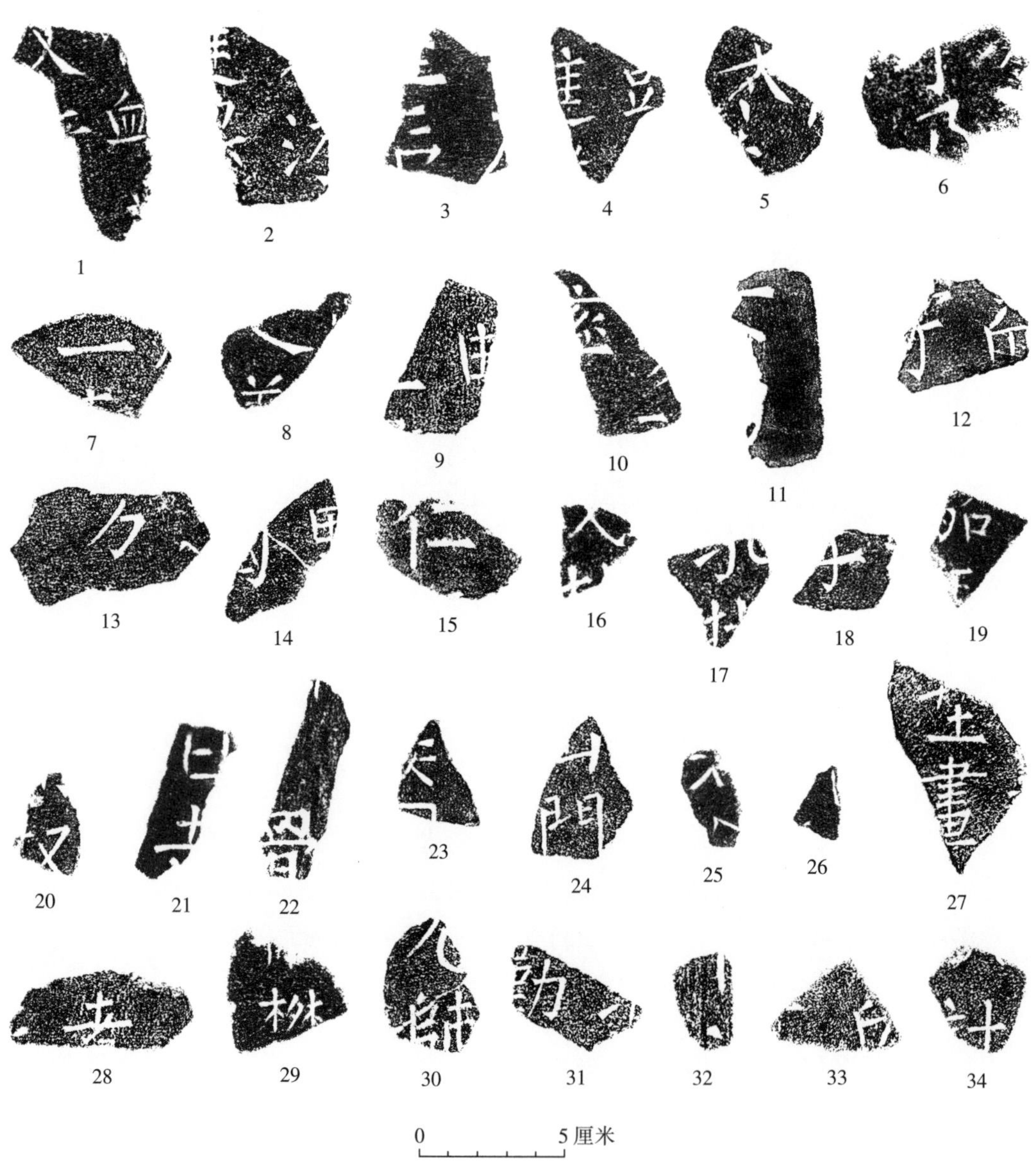

图 4-1-134　龟趺山建筑基址出土不可辨字体丙组碑文残片

1. 07GT2 ②：60-4　2. 07GT1 ②：21-15　3. 07GT3 ②：4-23　4. 07GT1 ②：21-35　5. 07GT2 ②：1-2　6. 07GT2 ②：10-1　7. 07GT2 ②：11-15　8. 07GT2 ②：41-23　9. 07GT4 ②：15-6　10. 07GT4 ②：24-8　11. 07GT1 ②：16-5　12. 07GT1 ②：16-6　13. 07GT1 ②：21-25　14. 07GT1 ②：21-34　15. 07GT2 ②：15-14　16. 07GT2 ②：15-18　17. 07GT2 ②：28-4　18. 07GT2 ②：30-15　19. 07GT2 ②：41-24　20. 07GT2 ②：45-20　21. 07GT2 ②：51-4　22. 07GT2 ②：53-6　23. 07GT2 ②：55-8　24. 07GT3 ②：4-15　25. 07GT3 ②：8-41　26. 07GT3 ②：14-12　27. 07GT3 ②：17-7　28. 07GT4 ②：22-11　29. 07GT4 ②：24-3　30. 07GT4 ②：24-33　31. 07GT4 ②：35-40　32. 07GT4 ②：35-59　33. 07GT4 ②：37-21　34. 07GT4 ②：37-28

07GT2②：11–15，自右向左存2行2列3字（图4–1–134，7）。

07GT2②：41–23，自右向左存2行2列3字（图4–1–134，8）。

07GT4②：15–6，自右向左存2行2列3字（图4–1–134，9）。

07GT4②：24–8，自右向左存2行2列3字（图4–1–134，10）。

07GT1②：16–5，自右向左存1行2列2字（图4–1–134，11）。

07GT1②：16–6，自右向左存2行1列2字（图4–1–134，12）。

07GT1②：21–25，自右向左存2行1列2字（图4–1–134，13）。

07GT1②：21–34，自右向左存2行1列2字（图4–1–134，14）。

07GT2②：15–14，自右向左存1行2列2字（图4–1–134，15）。

07GT2②：15–18，自右向左存1行2列2字（图4–1–134，16）。

07GT2②：28–4，自右向左存1行2列2字（图4–1–134，17）。

07GT2②：30–15，自右向左存2行1列2字（图4–1–134，18）。

07GT2②：41–24，自右向左存1行2列2字（图4–1–134，19）。

07GT2②：45–20，自右向左存1行2列2字（图4–1–134，20）。

07GT2②：51–4，自右向左存1行2列2字（图4–1–134，21）。

07GT2②：53–6，自右向左存1行2列2字（图4–1–134，22）。

07GT2②：55–8，自右向左存1行2列2字（图4–1–134，23）。

07GT3②：4–15，自右向左存1行2列2字（图4–1–134，24）。

07GT3②：8–41，自右向左存1行2列2字（图4–1–134，25）。

07GT3②：14–12，自右向左存2行2列2字（图4–1–134，26）。

07GT3②：17–7，自右向左存2行2列3字（图4–1–134，27）。

07GT4②：22–11，自右向左存2行1列2字（图4–1–134，28）。

07GT4②：24–3，自右向左存1行2列2字（图4–1–134，29）。

07GT4②：24–33，自右向左存1行2列2字（图4–1–134，30）。

07GT4②：35–40，自右向左存2行1列2字（图4–1–134，31）。

07GT4②：35–59，自右向左存1行2列2字（图4–1–134，32）。

07GT4②：37–21，自右向左存2行1列2字（图4–1–134，33）。

07GT4②：37–28，自右向左存1行2列2字（图4–1–134，34）。

07GT4②：38–13，自右向左存2行1列2字（图4–1–135，1）。

07GT4②：39–9，自右向左存2行1列2字（图4–1–135，2）。

07GT1②：17–12，自右向左存1字（图4–1–135，3）。

07GT1②：17–13，自右向左存1字（图4–1–135，4）。

07GT1②：21–41，自右向左存1字（图4–1–135，5）。

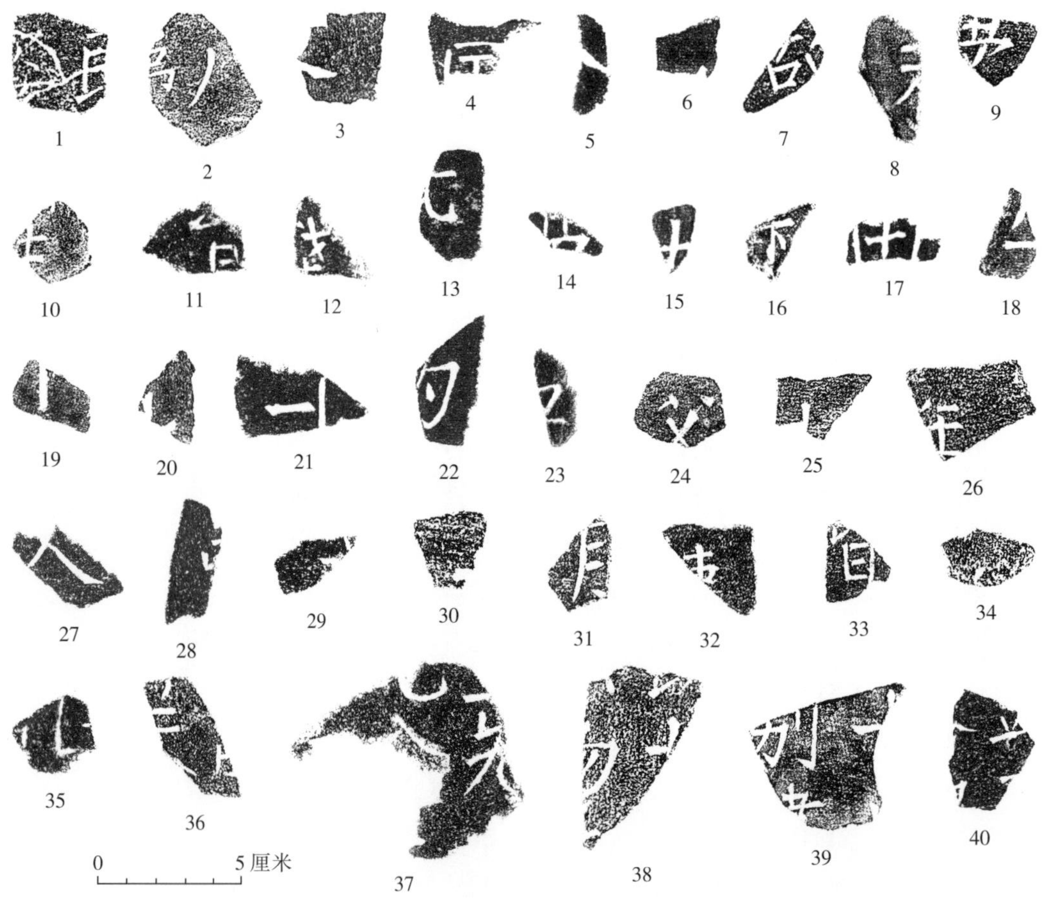

图 4-1-135　龟趺山建筑基址出土不可辨字体丙组碑文残片

1. 07GT4 ②：38-13　2. 07GT4 ②：39-9　3. 07GT1 ②：17-12　4. 07GT1 ②：17-13　5. 07GT1 ②：21-41　6. 07GT1 ②：21-45　7. 07GT1 ②：21-51　8. 07GT2 ②：14-4　9. 07GT2 ②：14-5　10. 07GT2 ②：15-19　11. 07GT2 ②：29-12　12. 07GT2 ②：41-27　13. 07GT2 ②：43-6　14. 07GT2 ②：43-7　15. 07GT2 ②：45-7　16. 07GT2 ②：45-10　17. 07GT2 ②：45-19　18. 07GT2 ②：45-22　19. 07GT2 ②：45-24　20. 07GT2 ②：45-25　21. 07GT2 ②：49-1　22. 07GT2 ②：50-7　23. 07GT3 ②：8-33　24. 07GT3 ②：14-46　25. 07GT3 ②：14-50　26. 07GT3 ②：17-9　27. 07GT4 ②：12-35　28. 07GT4 ②：15-10　29. 07GT4 ②：24-30　30. 07GT4 ②：35-8　31. 07GT4 ②：35-35　32. 07GT4 ②：36-10　33. 07GT4 ②：36-17　34. 07GT4 ②：37-40　35. 07GT2 ②：39-9　36. 07GT4 ②：39-11　37. 07GT2 ②：10-2　38. 07GT4 ②：21-5　39. 07GT1 ②：11-12　40. 07GT1 ②：11-26

07GT1 ②：21-45，自右向左存 1 字（图 4-1-135，6）。

07GT1 ②：21-51，自右向左存 1 字（图 4-1-135，7）。

07GT2 ②：14-4，自右向左存 1 字（图 4-1-135，8）。

07GT2 ②：14-5，自右向左存 1 字（图 4-1-135，9）。

07GT2 ②：15-19，自右向左存 1 字（图 4-1-135，10）。

07GT2 ②：29-12，自右向左存 1 字（图 4-1-135，11）。

07GT2②：41–27，自右向左存1字（图4–1–135，12）。

07GT2②：43–6，自右向左存1字（图4–1–135，13）。

07GT2②：43–7，自右向左存1字（图4–1–135，14）。

07GT2②：45–7，自右向左存1字（图4–1–135，15）。

07GT2②：45–10，自右向左存1字（图4–1–135，16）。

07GT2②：45–19，自右向左存1字（图4–1–135，17）。

07GT2②：45–22，自右向左存1字（图4–1–135，18）。

07GT2②：45–24，自右向左存1字（图4–1–135，19）。

07GT2②：45–25，自右向左存1字（图4–1–135，20）。

07GT2②：49–1，自右向左存1字（图4–1–135，21）。

07GT2②：50–7，自右向左存1字（图4–1–135，22）。

07GT3②：8–33，自右向左存1字（图4–1–135，23）。

07GT3②：14–46，自右向左存1字（图4–1–135，24）。

07GT3②：14–50，自右向左存1字（图4–1–135，25）。

07GT3②：17–9，自右向左存1字（图4–1–135，26）。

07GT4②：12–35，自右向左存1字（图4–1–135，27）。

07GT4②：15–10，自右向左存1字（图4–1–135，28）。

07GT4②：24–30，自右向左存1字（图4–1–135，29）。

07GT4②：35–8，自右向左存1字（图4–1–135，30）。

07GT4②：35–35，自右向左存1字（图4–1–135，31）。

07GT4②：36–10，自右向左存1字（图4–1–135，32）。

07GT4②：36–17，自右向左存1字（图4–1–135，33）。

07GT4②：37–40，自右向左存1字（图4–1–135，34）。

07GT2②：39–9，字迹残损不清（图4–1–135，35）。

07GT4②：39–11，字迹残损不清（图4–1–135，36）。

②黄褐色砂岩

共189件。

07GT2②：10–2，自右向左存3行3列6字（图4–1–135，37）。

07GT4②：21–5，自右向左存2行3列5字（图4–1–135，38）。

07GT1②：11–12，自右向左存2行2列4字（图4–1–135，39）。

07GT1②：11–26，自右向左存2行2列4字（图4–1–135，40）。

07GT1②：21–38，自右向左存2行3列4字（图4–1–136，1）。

07GT1②：23–16，自右向左存2行2列4字（图4–1–136，2）。

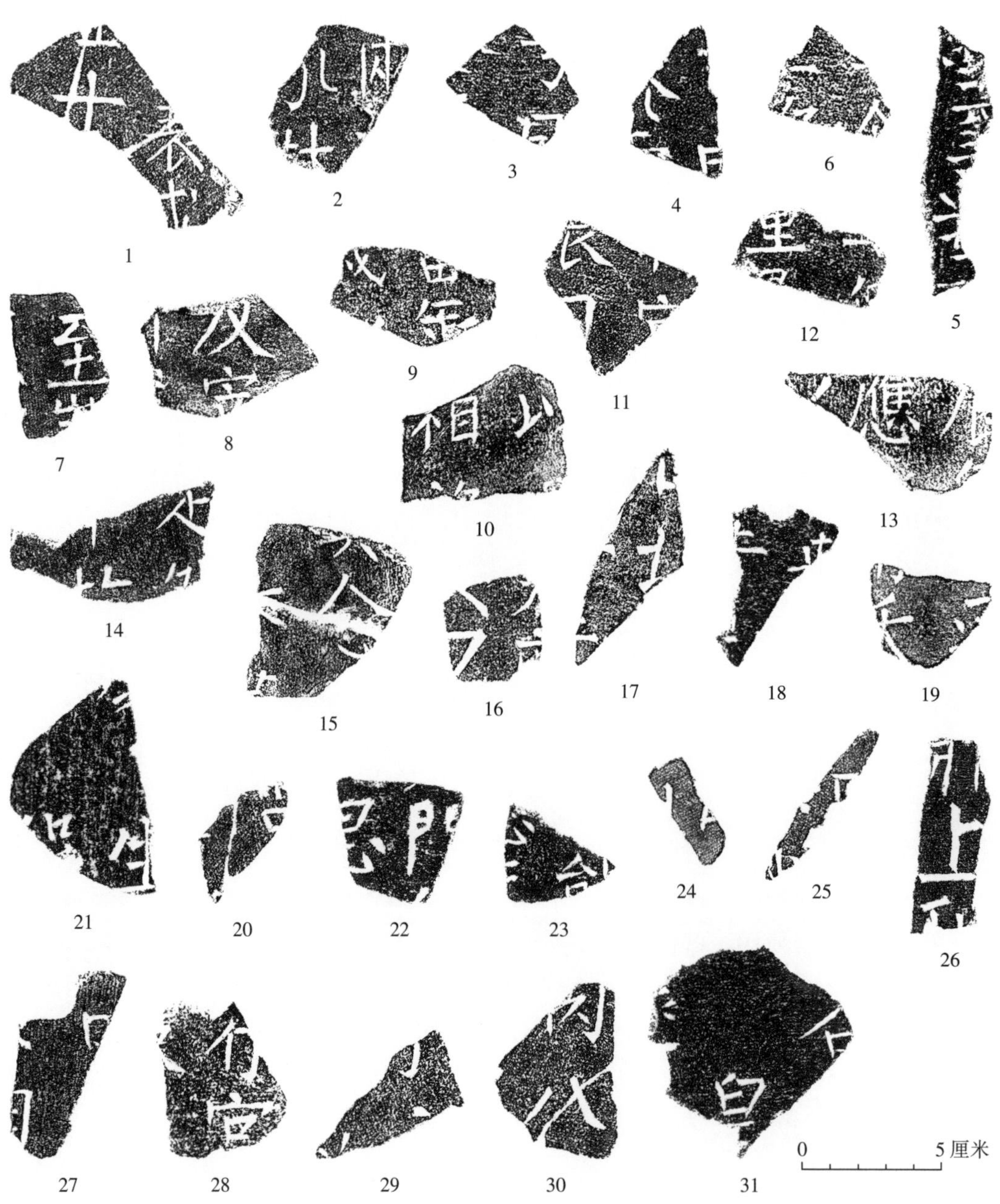

图4-1-136 龟趺山建筑基址出土不可辨字体丙组碑文残片

1. 07GT1②：21-38 2. 07GT1②：23-16 3. 07GT1②：26-11 4. 07GT2②：29-9 5. 07GT2②：35-3 6. 07GT2②：41-20 7. 07GT2②：45-18 8. 07GT3②：4-8 9. 07GT3②：4-11 10. 07GT3②：8-9 11. 07GT4②：10-10 12. 07GT4②：14-10 13. 07GT4②：16-14 14. 07GT4②：24-7 15. 07GT4②：24-22 16. 07GT4②：32-13 17. 07GT4②：36-29 18. 07GT1②：15-4 19. 07GT1②：24-5 20. 07GT1②：26-12 21. 07GT2②：27-9 22. 07GT2②：27-11 23. 07GT2②：27-16 24. 07GT2②：30-5 25. 07GT2②：51-5 26. 07GT2②：55-4 27. 07GT3②：4-5 28. 07GT3②：7-10 29. 07GT3②：7-17 30. 07GT3②：8-13 31. 07GT3②：14-5

07GT1②：26–11，自右向左存2行2列4字（图4–1–136，3）。

07GT2②：29–9，自右向左存2行2列4字（图4–1–136，4）。

07GT2②：35–3，自右向左存1行4列4字（图4–1–136，5）。

07GT2②：41–20，自右向左存2行2列4字（图4–1–136，6）。

07GT2②：45–18，自右向左存2行2列4字（图4–1–136，7）。

07GT3②：4–8，自右向左存2行2列4字（图4–1–136，8）。

07GT3②：4–11，自右向左存2行2列4字（图4–1–136，9）。

07GT3②：8–9，自右向左存2行2列4字（图4–1–136，10）。

07GT4②：10–10，自右向左存2行2列4字（图4–1–136，11）。

07GT4②：14–10，自右向左存2行2列4字（图4–1–136，12）。

07GT4②：16–14，自右向左存3行2列4字（图4–1–136，13）。

07GT4②：24–7，自右向左存2行2列4字（图4–1–136，14）。

07GT4②：24–22，自右向左存2行3列4字（图4–1–136，15）。

07GT4②：32–13，自右向左存2行2列4字（图4–1–136，16）。

07GT4②：36–29，自右向左存2行3列4字（图4–1–136，17）。

07GT1②：15–4，自右向左存2行2列3字（图4–1–136，18）。

07GT1②：24–5，自右向左存2行2列3字（图4–1–136，19）。

07GT1②：26–12，自右向左存2行2列3字（图4–1–136，20）。

07GT2②：27–9，自右向左存2行2列3字（图4–1–136，21）。

07GT2②：27–11，自右向左存2行2列3字（图4–1–136，22）。

07GT2②：27–16，自右向左存2行2列3字（图4–1–136，23）。

07GT2②：30–5，自右向左存2行2列3字（图4–1–136，24）。

07GT2②：51–5，自右向左存2行2列3字（图4–1–136，25）。

07GT2②：55–4，自右向左存1行3列3字（图4–1–136，26）。

07GT3②：4–5，自右向左存2行2列3字（图4–1–136，27）。

07GT3②：7–10，自右向左存2行2列3字（图4–1–136，28）。

07GT3②：7–17，自右向左存2行2列3字（图4–1–136，29）。

07GT3②：8–13，自右向左存2行2列3字（图4–1–136，30）。

07GT3②：14–5，自右向左存3行2列3字（图4–1–136，31）。

07GT4②：8–2，自右向左存2行2列3字（图4–1–137，1）。

07GT4②：12–25，自右向左存2行2列3字（图4–1–137，2）。

07GT4②：21–1，自右向左存2行2列3字（图4–1–137，3）。

07GT4②：22–30，自右向左存2行2列3字（图4–1–137，4）。

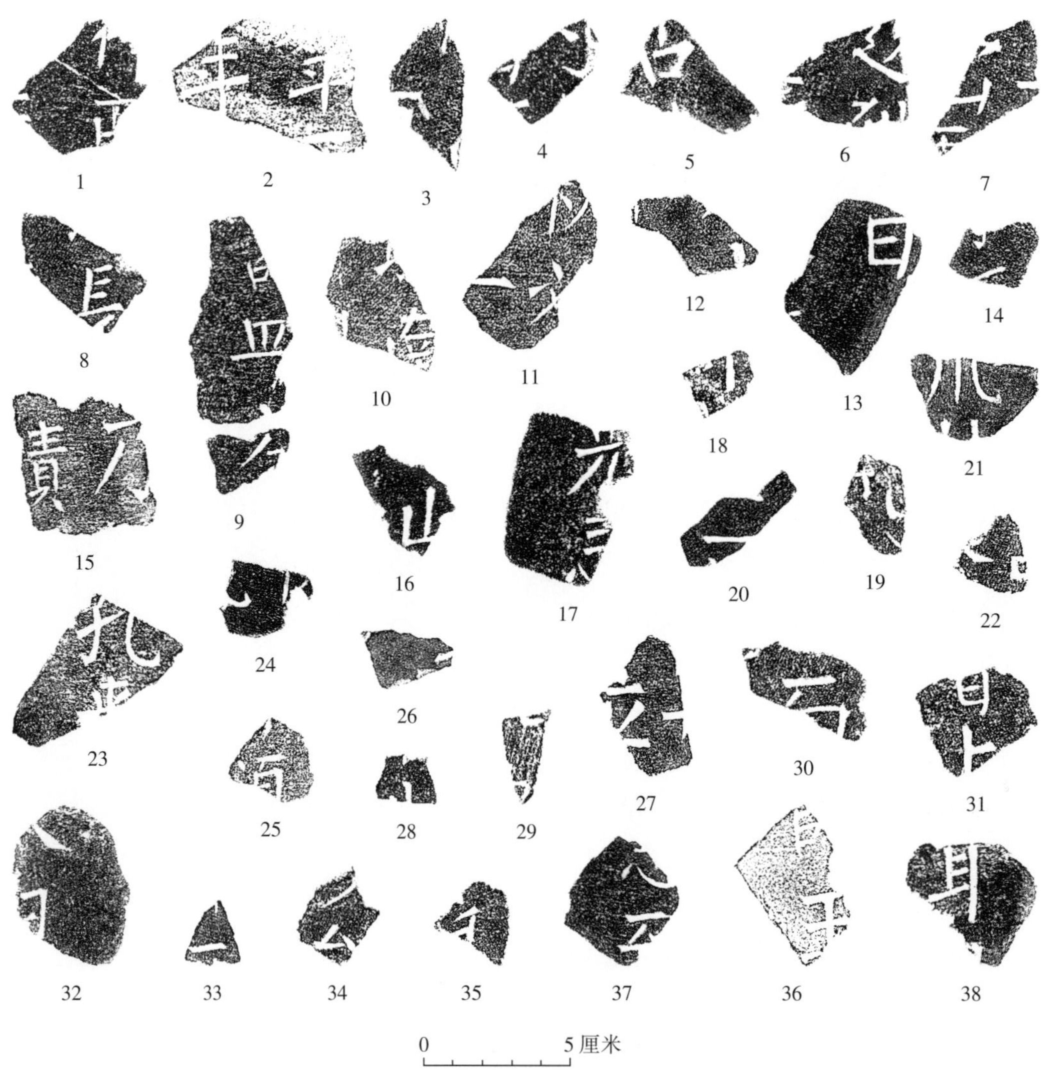

图 4-1-137　龟趺山建筑基址出土不可辨字体丙组碑文残片

1. 07GT4 ②：8-2　2. 07GT4 ②：12-25　3. 07GT4 ②：21-1　4. 07GT4 ②：22-30　5. 07GT4 ②：26-3　6. 07GT4 ②：27-21　7. 07GT4 ②：29-14　8. 07GT4 ②：30-4　9. 07GT4 ②：32-18　10. 07GT4 ②：32-22　11. 07GT4 ②：35-21　12. 07GT4 ②：35-46　13. 07GT1 ②：8-2　14. 07GT1 ②：26-2　15. 07GT1 ②：26-9　16. 07GT2 ②：1-3　17. 07GT2 ②：10-3　18. 07GT2 ②：14-11　19. 07GT2 ②：14-13　20. 07GT2 ②：15-13　21. 07GT2 ②：15-16　22. 07GT2 ②：27-23　23. 07GT2 ②：35-12　24. 07GT2 ②：37-6　25. 07GT2 ②：39-2　26. 07GT2 ②：39-8　27. 07GT2 ②：47-16　28. 07GT2 ②：52-5　29. 07GT2 ②：53-11　30. 07GT2 ②：54-8　31. 07GT2 ②：59-20　32. 07GT2 ②：71-2　33. 07GT3 ②：4-21　34. 07GT3 ②：4-24　35. 07GT3 ②：4-27　36. 07GT3 ②：5-4　37. 07GT3 ②：7-2　38. 07GT3 ②：7-13

07GT4 ②：26-3，自右向左存 2 行 2 列 3 字（图 4-1-137，5）。

07GT4 ②：27-21，自右向左存 2 行 2 列 3 字（图 4-1-137，6）。

07GT4 ②：29-14，自右向左存 2 行 2 列 3 字（图 4-1-137，7）。

07GT4②：30–4，自右向左存2行2列3字（图4–1–137，8）。

07GT4②：32–18，自右向左存1行3列3字（图4–1–137，9）。

07GT4②：32–22，自右向左存2行2列3字（图4–1–137，10）。

07GT4②：35–21，自右向左存2行2列3字（图4–1–137，11）。

07GT4②：35–46，自右向左存2行2列3字（图4–1–137，12）。

07GT1②：8–2，自右向左存2行2列2字（图4–1–137，13）。

07GT1②：26–2，自右向左存1行2列2字（图4–1–137，14）。

07GT1②：26–9，自右向左存2行1列2字（图4–1–137，15）。

07GT2②：1–3，自右向左存2行1列2字（图4–1–137，16）。

07GT2②：10–3，自右向左存1行2列2字（图4–1–137，17）。

07GT2②：14–11，自右向左存1行2列2字（图4–1–137，18）。

07GT2②：14–13，自右向左存1行2列2字（图4–1–137，19）。

07GT2②：15–13，自右向左存1行2列2字（图4–1–137，20）。

07GT2②：15–16，自右向左存1行2列2字（图4–1–137，21）。

07GT2②：27–23，自右向左存2行1列2字（图4–1–137，22）。

07GT2②：35–12，自右向左存1行2列2字（图4–1–137，23）。

07GT2②：37–6，自右向左存2行1列2字（图4–1–137，24）。

07GT2②：39–2，自右向左存1行2列2字（图4–1–137，25）。

07GT2②：39–8，自右向左存2行1列2字（图4–1–137，26）。

07GT2②：47–16，自右向左存2行1列2字（图4–1–137，27）。

07GT2②：52–5，自右向左存1行2列2字（图4–1–137，28）。

07GT2②：53–11，自右向左存1行2列2字（图4–1–137，29）。

07GT2②：54–8，自右向左存2行2列2字（图4–1–137，30）。

07GT2②：59–20，自右向左存1行2列2字（图4–1–137，31）。

07GT2②：71–2，自右向左存1行2列2字（图4–1–137，32）。

07GT3②：4–21，自右向左存1行2列2字（图4–1–137，33）。

07GT3②：4–24，自右向左存1行2列2字（图4–1–137，34）。

07GT3②：4–27，自右向左存1行2列2字（图4–1–137，35）。

07GT3②：5–4，自右向左存1行2列2字（图4–1–137，36）。

07GT3②：7–2，自右向左存1行2列2字（图4–1–137，37）。

07GT3②：7–13，自右向左存1行2列2字（图4–1–137，38）。

07GT3②：7–22，自右向左存2行1列2字（图4–1–138，1）。

07GT3②：8–40，自右向左存1行2列2字（图4–1–138，2）。

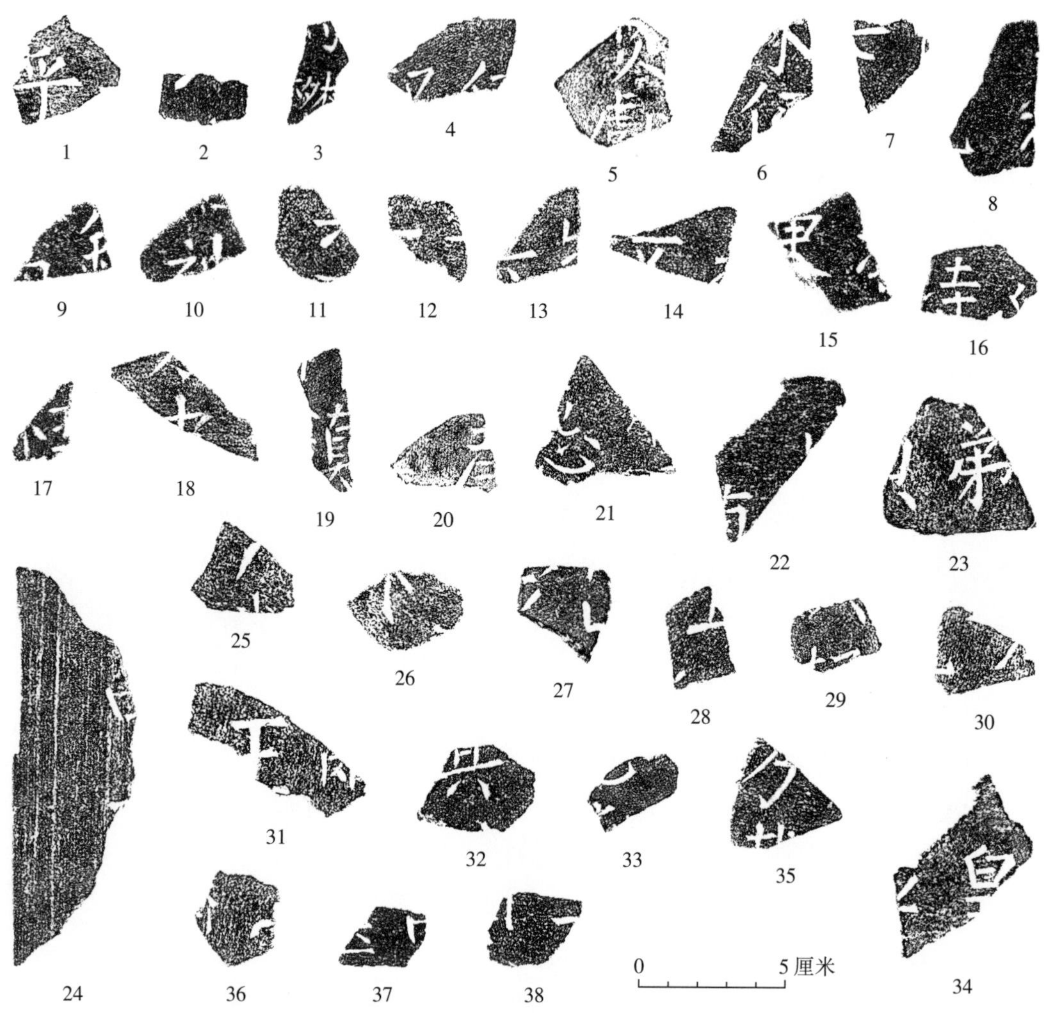

图4-1-138 龟趺山建筑基址出土不可辨字体丙组碑文残片

1. 07GT3②：7-22 2. 07GT3②：8-40 3. 07GT3②：10 4. 07GT3②：11-4 5. 07GT3②：12-10 6. 07GT3②：14-30 7. 07GT3②：17-5 8. 07GT4②：4-5 9. 07GT4②：4-8 10. 07GT4②：9-10 11. 07GT4②：9-14 12. 07GT4②：10-5 13. 07GT4②：12-9 14. 07GT4②：12-10 15. 07GT4②：12-16 16. 07GT4②：22-20 17. 07GT4②：22-33 18. 07GT4②：24-27 19. 07GT4②：24-34 20. 07GT4②：24-36 21. 07GT4②：25-12 22. 07GT4②：25-18 23. 07GT4②：28-12 24. 07GT4②：25-10 25. 07GT4②：28-14 26. 07GT4②：29-4 27. 07GT4②：29-17 28. 07GT4②：29-19 29. 07GT4②：32-10 30. 07GT4②：32-25 31. 07GT4②：35-23 32. 07GT4②：35-29 33. 07GT4②：35-54 34. 07GT4②：36-31 35. 07GT4②：36-55 36. 07GT4②：36-57 37. 07GT4②：36-58 38. 07GT4②：37-34

07GT3②：10，自右向左存1行2列2字（图4-1-138，3）。

07GT3②：11-4，自右向左存2行1列2字（图4-1-138，4）。

07GT3②：12-10，自右向左存1行2列2字（图4-1-138，5）。

07GT3②：14-30，自右向左存1行2列2字（图4-1-138，6）。

07GT3②：17-5，自右向左存2行1列2字（图4-1-138，7）。

07GT4②：4-5，自右向左存2行1列2字（图4-1-138，8）。

07GT4②：4-8，自右向左存2行1列2字（图4-1-138，9）。

07GT4②：9-10，自右向左存1行2列2字（图4-1-138，10）。

07GT4②：9-14，自右向左存1行2列2字（图4-1-138，11）。

07GT4②：10-5，自右向左存2行1列2字（图4-1-138，12）。

07GT4②：12-9，自右向左存2行1列2字（图4-1-138，13）。

07GT4②：12-10，自右向左存2行1列2字（图4-1-138，14）。

07GT4②：12-16，自右向左存2行1列2字（图4-1-138，15）。

07GT4②：22-20，自右向左存2行1列2字（图4-1-138，16）。

07GT4②：22-33，自右向左存1行2列2字（图4-1-138，17）。

07GT4②：24-27，自右向左存1行2列2字（图4-1-138，18）。

07GT4②：24-34，自右向左存1行2列2字（图4-1-138，19）。

07GT4②：24-36，自右向左存2行1列2字（图4-1-138，20）。

07GT4②：25-10，自右向左存1行2列2字（图4-1-138，24）。

07GT4②：25-12，自右向左存2行1列2字（图4-1-138，21）。

07GT4②：25-18，自右向左存2行2列2字（图4-1-138，22）。

07GT4②：28-12，自右向左存2行1列2字（图4-1-138，23）。

07GT4②：28-14，自右向左存1行2列2字（图4-1-138，25）。

07GT4②：29-4，自右向左存2行2列2字（图4-1-138，26）。

07GT4②：29-17，自右向左存2行1列2字（图4-1-138，27）。

07GT4②：29-19，自右向左存1行2列2字（图4-1-138，28）。

07GT4②：32-10，自右向左存1行2列2字（图4-1-138，29）。

07GT4②：32-25，自右向左存2行1列2字（图4-1-138，30）。

07GT4②：35-23，自右向左存2行1列2字（图4-1-138，31）。

07GT4②：35-29，自右向左存1行2列2字（图4-1-138，32）。

07GT4②：35-54，自右向左存1行2列2字（图4-1-138，33）。

07GT4②：36-31，自右向左存2行1列2字（图4-1-138，34）。

07GT4②：36-55，自右向左存1行2列2字（图4-1-138，35）。

07GT4②：36-57，自右向左存2行1列2字（图4-1-138，36）。

07GT4②：36-58，自右向左存2行1列2字（图4-1-138，37）。

07GT4②：37-34，自右向左存2行1列2字（图4-1-138，38）。

07GT4②：39-8，自右向左存2行2列2字（图4-1-139，1）。

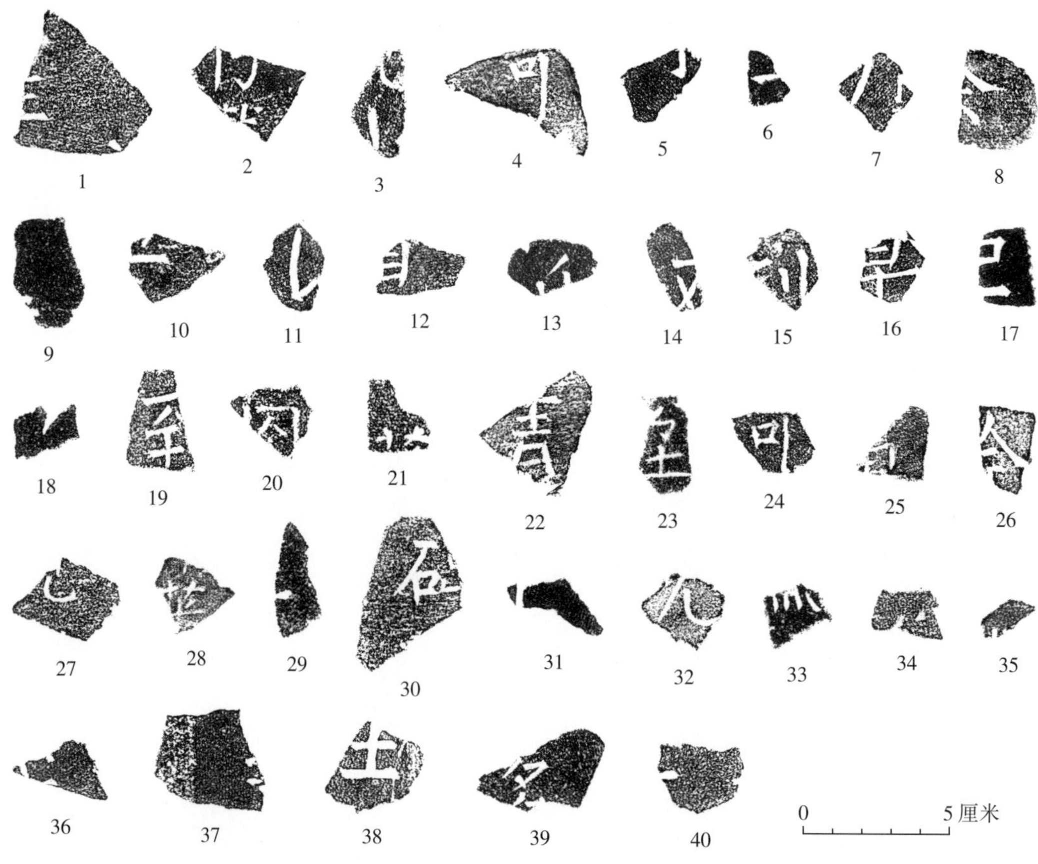

图 4-1-139 龟趺山建筑基址出土不可辨字体丙组碑文残片

1. 07GT4②：39-8 2. 07GT4②：39-15 3. 07GT4②：40-4 4. 07GT1②：11-25 5. 07GT1②：21-49 6. 07GT2②：12-4 7. 07GT2②：14-10 8. 07GT2②：15-2 9. 07GT2②：15-17 10. 07GT2②：16-13 11. 07GT2②：16-14 12. 07GT2②：25-1 13. 07GT2②：37-9 14. 07GT2②：39-1 15. 07GT2②：41-4 16. 07GT2②：47-7 17. 07GT2②：50-2 18. 07GT2②：60-5 19. 07GT3②：4-26 20. 07GT3②：4-31 21. 07GT3②：4-32 22. 07GT3②：5-3 23. 07GT3②：7-14 24. 07GT3②：8-31 25. 07GT3②：8-42 26. 07GT3②：11-6 27. 07GT3②：12-1 28. 07GT3②：12-9 29. 07GT3②：14-41 30. 07GT3②：17-8 31. 07GT3②：17-14 32. 07GT3②：19-6 33. 07GT4②：1-3 34. 07GT4②：1-4 35. 07GT4②：1-5 36. 07GT4②：1-6 37. 07GT4②：4-22 38. 07GT4②：4-23 39. 07GT4②：4-24 40. 07GT4②：4-27

07GT4②：39-15，自右向左存1行2列2字（图4-1-139，2）。

07GT4②：40-4，自右向左存1行2列2字（图4-1-139，3）。

07GT1②：11-25，自右向左存1字（图4-1-139，4）。

07GT1②：21-49，自右向左存1字（图4-1-139，5）。

07GT2②：12-4，自右向左存1字（图4-1-139，6）。

07GT2②：14-10，自右向左存1字（图4-1-139，7）。

07GT2②：15-2，自右向左存1字（图4-1-139，8）。

07GT2②：15–17，自右向左存1字（图4–1–139，9）。

07GT2②：16–13，自右向左存1字（图4–1–139，10）。

07GT2②：16–14，自右向左存1字（图4–1–139，11）。

07GT2②：25–1，自右向左存1字（图4–1–139，12）。

07GT2②：37–9，自右向左存1字（图4–1–139，13）。

07GT2②：39–1，自右向左存1字（图4–1–139，14）。

07GT2②：41–4，自右向左存1字（图4–1–139，15）。

07GT2②：47–7，自右向左存1字（图4–1–139，16）。

07GT2②：50–2，自右向左存1字（图4–1–139，17）。

07GT2②：60–5，自右向左存1字（图4–1–139，18）。

07GT3②：4–26，自右向左存1字（图4–1–139，19）。

07GT3②：4–31，自右向左存1字（图4–1–139，20）。

07GT3②：4–32，自右向左存1字（图4–1–139，21）。

07GT3②：5–3，自右向左存1字（图4–1–139，22）。

07GT3②：7–14，自右向左存1字（图4–1–139，23）。

07GT3②：8–31，自右向左存1字（图4–1–139，24）。

07GT3②：8–42，自右向左存1字（图4–1–139，25）。

07GT3②：11–6，自右向左存1字（图4–1–139，26）。

07GT3②：12–1，自右向左存1字（图4–1–139，27）。

07GT3②：12–9，自右向左存1字（图4–1–139，28）。

07GT3②：14–41，自右向左存1字（图4–1–139，29）。

07GT3②：17–8，自右向左存1字（图4–1–139，30）。

07GT3②：17–14，自右向左存1字（图4–1–139，31）。

07GT3②：19–6，自右向左存1字（图4–1–139，32）。

07GT4②：1–3，自右向左存1字（图4–1–139，33）。

07GT4②：1–4，自右向左存1字（图4–1–139，34）。

07GT4②：1–5，自右向左存1字（图4–1–139，35）。

07GT4②：1–6，自右向左存1字（图4–1–139，36）。

07GT4②：4–22，自右向左存1字（图4–1–139，37）。

07GT4②：4–23，自右向左存1字（图4–1–139，38）。

07GT4②：4–24，自右向左存1字（图4–1–139，39）。

07GT4②：4–27，自右向左存1字（图4–1–139，40）。

07GT4②：15–15，自右向左存1字（图4–1–140，1）。

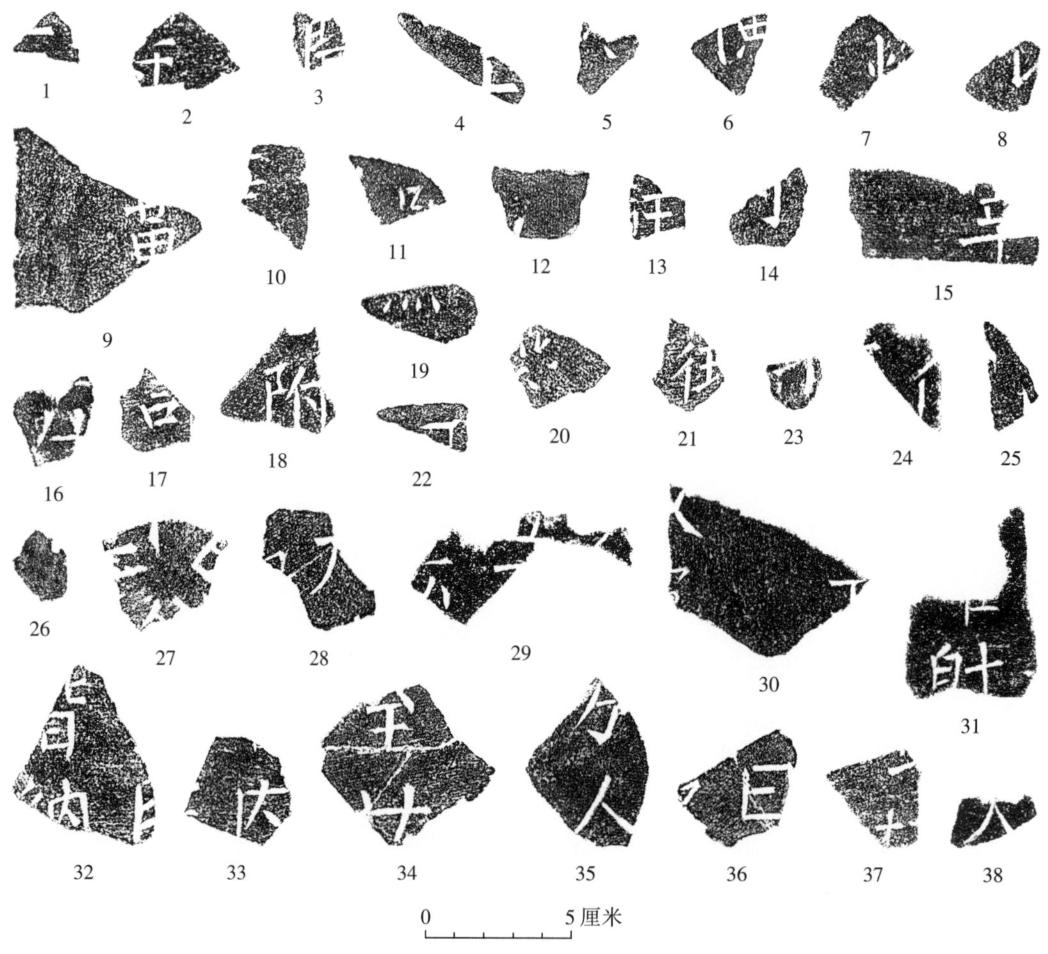

图 4-1-140 龟趺山建筑基址出土不可辨字体丙组碑文残片

1. 07GT4②：15-15 2. 07GT4②：19-2 3. 07GT4②：24-2 4. 07GT4②：24-23 5. 07GT4②：24-25 6. 07GT4②：25-11 7. 07GT4②：25-17 8. 07GT4②：25-21 9. 07GT4②：26-8 10. 07GT4②：28-6 11. 07GT4②：33-1 12. 07GT4②：34-22 13. 07GT4②：35-6 14. 07GT4②：35-13 15. 07GT4②：35-19 16. 07GT4②：35-53 17. 07GT4②：36-26 18. 07GT4②：36-42 19. 07GT4②：36-48 20. 07GT4②：37-37 21. 07GT4②：37-47 22. 07GT4②：39-1 23. 07GT4②：39-5 24. 07GT1②：1-1 25. 07GT1②：21-44 26. 07GT2②：45-1 27. 07GT4②：1-2 28. 07GT4②：27-8 29. 采：2 30. 采：19 31. 采：36 32. 采：66 33. 采：85 34. 采：23 35. 采：39 36. 采：89 37. 采：90 38. 采：77

07GT4②：19-2，自右向左存 1 字（图 4-1-140，2）。

07GT4②：24-2，自右向左存 1 字（图 4-1-140，3）。

07GT4②：24-23，自右向左存 1 字（图 4-1-140，4）。

07GT4②：24-25，自右向左存 1 字（图 4-1-140，5）。

07GT4②：25-11，自右向左存 1 字（图 4-1-140，6）。

07GT4②：25-17，自右向左存 1 字（图 4-1-140，7）。

07GT4②：25–21，自右向左存1字（图4–1–140，8）。

07GT4②：26–8，自右向左存1字（图4–1–140，9）。

07GT4②：28–6，自右向左存1字（图4–1–140，10）。

07GT4②：33–1，自右向左存1字（图4–1–140，11）。

07GT4②：34–22，自右向左存1字（图4–1–140，12）。

07GT4②：35–6，自右向左存1字（图4–1–140，13）。

07GT4②：35–13，自右向左存1字（图4–1–140，14）。

07GT4②：35–19，自右向左存1字（图4–1–140，15）。

07GT4②：35–53，自右向左存1字（图4–1–140，16）。

07GT4②：36–26，自右向左存1字（图4–1–140，17）。

07GT4②：36–42，自右向左存1字（图4–1–140，18）。

07GT4②：36–48，自右向左存1字（图4–1–140，19）。

07GT4②：37–37，自右向左存1字（图4–1–140，20）。

07GT4②：37–47，自右向左存1字（图4–1–140，21）。

07GT4②：39–1，自右向左存1字（图4–1–140，22）。

07GT4②：39–5，自右向左存1字（图4–1–140，23）。

07GT1②：1–1，字迹残损不清（图4–1–140，24）。

07GT1②：21–44，字迹残损不清（图4–1–140，25）。

07GT2②：45–1，字迹残损不清（图4–1–140，26）。

07GT4②：1–2，字迹难辨（图4–1–140，27）。

07GT4②：27–8，字迹残损不清（图4–1–140，28）。

采：2，自右向左存2行2列3字（图4–1–140，29）。

采：19，自右向左存2行2列3字（图4–1–140，30）。

采：36，自右向左存2行2列3字（图4–1–140，31）。

采：66，自右向左存2行2列3字（图4–1–140，32）。

采：85，自右向左存2行2列3字（图4–1–140，33）。

采：23，自右向左存1行2列2字（图4–1–140，34）。

采：39，自右向左存1行2列2字（图4–1–140，35）。

采：89，自右向左存2行1列2字（图4–1–140，36）。

采：90，自右向左存1行2列2字（图4–1–140，37）。

采：77，自右向左存1字（图4–1–140，38）。

③灰色砂岩

共62件。

07GT3②：12–19，自右向左存 2 行 2 列 4 字（图 4–1–141，1）。

07GT4②：9–9，自右向左存 2 行 2 列 4 字（图 4–1–141，2）。

07GT4②：21–7，自右向左存 2 行 2 列 4 字（图 4–1–141，3）。

07GT4②：34–15，自右向左存 2 行 2 列 4 字（图 4–1–141，4）。

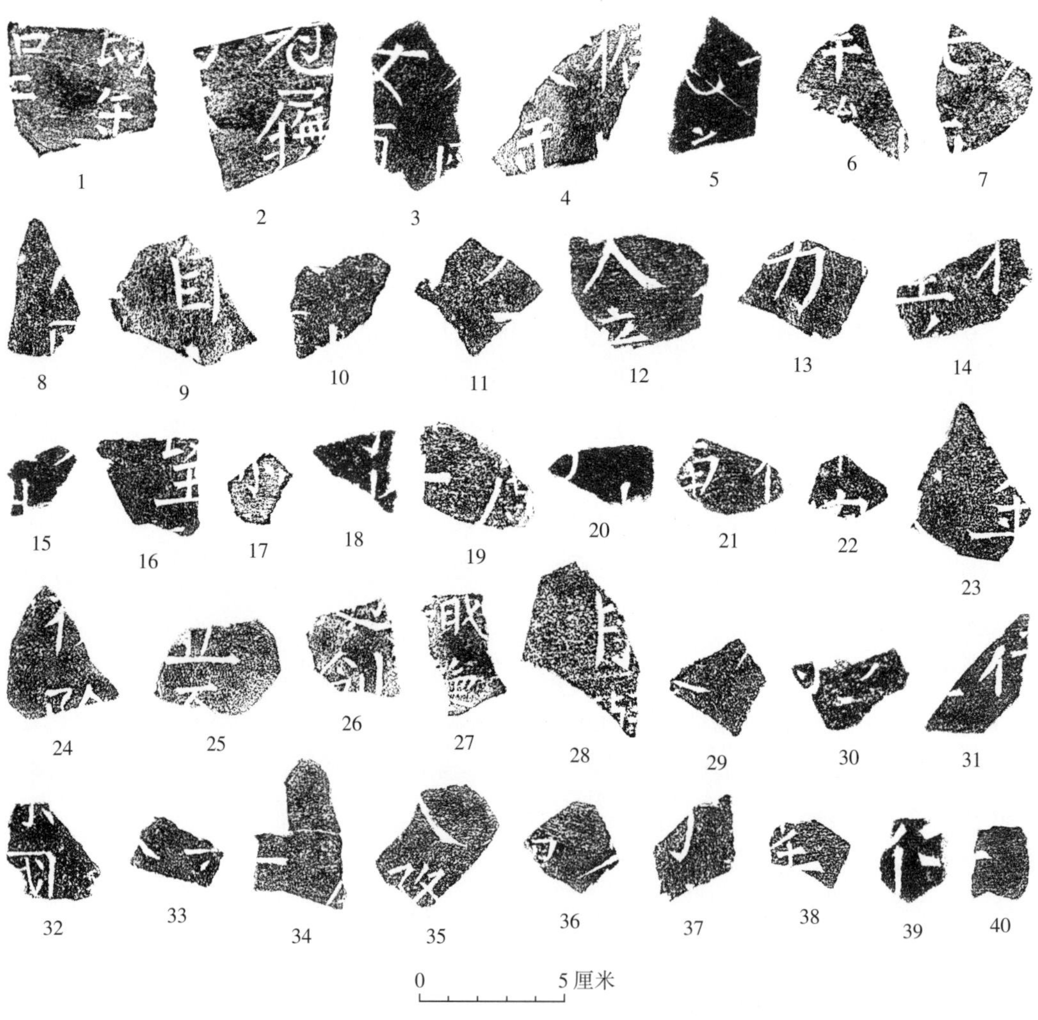

图 4–1–141　龟趺山建筑基址出土不可辨字体丙组碑文残片

1. 07GT3②：12–19　2. 07GT4②：9–9　3. 07GT4②：21–7　4. 07GT4②：34–15　5. 07GT3②：4–10　6. 07GT3②：7–18　7. 07GT3②：7–20　8. 07GT3②：14–47　9. 07GT4②：10–11　10. 07GT4②：22–22　11. 07GT4②：22–28　12. 07GT4②：32–24　13. 07GT4②：33–2　14. 07GT4②：36–40　15. 07GT3②：4–12　16. 07GT3②：8–23　17. 07GT3②：11–7　18. 07GT4②：20–1　19. 07GT4②：22–15　20. 07GT4②：22–29　21. 07GT4②：22–32　22. 07GT4②：22–34　23. 07GT4②：27–29　24. 07GT4②：29–22　25. 07GT4②：32–16　26. 07GT4②：34–12　27. 07GT4②：34–14　28. 07GT4②：35–33　29. 07GT4②：35–45　30. 07GT4②：36–12　31. 07GT4②：36–46　32. 07GT4②：36–64　33. 07GT4②：36–67　34. 07GT4②：37–29　35. 07GT4②：37–32　36. 07GT4②：37–41　37. 07GT4②：39–18　38. 07GT3②：4–2　39. 07GT3②：4–30　40. 07GT3②：8–39

07GT3②：4–10，自右向左存2行2列3字（图4–1–141，5）。

07GT3②：7–18，自右向左存2行2列3字（图4–1–141，6）。

07GT3②：7–20，自右向左存2行2列3字（图4–1–141，7）。

07GT3②：14–47，自右向左存2行2列3字（图4–1–141，8）。

07GT4②：10–11，自右向左存2行2列3字（图4–1–141，9）。

07GT4②：22–22，自右向左存2行2列3字（图4–1–141，10）。

07GT4②：22–28，自右向左存2行2列3字（图4–1–141，11）。

07GT4②：32–24，自右向左存2行2列3字（图4–1–141，12）。

07GT4②：33–2，自右向左存2行2列3字（图4–1–141，13）。

07GT4②：36–40，自右向左存2行2列3字（图4–1–141，14）。

07GT3②：4–12，自右向左存1行2列2字（图4–1–141，15）。

07GT3②：8–23，自右向左存1行2列2字（图4–1–141，16）。

07GT3②：11–7，自右向左存1行2列2字（图4–1–141，17）。

07GT4②：20–1，自右向左存1行2列2字（图4–1–141，18）。

07GT4②：22–15，自右向左存2行1列2字（图4–1–141，19）。

07GT4②：22–29，自右向左存2行2列2字（图4–1–141，20）。

07GT4②：22–32，自右向左存2行1列2字（图4–1–141，21）。

07GT4②：22–34，自右向左存1行2列2字（图4–1–141，22）。

07GT4②：27–29，自右向左存2行1列2字（图4–1–141，23）。

07GT4②：29–22，自右向左存1行2列2字（图4–1–141，24）。

07GT4②：32–16，自右向左存1行2列2字（图4–1–141，25）。

07GT4②：34–12，自右向左存1行2列2字（图4–1–141，26）。

07GT4②：34–14，自右向左存1行2列2字（图4–1–141，27）。

07GT4②：35–33，自右向左存1行2列2字（图4–1–141，28）。

07GT4②：35–45，自右向左存2行2列2字（图4–1–141，29）。

07GT4②：36–12，自右向左存2行1列2字（图4–1–141，30）。

07GT4②：36–46，自右向左存2行1列2字（图4–1–141，31）。

07GT4②：36–64，自右向左存1行2列2字（图4–1–141，32）。

07GT4②：36–67，自右向左存2行1列2字（图4–1–141，33）。

07GT4②：37–29，自右向左存2行1列2字（图4–1–141，34）。

07GT4②：37–32，自右向左存1行2列2字（图4–1–141，35）。

07GT4②：37–41，自右向左存2行1列2字（图4–1–141，36）。

07GT4②：39–18，自右向左存1行2列2字（图4–1–141，37）。

07GT3②：4-2，自右向左存1字（图4-1-141，38）。

07GT3②：4-30，自右向左存1字（图4-1-141，39）。

07GT3②：8-39，自右向左存1字（图4-1-141，40）。

07GT3②：14-16，自右向左存1字（图4-1-142，1）。

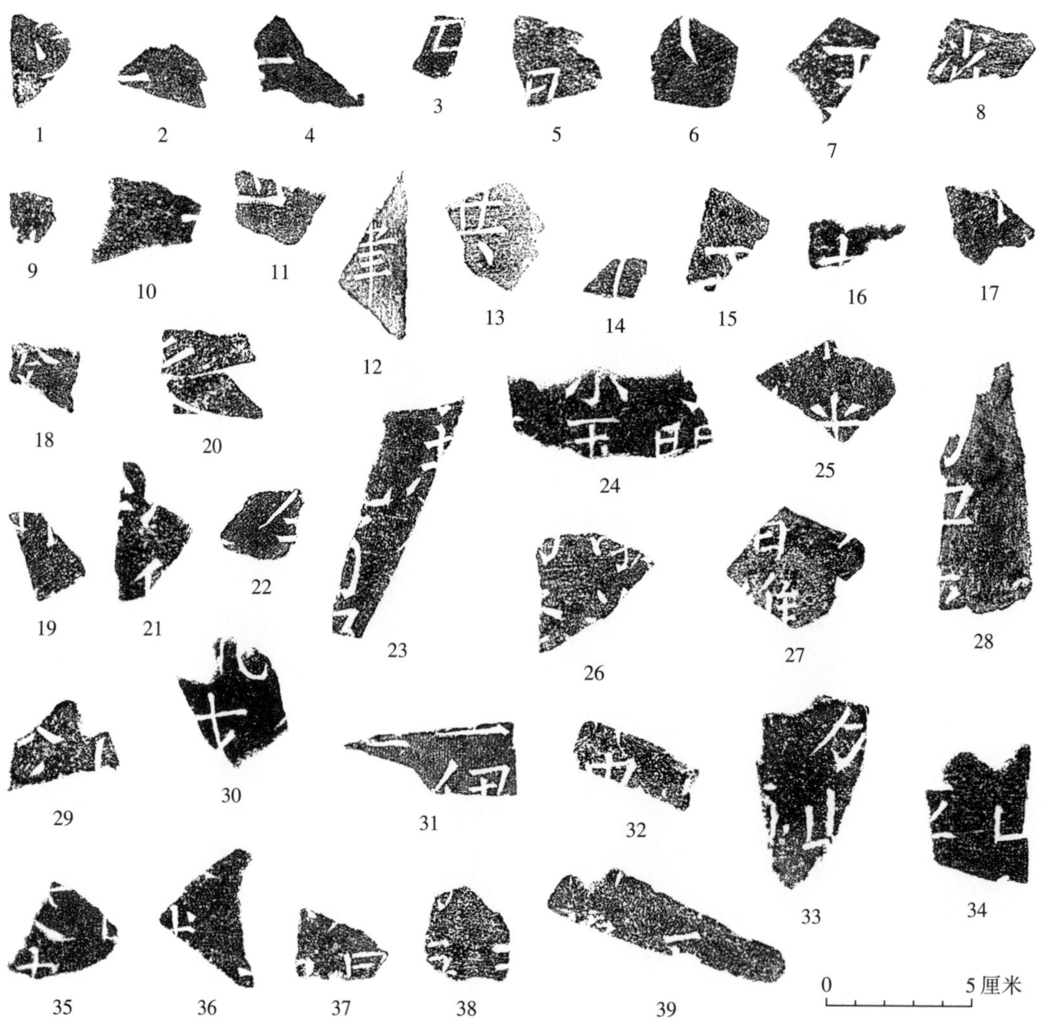

图4-1-142 龟趺山建筑基址出土不可辨字体丙组碑文残片

1. 07GT3②：14-16 2. 07GT3②：14-22 3. 07GT3②：14-53 4. 07GT4②：22-19 5. 07GT4②：22-24 6. 07GT4②：22-26 7. 07GT4②：24-38 8. 07GT4②：27-32 9. 07GT4②：28-5 10. 07GT4②：32-23 11. 07GT4②：34-9 12. 07GT4②：34-11 13. 07GT4②：34-19 14. 07GT4②：35-4 15. 07GT4②：35-27 16. 07GT4②：35-61 17. 07GT4②：36-6 18. 07GT4②：39-19 19. 07GT4②：36-68 20. 07GT4②：38-11 21. 07GT4②：27-38 22. 采：70 23. 07GT4②：28-8 24. 07GT1②：21-19 25. 07GT1②：23-6 26. 07GT4②：25-16 27. 07GT1②：11-24 28. 07GT1②：17-9 29. 07GT1②：20-5 30. 07GT1②：21-31 31. 07GT1②：21-33 32. 07GT1②：21-42 33. 07GT2②：37-8 34. 07GT2②：39-16 35. 07GT2②：55-6 36. 07GT2②：59-19 37. 07GT2②：59-22 38. 07GT3②：8-27 39. 07GT4②：12-22

07GT3②：14–22，自右向左存1字（图4–1–142，2）。

07GT3②：14–53，自右向左存1字（图4–1–142，3）。

07GT4②：22–19，自右向左存1字（图4–1–142，4）。

07GT4②：22–24，自右向左存1字（图4–1–142，5）。

07GT4②：22–26，自右向左存1字（图4–1–142，6）。

07GT4②：24–38，自右向左存1字（图4–1–142，7）。

07GT4②：27–32，自右向左存1字（图4–1–142，8）。

07GT4②：28–5，自右向左存1字（图4–1–142，9）。

07GT4②：32–23，自右向左存1字（图4–1–142，10）。

07GT4②：34–9，自右向左存1字（图4–1–142，11）。

07GT4②：34–11，自右向左存1字（图4–1–142，12）。

07GT4②：34–19，自右向左存1字（图4–1–142，13）。

07GT4②：35–4，自右向左存1字（图4–1–142，14）。

07GT4②：35–27，自右向左存1字（图4–1–142，15）。

07GT4②：35–61，自右向左存1字（图4–1–142，16）。

07GT4②：36–6，自右向左存1字（图4–1–142，17）。

07GT4②：39–19，自右向左存1字（图4–1–142，18）。

07GT4②：36–68，自右向左存1字（图4–1–142，19）。

07GT4②：38–11，自右向左存1字（图4–1–142，20）。

07GT4②：27–38，字迹难辨（图4–1–142，21）。

采：70，自右向左存2行1列2字（图4–1–142，22）。

④灰褐色砂岩

仅1件。

07GT4②：28–8，自右向左存2行4列5字（图4–1–142，23）。

⑤青色砂岩

共66件。

07GT1②：21–19，自右向左存3行2列5字（图4–1–142，24）。

07GT1②：23–6，自右向左存2行2列4字（图4–1–142，25）。

07GT4②：25–16，自右向左存2行2列4字（图4–1–142，26）。

07GT1②：11–24，自右向左存2行2列3字（图4–1–142，27）。

07GT1②：17–9，自右向左存1行3列3字（图4–1–142，28）。

07GT1②：20–5，自右向左存2行2列3字（图4–1–142，29）。

07GT1②：21–31，自右向左存2行2列3字（图4–1–142，30）。

07GT1 ②：21–33，自右向左存 2 行 2 列 3 字（图 4–1–142，31）。

07GT1 ②：21–42，自右向左存 2 行 2 列 3 字（图 4–1–142，32）。

07GT2 ②：37–8，自右向左存 2 行 2 列 3 字（图 4–1–142，33）。

07GT2 ②：39–16，自右向左存 2 行 2 列 3 字（图 4–1–142，34）。

07GT2 ②：55–6，自右向左存 2 行 2 列 3 字（图 4–1–142，35）。

07GT2 ②：59–19，自右向左存 2 行 2 列 3 字（图 4–1–142，36）。

07GT2 ②：59–22，自右向左存 2 行 2 列 3 字（图 4–1–142，37）。

07GT3 ②：8–27，自右向左存 2 行 2 列 3 字（图 4–1–142，38）。

07GT4 ②：12–22，自右向左存 2 行 2 列 3 字（图 4–1–142，39）。

07GT4 ②：12–28，自右向左存 2 行 2 列 3 字（图 4–1–143，1）。

07GT4 ②：25–5，自右向左存 2 行 2 列 3 字（图 4–1–143，2）。

07GT4 ②：29–13，自右向左存 2 行 2 列 3 字（图 4–1–143，3）。

07GT4 ②：35–41，自右向左存 2 行 2 列 3 字（图 4–1–143，4）。

07GT1 ②：21–28，自右向左存 1 行 2 列 2 字（图 4–1–143，5）。

07GT1 ②：21–53，自右向左存 2 行 1 列 2 字（图 4–1–143，6）。

07GT1 ②：26–10，自右向左存 2 行 1 列 2 字（图 4–1–143，7）。

07GT2 ②：3–4，自右向左存 1 行 2 列 2 字（图 4–1–143，8）。

07GT2 ②：20–14，自右向左存 2 行 1 列 2 字（图 4–1–143，9）。

07GT2 ②：20–15，自右向左存 2 行 1 列 2 字（图 4–1–143，10）。

07GT2 ②：20–16，自右向左存 1 行 2 列 2 字（图 4–1–143，11）。

07GT2 ②：38–1，自右向左存 2 行 2 列 2 字（图 4–1–143，12）。

07GT2 ②：39–11，自右向左存 1 行 2 列 2 字（图 4–1–143，13）。

07GT2 ②：39–13，自右向左存 2 行 1 列 2 字（图 4–1–143，14）。

07GT2 ②：39–15，自右向左存 1 行 2 列 2 字（图 4–1–143，15）。

07GT2 ②：43–5，自右向左存 1 行 2 列 2 字（图 4–1–143，16）。

07GT2 ②：45–21，自右向左存 1 行 2 列 2 字（图 4–1–143，17）。

07GT3 ②：4–4，左侧缘有凹弦纹。自右向左存 1 行 2 列 2 字（图 4–1–143，18）。

07GT3 ②：11–5，自右向左存 2 行 1 列 2 字（图 4–1–143，19）。

07GT4 ②：12–4，自右向左存 2 行 1 列 2 字（图 4–1–143，20）。

07GT4 ②：12–11，自右向左存 2 行 1 列 2 字（图 4–1–143，21）。

07GT4 ②：14–4，自右向左存 1 行 2 列 2 字（图 4–1–143，22）。

07GT4 ②：15–3，自右向左存 1 行 2 列 2 字（图 4–1–143，23）。

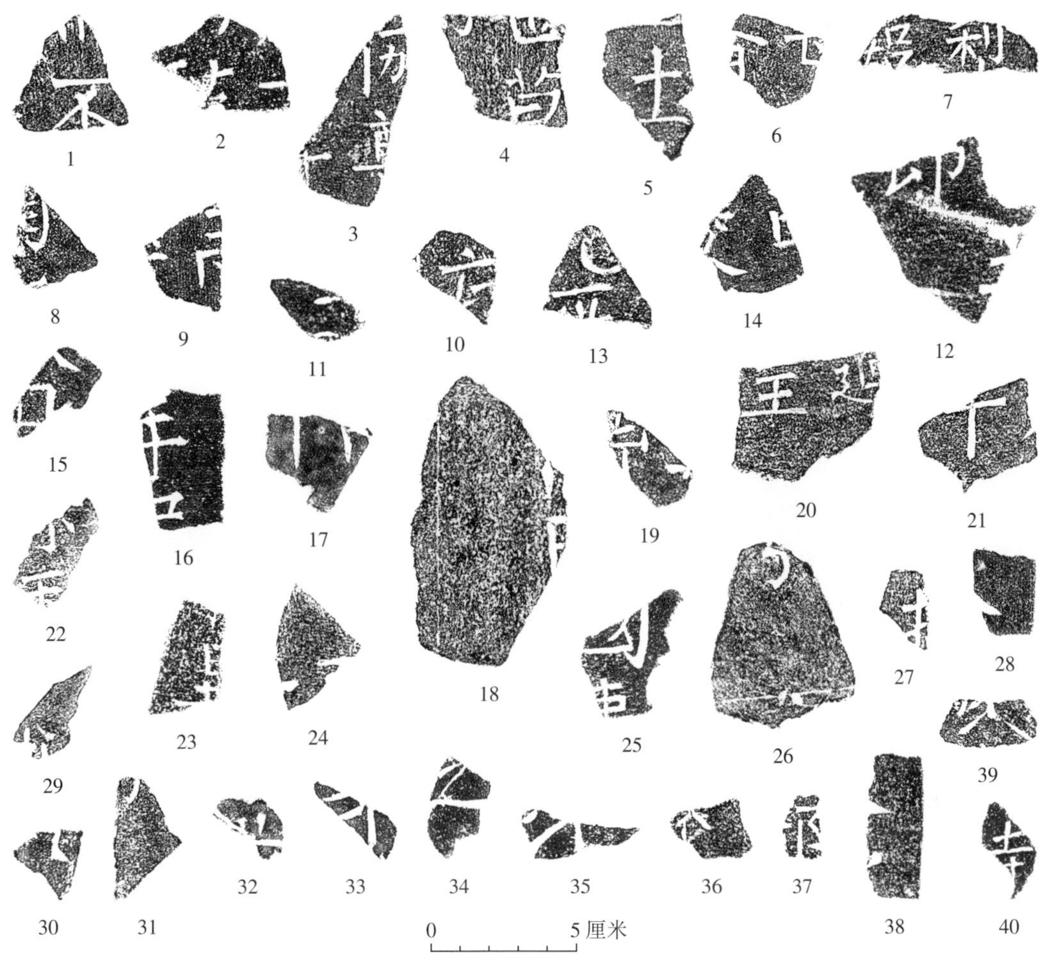

图 4-1-143　龟趺山建筑基址出土不可辨字体丙组碑文残片

1. 07GT4②：12-28　2. 07GT4②：25-5　3. 07GT4②：29-13　4. 07GT4②：35-41　5. 07GT1②：21-28　6. 07GT1②：21-53　7. 07GT1②：26-10　8. 07GT2②：3-4　9. 07GT2②：20-14　10. 07GT2②：20-15　11. 07GT2②：20-16　12. 07GT2②：38-1　13. 07GT2②：39-11　14. 07GT2②：39-13　15. 07GT2②：39-15　16. 07GT2②：43-5　17. 07GT2②：45-21　18. 07GT3②：4-4　19. 07GT3②：11-5　20. 07GT4②：12-4　21. 07GT4②：12-11　22. 07GT4②：14-4　23. 07GT4②：15-3　24. 07GT4②：24-37　25. 07GT4②：32-20　26. 07GT4②：36-37　27. 07GT1②：17-16　28. 07GT2②：5-8　29. 07GT2②：15-10　30. 07GT2②：38-5　31. 07GT2②：38-10　32. 07GT2②：45-9　33. 07GT2②：45-17　34. 07GT3②：8-16　35. 07GT3②：8-25　36. 07GT3②：8-43　37. 07GT3②：8-47　38. 07GT3②：14-21　39. 07GT3②：14-44　40. 07GT4②：6-6

07GT4②：24-37，自右向左存 2 行 1 列 2 字（图 4-1-143，24）。

07GT4②：32-20，自右向左存 1 行 2 列 2 字（图 4-1-143，25）。

07GT4②：36-37，自右向左存 1 行 2 列 2 字（图 4-1-143，26）。

07GT1②：17-16，自右向左存 1 字（图 4-1-143，27）。

07GT2②：5-8，自右向左存 1 字（图 4-1-143，28）。

07GT2 ②：15–10，自右向左存 1 字（图 4–1–143，29）。

07GT2 ②：38–5，自右向左存 1 字（图 4–1–143，30）。

07GT2 ②：38–10，自右向左存 1 字（图 4–1–143，31）。

07GT2 ②：45–9，自右向左存 1 字（图 4–1–143，32）。

07GT2 ②：45–17，自右向左存 1 字（图 4–1–143，33）。

07GT3 ②：8–16，自右向左存 1 字（图 4–1–143，34）。

07GT3 ②：8–25，自右向左存 1 字（图 4–1–143，35）。

07GT3 ②：8–43，自右向左存 1 字（图 4–1–143，36）。

07GT3 ②：8–47，自右向左存 1 字（图 4–1–143，37）。

07GT3 ②：14–21，自右向左存 1 字（图 4–1–143，38）。

07GT3 ②：14–44，自右向左存 1 字（图 4–1–143，39）。

07GT4 ②：6–6，自右向左存 1 字（图 4–1–143，40）。

07GT4 ②：24–26，自右向左存 1 字（图 4–1–144，1）。

07GT4 ②：25–20，自右向左存 1 字（图 4–1–144，2）。

07GT4 ②：27–24，自右向左存 1 字（图 4–1–144，3）。

07GT4 ②：30–5，自右向左存 1 字（图 4–1–144，4）。

07GT4 ②：32–2，自右向左存 1 字（图 4–1–144，5）。

07GT4 ②：35–17，自右向左存 1 字（图 4–1–144，6）。

07GT4 ②：36–49，自右向左存 1 字（图 4–1–144，7）。

07GT4 ②：37–33，自右向左存 1 字（图 4–1–144，8）。

07GT4 ②：37–49，自右向左存 1 字（图 4–1–144，9）。

07GT4 ②：39–6，自右向左存 1 字（图 4–1–144，10）。

⑥青绿色砂岩

共 7 件。

07GT2 ②：45–12，自右向左存 2 行 2 列 4 字（图 4–1–144，11）。

07GT2 ②：54–5，自右向左存 2 行 1 列 2 字（图 4–1–144，12）。

07GT4 ②：36–52，自右向左存 2 行 1 列 2 字（图 4–1–144，13）。

07GT2 ②：22–15，自右向左存 1 字（图 4–1–144，14）。

07GT2 ②：22–17，自右向左存 1 字（图 4–1–144，15）。

采：34，自右向左存 1 行 2 列 2 字（图 4–1–144，16）。

采：58，自右向左存 1 行 2 列 2 字（图 4–1–144，17）。

⑦青灰色砂岩

共 11 件。

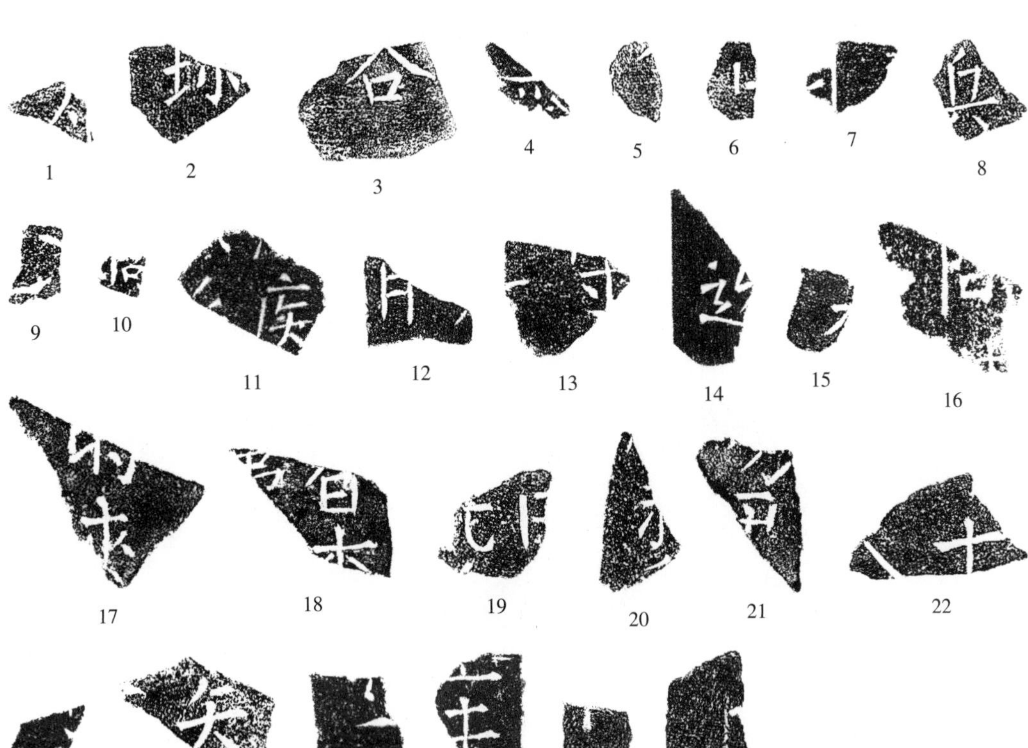

图 4-1-144　龟趺山建筑基址出土不可辨字体丙组碑文残片

1. 07GT4 ②：24-26　2. 07GT4 ②：25-20　3. 07GT4 ②：27-24　4. 07GT4 ②：30-5　5. 07GT4 ②：32-2　6. 07GT4 ②：35-17　7. 07GT4 ②：36-49　8. 07GT4 ②：37-33　9. 07GT4 ②：37-49　10. 07GT4 ②：39-6　11. 07GT2 ②：45-12　12. 07GT2 ②：54-5　13. 07GT4 ②：36-52　14. 07GT2 ②：22-15　15. 07GT2 ②：22-17　16. 采：34　17. 采：58　18. 07GT2 ②：25-3　19. 07GT2 ②：35-15　20. 07GT2 ②：52-12　21. 07GT2 ②：1-1　22. 07GT2 ②：22-18　23. 07GT2 ②：30-13　24. 07GT2 ②：35-13　25. 07GT2 ②：47-23　26. 07GT2 ②：52-7　27. 07GT2 ②：30-6　28. 07GT2 ②：30-14

07GT2 ②：25-3，自右向左存 2 行 2 列 3 字（图 4-1-144，18）。

07GT2 ②：35-15，自右向左存 2 行 2 列 3 字（图 4-1-144，19）。

07GT2 ②：52-12，自右向左存 1 行 3 列 3 字（图 4-1-144，20）。

07GT2 ②：1-1，自右向左存 1 行 2 列 2 字（图 4-1-144，21）。

07GT2 ②：22-18，自右向左存 2 行 1 列 2 字（图 4-1-144，22）。

07GT2 ②：30-13，自右向左存 1 行 2 列 2 字（图 4-1-144，23）。

07GT2 ②：35-13，自右向左存 2 行 1 列 2 字（图 4-1-144，24）。

07GT2 ②：47-23，自右向左存 1 行 2 列 2 字（图 4-1-144，25）。

07GT2 ②：52-7，自右向左存 1 行 2 列 2 字（图 4-1-144，26）。

07GT2 ②：30-6，自右向左存 1 字（图 4-1-144，27）。

07GT2 ②：30-14，自右向左存 1 字（图 4-1-144，28）。

（4）经幢残片

砂岩，正面磨光刻字。楷体，刻工精细。

共 10 件。

采：3，残存三个磨光面。左面自右向左存 2 行 3 列 5 字；中面存 3 行 3 列 6 字；右面存 1 行 3 列 3 字。字上端有 3 道横纹（图 4-1-145，1；图版六七九，1）。

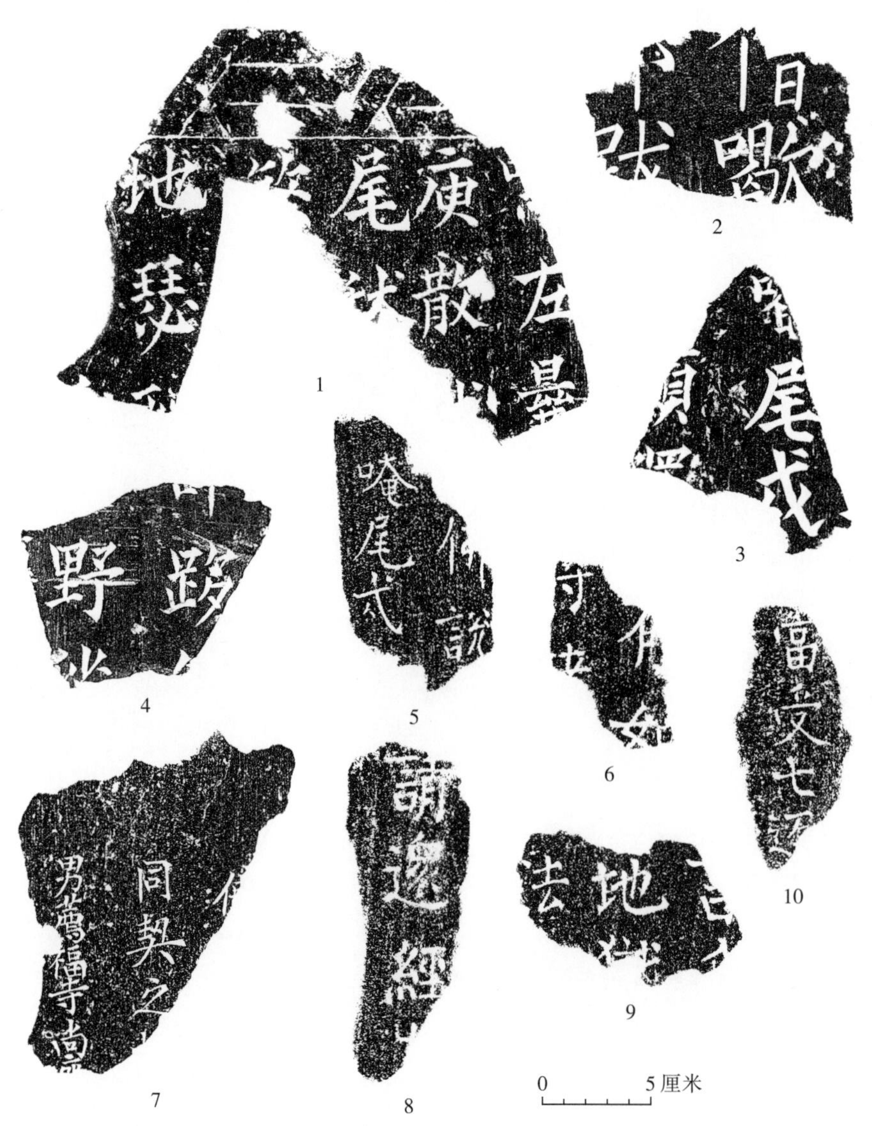

图 4-1-145　龟趺山建筑基址出土经幢残片

1. 采：3　2. 采：1　3. 采：14　4. 采：47　5. 采：15　6. 采：27　7. 采：45　8. 采：71　9. 采：73　10. 采：78

采：1，现存二个磨光面。左面自右向左存2行2列4字；右面自右向左存1字（图4-1-145，2；图版六七九，2）。

采：14，现存二个磨光面。左面自右向左存1行2列2字；右面自右向左存2行3列4字（图4-1-145，3；图版六七九，3）。

采：47，现存二个磨光面。左面自右向左存2行2列3字；右面自右向左存1行3列3字（图4-1-145，4）。

采：15，自右向左存2行3列5字（图4-1-145，5）。

采：27，自右向左存2行4列4字。字距相错（图4-1-145，6）。

采：45，自右向左存3行6列11字。首列字体略大，字距相错（图4-1-145，7；图版六七九，4）。

采：71，自右向左存1行4列4字（图4-1-145，8）。

采：73，自右向左存3行2列5字（图4-1-145，9）。

采：78，自右向左存1行4列4字（图4-1-145，10）。

五　初步认识

龟趺山建筑基址是辽祖陵陵园外重要的祭祀性建筑。建筑基础的营造因地制宜，在基岩斜面上夯筑双层夯土台基，并根据台基各个位置不同的承重要求而采用不同的夯层材料和强度。通过对台明坡度的控制和排水沟、挡土墙等设施的安排，解决山地建筑的排水问题。

根据前述考古发掘资料，再结合历史文献，对龟趺山建筑基址性质和年代等做简要论证。

（一）建筑基址性质

龟趺山建筑基址是一座殿身面阔三间、进深三间、四周设围廊的木构重檐建筑，即《营造法式》中所谓“副阶周匝”的考古实例。殿身内的四根内柱与外檐柱均不对位，结合“副阶”的平面布局，原建筑很可能采用了较为特殊的梁架结构，以构成便于安置石碑的高大内部空间和重檐的屋顶外观形式，具有碑楼的建筑特点。殿身里的内柱采用“移柱造”的形制做法，满足了“碑楼”对建筑空间的功能要求。

对文字碑片进行初步整理研究后发现，从石料和字体看，建筑内曾存放不止一块石碑。其中一种石料质地的碑刻残块较多，应是石龟趺座上竖立的主碑。根据碑片分布的情况看，主碑应是双语石碑，即碑正面为契丹大字、碑背面为汉文楷书。

梳理汉文残碑的内容可知，文中出现的“天赞五年”“升天皇帝”“李胡王子”

等，以及辽太祖皇弟与刘守文会盟北淖口、讨幽州、征渤海国等内容，都与辽太祖耶律阿保机及其历史功绩密切相关。

《辽史》载："太祖陵凿山为殿，……门曰黑龙。东偏有圣踪殿，立碑述太祖游猎之事。殿东有楼，立碑以纪太祖创业之功。"[1]这段史料与前述考古发现的碑楼建筑和碑文记载吻合。因此，我们推定龟趺山建筑基址就是《辽史》所记"辽太祖纪功碑楼"。纪功碑为碑阳刻契丹大字、碑阴刻汉字的双语石碑。

（二）纪功碑楼的年代

辽太祖纪功碑楼基址内所出五角星纹瓦当（07GT2②：74-1）、莲花纹瓦当（07GT2②：87-1），都是辽代早期典型的瓦当样式。因此，根据《辽史》记载推定，辽太祖纪功碑楼应是辽太祖入葬后不久营建的。其始建年代应该在辽代早期。

据《三朝北盟会编》卷二一引史愿《亡辽录》，"天庆九年（1119 年）夏[2]，金人攻陷上京路，祖州则太祖阿保机之天膳堂，怀州则太宗德光之崇元殿，……木叶山之世祖享殿，诸陵并皇妃子弟影堂，焚烧略尽，发掘金银珠玉器物"[3]。

根据考古发掘资料可知，太祖纪功碑楼建筑毁于一场大火。建筑内巨大的石碑和龟趺都被砸毁，应与突发事件有关。因此推断，此建筑的废弃年代应在金人占领此地之时，即辽天庆十年（1120 年）。

辽太祖纪功碑楼是辽祖陵陵区的重要组成部分。辽祖陵在通往陵门的神道一侧设置纪功碑楼，这是中国古代陵寝制度中的创举，或许是开创后世明清帝陵设立神功碑楼之先河。对辽太祖纪功碑楼的发掘，为研究中国古代帝陵建筑以及辽代建筑提供了重要的实例。

第二节　陵园外二号建筑基址

陵园外二号建筑基址（编号为 2003WJ2）位于辽祖陵陵园黑龙门外东侧的一处低缓山丘上（图 1-5-1）。其与东侧的龟趺山建筑基址遥遥相对，海拔约 900 米。2003 年考古调查时，地表散落有一些沟纹砖、布纹板瓦、莲花纹瓦当等残块（图版六八〇，1），可以确定是一处建筑基址。

[1]［元］脱脱等撰：《辽史》卷三十七《地理志一》，中华书局，1974 年，第 442、443 页。

[2]《辽史·天祚皇帝纪》谓天庆十年（1120 年）。

[3] 徐梦莘《三朝北盟会编》卷二一，上海古籍出版社影印许涵度刻本，1987 年，第 151 页。

一　基址概况

根据砖瓦堆积范围推测，陵园外二号建筑基址平面大体为方形，东西约 23、南北 21 米。从地面踏查和残存遗迹断面看，此建筑基址的立面有条石包砌，地面有较好的铺地方砖（图版六八〇，2）。方砖边长 0.22、厚 0.055 米；有的厚 0.068 米。

二　采集遗物

采集到几何纹瓦当 1 件。

03WJ2：采 1，灰胎。大部分残缺。饰多角形图案。当面饰一多角形外廓，残存两角，可复原为五角。每一角内均有凸棱，各角之间饰小乳丁间饰。图案和边轮间有一周凸弦纹。边轮较低平。当面局部存有白灰。瓦当背面边缘有交错的细线刻划痕。瓦当残径 9、边轮宽 2.5~2.8、边轮厚 1~1.2 厘米（图 4–2–1；图版六八〇，3）。

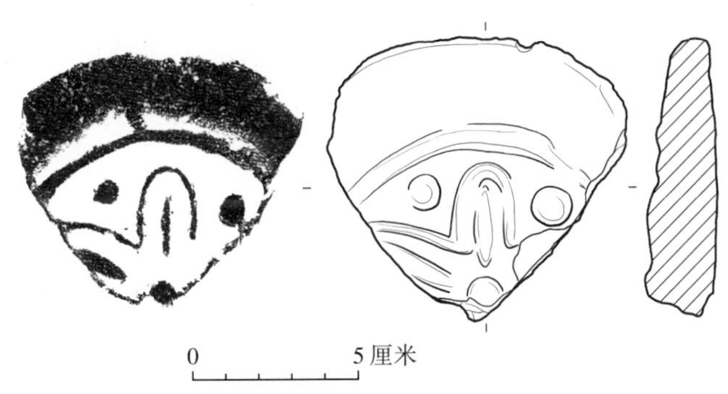

图 4–2–1　陵园外二号建筑基址出土几何纹瓦当
（03WJ2：采 1）

三　初步认识

陵园外二号建筑基址（2003WJ2）位于辽太祖纪功碑楼西侧约 130 米的一个小山丘上，其西侧山坡下西北位就是辽祖陵陵园的黑龙门。建筑基址台基平面近方形，立面有条石包砌。台基地面有较好的铺地砖。因为未发掘，台基上的建筑形制结构不详。

二号建筑基址位置与《辽史》所记“圣踪殿”和黑龙门、太祖纪功碑楼的相对位置符合，故可定此基址为圣踪殿遗址。根据《辽史》记载可知，“圣踪殿”内原有记述太祖游猎之事的石碑。

第三节　陵园外四号建筑基址

陵园外四号建筑基址（编号为 2003WJ4）位于辽祖陵陵园黑龙门外西侧的山丘上（图 1–5–1）。现为树林，遗迹多已被破坏殆尽。基址海拔 883 米。2003 年考古调查时，地表散落有一些砖瓦残块（图版六八一，1），故推测这是一处建筑基址。

一　基址概况

从断面看，陵园外四号建筑基址为高台建筑。台基高约 2~3 米。范围东西长 46、宽 34 米。地表有较多的残板瓦和沟纹砖（图版六八一，2）。南侧原被现代民居破坏。较为重要的是，在这里采集到的一块残墓碑铭上残存二行汉文楷书。

该点为一处山前（东南山麓）平台，东南高出约 2 米多，地理坐标为：43.87785°N, 119.11276°E, 海拔 862 米。地表有大量砖瓦等建筑材料。平面略呈长方形，长约 50、宽约 30 米。据传出土过碑片等。现该地草木较为茂盛，很多现象不易观察。除该区域外，附近也时常可以见到砖瓦等遗物。

二　采集遗物

共 1 件。

03WJ4：采 1，灰褐、泛紫色石质。残缺。正面磨光，距边缘 1 厘米刻一竖线纹，为碑文界格。阴刻楷书汉字，存 2 行 4 列。第 1 行“……□刘莫□……”；第 2 行“……葬依天城……”。碑侧面磨光，背面存沟槽状凿痕。余面残破。残长 14.9、残宽 19.4、厚 18.3 厘米（图 4–3–1；图版六八一，3）。

图 4–3–1　陵园外四号建筑基址出土汉字碑文残块（03WJ4：采 1）

三　初步认识

推测四号建筑基址是辽代建筑。其性质不详。

另外，采集的残碑铭上提及的“天城”，或许与辽祖陵奉陵邑所设置的“天城军”有关，金代已无此称谓。“刘莫□墓”应葬于辽祖陵陵园外西侧附近。推测此墓主人为辽王朝的有关人员。

第四节　陵园外五号建筑基址

陵园外五号建筑基址（编号为2003WJ5）位于漫岐嘎山北麓的一处山丘上（图1–5–1）。漫岐嘎山宛如祖陵的屏风，陵园外五号建筑基址在漫岐嘎山北麓半山腰。2003年考古调查时，地表散落有砖瓦残块和碑文等，故推测这是一处重要的建筑基址（图版六八二）。

一　基址概况

陵园外五号建筑基址（2003WJ5）由三层台面构成。最下层台地基址范围较大（中部坐标43°52′03″N，119°07′27″E。海拔915米），南北长76、宽19米。地表发现较多的滴水、板瓦碎块，以及瓷片、篦点纹陶片等遗物（图版六八三，1）。并采集到琉璃瓦（图版六八三，2）、一些汉字残碑块和龙鳞纹碑块（图版六八三，3），从而为判定基址的性质提供了重要的参考资料。中层台地基址（坐标43°52′01″N，119°07′26″E。海拔935米）砖瓦遗物很少，范围东西长17.1、宽12米。上层基址（坐标43°52′01″N，119°07′24″E。海拔949米）范围南北22、宽14米，遗物较少。在第一层通往第二层台地基址发现一条保存较好的台阶踏道（图版六八四）。

二　采集遗物

2003年采集遗物，包括日常生活遗物和建筑材料两类。

（一）日常生活遗物

共5件。包括瓷器、铁器。

1. 瓷器

共4件。

口沿 3件。

03WJ5：采8，泥质灰胎，质地较粗。方唇，斜弧腹。施白釉。残高6、壁厚0.42~0.6厘米（图4-4-1，2；图版六八五，1）。

03WJ5：采9，泥质灰黄胎，质地较粗。圆唇，凸缘，斜腹。施白釉，泛黄。釉面布满冰裂纹。残高5、壁厚0.5厘米（图4-4-1，3；图版六八五，2）。

03WJ5：采11，夹砂灰褐胎，质地较粗。圆唇，凸缘。施米白釉，釉暗无光泽。残长3.4、残宽2.7、壁厚0.35厘米（图版六八五，3）。

腹片 1件。

03WJ5：采10，泥质灰褐胎，质地较粗。斜腹。施白釉，泛灰，外壁近底部无釉，露胎。釉面布满冰裂纹。残高5.3、残宽7.5、壁厚0.6~0.8厘米（图版六八五，4）。

2. 铁器

1件。

03WJ5：采12，锈蚀。两端残。器身略弯曲，呈扁长条形，由一端至另一端渐窄。残长11.2、残宽0.9~1.4、厚0.1~0.2厘米（图4-4-1，4；图版六八五，5）。

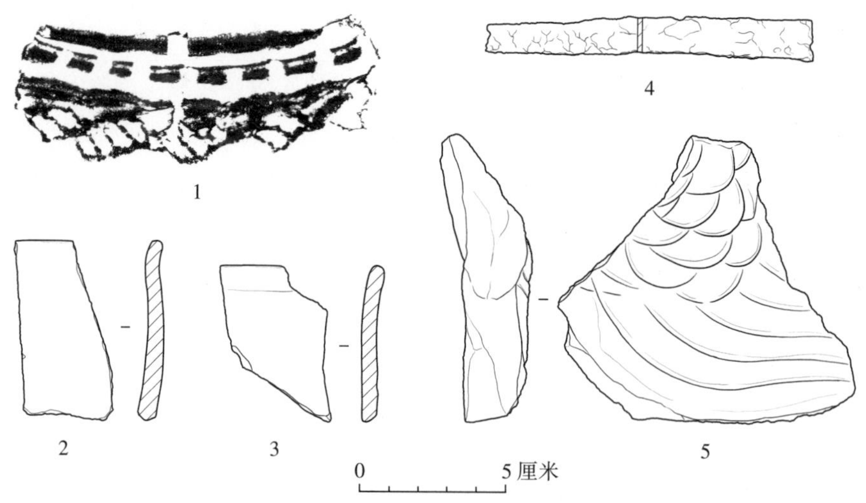

图4-4-1 陵园外五号建筑基址出土遗物

1. 施釉滴水（03WJ5：采3） 2. 瓷器口沿（03WJ5：采8） 3. 瓷器口沿（03WJ5：采9） 4. 铁器（03WJ5：采12） 5. 龙纹石制品（03WJ5：采2）

（二）建筑材料

共5件。包括施釉板瓦、陶质瓦当和滴水。

1. 施釉板瓦

1 件。

03WJ5：采 7，砖红胎，通体施绿釉。凸面素面，凹面保留布纹。侧缘保存有内侧切割痕。残长 10、残宽 4.7、厚 2.1~2.2 厘米（图版六八六，1）。

2. 瓦当

共 3 件。陶质，灰胎。均为几何纹瓦当，饰多角形图案。可分为两种。

第一种，2 件。当面饰一五角形外廓，每一角内均有凸棱，各角之间饰小乳丁间饰。图案和边轮间有一周凸弦纹。边轮较低平。

03WJ5：采 4，残。凸棱较短，当心存一凸起的乳丁。残径 8.8 厘米（图 4-4-2，1；图版六八六，2）。

图 4-4-2　陵园外五号建筑基址出土几何纹瓦当

1. 03WJ5：采 4　2. 03WJ5：采 5　3. 03WJ5：采 6

03WJ5：采5，大部分残缺。凸棱较细长，突出程度较低。残径7.3厘米（图4-4-2，2；图版六八六，3）。

第二种，1件。

03WJ5：采6，大部分残缺。当面饰两周凸弦纹，其间有短直线构成的近三角形和梯形装饰，短线之间均有小乳丁间隔。内圈凸弦纹和当心之间存有短直线和小乳丁装饰。边轮较低平。残径8、边轮宽2.6厘米（图4-4-2，3；图版六八六，4）。

3. 施釉滴水

1件。

03WJ5：采3，砖红胎，通体施绿釉。滴水端面底部呈波浪状，饰绳纹。端面与瓦身呈直角相接，分四层，戳刻纹饰位于第二层，第四层呈波浪状。残长12.8、残宽12.7、瓦身厚1.7~2.2、滴水端面宽3.3厘米（图4-4-1，1；图版六八六，5、6）。

（三）石制品

共9件（组）。

1. 龙纹制品

1件。

03WJ5：采2，灰褐色岩石。应为龙身局部。一面呈圆弧状隆起，雕刻有鱼鳞纹和鱼鳍纹。余为破损面。残长10.2、残宽9.6厘米（图4-4-1，5；图版六八五，6）。

2. 石刻残片

1组8件。

03WJ5：采1-1，褐色岩石。碑正面磨光。阴刻楷书，残存4行3列9字。第1行"……□晦……"；第2行"……□为□……"；第3行"……持□……"；第4行"……请□……"（图4-4-3，1；图版六八七，1）。

03WJ5：采1-2，褐色岩石。碑正面磨光。阴刻楷书，残存4行2列8字。第1行"……晖□……"；第3行"……□固……"，其余字迹均残（图4-4-3，2；图版六八七，2）。

03WJ5：采1-3，褐色岩石。碑正面磨光。残存5行2列8字。阴刻楷书，字迹均残（图4-4-3，3；图版六八七，3）。

03WJ5：采1-4，灰褐色岩石。原应为经幢身局部。多边形，存二个面，其中一面残存3行2列5字，碑文阴刻，字均不完整。另一面为平整的光面，余为残破面（图

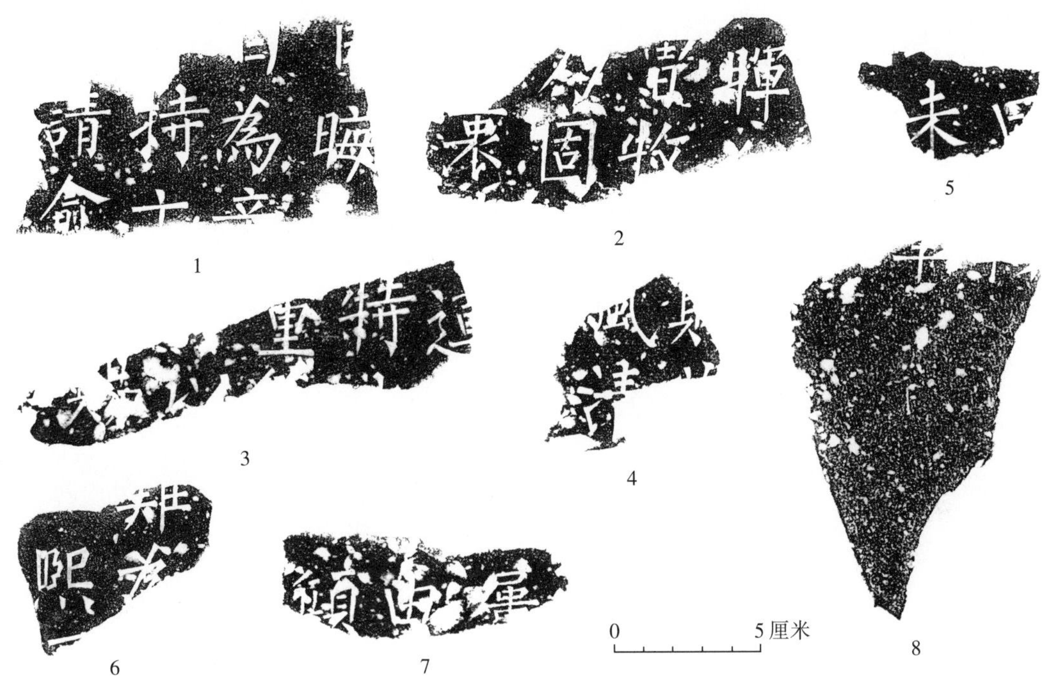

图 4–4–3　陵园外五号建筑基址出土石刻残片

1. 03WJ5：采 1–1　2. 03WJ5：采 1–2　3. 03WJ5：采 1–3　4. 03WJ5：采 1–4　5. 03WJ5：采 1–5　6. 03WJ5：采 1–6　7. 03WJ5：采 1–7　8. 03WJ5：采 1–8

4–4–3，4；图版六八七，4）。

03WJ5：采 1–5，褐色岩石。碑正面磨光。阴刻楷书，残存 2 行 1 列 2 字，字均不完整（图 4–4–3，5；图版六八七，5）。

03WJ5：采 1–6，褐色岩石。碑正面磨光。碑文阴刻，残存 2 行 3 列 4 字，字均不完整（图 4–4–3，6）。

03WJ5：采 1–7，褐色岩石。残存 3 行 1 列 3 字。阴刻楷书，字迹均残（图 4–4–3，7）。

03WJ5：采 1–8，灰褐色岩石。正面磨光，残存 2 行 1 列 2 字，字迹均残（图 4–4–3，8）。

三　初步认识

漫岐嘎山位于辽祖陵陵园黑龙门外南部，是一片开阔平地中凸起的孤山，与祖陵黑龙门山口遥遥相对，宛如祖陵的屏风。漫岐嘎山东面、南面和西面的地势较为平坦，南侧稍远处有沙里河从西北向东南流过，并流经辽上京城，向东注入乌力吉沐沦河。推测漫岐嘎山应即堪舆术中所谓辽祖陵之“朝山”。

陵园外五号建筑基址位于漫岐嘎山北麓的半山腰，由三层台地构成。主要建筑营建在最下层台地上。根据采集的瓦当和篦点纹陶片等推测，此建筑的始建年代或许在辽祖陵营建早期。

陵园外五号建筑基址所处位置重要。从该基址起，经过黑龙门，再到辽太祖陵玄宫，三点一线，形成事实上的东南至西北轴线布局。因此，推测陵园外五号建筑基址所在的小山丘，很可能就是堪舆术中太祖陵的“案山”。其建筑应是辽祖陵陵园外重要的祭祀设施之一。

第五节　鹊台和陵园外神道

辽祖陵遗址范围很大，由不同功能的分区建筑构成，但其范围在现地表没有明显界标。因此，将考古研究的辽祖陵遗址可见视域范围称为“辽祖陵陵区”。2003年我们对所谓“辽祖陵陵区”范围进行了考古调查，包括大布拉格山谷、小布拉格山谷、墩德达巴山谷和漫岐嘎山等区域。其中陵区的入口和神道，是我们调查的重要内容之一。

一　“鹊台”遗存

（一）“鹊台”遗存调查概况

漫岐嘎山和辽祖州城之东为较为开阔的坡地，查干哈达苏木石房子嘎查（村）即坐落在祖州城东侧的低缓平地处。流经祖州城南侧的季节性河流穿村而过。

我们站在漫岐嘎山顶向东眺望时，意外发现两个突起的小山丘较为特殊。从航片和地形图上观察，似乎在祖州城中轴线延长线的两侧。因此，我们对这两个小山丘进行了实地调查（图1-5-1）。

北侧“小山丘”（编号为QT1，坐标为43.8691°N，119.1553°E，海拔722米）位于石房子嘎查村村西的民居中，是一处自然的小山丘。平面略呈椭圆形，底部长径约230、短径约150米。顶部有一处较为平坦的平台，平面略呈椭圆形，长径约30、短径约20米。山丘相对高差约17米。现“小山丘”四周大多被现代房屋建筑所破坏。山丘顶部平台上疑似人为修筑过。在平台上没有发现建筑遗存，也没有采集到遗物。但在“小山丘”东麓下面采集到辽代陶瓷瓦片等。祖陵看护员陈继和说在此处曾捡到过碑片，也曾见有石柱础。

南侧“小山丘”（编号为QT2，坐标为43.86365°N，119.15176°E，海拔745米），位于现祖陵旅游路南侧的耕地中，为一处自然小山丘（图版六八八，1）。平面略呈椭圆形，底部长径约250、短径约150米，相对高差20多米。顶部无明显的平台区。调查没有发现遗迹和遗物。山丘南侧山坡下零星发现有沟纹砖和陶片。

（二）初步认识

前述两个小山丘（QT1和QT2）相距140米，分别位于查干哈达苏木石房子嘎查（村）西侧和南侧，均为凸起的自然山丘，平面略呈椭圆形，底部长径230~250、短径约150米，顶部有长约20~30米的小平台，高约17米或20米。两个小山丘规模相仿，恰巧位于辽祖州城东南向中轴线延长线两侧，参考唐代帝陵[1]和北宋皇陵[2]情况，我们初步认为这两个规模相仿的自然“小山丘”，可能是陵区入口的地面标记性遗存——“鹊台”。

二　陵园外神道遗迹

神道通常是指通往陵墓的道路。辽祖陵陵园外的神道，是我们考古调查的重要内容。但遗憾的是，因为千年来自然和人为的破坏，没有找到祖州城东南门外至所谓“鹊台”之间的神道。但是，在祖州城和黑龙门之间，找到了一些神道的线索。

（一）神道遗迹概况

考古队曾在黑龙门遗址外进行试掘，暴露出来的都是基岩和砾石，没有找到陵园外“神道”。但是在黑龙门外东南不远的沟谷山坡上，发现了重要的遗迹现象（图1-5-1）。地理坐标为：43°52′40″N，119°06′55″E。海拔850米。方向310°。

在黑龙门外沟谷东侧山岩上，有一个人工凿出的豁口，宽约4米（图版六八八，2），地面凿痕较为清晰（图版六八九，1）。从此豁口形成的路面向东延伸约40米，保存较好。根据调查现象推定，这应是一条从辽祖州城北门通往祖陵陵园山口的辽代神道（编号为2003WL1）。

［1］张建林：《唐代帝陵陵园形制的发展与演变》，《考古与文物》2013年5期。
［2］河南省文物考古研究所等：《北宋皇陵》，中州古籍出版社，1997年，第290~301页。

（二）陵园外三号建筑基址概况

前述龟趺山建筑基址（太祖纪功碑楼）和陵园外二号建筑基址（圣踪殿）之间为一谷地。此谷地可能是太祖纪功碑楼和圣踪殿下山的通道。

2003 年考古调查时，于谷地中下部发现三层台地，南低北高，平台南侧有石块垒砌的护墙（图版六八九，2）。因为在地表采集到砖瓦残块，故编为陵园外三号建筑基址（编号 2003WJ3）。

上层台地：地理坐标为：43°52′45″N，119°07′01″E。海拔 890 米。遗址范围不详。发现有石护墙痕迹。地表遗物较少，采集到沟纹砖、布纹瓦等。

中层台地：地理坐标为：43°52′42″N，119°07′01″E。海拔 886 米。台面地表较平，东、南、西三面均有高约 1.5 米的石护墙。台面约呈不规则方形，东西和南北均约为 31 米。地表砖瓦残块较多。

下层台地：遗迹南北约有 38 米，南侧有高约 2.4 米的石护墙。地表也有较多的砖瓦残块。

三　初步认识

因为历史久远，人为和自然破坏，以及考古工作的局限等，目前我们还没有完全确认辽祖陵陵园外神道的形制规模，但是根据前述考古调查和试掘资料等，我们认为从辽祖陵陵区入口的“鹊台”至祖州城的东南正门，再由祖州城西北城门到祖陵陵园黑龙门，有一条祭祀祖陵的折曲道路——神道。

在辽祖陵陵园唯一的陵门——黑龙门外，有一条东南低西北高的自然沟谷，其西侧有陵园向外的排水沟，而东侧则为陡峭的山坡。在距山口不远的东侧山坡，有一处“凹”形豁口，是在山丘陡壁上人工开凿而成，地面的凿痕清晰可见，向东有较平坦的道路。这应是唯一可识的一段辽祖陵“神道”遗迹。神道宽约 4 米，可识别长度约 40 米。

根据这个重要发现，再结合辽太祖纪功碑楼和圣踪殿之间南侧谷地的考古调查资料，可以推测祖州城西北城门到祖陵陵园黑龙门的“神道”走向（图 1–5–1）：

出祖州城西北门不远，沿较平缓的道路（大体同一等高线）西行，大致就到了陵园外三号建筑基址最下层台地南端；由此折向北，沿谷地依次登上三层台地，在太祖纪功碑楼和圣踪殿之间通过；然后再折而向西，经圣踪殿北侧，向西通过前述“神道”（宽约 4 米，长约 40 米）和一处人工开凿的低山基岩豁口；出此豁口，再折向北，沿坡地而上，便直通巍峨高耸的祖陵陵园正门——黑龙门。

第六节 辽太祖陵陪葬墓区

根据文献记载，耶律阿保机驾崩后，其皇后述律平曾大量杀功臣以陪葬。

《新五代史》卷七十三《四夷附录》载[1]：

> 述律为人多智而忍。阿保机死，悉召从行大将等妻，谓曰："我今为寡妇矣，汝等岂宜有夫。"乃杀其大将百余人，曰，"可往从先帝。"左右有过者，多送木叶山，杀于阿保机墓隧中，曰："为我见先帝于地下。"大将赵思温，本中国人也，以材勇为阿保机所宠。述律后以事怒之，使送木叶山。思温辞不肯行。述律曰："尔，先帝亲信，安得不往见之？"思温对曰："亲莫如后，后何不行？"述律曰："我本欲从先帝于地下，以子幼，国中多故，未能也。然可断吾一臂以送之。"左右切谏之，乃断其一腕，而释思温不杀。

《契丹国志》亦有类似记载。这两部中原系统文献记述了辽太祖皇后述律平杀功臣等为耶律阿保机殉葬的事情。若属实，辽祖陵陵园附近，应有诸多陪葬墓区。因此，我们曾多次对辽祖陵陵园外周边地区进行考古调查，找到了几处重要的陪葬墓区。

一 漫岐嘎山南山谷陪葬墓区

漫岐嘎山最高峰南麓有一个曲尺形狭长的山谷，入口在东侧。2003年以来，考古队多次到山谷内进行考古调查，发现数座被盗的墓葬（图版六九〇，1）。从盗洞剖面可知，墓葬多是砖筑或石筑类屋式墓（图版六九〇，2）。盗洞较深，墓葬情况不详。

此山谷的最深处是漫岐嘎山主峰的东南麓（编号为漫岐嘎山南基址）。这里有多组台地，坐北朝南。平台上原来可能有遗迹，现已不存。

漫岐嘎山南基址两侧为高耸陡峭的山峰。基址分上、下两组，均为石砌的多层平台。下组台面南侧有石块垒砌的护墙，残高1米多，长20多米（图版六九一，1）。台面上有至少6处小平台。东侧有疑似的踏道。上组台面范围很大，有至少六层平台组成。下三层平台主要分布在山谷西侧，上三层平台分布于整个山谷。保存最好的是最上层台面（图版六九一，2），台面南侧用石块垒砌，石护墙高约4米多，长

[1]［宋］欧阳修撰：《新五代史》，中华书局，1974年，第902、903页。

约 60 米以上，海拔约 1028 米。台面铺垫平整，零星可见砖瓦残块。次高层台面上有泥塑胎芯残块，类似于辽上京西山坡出土的泥塑内芯[1]。各台面上都发现有砖瓦残块，偶见陶瓷片等遗物。

二　小布拉格山谷等陪葬墓区

辽祖陵陵园东侧，有祖州城北山谷等。辽祖陵陵园所在的大布拉格山谷以西有三个山谷，由东至西依次是小布拉格山谷、小布拉格西山谷和墩德达巴东山谷[2]。其中墩德达巴东山谷和小布拉格西山谷中都发现有被盗的辽墓。因此说，这些山谷都是辽祖陵重要的陪葬墓区。

需要指出的是，在小布拉格西山谷的山口处，发现有人工垒砌的遗痕，可能与墓园入口有关。在山谷外南侧不远处，发现一处规模较大的聚落址（石房子西遗址）。聚落内道路和石筑院落分布有序，平面布局与辽祖州城相似（图 1–5–1）。聚落的性质应与祖州城相似。

第七节　砖瓦窑址

辽祖陵陵园和祖州城的建设，需要大量的砖瓦建筑构件。2003 年考古调查时，在祖州城西侧、黑龙门西南侧的一处坡地断面，意外发现了砖瓦窑址。

窑址南侧是由西向东流经祖州城南侧的季节河。根据地面踏查可知，暴露出来的砖窑至少有 5 座。附近有烧瘤的砖瓦等。表明这里应是一处较大规模的窑场。因为未做发掘，窑址范围及砖窑的形制结构等不详。

[1] 中国社会科学院考古研究所内蒙古第二工作队、内蒙古文物考古研究所：《内蒙古巴林左旗辽上京皇城西山坡佛寺遗址获重大发现》，《考古》2013 年 1 期。

[2] 山谷的名称，采用自国家测绘局的巴林左旗地形图。

第五章　辽祖陵奉陵邑——祖州城

祖州城位于辽祖陵陵园东南约 0.5 千米处（图版三）。日本学者曾对祖州城进行过调查和发掘[1]。2003 年至 2010 年间，辽祖陵考古队没有对祖州城进行考古发掘，但对其城垣进行了多次考古调查和测绘。本章结合历史文献和以往的考古资料，根据最新测绘的祖州城平面图和高程模型图，对祖州城的形制结构做简要记述。

第一节　历史文献记载的祖州城

辽祖陵设奉陵邑祖州城。《辽史》卷第三十七《地理志一》“上京道·祖州”条载：“祖州，天成军，上，节度。本辽右八部世没里地。太祖秋猎多于此，始置西楼。后因建城，号祖州。以高祖昭烈皇帝、曾祖庄敬皇帝、祖考简献皇帝、皇考宣简皇帝所生之地，故名。城高二丈，无敌棚，幅员九里。门，东曰望京，南曰大夏，西曰液山，北曰兴国。西北隅有内城。殿曰两明，奉安祖考御容；曰二仪，以白金铸太祖像；曰黑龙，曰清秘，各有太祖微时兵仗器物及服御皮毳之类，存之以示后嗣，使勿忘本。内南门曰兴圣，凡三门，上有楼阁，东西有角楼。东为州廨及诸官廨舍，绫锦院，班院祇候蕃、汉、渤海三百人，供给内府取索。东南横街，四隅有楼对峙，下连市肆。东长霸县，西咸宁县。有祖山，山有太祖天皇帝庙，御靴尚存。又有龙门、黎谷、液山、液泉、白马、独石、天梯之山。水则南沙河、西液泉。太祖陵凿山为殿，曰明殿。殿南岭有膳堂，以备时祭。门曰黑龙。东偏有圣踪殿，立碑述太祖游猎之事。殿东有楼，立碑以纪太祖创业之功。皆在州西五里。天显中太宗建，隶弘义宫。统县二、

[1]［日］岛田正郎：《祖州城：東蒙古モンチョックアゴラに存する一遼代古城址の考古學的历史學的發掘調查報告》，中泽印刷株式会社，1955 年。

城一。”

祖州因祖陵而设，与天城军并治于祖州城。祖州既是祖陵的奉陵邑，也是上京道重要的军防建置之一。

《金史》卷二十四《地理志上》载“庆州，下，玄宁军刺史。境内有辽祖州，天会八年改为奉州，皇统三年废，辽太祖祖陵在焉。”由此看来，祖州城从皇统三年（1143 年）以后，逐渐沦为废墟。

第二节 考古调查测绘的祖州城遗址

祖州城位于巴林左旗查干哈达苏木石房子嘎查西 1 千米处。东北距辽上京城址约 24 千米，西北距辽祖陵陵门约 0.5 千米。地处山前较为平缓的坡地上，地势西北高东南低（图版三）。城址北侧、西侧和西南侧为山谷。城内现为文冠果园，地下遗迹遭到破坏，但城墙保存基本完整。因为未对祖州城遗址进行考古发掘，下面的叙述仅根据调查测绘资料，尚待考古发掘的验证。

一 祖州城概况

祖州城地处山前较为平缓的坡地上，地势西北高东南低，整体呈东南向布局（图版六九二～六九四）。祖州城由外城和内城组成[1]。外城平面略呈不规则长方形（西南边不直），总面积约 20 万平方米。外城城墙保存基本完好，均为夯土版筑。东南墙（下文简称“东墙”，即前侧）长约 280 米；西北墙（“西墙”，即后侧）长约 300 米；东北墙（“北墙”）长约 600 米；西南墙（“南墙”）分为两段，东段长约 300 米，西段长约 270 米。西城墙较高，残高约 6 米，基宽约 10 米；东城墙低矮，残高约 3 米。现存 4 个马面，其中西墙（即后墙）有 2 个，北墙和南墙各有 1 个。马面现状均呈圆形，明显高于城墙。两个长方形角楼分别位于祖州城的西北角和西南角。马面和角楼集中分布在内城周围。目前在外城城外西南侧和西北侧均发现有护城壕。外城有 4 个城门，每面墙各设一门，南、北二门不对称。除东门（正门）外，其余三门都有方形瓮城。外城东门（正门）外大街两侧有临街“市肆”和民居建筑基址，较密集（图版六九五）。除北门设置偏东侧外，其余三门均大体居于城墙的

[1] 关于祖州城的描述，主要是笔者实地考古调查的记录资料。可参阅［日］岛田正郎：《祖州城：東蒙古モンチョックアゴラに存する一遼代古城址の考古學的历史學的發掘調査報告》，中泽印刷株式会社，1955 年。

中部。

外城东门（正门）内大街与南门内大街呈“丁”字形相交于内城兴圣门外。外城被南门大街分为前、后两部分。内城位于外城后部（即西侧）的中间，平面呈长方形。内城墙为夯土版筑，较窄。南、西、北三面城墙较低矮，唯东墙较高，中部辟一门，即正门——“兴圣门”。兴圣门面阔 27、进深 14 米。由墩台、隔墙和三个门道构成，为一门三道规制[1]。兴圣门内沿中轴线有二处大型长方形建筑台基。一号建筑台基面阔 43.7、进深 20、高约 4 米[2]；二号建筑台基体量略小，推测高 2~3 米。两个建筑址都出土了黑釉或绿釉琉璃瓦当、筒瓦和板瓦等。一号建筑前广场的南、北侧，似建有长条形“廊房”；二号建筑的左、右和后侧也有建筑址。

内城外左、右两侧，分别有北组和南组建筑院落，东墙各设一门。北组建筑院落内有成组建筑址，形制和性质不详。南组建筑院落在内城南墙西侧（正对“石室”处）设有一门。南组建筑院落地势东南低西北高。西北最高处是一处三级高台基构成的建筑。最上一层为长方形夯土台基，面阔 13、进深约 10、高约 2 米。东南侧有石踏道。夯土台基上的中部，现存一座高大的石室，东南向（图版六九六，1）。石室由六块巨大的花岗岩石板砌筑而成。石室面阔 6.7、进深 5.3、高 3.6 米。东南面正中设门，门板不存；门顶现存窗框。石室内地面后部正中平铺一块大石板，东西横长 4.4、宽 2.5、厚约 0.6 米。根据石室外周围地表残存大量砖瓦残块等情况推测，石室原来应放置在一座高大的土木建筑之内。

外城东门和内城兴圣门之间的中央街道两侧，均有成组的石砌大型院落。中央街道延伸到城外，街道两侧仍然分布较多的中小型石砌建筑遗址，只是街道略变窄。此外在城东门外较远处还发现一口水井（图版六九六，2）和古桥址等。

二　采集遗物

祖州城遗物丰富，比较有特色的是城内分布有较多的施釉建筑构件。共采集标本 28 件，含板瓦、筒瓦、瓦当、滴水、鸱兽、砖等。

1. 板瓦

共 3 件。凸面素面，凹面保留布纹。

[1]［日］岛田正郎：《祖州城：東蒙古モンチョックアゴラに存する一遼代古城址の考古學的历史學的發掘調查報告》，中泽印刷株式会社，1955 年。

[2]［日］岛田正郎：《祖州城：東蒙古モンチョックアゴラに存する一遼代古城址の考古學的历史學的發掘調查報告》，中泽印刷株式会社，1955 年。

施釉板瓦　2 件。

03MBZC：采 1，砖红胎，凸面施绿釉。残长 4.3、残宽 4.8、厚 2.1 厘米（图版六九七，1）。

20MBZC：采 24，耐火土胎，凸面施褐绿釉，近宽端处无釉。有少量白灰痕。残长 14、残宽 11.7、厚 2.4~2.7 厘米（图版六九七，2、3）。

陶质板瓦　1 件。

20MBZC：采 23，灰胎。侧缘有内侧切割痕迹。存有白灰。残长 18.4、残宽 24.5、厚 2.5~3.1 厘米（图版六九七，4、5）。

2. 筒瓦

共 9 件。凸面素面，凹面保留布纹。

施釉筒瓦　7 件。

18MBZC：采 1，耐火土胎，瓦身凸面施黑釉，凹面和瓦舌局部存釉。凸面素面，凹面保留布纹。残长 10.6、残宽 13.1、厚 2.8~2.9、瓦舌长 3 厘米（图版六九八，1、2）。

20MBZC：采 16，耐火土胎，凸面施黑釉，近下缘处无釉。凹面近下缘处刮削呈斜面状。侧缘存有内侧切割痕迹，呈全切状，近凸面一侧断裂面基本不存。残长 21.9、残宽 14.1、厚 2.5~2.9 厘米（图版六九八，3、4）。

20MBZC：采 18，耐火土胎，凸面施黑釉。侧缘存有内侧切割痕迹。残长 14、残宽 13.6、厚 2.8~4.4 厘米（图版六九八，5、6）。

20MBZC：采 20，耐火土胎，凸面施黑釉。瓦舌凸面存一近“个”字形刻划痕。侧缘存有内侧切割痕迹。残长 9.7、残宽 6.8、厚 2.4~3.4、瓦舌长 3 厘米（图版六九九，1）。

20MBZC：采 17，耐火土胎，凸面施褐绿釉，未烧透。右侧缘存有内侧切割痕迹，近凹面一侧被二次加工的斜向刮削面打破，刮削面较粗糙。残长 8.7、残宽 9.6、厚 2.6~2.7 厘米（图版六九九，3、4）。

20MBZC：采 3，砖红胎，凸面施绿釉。凹面近下缘处刮削呈斜面状。残长 8.7、残宽 7、厚 2.3~2.5 厘米（图版六九九，5、6）。

20MBZC：采 6，砖红胎，凸面施红褐色釉。残长 5、残宽 9.2、厚 2.8~3.2 厘米（图版六九九，2）。

陶质筒瓦　2 件。均为灰胎。

20MBZC：采 22，残长 15.3、残宽 10.5、厚 1.8~2.6 厘米（图版七〇〇，1、2）。

20MBZC：采 25，残长 15.7、残宽 14.4、厚 2.2~3.3 厘米（图版七〇〇，3、4）。

3. 瓦当

共 3 件。

施釉瓦当　1 件。

20MBZC：采 21，耐火土胎，施黑釉。大部分残缺，仅存边轮局部，当背保存一段对接筒瓦。当面和背后对接的筒瓦凸面施釉，筒瓦凹面和当背连接处局部存釉。瓦当残径 5.2、对接筒瓦残长 5.3、厚 1.9~2.1 厘米（图版七〇〇，5、6）。

陶质瓦当　2 件。均为灰胎，饰莲花纹。

20MBZC：采 15，大部分残缺，当面残存一倒心形花瓣，尖头向外。花瓣旁有十字形、弧线和小乳丁组成的间饰。边轮突出。瓦当残径 11.3、边轮宽 1.8~2、边轮厚 1.4~1.8 厘米。当背对接筒瓦处有交错的细线刻划，抹泥经过修整。瓦当背面存有一小段对接筒瓦（图 5-2-1，1；图版七〇一，1）。

20MBZC：采 14，大部分残缺，当面饰密集的小椭圆形花瓣，残存三瓣，由凸弦纹勾勒出长椭圆形外廓，其内有突出的花肉。各莲瓣之间饰一小乳丁。轮与当面之间饰一周凸弦纹。边轮较低平。瓦当背面对接筒瓦处抹泥经过修整。瓦当残径 8.2、边轮宽 2.7 厘米（图 5-2-1，2；图版七〇一，2）。

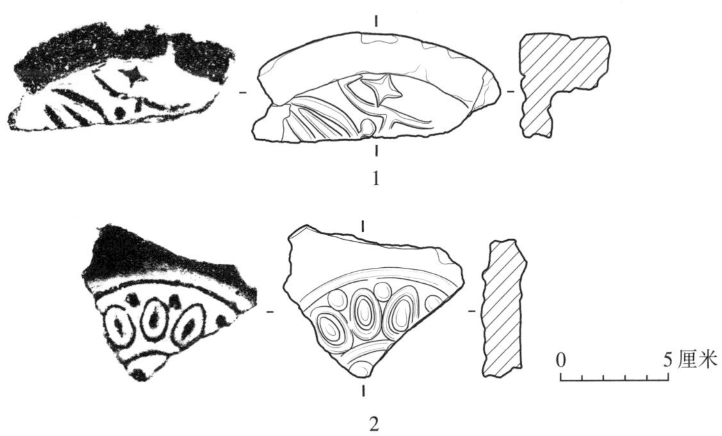

图 5-2-1　祖州城采集陶质瓦当

1. 20MBZC：采 15　2. 20MBZC：采 14

4. 滴水

共 11 件。

施釉滴水　4 件。

20MBZC：采 8，耐火土胎，通体施黑釉。滴水端面与瓦身呈直角相接，端面底

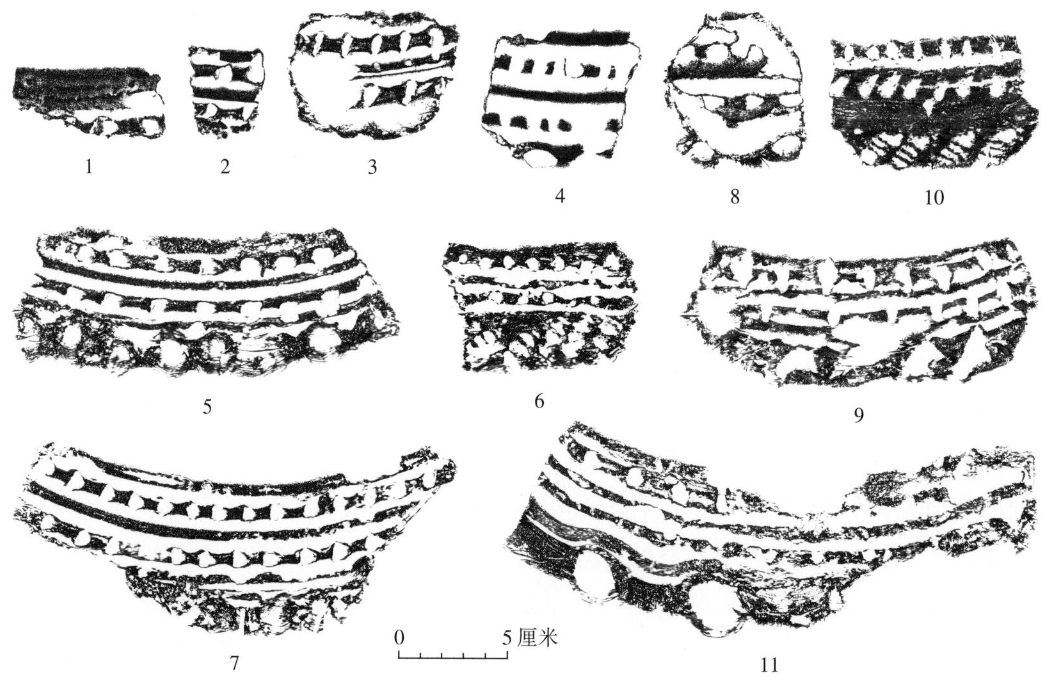

图 5-2-2 祖州城采集滴水

1. 施釉滴水（20MBZC：采 8） 2. 施釉滴水（20MBZC：采 10） 3. 陶质滴水（20MBZC：采 7） 4. 施釉滴水（20MBZC：采 12） 5. 陶质滴水（20MBZC：采 4） 6. 陶质滴水（20MBZC：采 11） 7. 陶质滴水（20MBZC：采 1） 8. 施釉滴水（20MBZC：采 13） 9. 陶质滴水（20MBZC：采 5） 10. 陶质滴水（20MBZC：采 9） 11. 陶质滴水（20MBZC：采 2）

部残缺，残存两层，纹饰位于第二层。残长 7.1、残宽 7.3、瓦身厚 2.1~2.6、滴水端面残宽 3.8 厘米（图 5-2-2，1；图版七〇一，3）。

20MBZC：采 10，灰胎，通体施黑釉。滴水端面与瓦身呈钝角相接，端面底部残缺，残存四层，纹饰位于第二、四层。残长 5.9、残宽 8.2、瓦身厚 2.7、滴水端面残宽 4 厘米（图 5-2-2，2；图版七〇一，4）。

20MBZC：采 12，耐火土胎，通体施黑釉。滴水端面与瓦身呈直角相接，端面底部素面。端面分五层，纹饰位于第二、四层，第五层呈波浪状。残长 3.6、残宽 7.4、瓦身厚 2、滴水端面宽 5.6 厘米（图 5-2-2，4；图版七〇一，5）。

20MBZC：采 13，耐火土胎，通体施黑釉。瓦身基本不存，滴水端面底部素面。端面分五层，纹饰位于第二、四层，第五层呈波浪状。残长 2.5、残宽 6.6、滴水端面宽 6.1 厘米（图 5-2-2，8；图版七〇一，6）。

陶质滴水 7 件。多为灰胎。

20MBZC：采 1，灰胎。滴水端面底部素面，与瓦身呈直角相接，分六层，纹饰位于第二、四层，第六层呈波浪状。侧缘存有内侧切割痕迹。瓦身凸面距离折沿约

10~14 厘米处有红彩。残长 27.3、残宽 20.1、瓦身厚 2.5~2.9、滴水端面宽 5.8 厘米（图 5-2-2，7；图版七〇二，1~3）。

20MBZC：采 2，灰胎。滴水端面底部素面，与瓦身呈直角相接，分六层，纹饰位于第二、四层，第六层呈波浪状。侧缘存有内侧切割痕迹。瓦身凸面距离折沿 13 厘米处有一道红彩。残长 17.9、残宽 25.3、瓦身厚 2.4~3.2、滴水端面宽 6.2 厘米（图 5-2-2，11；图版七〇二，4、5）。

20MBZC：采 4，砖红色胎。滴水端面底部素面，与瓦身呈直角相接，分六层，纹饰位于第二、四层，第六层呈波浪状。侧缘存有内侧切割痕迹。残长 8.7、残宽 18、瓦身厚 2.2~3.1、滴水端面宽 5 厘米（图 5-2-2，5；图版七〇二，6）。

20MBZC：采 7，灰胎。滴水端面底部素面，与瓦身呈直角相接，分五层，纹饰位于第二、四层，第五层呈波浪状。残长 10、残宽 10.1、瓦身厚 2.8~3.2、滴水端面宽 5.6 厘米（图 5-2-2，3；图版七〇三，1）。

20MBZC：采 5，灰胎。滴水端面底部磨损较严重，饰绳纹，与瓦身呈钝角相接。滴水端面分六层，纹饰位于第二、四层，第六层呈波浪状。侧缘存有内侧切割痕迹，有线切痕。残长 16.4、残宽 16.3、瓦身厚 1.8~2.7、滴水端面宽 4.7 厘米（图 5-2-2，9；图版七〇三，2）。

20MBZC：采 9，灰胎。滴水端面底部饰绳纹，与瓦身呈钝角相接，分四层，纹饰位于第一、三层，第四层呈波浪状。瓦身凸面紧邻折沿处存有两道凹弦纹。残长 12.9、残宽 12.1、瓦身厚 1.8~2.1、滴水端面宽 3.7 厘米（图 5-2-2，10；图版七〇三，3、4）。

20MBZC：采 11，灰胎。滴水端面底部饰绳纹，与瓦身呈钝角相接，分五层，纹饰位于第二、四层，第五层呈波浪状。残长 4.7、残宽 10.8、瓦身厚 2.1~2.3、滴水端面宽 4.3 厘米（图 5-2-2，6；图版七〇三，5）。

5. 施釉鸱兽残块

1 件。

20MBZC：采 19，砖红胎，正面施绿釉，存一道凸棱。背面素面且较平整。长 12、宽 7.4、厚 2.7 厘米（图版七〇三，6）。

6. 菱纹砖

1 件。

20MBZC：采 26，灰胎，一面饰网格状菱形纹，另一面素面。残长 14.1、残宽 8.5、厚 5.2 厘米（图 5-2-3；图版七〇三，7、8）。

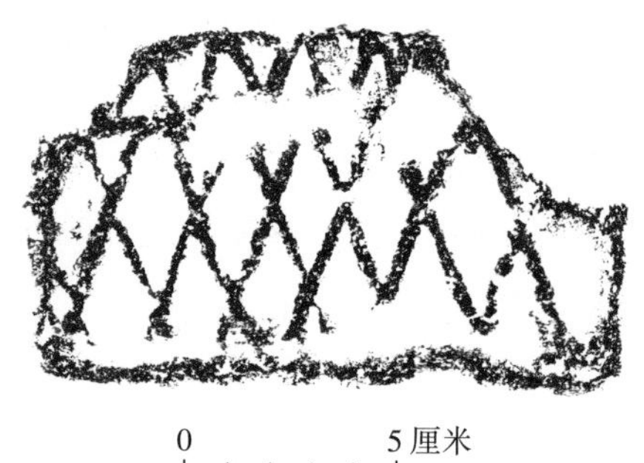

图5-2-3 祖州城采集菱纹砖
（20MBZC：采26）

三 初步认识

通过对祖州城考古调查和测绘工作，结合文献记载可知，祖州城呈东南向，由内外城环套布局。内城正门为兴圣门，其轴线上有一、二号两座大型建筑基址，应为《辽史》记载的“两明殿”和“二仪殿”，是城内重要的祭祀性建筑。外城西北部现存一处巨大的“石室”。对于石室的性质，学术界众说纷纭，莫衷一是[1]。

该组建筑居于全城的最高处，通过内城南墙西段设有的小门，与内城相通。石室所在建筑应是祖州城内具有特定意义的殿址。参考宝山辽墓[2]等考古遗存，我们认为石室所在殿址最早是权殡辽太祖耶律阿保机遗体之地；太祖下葬后成为祭祀太祖耶律阿保机天皇帝的重要场所——太祖庙。或许即是《辽史》所载“黑龙殿”。

祖州城有明确的东南向中轴线，即从二仪殿、两明殿，经内城正门兴圣门，再到外城正门（东门），并延伸至外城之外。

结合文献记载，祖州是辽祖陵的奉陵邑，又设天成军。城内有州廨及诸官廨舍和绫锦院等，此外还有市肆。居住着契丹人、汉人和渤海人等。因此说，祖州城包含了唐陵“下宫”的职能。

[1] 张松柏、冯雷：《祖州石室探索》，《内蒙古东部区考古学文化研究文集》，海洋出版社，1991年，第127~136页。陈永志：《祖州石室再探》，《内蒙古东部区考古学文化研究文集》，海洋出版社，1991年，第135~139页。葛华廷：《辽祖州石室考》，《北方文物》1996年1期。陆思贤、李迪：《辽代祖州“石房子”考》，《内蒙古师范大学学报》（哲学社会科学版）2004年2期。

[2] 内蒙古文物考古研究所、阿鲁科尔沁旗文物管理所：《内蒙古赤峰宝山辽壁画墓发掘简报》，《文物》1998年1期。

第六章　结语

辽祖陵遗址是辽代开国皇帝耶律阿保机的陵寝之地。前述主要章节，是按遗迹单位科学报道了考古调查和发掘资料，并做了初步研究。这是目前关于辽祖陵遗址考古调查和发掘工作最为详实的考古资料。本章在此基础上，仅对辽祖陵遗址具有较好断代意义的瓦当和瓷器略作综合分析，对辽太祖纪功碑进行初步整理和研究，以丰富对辽祖陵遗址资料的认知。同时对辽祖陵陵区的构成、陵园布局，以及规划理念等进行初步分析。至于辽祖陵遗址与其他辽陵的关系，以及与汉唐宋明清帝陵的比较研究，不在这里赘述。

第一节　辽祖陵遗址出土瓦当初步研究

学界对辽祖陵瓦当的收集与著录，可以上溯到20世纪30年代。日本学者田村实造、小林行雄等在祖州城调查时，曾采集了部分标本，并在后来的著述中予以介绍[1]。20世纪40年代，岛田正郎等对祖州城进行发掘，清理出一批重要的瓦当资料[2]。1949年后，中国学者曾对祖陵进行调查，也曾发表部分材料[3]。此后中日学界对祖陵出土瓦当的类型、分期和文化因素进行过初步探讨，以渤海风格的莲花

---

[1]［日］小林行雄：《遼代の瓦當文について—興安西省発見遼代古瓦の研究》，《宝雲》第30册，1943年，第31~49页。

[2]［日］岛田正郎：《祖州城：東蒙古モンチョックアゴラに存する一遼代古域址の考古學的歷史學的發掘調查報告》，中译印刷株式会社，1955年。

[3] 汪宇平：《内蒙古文化局调查辽代祖州城辽太祖墓》，《文物参考资料》1955年5期，第109、110页。洲杰：《内蒙古昭盟辽太祖陵调查散记》，《考古》1966年5期。

纹瓦当最为学者所关注[1]。现对本报告报道的瓦当资料进行初步研究。

一 瓦当类型

对辽祖陵出土瓦当系统整理后，发现其变化主要包括材质、形制、尺寸、当面样式等方面。其中当面样式变化最为丰富，具有较明显的分期意义。

目前辽祖陵陵园内出土的瓦当均为陶质无釉。但日本学者早年在祖州城内城曾发现较多的施釉瓦当。辽祖陵考古队也曾在祖州城调查时，采集到黑釉的瓦当边轮标本等。

祖陵出土瓦当绝大多数为圆形，对接半圆形筒瓦。但在一号陪葬墓、四号建筑基址也发现个别瓦当对接圆形筒瓦，包括07PM1：26、07PM1：105、10（四）①：7、10（四）①：56、10（四）①：62、10（四）②B：87等。其中四号建筑基址所出的完整标本，当面呈一端突出的不规则圆形。在龟趺山建筑基址发现的瓦当残块15GT4北扩①：11可能也是同样形制的瓦当。

瓦当朝向屋外的一侧为当面，朝向屋内、连接筒瓦的一侧为当背。当面样式的变化主要包括两方面，一是边轮，即外围无纹饰部分的形制变化；二是当面纹样的变化。

（一）边轮类型

边轮形制可分为三型：

一型：边轮突起，高出内部纹样的当面。

二型：边轮与内部纹样的当面齐平或略低矮，二者之间以一周或两周完整的凸弦纹作为间隔。

三型：边轮与内区当面齐平或略低矮，二者之间无明显间隔。

（二）当面纹样类型

根据当面纹样的不同，可将辽祖陵出土的瓦当分为四类：莲花纹、几何纹、兽面和人面瓦当。

---

[1] 贾洲杰：《内蒙古地区辽金元时期的瓦当和滴水》，《考古》1977年6期。向井佑介著，孙琳译：《契丹的移民政策和渤海系瓦当》，《历史与考古信息·东北亚》，2013年2期，原载《遼文化·慶陵一帯調查報告書》，京都大学大学院文学研究科，2011年，转引自中译本。彭善国，孙旸：《契丹辽文化中渤海因素的考古学观察》，《边疆考古研究》第24辑，科学出版社，2018年，第315~322页。申云艳：《中国古代瓦当研究》，文物出版社，2006年，第219~257页。卢成敢：《中国东北地区辽金瓦当研究》，吉林大学硕士学位论文，2015年。赵怡博：《内蒙古地区辽金元瓦当纹饰研究》，内蒙古师范大学硕士学位论文，2019年。

1. 莲花纹瓦当

当面饰以形态不一的莲花图案。根据花瓣形态的差异，可分为三型（图 6–1–1）。A 型，花瓣呈倒心型或其变体。依据花瓣个数，可分为四个亚型。

Aa 型：四瓣，依据纹样和边轮形制变化，可分两式。

Ⅰ式：花瓣为倒心形，尖头向外。有两片花肉，中有间隔线。花瓣间装饰有弧线、直线、小乳丁组合成的伞状间饰。一型边轮。早年日本学者在祖州城曾采集到较完整的标本，此次以采集标本 20MBZC：采 15 为典型。

Ⅱ式：花瓣为垂尖形，尖头向外。花瓣间饰为直凸棱线和小乳丁构成的近“干”字形间饰，边轮残损不清。如标本 10MZ1MD1 ②：1。

型式 / 期	A 型				B 型	C 型
	Aa 型	Ab 型	Ac 型	Ad 型		
一期早段	1 2		4 5	8	9	12 13
一期晚段		3	6 7		10 11	14 15

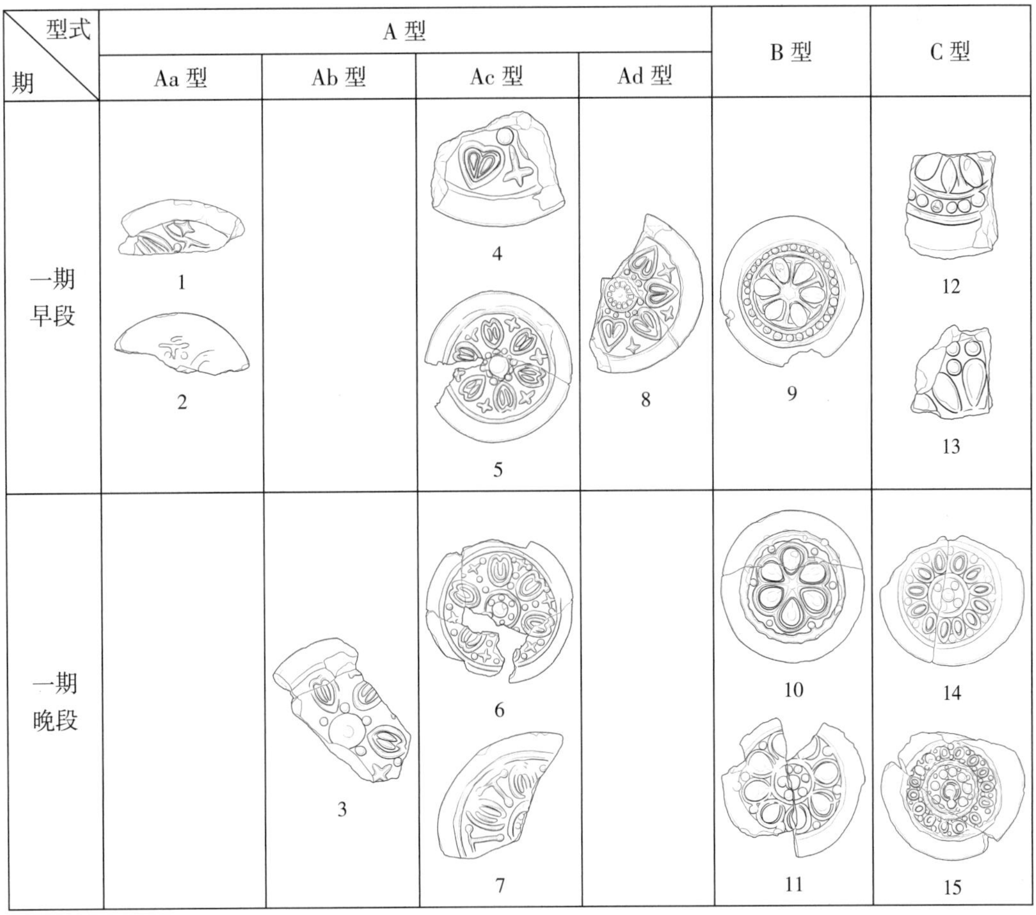

图 6–1–1　辽祖陵遗址出土莲花纹瓦当

1. Ⅰ式 20MBZC：采 15　2. Ⅱ式 10MZ1MD1 ②：1　3. 15GJPG1 ③：6　4. Ⅰ式 15GT3 北扩②：14　5. Ⅱ式 15GT4 北扩③：18　6. Ⅲ式 10MZ1F1 ①：11　7. Ⅳ式 09G10 ②：1　8. 10MZ1MD2 ④：1　9. Ⅰ式 09G13 ③：8　10. Ⅱ式 10（四）①：38　11. Ⅲ式 10（四）② B：57　12. Ⅰ式 10MZ1MD1 ③ B：112　13. Ⅱ式 15GJPG1 ⑥：5　14. Ⅲ式 10（四）② B：26　15. Ⅳ式 10（四）② B：48

Ab型：五瓣，仅发现一式。花瓣近垂尖形，尖头朝向当心，朝外缘一侧略内折，花瓣内由两条凸棱线构成花肉，无间隔线。瓣间有十字形凸棱线和小乳丁共同构成的间饰。二型边轮。如标本15GJPG1③：6。

Ac型：六瓣，分四式。

Ⅰ式：花瓣为倒心形，尖头向外，两片花肉之间有间隔线。瓣间有十字形间饰。花肉轮廓线有单层和双层两种。一型边轮。如标本15GT3北扩②：14。

Ⅱ式：花瓣为垂尖形，尖头朝向当心，朝向外缘一侧折角内收。两片花肉间无间隔线。瓣间有十字形间饰。二型边轮。如标本15GT4北扩③：18。

Ⅲ式：花瓣形状与Ⅱ式相近，朝向外缘一侧折角幅度缩小，花肉开始像"V"字形发展。瓣间的十字形间饰开始与小乳丁组合。二型边轮。如标本10MZ1F1①：11。

Ⅳ式：花瓣呈长椭圆形。间饰近"T"字形，连缀三个小乳丁。二型边轮。如标本09G10②：1。

Ad型：七瓣，仅一式。花瓣呈倒心形，内部两片细长花肉由界隔线分开，瓣间有十字形间饰。一型边轮。如标本10MZ1MD2④：1。

B型，花瓣呈较大的椭圆形。二型边轮。依据纹样变化分三式。

Ⅰ式：饰六瓣长椭圆形瓣，花瓣之间有"T"字形间饰。联珠纹饰带环绕在外，且与花瓣之间有凸弦纹间隔。如标本09G13③：8。

Ⅱ式：饰六瓣椭圆形花瓣，花瓣较Ⅰ式更圆润，且均有外廓，外廓间有一小乳丁。如标本10（四）①：38。

Ⅲ式：饰八瓣椭圆形花瓣，花瓣更近圆形，且均有外廓。花瓣间饰一小乳丁。如标本10（四）②B：57。

C型，花瓣呈较小且密集的椭圆形。二型边轮。依据纹样变化分四式。

Ⅰ式：饰密集突起的小椭圆形花瓣，花瓣之间有小乳丁间饰。外围环绕一圈联珠纹，联珠纹与花瓣之间有凸弦纹为界隔。如标本10MZ1MD1③B：112。

Ⅱ式：与Ⅰ式接近，但花瓣与联珠纹带之间的凸弦纹界隔消失。仅发现一残片。如标本15GJPG1⑥：5。

Ⅲ式：小椭圆形花瓣出现外廓，花瓣之间有小乳丁间饰。外围无联珠纹带。如标本10（四）②B：26。

Ⅳ式：花瓣呈近圆形轮廓状，瓣间有两个小乳丁构成的间饰。如标本10（四）②B：48。

2. 几何纹瓦当

当面饰以各种形状的几何纹饰。根据几何纹饰的差异，可分为四型（图6-1-2）。

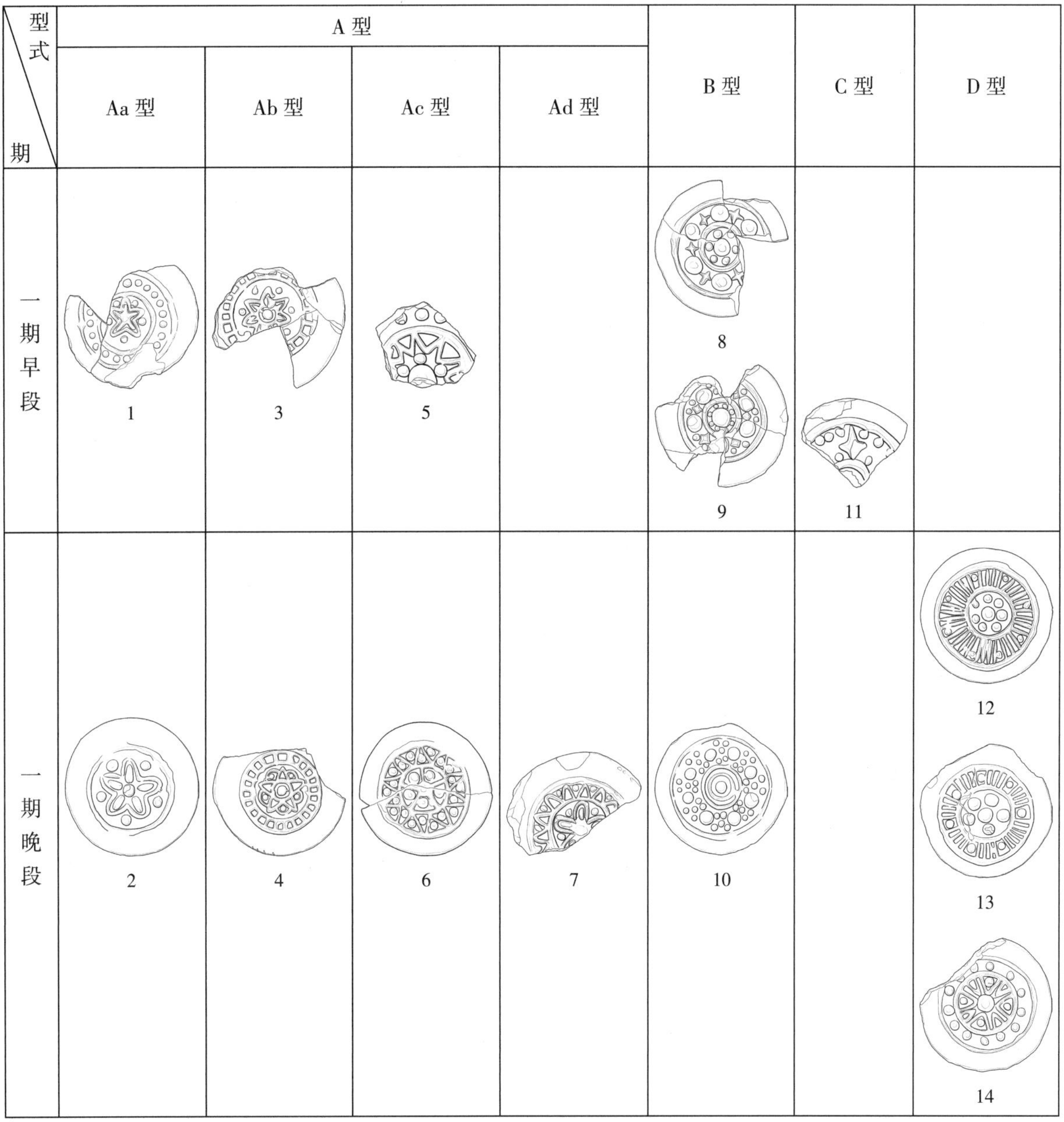

型式 期	A型				B型	C型	D型
	Aa型	Ab型	Ac型	Ad型			
一期早段	1	3	5		8 9	11	
一期晚段	2	4	6	7	10		12 13 14

图 6-1-2　辽祖陵遗址出土几何纹瓦当

1. Ⅰ式 07GT2②：74-1　2. Ⅱ式 10（四）①：83　3. Ⅰ式 15GT3 北扩②：2　4. Ⅱ式 10（四）②B：97　5. Ⅰ式 15GT1 东扩②：1　6. Ⅱ式 10（四）②B：19　7. 09（三）G22②：1　8. Ⅰ式 10MZ1MD1③B：81　9. Ⅱ式 15GT4 北扩②：7　10. Ⅲ式 10（四）①：33　11. 07PM1：117　12. Ⅰ式 10（四）②B：107　13. Ⅱ式 10（四）①：1　14. Ⅲ式 10（四）①：9

A 型，饰多角形图案。可确认者均为二型边轮。依据纹样差异分四个亚型。

Aa 型：饰五角形图案，各角之间有小乳丁间饰。分两式。

Ⅰ式：五角形饰外有一周联珠纹装饰，当中间隔一圈凸弦纹。如标本

07GT2②：74–1。

Ⅱ式：五角形饰饱满凸出，其外无联珠纹带。如标本10（四）①：83。

Ab型：多角形饰外围有一周方格纹饰带。分两式。

Ⅰ式，饰七角形图案，各角之间有小乳丁构成间饰。如标本15GT3北扩②：2。

Ⅱ式，饰五角形图案，各角之间有小乳丁、弧线构成的尖饰。如标本10（四）②B：97。

Ac型：饰短线构成的多角折线图案。分两式。

Ⅰ式：短线靠近当心，连续不断。如标本15GT1东扩②：1。

Ⅱ式，短线远离当心，隔断呈三角形和梯形相间的装饰带。如标本10（四）②B：19。

Ad型：五角形图案外饰三角形装饰带。如标本09（三）G22②：1。

B型，饰较大的圆形乳丁图案。边轮均为二型。依纹饰的变化分为三式。

Ⅰ式：大乳丁间有十字形间饰。如标本10MZ1MD1③B：81。

Ⅱ式：大乳丁之间的间饰由十字形向小乳丁转变。如标本15GT4北扩②：7。

Ⅲ式：大乳丁之间由五个小乳丁构成间饰。如标本10（四）①：33。

C型，饰较大的十字形图案，周旁有小乳丁间饰。二型边轮。如标本07PM1：117。

D型，饰放射线图案。内区纹饰主要以放射状直线和乳丁组合而成，均为二型边轮。依据放射线和乳丁组合形式的差异，分三式。

Ⅰ式：外围放射线细密，间隔有小乳丁。当心区域由一个中心乳丁及环绕在外的一圈小乳丁和凸弦纹构成。如标本10（四）②B：107。

Ⅱ式：外围放射线较粗疏，间隔乳丁较大。如标本10（四）①：1。

Ⅲ式：放射线和间隔乳丁向当心收缩，放射线由折线构成，较为稀疏。外围有一圈较大乳丁构成的联珠纹带，与放射线之间有凸弦纹间隔。如标本10（四）①：9。

3. 兽面瓦当

当面饰一兽面形象，根据嘴部形态的差异可分四型（图6–1–3、6–1–4）。

A型，嘴下有衔环。眼部突出，外有眼眶。衔环较大。二型边轮。如标本07PM1：27。

B型，嘴部两角起翘。可分两个亚型。

Ba型，嘴角上翘幅度相对较小，且较为圆滑，向两颊横向伸展。二型边轮。面像外有联珠。如标本15GT3北扩②：6。

Bb型，嘴角上翘幅度较大，纵向伸展，指向两眉。一型边轮。如标本

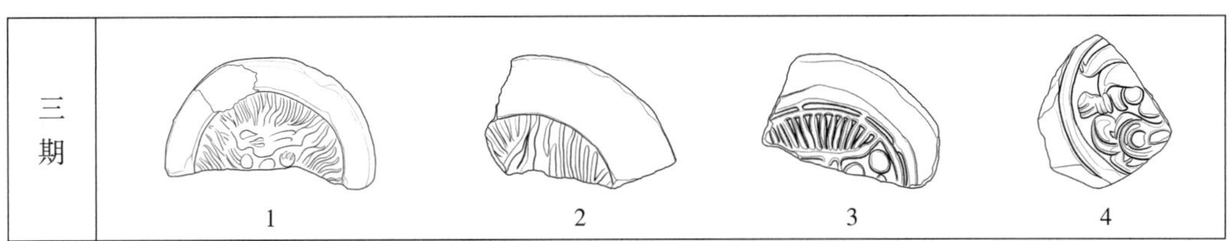

图 6-1-3 辽祖陵遗址出土兽面瓦当残块

1. 08JJ1 ②：20 2. 08JJ1 ②：29 3. 08T22 ②：1 4. 08JJ2 ②：60

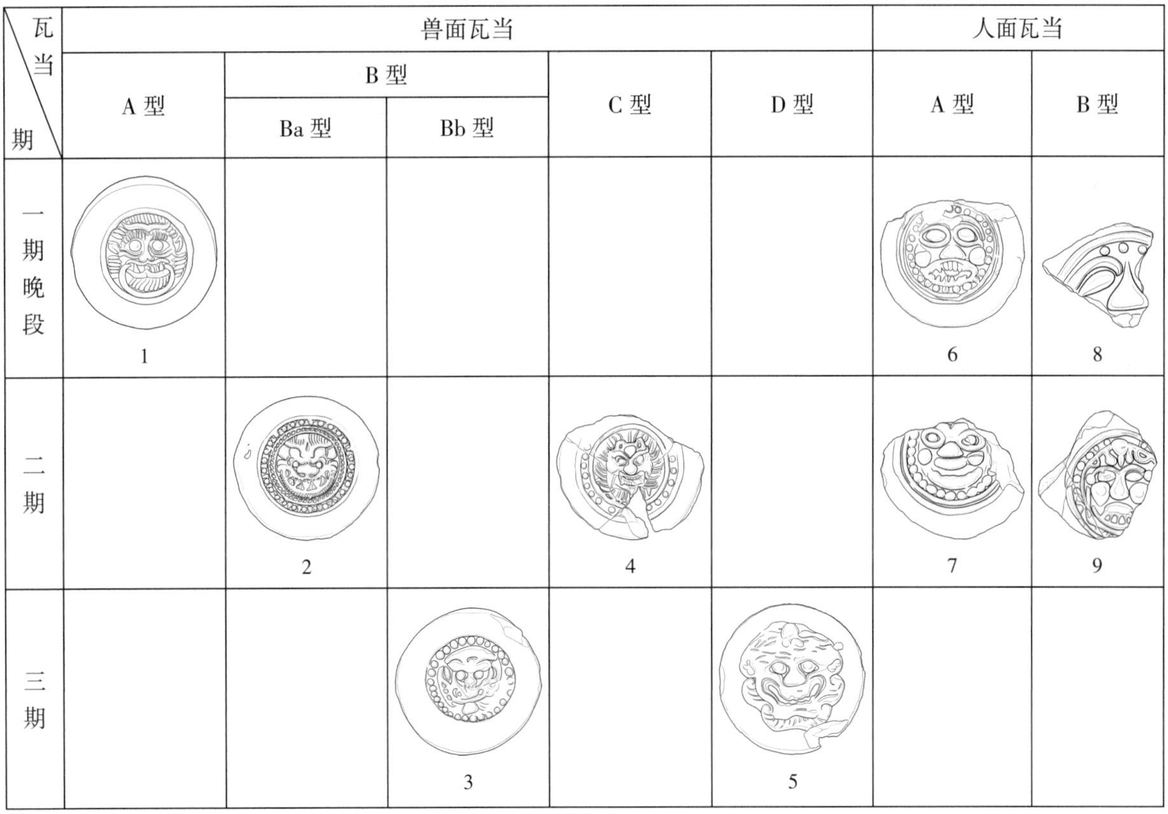

瓦当 期	兽面瓦当					人面瓦当	
	A 型	B 型		C 型	D 型	A 型	B 型
		Ba 型	Bb 型				
一期晚段	1					6	8
二期		2		4		7	9
三期			3		5		

图 6-1-4 辽祖陵遗址出土兽面、人面瓦当

1. 07PM1：27 2. 15GT3 北扩②：6 3. 08JJ1 ①：19 4. 09（四）G25 ①：1 5. 08JJ1 ②：15 6. Ⅰ式 09（二）G18 ②：2 7. Ⅱ式 10（四）①：98 8. Ⅰ式 10MZ1T45 ①：1 9. Ⅱ式 09（三）G22 ③：2

08JJ1 ①：19。

C 型，嘴部较平弧。小眼，面像较小，外有放射状鬃毛，其外有一周联珠纹，与面像间有凸棱带间隔。二型边轮。如标本 09（四）G25 ①：1。

D 型，嘴部呈凹凸起伏的元宝状。如标本 08JJ1 ②：15。

另在此次发掘中还有部分兽面瓦当仅出土残块，缺少完整标本，包括饰放射状鬃毛的 08JJ1 ②：20、08JJ1 ②：29，以及 08T22 ②：1、08JJ2 ②：60。

4. 人面瓦当

当面饰一接近人面的形象，完整如标本嘴部均较为平弧，眼下多存有颊饰，无犄角、獠牙、鬃毛等。可依据眼部形态差异分两型（图 6–1–4）。

A 型，圆眼，外有一周眼睑。可分两式。

Ⅰ式，弯眉，面像外有联珠。如标本 09（二）G18 ②：2。

Ⅱ式，斜眉，面像占当面比重较Ⅰ式缩小。如标本 10（四）①：98。

B 型，细长眼，无眼睑。可分两式。

Ⅰ式，面像与联珠纹之间无界格线。如标本 10MZ1T45 ①：1。

Ⅱ式，面像与联珠纹之间有界格线，面像占当面比重较Ⅰ式缩小。如标本 09（三）G22 ③：2。

二　断代和分期

瓦件的年代，从广义上来说是一个延续性概念——包括生产、使用、废弃。此处所探讨的重点是各类瓦当的生产年代。此外，瓦件制作对原材料、烧制火候的要求都较为宽松，从现有的发现来看，辽金时期的城址、寺庙类遗存周边发现砖瓦窑址并不鲜见。因此，即使是同一类型的产品，在同一政权疆域内部不同地区，其烧制年代都可能存在差异。本章所讨论的祖陵瓦当年代，与其他辽金遗址瓦当的年代，也应是相互参照而非完全对等的关系。

（一）莲花纹与几何纹瓦当断代

可分为两组。

第一组包括莲花纹瓦当 Aa 型Ⅰ式、Aa 型Ⅱ式、Ac 型Ⅰ式、Ac 型Ⅱ式、Ad 型、B 型Ⅰ式、C 型Ⅰ式、C 型Ⅱ式，几何纹瓦当的 Aa 型Ⅰ式、Ab 型Ⅰ式、Ac 型Ⅰ式、B 型Ⅰ式、B 型Ⅱ式、C 型。

这组产品主要具有以下两个特征。第一，纹样构图和边轮形制与中原地区唐五代时期的莲花纹、几何纹瓦当或渤海国的倒心型花瓣瓦当相近。如莲花纹瓦当的 A 型，其主体花瓣、十字间饰与突起的边轮，都与原渤海国瓦当高度相似[1]；莲花纹瓦当的 B、C 型，以及几何纹瓦当的 A、B 型产品，其主题纹饰可在洛阳或开封地区出土

[1] 黑龙江省文物考古研究所：《渤海上京城：1998—2007 年度考古发掘调查报告》，文物出版社，2009 年。

的晚唐至五代瓦当上找到源头[1]；同时，中原地区唐代瓦当盛行的联珠纹等外饰带、花瓣间的小乳丁间饰也与辽祖陵该组产品十分相近，而这类小乳丁间饰又见于辽境内于公元943年下葬的后唐德妃墓[2]。第二，这些瓦当在祖陵陵园中多见于黑龙门遗址和龟趺山建筑基址，鲜见于四号建筑基址。作为陵园入口的黑龙门以及立有太祖纪功石碑的龟趺山建筑基址，应自太祖去世（公元926年）后祖陵营建之初即已开始营建。就祖陵遗址而言，第一组产品的年代上限应该与祖陵营建同时，即公元10世纪20年代后期。

四号建筑基址是与一号陪葬墓配套的祭祀建筑。从墓葬规格和出土墓志残片判断，一号墓可能是辽太祖第三子耶律李胡墓。四号建筑基址作为紧邻一号陪葬墓的地面祭祀建筑，始建年代可能与耶律李胡去世时间（公元960年）相近。由于四号建筑基址中鲜见第一组产品，反而出现其衍生的后续样式，因此第一组烧造年代的下限应该不晚于四号建筑基址的营建，约为10世纪中叶。

第二组产品主要包括莲花纹瓦当Ab型、Ac型Ⅲ式、Ac型Ⅳ式、B型Ⅱ式、B型Ⅲ式、C型Ⅲ式、C型Ⅳ式，以及几何纹瓦当的Aa型Ⅱ式、Ab型Ⅱ式、Ac型Ⅱ式、Ad型、B型Ⅲ式、D型。

其特征是，第一，部分标本仍可在中原地区找到相对应的产品，但整体上与中原或渤海地区的标本差异开始加大，而与前述祖陵本地的第一组产品有直接的关联。第二，此组产品在四号建筑基址中普遍出现且数量较大。此外，类似莲花纹瓦当Ac型Ⅳ式的残片曾在怀陵遗址被发现[3]。因此，第二组产品的年代上限应该与四号建筑基址营建年代相近，即10世纪中叶。

需要讨论的是其生产的年代下限。我们认为以下几方面的线索值得注意。第一，其他辽代帝陵建筑的发现。我们注意到，营建于辽代晚期的庆陵（圣宗、兴宗、道宗陵寝）目前报道的材料均为兽面或人面瓦当，不见莲花纹或几何纹瓦当[4]。始建较早、沿用年代较久的北镇显、乾二陵（葬有义宗、世宗、景宗，辽末祔葬天祚帝），就目前公布的调查与发掘材料来看，几何纹瓦当基本不见，莲花纹瓦当虽有

[1] 中国社会科学院考古研究所：《隋唐洛阳城：1959—2001年考古发掘报告》，文物出版社，2014年。河南省文物考古研究院、开封市文物考古研究所、城市考古与保护国家文物局重点科研基地：《河南开封北宋东京城顺天门遗址2012—2017年勘探发掘简报》，《华夏考古》2019年1期。

[2] 赤峰市博物馆、巴林左旗辽上京博物馆、巴林左旗文物管理所：《内蒙古巴林左旗盘羊沟辽代墓葬》，《考古》2016年3期。

[3] 见前揭向井佑介文《契丹的移民政策和渤海系瓦当》。

[4] [日]田村实造、小林行雄：《慶陵——東モンゴリアにおける遼代帝王陵とその壁畫に關する考古學的調查報告》，座右宝刊行会，1952年。

发现但种类较单一，且与祖陵所见者形制、纹样差异较大[1]。因此，莲花纹和几何纹瓦当在辽朝帝陵遗址中的生产年代下限大体应在圣宗朝。第二，就辽代墓葬仿木构门楼所用瓦当材料来看，在辽代早期墓葬中，莲花纹和几何纹瓦当并不鲜见[2]，但 10 世纪 80 年代以降，大同云中的许从赟墓[3]和上京周边的韩匡嗣夫妇墓均采用兽面类瓦当[4]，并在以后成为主流。而莲花纹和几何纹瓦当在墓葬仿木构门楼中的使用，则主要见于工艺完全不同于建筑用瓦的砖雕瓦当。陈国公主墓（初建年代稍早于 1018 年）墓门所出的四角星、五角星图案瓦当是目前已知年代最晚的辽代几何纹瓦当纪年材料[5]。第三，贾洲杰先生曾指出早年大规模发掘辽中京城时，辽代地层中不见莲瓣纹瓦当[6]，目前刊布的中京发掘资料亦佐证了这一观点[7]。此外，祖陵出土的莲花纹和几何纹瓦当的第二组产品多与第一组产品的纹样、形制相互衔接。因此，其生产年代下限应大致在 10 世纪后期，当然也不排除个别产品在更晚的时期仍在烧制。

（二）兽面与人面瓦当断代

兽面纹、人面纹瓦当在南北朝时一度兴盛，但在唐代却迅速沉寂。已有研究指出，在作为唐朝东都、北宋西京的洛阳地区，继北朝后，兽面纹瓦当的再次出现应在晚唐至五代前后[8]。虽然唐朝兽面瓦当的具体发展情况尚不清晰[9]，但可以达成共

---

[1] 辽宁省文物考古研究所：《辽宁北镇市辽代帝陵 2012—2013 年考古调查与试掘》，《考古》2016 年 10 期。辽宁省文物考古研究院等：《辽宁北镇市琉璃寺遗址 2016—2017 年发掘简报》，《考古》2019 年 2 期。

[2] 如盘羊沟辽墓、床金沟 5 号墓等。赤峰市博物馆、巴林左旗辽上京博物馆、巴林左旗文物管理所：《内蒙古巴林左旗盘羊沟辽代墓葬》，《考古》2016 年 3 期。内蒙古文物考古研究所：《巴林右旗床金沟 5 号辽墓发掘简报》，《文物》2002 年 3 期。

[3] 王银田、解廷琦、周雪松：《山西大同市辽代军节度使许从赟夫妇壁画墓》，《考古》2005 年 8 期。

[4] 内蒙古文物考古研究所、赤峰市博物馆、巴林左旗博物馆：《白音罕山辽代韩氏家族墓地发掘报告》，《内蒙古文物考古》2002 年 2 期。

[5] 内蒙古文物考古研究所、哲里木盟博物馆：《辽陈国公主墓》，文物出版社，1993 年。另北镇辽陵陪葬墓区洪家街一号墓（简报定为辽代中晚期）亦出莲花纹瓦当，形制与北镇陵园内所见者相似。笔者认为该风格瓦当实为金代产品。辽宁省文物考古研究所：《辽宁北镇市辽代帝陵 2012—2013 年考古调查与试掘》，《考古》2016 年 10 期。司伟伟、苏军强、万雄飞等：《锦州市北镇洪家街辽代墓地》，《中国考古学年鉴・2016》，中国社会科学出版社，2017 年，第 213 页。

[6] 见前揭贾洲杰《内蒙古地区辽金元时期的瓦当和滴水》，注 10。

[7] 辽中京发掘委员会：《辽中京城址发掘的重要收获》，《文物》1961 年 9 期。内蒙古文物考古研究所、赤峰市博物馆、宁城县博物馆：《辽中京半截塔台基覆土及地宫发掘简报》，《内蒙古文物考古》2005 年 2 期。内蒙古文物考古研究所、宁城县博物馆：《辽中京大塔基座覆土发掘简报》，《内蒙古文物考古》1991 年 1 期。首都博物馆：《大辽五京：内蒙古出土文物暨辽南京建城 1080 年展》，文物出版社，2018 年，第 94 页。

[8] 陈良伟：《洛阳出土隋唐至北宋瓦当的类型学研究》，《考古学报》2003 年 3 期。韩建华：《洛阳地区兽面纹瓦当的初步研究》，《考古学集刊》（第 19 集），科学出版社，2013 年，第 300~315 页。

[9] 目前较明确的晚唐兽面瓦当见于太原蒙山大佛佛阁遗址。该基址出土的一件兽面瓦当，背后对接的檐头筒瓦凹面有乾宁丙辰年（公元 896 年）刻铭。太原市文物考古研究所：《晋阳遗珍》，三晋出版社，2021 年，第 121 页。

识的是，进入辽金与两宋时期，兽面瓦当和人面瓦当再次进入了繁盛期。

祖陵出土的兽面瓦当与人面瓦当，可分为三组。

第一组，包括兽面瓦当A型、人面瓦当A型Ⅰ式、B型Ⅰ式。这组产品均为二型边轮，且边轮占比相对有限[1]，面像撑满当面纹样部分。类似特点的瓦当在晋阳古城[2]可见。晋阳城毁于10世纪70、80年代之交，出土标本的瓦件年代当在此之前。虽然有资料显示在辽太祖时期，辽境内已存在使用兽面瓦当的现象[3]，但考虑到兽面瓦当A型在祖陵一号陪葬墓和四号建筑基址中大量出土、人面瓦当A型Ⅰ式亦出现在四号建筑基址，且未见其他年代可能更早的兽面或人面瓦当型式，因此我们认为在祖陵，此组特征相近产品的生产时间上限应当与上述建筑的始建年代相差不远，约为10世纪中叶，无法再进一步提前。

此类二型窄边轮、面像撑满当面纹样部分的瓦当，在辽晚期的庆陵遗址中并不常见，但在其他辽代遗址中也有一些年代偏晚的发现，如圣宗时期的萧和墓[4]，以及年代更靠后的埋王沟M1[5]、库伦一号墓[6]。不过上述标本与辽祖陵所见者在纹样上有较大差异，如祖陵所出者多为短三角鼻，嘴部无獠牙；而萧和墓所出者为长条形鼻；库伦一号墓所出者鼻部亦拉长，嘴部出现獠牙。辽祖陵中该组产品的瓦当种类相对较少，不似长期生产，且又发现部分标本的纹样似为第二组产品继承，其生产年代的下限应当为第二组产品出现的上限。

第二组，包括兽面瓦当Ba型、C型，人面瓦当A型Ⅱ式、B型Ⅱ式。这组产品依旧采用二型边轮，多数标本边轮仍然较窄，但纹样中面像部分占比开始缩小，联珠纹、凸弦纹占比加大。外围的凸弦纹层数增加，或兽面和联珠之间开始出现凸弦纹间隔。类似标本，见于10世纪晚期的辽韩匡嗣夫妇合葬墓，夫妇二人的下葬时间

---

[1] 该组产品中，边轮宽比（两侧边轮宽之和/直径）的上限以兽面纹瓦当A型Ⅰ式为代表，在0.35左右。而人面纹瓦当A型Ⅰ式的边轮宽比则在0.25左右。“边轮宽比”的概念借鉴自吕梦、龚国强、李春林：《唐长安青龙寺的用瓦制度与寺院营建》，《考古与文物》2020年4期。

[2] 山西省考古研究所、太原市文物考古研究所、晋源区文物旅游局：《晋阳古城一号建筑基址》，科学出版社，2016年。山西省考古研究所、太原市文物考古研究所、晋源区文物旅游局：《晋阳古城晋源苗圃考古发掘报告》，科学出版社，2018年。山西省考古研究院、太原市文物考古研究所、晋源区文物旅游局：《晋阳古城三号建筑基址》，科学出版社，2020年。

[3] 目前报道的辽境内最早的兽面瓦当标本见于宝山M1。据简报描述，宝山M1墓门的仿木构门楼顶部铺设兽面瓦当。据墓内题记，墓主下葬于天赞二年（公元923年）。见内蒙古文物考古研究所、阿鲁科尔沁旗文物管理所：《内蒙古赤峰宝山辽壁画墓发掘简报》，《文物》1998年1期。

[4] 辽宁省文物考古研究所：《关山辽墓》，文物出版社，2011年。

[5] 内蒙古文物考古研究所、辽中京博物馆：《宁城县埋王沟辽代墓地发掘简报》，《内蒙古文物考古文集》（第二辑），中国大百科全书出版社，1997年，第609~630页。

[6] 王健群、陈相伟：《库伦辽代壁画墓》，文物出版社，1989年。

分别为公元 985、993 年[1]。另一典型标本为法库叶茂台辽墓群 M20 所出者[2]。在晋阳古城中，也有嘴下衔环的兽面瓦当标本出现了这种面像占纹样部分比例缩小的趋势。综上，祖陵所见这类瓦当的生产年代上限应在 10 世纪后期。考虑到在辽代庆东陵寝殿也有类似构图比例的产品出现，我们认为其生产年代的下限可初步定在辽代中后期。

值得注意的是，在庆陵寝殿[3]、小王力沟一号墓[4]、宁城县萧宁墓[5]出土的一批年代相对明确的辽代中后期兽面与人面瓦当中，常见采用较宽的二型边轮[6]，或采用以一周联珠纹而非凸弦纹间隔图像和边轮部分的做法。在辽上京遗址中也有类似产品发现[7]。这可能是辽代中后期瓦当新的变化趋势[8]。但类似特征的兽面与人面瓦当却鲜见于辽祖陵遗址，唯有早年岛田正郎等在祖州城发掘时获得的兽面瓦当标本，图像占比较小，边轮较宽，纹样上亦颇似兽面瓦当 Ba 型的简省形式，与上述辽代中晚期标本风格接近，年代可能略晚。

第三组，包括兽面瓦当 Bb 型、D 型，以及 08JJ1 ②：20、08JJ1 ②：29、08T22 ②：1、08JJ2 ②：60 等兽面瓦当残块。这批瓦当的特点是，第一，集中出土于甲组建筑基址。第二，瓦当纹饰造型与前述两组产品差异较大，无直接承袭关系。除纹样不同外，兽面瓦当 D 型面像整体呈高浮雕突出的特点，亦不见于祖陵其他产品。第三，瓦当边轮形制变化多样，一型、三型标本混杂，亦与前述两组兽面瓦当和人面瓦当不同。第四，这批瓦件的纹样与边轮形制，多与金代标本相近，如兽面瓦当 D 型与宝马城[9]、金上京[10]所出者相似，兽面瓦当 Bb 型与塔虎城[11]标本相近。

[1] 内蒙古文物考古研究所、赤峰市博物馆、巴林左旗博物馆：《白音罕山辽代韩氏家族墓地发掘报告》，《内蒙古文物考古》2002 年 2 期。

[2] 冯永谦、温丽和：《法库县文物志》，辽宁民族出版社，1996 年，第 283、284、441 页。文字描述中“图一〇二”的左、右顺序标反。

[3] [日] 田村实造、小林行雄：《慶陵——東モンゴリアにおける遼代帝王陵とその壁畫に關する考古學的調查報告》，座右宝刊行会，1952 年。

[4] 内蒙古文物考古研究所、锡林郭勒盟文物保护管理站、多伦县文物局：《内蒙古多伦县小王力沟辽代墓葬》，《考古》2016 年 10 期。

[5] 赤峰市博物馆、宁城县文物局：《赤峰宁城县福峰山辽代墓葬》，《草原文物》2018 年 1 期。

[6] 边轮宽比达 0.4 左右。

[7] 中国社会科学院考古研究所内蒙古第二工作队、内蒙古文物考古研究所：《内蒙古巴林左旗辽上京宫城东门遗址发掘简报》，《考古》2017 年 6 期。中国社会科学院考古研究所内蒙古第二工作队、内蒙古文物考古研究所：《内蒙古巴林左旗辽上京宫城南门遗址发掘简报》，《考古》2019 年 5 期。中国社会科学院考古研究所内蒙古第二工作队、内蒙古自治区文物考古研究所：《内蒙古巴林左旗辽上京宫城建筑基址 2019 年发掘简报》，《考古》2020 年 8 期。

[8] 既往的总结参见前揭 [日] 小林行雄：《遼代の瓦當文について—興安西省発見遼代古瓦の研究》；[日] 田村实造，小林行雄：《慶陵——東モンゴリアにおける遼代帝王陵とその壁畫に關する考古學的調查報告》。

[9] 吉林大学边疆考古研究中心：《吉林安图县宝马城遗址 2014 年发掘简报》，《考古》2017 年 6 期。

[10] 黑龙江省文物考古研究所：《哈尔滨市阿城区金上京南城南垣西门址发掘简报》，《考古》2019 年 5 期。

[11] 吉林省文物考古研究所、吉林大学边疆考古研究中心：《前郭塔虎城——2000 年考古发掘报告》，科学出版社，2017 年。

此次出土的08JJ1②：20、08JJ1②：29两件饰放射状鬃毛的残片，与日本学者早年在祖陵周边采集的标本[1]和辽上京近年新出土者[2]相似，据此复原可知其嘴部应呈中间低凹、两端上翘的元宝状，嘴下有小衔环，此类产品又见于塔虎城、乾安春捺钵遗址[3]和北宋韩琦家族墓地[4]。与标本08JJ2②：60相似的较完整瓦当在辽上京皇城的晚期建筑遗址中出土[5]，早年在塔虎城也有所发现[6]，乾安春捺钵遗址出土的三角形滴水上亦模印相近的兽面图案。根据上述理由，我们认为这批瓦当应该是金代产品。

（三）辽祖陵瓦当分期

综合上述讨论，我们可以将祖陵出土瓦当的生产年代分成三期四段。

一期早段，10世纪20年代后期至10世纪中叶，相当于辽太宗至辽穆宗时期。以莲花纹、几何纹瓦当第一组为代表。

一期晚段，10世纪中叶至10世纪晚期，相当于辽穆宗至辽圣宗早中期。以莲花纹、几何纹瓦当第二组，以及兽面、人面瓦当第一组为代表。

二期，10世纪末至辽朝灭亡，相当于辽圣宗中期以降。以兽面瓦当和人面瓦当第二组为代表。

三期，12世纪20年代以降，属金代，以兽面瓦当第三组为代表。

此次发掘出土的瓦当标本，以一期晚段占比最大，一期早段次之，二期相对有限，三期标本则仅见于甲组建筑基址。

第二节 辽祖陵遗址出土瓷器初步研究

据不完全统计，辽祖陵一号陪葬墓（多次被盗掘）、二号丛葬墓（多次被盗掘）、甲组建筑基址、四号建筑基址、黑龙门及辽太祖纪功碑楼遗址等，出土瓷器约计104件（组）。这批瓷器种类多样，特征鲜明，现列表统计如下（表一）。

[1]［日］小林行雄：《遼代の瓦當文について—興安西省発見遼代古瓦の研究》，《宝雲》第30册，1943年，第31~49页。

[2] 中国社会科学院考古研究所、内蒙古文物考古研究所：《辽上京西山坡遗址2020年度考古新成果》，《中国文物报》2021年2月19日第8版。

[3] 武松：《乾安后鸣字区遗址研究》，吉林大学硕士学位论文，2016年。吉林大学边疆考古研究中心：《吉林乾安县辽金春捺钵遗址群后鸣字区遗址的调查与发掘》，《考古》2017年6期。

[4] 河南省文物局：《安阳韩琦家族墓地》，科学出版社，2012年。

[5] 中国社会科学院考古研究所内蒙古第二工作队、内蒙古自治区文物考古研究所：《内蒙古巴林左旗辽上京宫城建筑基址2019年发掘简报》，《考古》2020年8期。

[6] 何明：《记塔虎城出土的辽金文物》，《文物》1982年7期。

表一 辽祖陵遗址出土瓷器统计表（据不完全统计）

序号	名称	编号	出土地点	瓷种	推定窑口	备注
1	素面碗	07PM1：40	一号陪葬墓	青瓷	越窑	
2	莲瓣纹碗	07PM1：57、07PM1：162	一号陪葬墓	青瓷	越窑	属同一整器
3	盒盖	07PM1：77-1、07PM1：77-2	一号陪葬墓	青瓷	越窑	
4	夹耳罐	07PM1：99、07PM1：112、07PM1：119	一号陪葬墓	青瓷	越窑	属同一整器
5	器底	07PM1：113-1、07PM1：113-2	一号陪葬墓	青瓷	越窑	
6	双凤纹洗	07PM1：134	一号陪葬墓	青瓷	越窑	
7	龙纹洗	07PM1：138	一号陪葬墓	青瓷	越窑	
8	执壶	07PM1：151	一号陪葬墓	青瓷	越窑	
9	执壶	07PM1：177	一号陪葬墓	青瓷	越窑	
10	莲瓣纹盖	07PM1：179	一号陪葬墓	青瓷	越窑	
11	器盖	07PM1：203	一号陪葬墓	青瓷	越窑	
12	花口碗	10（四）②B：125	四号建筑基址倒塌堆积	青瓷	越窑	
13	花口盘	10（四）②B：132	四号建筑基址倒塌堆积	精细白瓷	定窑	
14	花口盘	10（四）②B：133	四号建筑基址倒塌堆积	精细白瓷	定窑	
15	花口盘	10（四）②B：134	四号建筑基址倒塌堆积	精细白瓷	定窑	
16	花口盘	10（四）②B：136	四号建筑基址倒塌堆积	精细白瓷	定窑	
17	莲纹盘	08T11①：5	甲组建筑基址西基址	细白瓷	定窑	
18	江涛盘	08JJ1①：50	甲组建筑基址西基址	细白瓷	定窑	
19	江涛盘	08JJ2E1F1：25	甲组建筑基址北基址	细白瓷	定窑	
20	莲纹盘	08JJ2①：101	甲组建筑基址北基址	细白瓷	定窑	
21	莲纹盘	08JJ2①：136	甲组建筑基址北基址	细白瓷	定窑	
22	江涛盘	08JJ2②：48	甲组建筑基址北基址	细白瓷	定窑	
23	小瓶	10（四）K1：3	四号建筑基址一号窖藏坑	细白瓷	定窑	
24	盘口长颈瓶	07PM1：41-1、07PM1：41-3、07PM1：199	一号陪葬墓	精细白瓷	林东窑	属同一整器
25	敞口盆	07PM1：43	一号陪葬墓	精细白瓷	林东窑	
26	器盖	07PM1：55-1~07PM1：55-6	一号陪葬墓	精细白瓷	林东窑	

续表一

序号	名称	编号	出土地点	瓷种	推定窑口	备注
27	盒盖	07PM1：58	一号陪葬墓	精细白瓷	林东窑	
28	盒盖	07PM1：130	一号陪葬墓	精细白瓷	林东窑	
29	盒身	07PM1：156	一号陪葬墓	精细白瓷	林东窑	
30	双耳穿带罐	07PM1：38	一号陪葬墓	细白瓷	林东窑	
31	高领罐	07PM1：39	一号陪葬墓	细白瓷	林东窑	
32	唇口碗	07PM1：44-2	一号陪葬墓	细白瓷	林东窑	
33	莲瓣纹碗	07PM1：148	一号陪葬墓	细白瓷	林东窑	
34	莲瓣纹碗	07PM1：183	一号陪葬墓	细白瓷	林东窑	
35	莲瓣纹碗	07PM1：184	一号陪葬墓	细白瓷	林东窑	
36	大口罐	07PM1：189	一号陪葬墓	细白瓷	林东窑	
37	器盖	07PM1：200	一号陪葬墓	细白瓷	林东窑	
38	莲瓣纹碗	07PM1：201	一号陪葬墓	细白瓷	林东窑	
39	莲瓣纹碗	07PM1：238	一号陪葬墓	细白瓷	林东窑	
40	莲瓣纹碗	10（四）②B：126	四号建筑基址倒塌堆积	细白瓷	林东窑	
41	莲瓣纹碗	10（四）②B：127	四号建筑基址倒塌堆积	细白瓷	林东窑	
42	莲瓣纹碗	10（四）②B：128	四号建筑基址倒塌堆积	细白瓷	林东窑	
43	莲瓣纹碗	10（四）②B：129	四号建筑基址倒塌堆积	细白瓷	林东窑	
44	莲瓣纹碗	10（四）②B：137	四号建筑基址倒塌堆积	细白瓷	林东窑	
45	瓜棱执壶	07PM1：47	一号陪葬墓	青瓷	耀州窑	
46	盏托	07PM1：161	一号陪葬墓	青瓷	耀州窑	
47	划花平底盘	08T45①：26-1、08T45①：26-2	甲组建筑基址北基址	青瓷	耀州窑	
48	敞口碗	10（四）②B：130	四号建筑基址倒塌堆积	青瓷	耀州窑	
49	腹片	08T34①：3	甲组建筑基址北基址	白地黑花瓷	缸瓦窑系	
50	双耳罐	08T45①：25	甲组建筑基址北基址	白地黑花瓷	缸瓦窑系	
51	圆唇罐	08JJ2①：139	甲组建筑基址北基址	白地黑花瓷	缸瓦窑系	
52	腹片	08T35①：2	甲组建筑基址北基址	白釉划花黑彩	缸瓦窑系	
53	腹片	08T45①：24	甲组建筑基址北基址	白釉划花黑彩	缸瓦窑系	
54	盏	07PM1：109	一号陪葬墓	粗白瓷	缸瓦窑系	

续表一

序号	名称	编号	出土地点	瓷种	推定窑口	备注
55	盏	07PM1：155	一号陪葬墓	粗白瓷	缸瓦窑系	
56	盏	07PM1：158	一号陪葬墓	粗白瓷	缸瓦窑系	
57	敞口碗	08T21 ①：1	甲组建筑基址西基址	粗白瓷	缸瓦窑系	
58	梅瓶	08JJ1 ①：67、08JJ1 ①：68	甲组建筑基址西基址	粗白瓷	缸瓦窑系	属同一整器
59	鸡腿瓶	08JJ1 ①：69	甲组建筑基址西基址	粗白瓷	缸瓦窑系	
60	敞口碗	08T43 ①：8	甲组建筑基址北基址	粗白瓷	缸瓦窑系	
61	假唇口钵	08JJ2 ①：94	甲组建筑基址北基址	粗白瓷	缸瓦窑系	
62	敞口碗	08JJ2 ①：125	甲组建筑基址北基址	粗白瓷	缸瓦窑系	
63	假唇口钵	08JJ2 ①：126	甲组建筑基址北基址	粗白瓷	缸瓦窑系	
64	假唇口钵	08JJ2 ①：141	甲组建筑基址北基址	粗白瓷	缸瓦窑系	
65	假唇口钵	08JJ2 ①：144	甲组建筑基址北基址	粗白瓷	缸瓦窑系	
66	器底	08JJ2 ①：146	甲组建筑基址北基址	粗白瓷	缸瓦窑系	
67	假唇口钵	08JJ2 ①：149	甲组建筑基址北基址	粗白瓷	缸瓦窑系	
68	假唇口钵	10MZ1T47 ③：2	黑龙门	粗白瓷	缸瓦窑系	
69	腹片	15GT1 北扩②：35	龟趺山建筑基址	茶叶末釉	缸瓦窑系	
70	壶	08JJ2 ②：59	甲组建筑基址北基址	粗白瓷	缸瓦窑系	
71	口沿	15GT3 北扩②：7	龟趺山建筑基址	粗白瓷	缸瓦窑系	
72	口沿	15GT4 北扩 G1 ②：1	龟趺山建筑基址	粗白瓷	缸瓦窑系	
73	敞口盘	08JJ1 ①：81	甲组建筑基址西基址	化妆白瓷	浑源窑系	
74	敞口碗	08T10 ①：1	甲组建筑基址西基址	细白瓷	浑源窑系	
75	敞口碗	08JJ2E1F1：9	甲组建筑基址北基址	细白瓷	浑源窑系	
76	敞口碗	08JJ2E1F1：24	甲组建筑基址北基址	细白瓷	浑源窑系	
77	敞口碗	08JJ2 ①：122	甲组建筑基址北基址	细白瓷	浑源窑系	
78	敞口碗	08JJ2 ①：124	甲组建筑基址北基址	细白瓷	浑源窑系	
79	敞口碗	08JJ2 ①：140	甲组建筑基址北基址	细白瓷	浑源窑系	
80	敞口碗	08JJ2 ①：142	甲组建筑基址北基址	细白瓷	浑源窑系	
81	敞口碗	08JJ2 ①：151	甲组建筑基址北基址	细白瓷	浑源窑系	
82	敞口碗	08JJ2 ①：159	甲组建筑基址北基址	细白瓷	浑源窑系	
83	印花盘	10（四）② B：131	四号建筑基址倒塌堆积	化妆白瓷	浑源窑系	
84	敞口盘	08JJ2E1F1：3	甲组建筑基址北基址	化妆白瓷	浑源窑系	
85	敞口盘	08JJ2E1F1：26	甲组建筑基址北基址	化妆白瓷	浑源窑系	

续表一

序号	名称	编号	出土地点	瓷种	推定窑口	备注
86	敞口盘	08JJ2①：50	甲组建筑基址北基址	化妆白瓷	浑源窑系	
87	敞口盘	08JJ2①：123	甲组建筑基址北基址	化妆白瓷	浑源窑系	
88	敞口碗	08JJ2①：137	甲组建筑基址北基址	化妆白瓷	浑源窑系	
89	敞口碗	08JJ2①：138	甲组建筑基址北基址	化妆白瓷	浑源窑系	
90	敞口碗	08JJ2①：143	甲组建筑基址北基址	化妆白瓷	浑源窑系	
91	敞口盘	08JJ2①：145	甲组建筑基址北基址	化妆白瓷	浑源窑系	
92	盒盖	07PM1：45	一号陪葬墓	酱褐釉	窑口待定	
93	器底	09PM2：3	二号丛葬墓	酱釉	窑口待定	
94	口沿	08JJ2①：150	甲组建筑基址北基址	双色釉	窑口待定	
95	牛腿瓶	10（四）②B：135	四号建筑基址倒塌堆积	茶褐釉	窑口待定	
96	罐口沿	07PM1：79	一号陪葬墓	茶叶末釉	窑口待定	
97	器底	07PM1：202	一号陪葬墓	茶叶末釉	窑口待定	
98	瓮	08JJ2E1F1：18	甲组建筑基址北基址	茶叶末釉	窑口待定	
99	瓮	08JJ2E1F1：19	甲组建筑基址北基址	茶叶末釉	窑口待定	
100	鸡腿瓶	10MZ1MD1 墩台北①：2	黑龙门	茶叶末釉	窑口待定	
101	双耳罐	08JJ1①：80	甲组建筑基址西基址	黑瓷	窑口待定	
102	罐	10（四）K1：7	四号建筑基址一号窖藏坑	黑瓷	窑口待定	
103	器底	08JJ2①：147	甲组建筑基址北基址	黑瓷	窑口待定	
104	器底	08JJ2①：148	甲组建筑基址北基址	黑瓷	窑口待定	

一　窑口类型

辽祖陵遗址出土的瓷器，依据工艺、釉色、造型、装饰等方面的差异，可分为六个窑口类型[1]。简介如下。

（一）越窑产品

集中出土于一号陪葬墓及四号建筑基址倒塌堆积内，计12件（组）。均细灰胎，青釉。所见器形除碗、罐、壶等常见器外，还见盒、洗、盖等。以素面装饰为大宗，部分碗、盖外壁剔刻莲瓣，洗内壁划刻细纹（图6-2-1）。根据烧制工艺、造型及

[1] 秦大树：《论“窑系”概念的形成、意义及其局限性》，《文物》2007年5期。

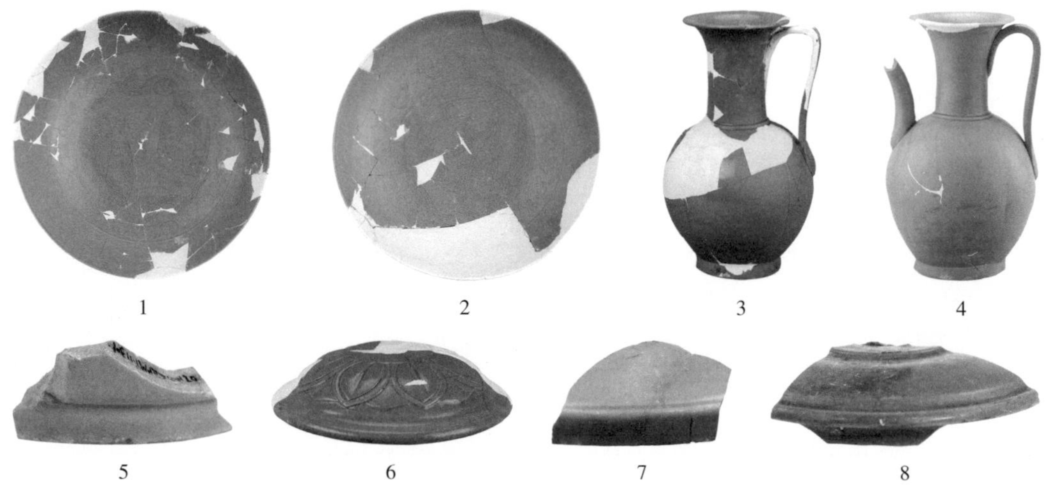

图 6-2-1　辽祖陵遗址出土越窑典型器物

1. 07PM1：134　2. 07PM1：138　3. 07PM1：151　4. 07PM1：177　5. 07PM1：113-1　6. 07PM1：179　7. 07PM1：77-1　8. 07PM1：203

胎釉质量的差异，分为三组。

第一组即秘色瓷。胎质细腻，造型饱满，均单件装烧。器表素面或划刻暗纹。裹足满釉或刮釉。釉层匀透、纯净，釉色青绿、光亮。如龙纹洗（07PM1：138）、双凤纹洗（07PM1：134）、执壶（07PM1：151、07PM1：177）、素面碗（07PM1：40）、花口碗［10（四）② B：125］等，是越窑里最精致的产品，当为御供所得[1]。需注意的是，花口碗［10（四）② B：125］外底没有支烧痕，属垫片或垫圈支烧。这种装烧方式鲜见于慈溪上林湖，可能是上虞窑寺前或鄞州东钱湖一带的产品。

第二组为上品瓷。总体制作精细，满釉支烧，属越窑精品。但这组器物的釉色不是真正的青绿，而是有点青中泛灰；釉面也不那么洁净，偶尔能见到一些小黑点。如莲瓣纹器盖（07PM1：179）、器底（07PM1：113-1、07PM1：113-2）、夹耳罐（07PM1：99、07PM1：112、07PM1：119）等，胎、釉质量均下秘色瓷一等。

第三组为普通瓷。胎质微粗，釉色青黄、暗哑，如器盖（07PM1：203）、盒盖（07PM1：77-1、07PM1：77-2）等，是越窑中习见的普通品。

（二）定窑系产品

共 11 件，均为细白瓷。这组瓷器见诸一号陪葬墓、四号建筑基址倒塌堆积层、甲组建筑基址倒塌堆积、甲组建筑基址表土层及基址外原生地层内，多盘、碗、瓶等。

［1］沈岳明：《秘色探秘》，《秘色越器——上林湖后司岙窑址出土唐五代秘色瓷器》，文物出版社，2016 年，第 1~17 页。

1

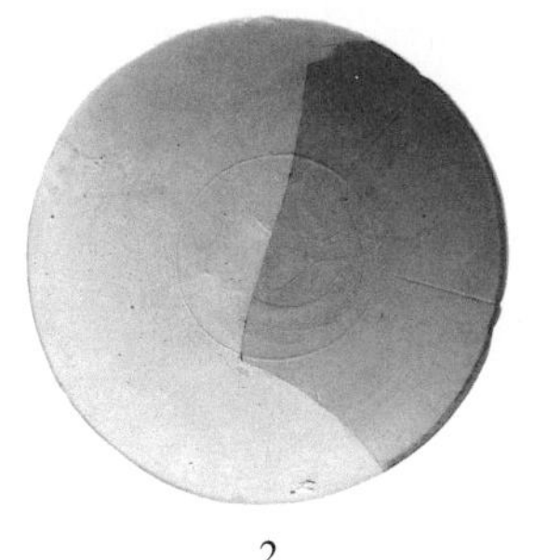
2

3

4

图 6-2-2　辽祖陵遗址出土定窑系典型器物

1. 10（四）②B：133　2. 08JJ2②：48　3. 08T11①：5　4. 10（四）K1：3

装饰以素面为多，划刻、剔刻等并行不悖（图 6-2-2）。成型技法上，本组或存内模法。现据胎釉组合差异，分两组。

第一组为精品瓷。共 4 件。可能使用内模。五分十出双脊花口盘［10（四）②B：132~10（四）②B ：134、10（四）②B ：136］，瓷胎白细，体身轻薄。釉色透明，洁如凝脂。裹足刮釉，底面平洁，底心施釉后划刻“官”字款。

第二组为普通瓷。共 7 件。以芒口为大宗，满釉裹足。釉色透明，微微发青，局部积釉，呈蜡泪状。内壁常见划刻莲（08T11①：5、08JJ2①：101、08JJ2①：136）及江涛鱼（08JJ1①：50、08JJ2E1F1：25、08JJ2②：48），外壁面近底多竹丝刷痕。其中，白瓷小瓶（10（四）K1：3）拉坯不匀，器表有多处坯疤。

（三）林东窑产品[1]

共 21 件，均为细白瓷。这组瓷器见诸一号陪葬墓、四号建筑基址倒塌堆积层。本组器类多碗、盘、盆、盒、罐等，以素面为多（图 6-2-3）。现据胎釉组合差异，分两组。

第一组为精品瓷。共 11 件。胎釉略有差异。盘口长颈瓶（07PM1：199、07PM1：41-1、07PM1：41-2、07PM1：41-3）、敞口盆（07PM1：43）等器形硕大，釉色透明度强，清亮如镜。其外底无釉，内壁及弧弯处积釉作天青色。盒盖（07PM1：58、07PM1：130）细白胎，坚硬致密。釉面密布细开片，透明度强。釉缘及棱角凸起处明火柴烧，呈橘红色。盒身（07PM1：156）和莲瓣纹碗［10（四）②B：126~10（四）②B：129、10（四）②B：137］釉调微暗，釉色偏于青蓝，釉层滋润无开片，

［1］参考中国社会科学院考古研究所内蒙古第二工作队和内蒙古文物考古研究所联合组成的辽上京考古队于 2020~2021 年对林东窑遗址的发掘资料，及北京大学崔剑锋研究员等对林东窑出土瓷器和辽祖陵出土瓷器的鉴定报告。

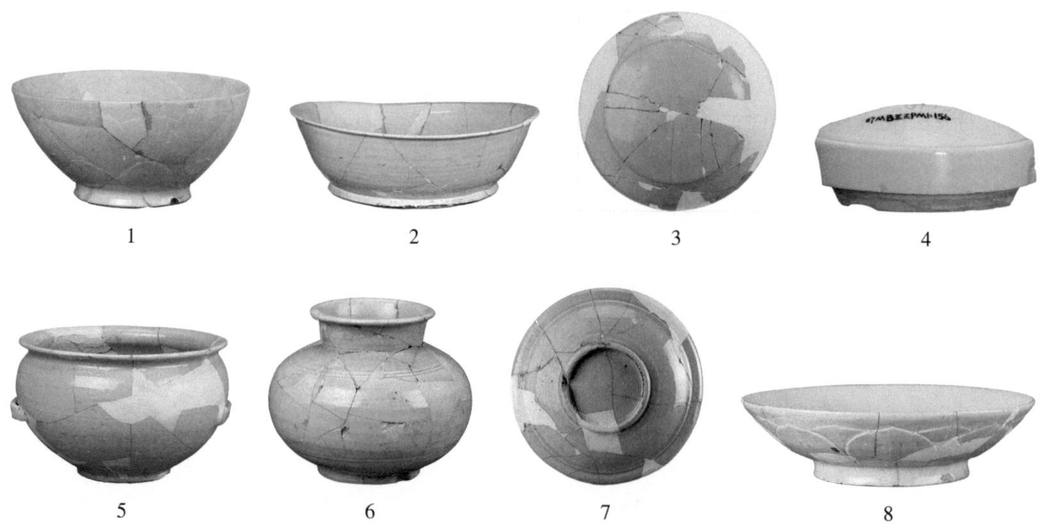

图 6-2-3 辽祖陵遗址出土林东窑典型器物

1. 10（四）② B：128 2. 07PM1：43 3. 07PM1：130 4. 07PM1：156 5. 07PM1：38 6. 07PM1：39 7. 07PM1：200 8. 07PM1：148

薄透、纯净如明镜。器盖（07PM1：55-1~07PM1：55-6）胎薄釉润，无开片，釉层透明度强，釉色近于青灰。

第二组为普通瓷。胎、釉下第一组一等。多素面，偶见剔刻莲。共 10 件。坯体光滑，釉面多薄而无堆脂现象，光泽感强而温润。双耳穿带罐（07PM1：38）和唇口碗口沿（07PM1：44-2）的釉色近乳黄。高领罐（07PM1：39）和大口罐（07PM1：189）的釉色近于乳白。莲瓣纹碗（07PM1：148、07PM1：183、07PM1：184、07PM1：201、07PM1：238）和器盖（07PM1：200）的釉色近于青灰。

（四）耀州窑产品

出土于一号陪葬墓、四号建筑基址倒塌堆积、甲组建筑基址表土层及基址外原生地层内。共 4 件，盏托、瓜棱执壶、花口碗、平底盘各 1 件（图 6-2-4）。

素面器 3 件，裹足满釉支烧，支钉痕细且小。灰胎微黑，敷化妆土。釉层失透，厚釉玉润含蓄，釉调或浓或淡。盏托（07PM1：161）釉浓有积釉，厚处呈青蓝，为天青。瓜棱执壶（07PM1：47）釉薄呈色略暗，局部微显青灰。花口碗［10（四）② B：130］外壁密布开片，受沁如铁线。

一件有纹饰。划花平底盘（08T45 ①：26）底心刮釉，窝足。细灰胎，薄釉清透。内底划花，系“半刀泥”技法。外圈作鸭子戏水，莲叶、慈姑清晰可辨；内圈残甚，纹饰不详。

图 6-2-4 辽祖陵遗址出土耀州窑典型器物

1. 08T45 ①：26-2 2. 10（四）② B：130 3. 07PM1：47 4. 07PM1：161

（五）缸瓦窑系产品[1]

共 24 件，均系柴烧，白砂糖样麻面粗胎，施化妆土。本组除一号陪葬墓、甲组建筑基址废弃堆积、甲组建筑基址表土层及基址外原生地层外，还见于黑龙门、辽太祖纪功碑楼等地点，是辽祖陵遗址内品类最盛、分布最广的产品。这类产品除碗、盏、盘、罐、壶、钵等常见类别外，另有梅瓶（08JJ1 ①：67、08JJ1 ①：68）、白釉鸡腿瓶（08JJ1 ①：69）等。多素面，釉色不一，或偏姜黄，或近青灰；多施半釉，露胎处呈淡黄或微红（图 6-2-5）。

根据装饰、装烧等技法的差别，分三组。

第一组为素面器。共 19 件，以盏、碗、盘、钵为主。依据装烧技法的差异，分

图 6-2-5 辽祖陵遗址出土缸瓦窑系典型器物

1. 07PM1：155 2. 08T43 ① ：8 3. 08JJ2 ① ：146 4. 08JJ2 ① ：144 5. 08JJ2 ① ：94 6. 08T34 ① ：3 7. 08T45 ①：25 8. 08T45 ①：24

[1] 本节所述缸瓦窑产品系以砂糖样麻面胎、柴烧透明釉为代表。

三类。

甲类：内底及口沿无支烧痕。以斗笠盏（07PM1：109、07PM1：155、07PM1：158）为代表。

乙类：内底涩圈。以敞口碗（08T21①：1、08T43①：8、08JJ2①：125）为代表。

丙类：内底残存垫烧渣粒。如器底（08JJ2①：146）。

丁类：口沿刮釉，对口套烧。以假唇口钵（08JJ2①：94、08JJ2①：126、08JJ2①：141、08JJ2①：144、08JJ2①：149、10MZ1T47③：2）为代表。

第二组属白地黑花。计 3 件，均为罐。纹饰有几何竖条纹者，如腹片（08T34①：3）；还有简化芍药纹，如双耳罐（08T45①：25）、圆口罐（08JJ2①：139）。

第三组系白釉划花黑彩。仅二件残腹片（08T35①：2、08T45①：24）。

（六）雁北浑源窑系产品[1]

共 19 件。集中出土于四号建筑基址倒塌堆积层、甲组建筑基址倒塌堆积、甲组建筑基址表土层及基址外原生地层内。同其他组别相比，这组瓷器的产品素面占绝对主流，种类极为单一。均叠烧，其间隔技法独具特色，成器后内底支点排列密集（图 6-2-6）。现据其胎釉、装饰的区别，分两组。

第一组为化妆白瓷。胎质较细，胎色多发灰，共 10 件，均系碗、盘等。印花盘[10（四）②B：131]器表施化妆土，器壁印花。敞口盘（08JJ1①：81、08JJ2①：50、08JJ2E1F1：3、08JJ2E1F1：26 及 08JJ2①：123、08JJ2①：145）器表施多道化妆土，敷釉后，釉色呈阶梯状渐进。三件素面敞口碗（08JJ2①：137、08JJ2①：138、

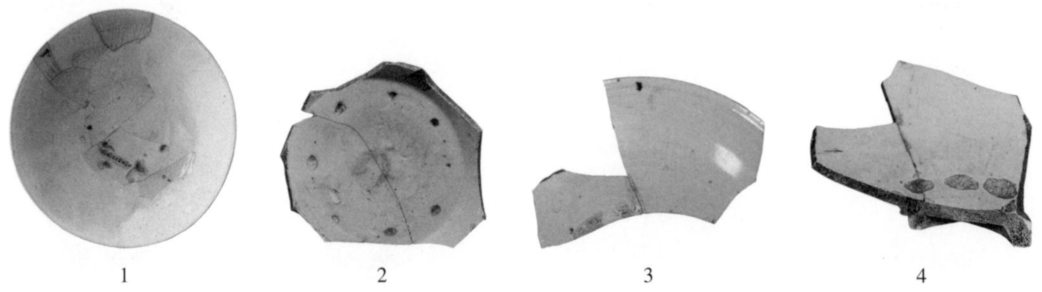

图 6-2-6　辽祖陵遗址出土雁北浑源窑系典型器物

1. 10（四）②B：131　2. 08JJ2①：137　3. 08JJ2①：140　4. 08JJ2①：151

[1] 冯先铭：《山西浑源古窑址调查》，《中国古代窑址调查发掘报告集》，文物出版社，1984 年，第 416~421 页。水既生：《山西古代窑具及装烧方法》，《河北陶瓷》1984 年 4 期。

08JJ2 ①：143）支点圆细，胎色发黄，推测为喀左利州窑所产。

第二组为细白瓷。共 9 件。素面敞口碗（08T10 ①：1、08JJ2E1F1：9、08JJ2E1F1：24、08JJ2 ①：122、08JJ2 ①：124、08JJ2 ①：140、08JJ2 ①：142、08JJ2 ①：151、08JJ2 ①：159），支点方粗，胎色白亮。

（七）待定窑口类型

本组瓷器窑口尚不明朗（图 6–2–7）。共 13 件。依据其胎釉、装饰及装烧技法的不同，分四组。

第一组系茶叶末釉。口沿（07PM1：79）和器底（07PM1：202）为灰胎泛黑，质较细。釉层失透，色深而哑。牛腿瓶［10（四）② B：135］灰褐胎较细，含少量石英砂。釉色暗绿，局部光亮透明，不是常见的茶叶末釉。瓮（08JJ2E1F1：18、08JJ2E1F1：19）和鸡腿瓶（10MZ1MD1 墩台北①：2）釉表浑浊。胎质粗糙，呈红褐色。

第二组为黑釉。共 3 件。黑釉罐［10（四）K1：7］为细胎。罐口沿（08JJ1 ①：80）和器底（08JJ2 ①：147、08JJ2 ①：148）为粗胎质，夹大量细砂。

第三组为酱釉，极可能是巴林左旗林东窑产品。盒盖（07PM1：45）为细胎，酱褐釉，釉薄处微闪暗绿。器底（09PM2：3）拉坯成型，外壁修作八棱。

第四组为双色釉。1 件。口沿（08JJ2 ①：150 ）外黑内白。

图 6–2–7　辽祖陵遗址出土待定窑口器物

1. 08JJ2E1F1：19　2. 07PM1：79　3. 07PM1：202　4. 10（四）K1：7　5. 08JJ1 ①：80　6. 09PM2：3　7. 07PM1：45　8. 08JJ2 ①：150

二 分期和年代

受限于自然地理、道路交通、文化交流和政局背景等因素的影响，同类型瓷器产品流通到不同政体疆域内的时限并不一致。换言之，五代十国或北宋的瓷器在辽朝或金朝流通时，往往存在年代上的差异——即使是同一政权，其疆域内各区域的流行年代也可能不同。因此，在比对相关纪年材料时，我们尽量以辽祖陵所在区域或临近本区的资料为首选。

我们曾将辽代墓葬归纳成四期。即第一期：太祖、太宗阶段（公元907~947年）；第二期：世宗、穆宗、景宗阶段（公元947~983年）；第三期：圣宗、兴宗阶段（公元983~1055年）；第四期：道宗、天祚帝阶段（1055~1125年）[1]。但是，从瓷器的年代看，辽祖陵遗址出土瓷器的分期与辽代陵墓的分期并不完全一致。

从现知考古资料看，辽祖陵遗址出土瓷器多系辽太宗时期以后的产品。这与《辽史》记载辽太宗耶律德光开始修筑辽祖陵相吻合。再结合建筑基址和建筑构件的年代，参考历史文献记载，可将辽祖陵遗址出土瓷器粗略分为三期。

第一期：约辽太宗后期至辽圣宗前期，即10世纪中后期或略晚。本期以一号陪葬墓、四号建筑基址出土瓷器为代表，主要是越窑、定窑、林东窑产品，也有窑口难定者。

一号陪葬墓规模大，形制特殊，出土遗物精美，残存墓志残片。经综合分析，我们认为墓主系辽太祖第三子、辽太宗皇太弟、天下兵马大元帅耶律李胡，其殁于应历十年（公元960年）[2]。四号建筑基址位于辽太祖陵园内西侧第一道山岭（L1）东部，即一号陪葬墓东南位，是祭祀耶律李胡的献殿。

青釉花口碗［10（四）②B：125］器形饱满，素面光洁，釉色清亮、纯净。以吴越国康陵为代表的钱氏家族墓[3]、耶律羽之墓为代表的辽前期高等级贵族墓[4]等均见同类器物出土。可见其流行年代与耶律李胡墓所见越窑器群相近，为10世纪中后期或略晚。

---

［1］董新林：《辽代墓葬形制与分期略论》，《考古》2004年8期。

［2］中国社会科学院考古研究所、内蒙古文物考古研究所：《内蒙古巴林左旗辽祖陵一号陪葬墓》，《考古》2016年10期。

［3］浙江省文物管理委员会：《浙江临安板桥的五代墓》，《文物》1975年8期。苏州市文管所、吴县文管所：《苏州七子山五代墓发掘简报》，《文物》1981年2期。［日］佐佐木秀宪、王竟香：《关于晚唐五代越窑青瓷的若干考察》，《文博》1995年6期。杭州市文物考古所、临安市文物馆：《浙江临安五代吴越国康陵发掘简报》，《文物》2000年2期。杭州市文物考古研究所、临安市文物馆：《五代吴越国康陵》，文物出版社，2014年。

［4］内蒙古文物考古研究所、赤峰市博物馆、阿鲁科尔沁旗文物管理所：《辽耶律羽之墓发掘简报》，《文物》1996年1期。

白釉花口盘［10（四）② B：132、10（四）② B：133、10（四）② B：134、10（四）② B：136］底心施釉后刻“官”字款。同类器皿最早见于唐光化三年（公元900年）钱宽墓[1]及天复元年（公元901年）水邱氏墓[2]。曲阳定窑遗址将其归入第二组地层（第二期前段），即唐僖宗广明元年（公元880年）至五代后唐天成四年（公元929年）[3]。辽会同六年（公元943年）后唐德妃尹氏墓[4]、应历九年（公元959年）大营子卫国王驸马墓[5]也见有同类器。白釉莲瓣纹碗［10（四）② B：126~10（四）② B：129、10（四）② B：137］外壁饰三出肥莲瓣。这类莲瓣最早见于应历八年（公元958年）赵德钧墓[6]，最晚出自统和二十九年（1011年）韩德让墓[7]，其时代与一号陪葬墓所出同窑口器皿年代相当，系10世纪中后期或略晚。

青釉花口碗［10（四）② B：130］与陕西黄堡窑址H型Ⅲ式盏（86 Ⅳ T5 ③：10）的口沿相近[8]。显德五年（公元958年）冯晖墓所见温碗的口沿及支烧技法也与之略同[9]。于辽境，这种口沿略折的器物亦见于叶茂台七号墓，其时代约当处10世纪末或11世纪初[10]。

第二期：约从辽道宗至金代初期，即11世纪后期到12世纪初期。本期以四号建筑基址出土瓷器为代表，涉及浑源窑、缸瓦窑和窑口不明的产品等。

浑源窑系印花盘［10（四）② B：131］与北京密云大唐庄M14出土瓷碗（M14：25）所见压花纹样高度一致[11]。大唐庄M14墓内出土墓志，墓主张晋卿殡于大康八年（1082年），“权冢三十年”后“移葬于兹”。由此推知，四号建筑基址使用下限至少到了辽金之际。窑口不明的牛腿瓶［10（四）② B：135］的最大腹径明显大于底径，也是流行于11世纪后期或略晚的形制[12]。

［1］浙江省博物馆、杭州市文管所：《浙江临安晚唐钱宽墓出土天文图及“官”字款白瓷》，《文物》1979年12期。陈芳：《浙江省博物馆藏钱宽墓出土白瓷产地的探讨》，《东方博物（第四十三辑）》2012年2期。

［2］明堂山考古队：《临安县唐水邱氏墓发掘报告》，《浙江省文物考古研究所学刊》，文物出版社，1981年。浙江省文物考古研究所、浙江省博物馆、杭州市文物考古研究所等：《晚唐钱宽夫妇墓》，文物出版社，2012年。

［3］北京大学考古文博学院、河北省文物考古研究院、曲阳县定窑遗址文物保管所：《河北曲阳北镇定窑遗址发掘简报》，《文物》2021年1期。

［4］赤峰市博物馆、巴林左旗辽上京博物馆、巴林左旗文物管理所：《内蒙古巴林左旗盘羊沟辽代墓葬》，《考古》2016年3期。

［5］前热河省博物馆筹备组：《赤峰县大营子辽墓发掘报告》，《考古学报》1956年3期。

［6］北京市文物工作队：《北京南郊辽赵德钧墓》，《考古》1962年5期。

［7］辽宁省文物考古研究院、锦州市博物馆、北镇市文物处：《辽宁北镇市辽代韩德让墓的发掘》，《考古》2020年4期。

［8］陕西省考古研究所：《五代黄堡窑址》，文物出版社，1997年。

［9］咸阳市文物考古研究所：《五代冯晖墓》，重庆出版社，2001年。

［10］冯永谦：《叶茂台辽墓出土的陶瓷器》，《文物》1975年12期。

［11］北京市文物研究所：《密云大唐庄：白河流域古代墓葬发掘报告》，上海古籍出版社，2010年。孙勐：《北京密云大唐庄出土辽代墓志考释》，《中国国家博物馆馆刊》2016年2期。

［12］彭善国：《辽代瓷器的考古学研究》，吉林大学出版社，2003年，第106~109页。

白釉小净瓶［10（四）K1：3］拉坯不匀，其胎釉组合与金代前期定窑高度雷同[1]。

第三期：金代中后期，即 12 世纪中叶以后至 13 世纪前期。本期主要以甲组建筑基址出土瓷片为代表，见有耀州窑、定窑、缸瓦窑和浑源窑等产品。

耀州窑青釉划花盘（08T45 ①：26）与四川遂宁金鱼村[2]、陕西华池李良子村[3]等窖藏的同类器相似；同型外圈纹饰见于辽宁西丰凉泉窖藏[4]、陕西凤翔红旗化工厂[5]及宋代耀州窑址 M 型Ⅳ式盏（86T10 ②：7）[6]等，其时代或许晚至金代后期。

定窑白瓷器（08T11 ①：5、08JJ2 ①：101、08JJ2 ①：136）内底划刻莲叶。这类莲叶特征鲜明，相关纪年材料目前最早见于大定十七年（1177 年）石宗璧墓[7]及北京先农坛金墓[8]。金后期河北唐县东方秀轩小区 M1[9]、大安二年（1210 年）山西侯马董明墓[10]及吉林农安窖藏[11]等亦见同型纹饰。白釉盘（08JJ1 ①：50、08JJ2E1F1：25、08JJ2 ②：48）内壁划刻江涛鱼，其纹饰见于山东即墨东障村 M1[12]、泰和三年（1203 年）北京平谷巨家坟金墓[13]等，当属金后期。

缸瓦窑敞口碗（08T21 ①：1、08T43 ①：8、08JJ2 ①：125）内底有涩圈。形制、工艺与前郭塔虎城甲类化妆白瓷碗相近，属金代后期[14]。白釉黑花双系罐（95H18：50）的年代也应不早于金代后期[15]。

浑源窑白釉钵（08JJ2 ①：50）口沿满釉，内底有垫烧痕。深腹，玉璧底，底外

---

［1］河北省文物研究所、北京大学考古文博学院、曲阳县定窑遗址文保所：《河北曲阳县涧磁岭定窑遗址 A 区发掘简报》，《考古》2014 年 2 期。

［2］成都文物考古研究所、遂宁市博物馆：《遂宁金鱼村南宋窖藏》，文物出版社，2012 年，第 267~270 页。

［3］庆阳地区博物馆、华池县文化馆：《甘肃华池县发现一批宋瓷》，《文物》1984 年 3 期。张柏：《中国出土瓷器全集（甘肃、青海、宁夏、新疆）》，科学出版社，2008 年，第 58 页。

［4］张大为、王奇、邢杰：《西丰凉泉金代窖藏》，《辽海文物学刊》1997 年 1 期。

［5］沐子：《陕西凤翔出土的唐、宋、金元瓷器》，《文博》1986 年 2 期。

［6］陕西省考古研究所、耀州窑博物馆：《宋代耀州窑址》，文物出版社，1998 年，图版四一（3）。

［7］北京市文物管理处：《北京市通县金代墓葬发掘简报》，《文物》1977 年 11 期。

［8］马希桂：《北京先农坛金墓》，《文物》1977 年 11 期。

［9］唐县文物保管所：《唐县发现金代墓葬》，《文物春秋》2012 年 6 期。

［10］山西省文物管理委员会：《山西省文管会侯马工作站工作的总收获（1956 年冬至 1959 年初）》，《考古》1959 年 5 期。山西省文管会侯马工作站：《侯马金代董氏墓介绍》，《文物》1959 年 6 期。

［11］吉林省博物馆、农安县文管所：《吉林农安金代窖藏文物》，《文物》1988 年 7 期。

［12］青岛市文物保护考古研究所、即墨市博物馆：《即墨东障墓地发掘报告》，《中国国家博物馆馆刊》2013 年 6 期。

［13］杨学林：《平谷东高村巨家坟金代墓葬发掘简报》，《北京文物与考古（第四辑）》，1994 年。

［14］吉林省文物考古研究所、吉林大学边疆考古研究中心：《前郭塔虎城——2000 年考古发掘报告》，科学出版社，2017 年，第 114~116 页。

［15］郭治中、苏东：《赤峰缸瓦窑遗址出土辽金瓷器举要》，《中国古陶瓷研究（第十一辑）》，紫禁城出版社，2005 年，第 14~29 页，图二十九。该单位内出土大定通宝 1 枚，另见“泰和拾年”款器盖 1 件。“泰和拾年”即卫绍王大安二年（1210 年）。

缘不露墙足，似窝足。这种底足习见于山西宋金窑口，如吕梁交城窑等，时代当不早于金代后期[1]。

此外，在甲组建筑基址中还曾经出土有“正隆元宝”“大定通宝”等金代钱币，也为其断代提供了辅证。

第三节　辽太祖纪功碑碑文初步研究

辽太祖纪功碑是重要的辽代出土文献资料。根据前文资料推定，辽太祖纪功碑及其碑楼应建于辽天显二年（公元 927 年），毁于辽天庆十年（1120 年）。因为碑石损毁严重，无法全面了解其准确的碑文内容。但是根据发掘出土不足三分之一的碑片残文，可以窥见有关耶律阿保机的重要史料。本节对纪功碑形制、汉文碑刻和契丹大字碑刻有关内容略作考证，以提供进一步研究的线索。

一　纪功碑形制蠡测

辽太祖纪功碑虽被毁，但残存龟趺碑座。碑座头部已缺，整个龟趺残长 3.1、宽 2.1、高 1.06 米。龟背上有三圈环套的六边形龟背纹，四足各为四瓣爪，雕刻细致。龟趺背部中央凿有长方形碑槽，长 1.1、宽 0.45、深 0.55 米。根据龟趺碑座和碑槽的宽度，初步推测碑身应当宽 2.1、厚 0.45 米。碑身具体高度已难确知，经过缀合并与《辽史・太祖纪》相比对，发现一条关键线索，即辽太祖纪功碑全文收录了辽太祖天赞三年（公元 924 年）六月乙酉日的诏书。据《辽史・太祖纪》所载，诏书总计 152 字[2]。依据纪功碑残存文字，参以平阙等信息，我们推测纪功碑汉文碑文满行为 105 字。若每个汉字所占空间为高 3.5、宽 3.5 厘米，依据汉字高度及字数，可推出碑身应高于 3.675 米。

若以辽太祖纪功碑碑身为高于 3.675、宽 2.1、厚 0.45 米来推算，据上文汉字所占空间可知，碑文大约可刻 57 行。排除碑首、碑尾字数较少以及平阙等因素，初步估计碑文字数应在 5500 字左右。现残存的汉文文字大约 1500 字，约占总字数的 27%。现残存契丹大字约 2000 字，约占总字数的 28%（按字径 3.1 厘米、64 行每行 118 字计算，全刻满约 7552 字，估计实际在 7000 字左右）。

碑额部分有一圭形残石（07GT4②：23），高 0.31、宽 0.41 米，上残三字，疑似为

---

[1] 孟耀虎：《山西地区宋金时期饼足类器物及其相关问题》，《山西省考古学会论文集（四）》，山西人民出版社，2006 年。

[2]《辽史》卷二《太祖纪下》，中华书局 2016 年修订本，第 21、22 页。

“大祖帝”，每字所占空间约高0.2、宽0.2米[1]，明显大于正文文字，当为碑额第一列文字（图6-3-1，1）。根据碑文所残“升天皇帝”（07GT3②：13第16行）以及碑文大致内容，推测碑额全称可能为“大契丹太祖升天皇帝纪功碑”或“大契丹太祖升天皇帝圣功碑”，按三行、每行四字排列。每列列高约0.2米，总计4列，故刻有文字的圭形部分应高于0.91米（图6-3-2）。又据残存的龙形纹饰（07GT2②：67-2），可知圭形部分的外轮廓为蟠龙形螭首，故碑首整体应当高于1米（图6-3-1，2）。综合碑座、碑身以及碑首高度，辽太祖纪功碑通高应大于5.735米。

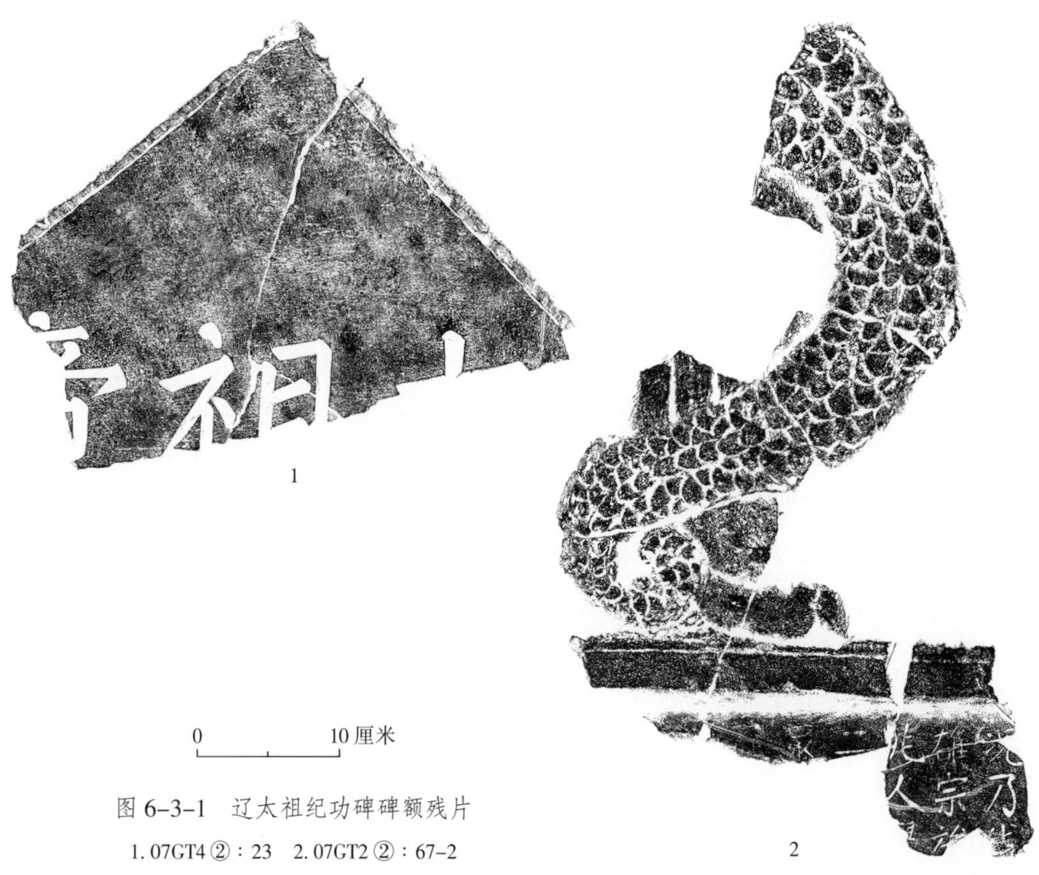

图6-3-1　辽太祖纪功碑碑额残片

1. 07GT4②：23　2. 07GT2②：67-2

二　汉文碑刻释读

辽太祖纪功碑被金人损毁之后，历经八九百年的风吹日蚀，残石或埋没原地，或沿山滚落，或被人采撷，今日所得已不及原貌三分之一，且大部分残片没有整字，

[1] 我们假定碑额之字所占空间与正文相似，同为方格，依据残字宽度0.2米，可以推测高度亦为0.2米。

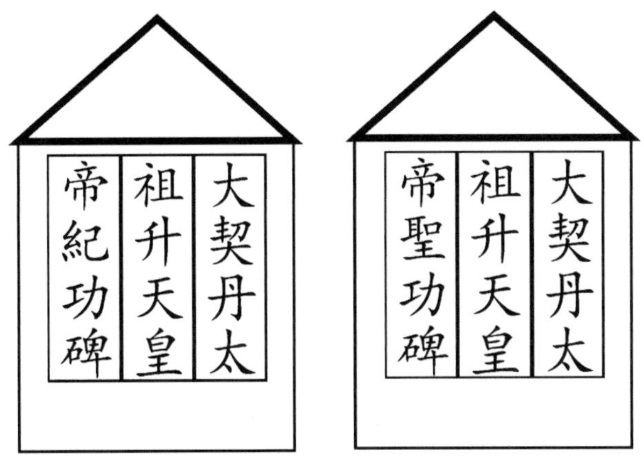

图 6-3-2　辽太祖纪功碑碑额复原图

缀合难度超乎想象。我们从汉文残石入手，与《辽史》详细比对，尽量将内容相关的残片集于一处。对于无法确定时序、位置的残片，为免混乱，暂不收录。以下按碑文的叙述顺序，将纪功碑残片分为四组介绍[1]。

（一）第一组残石

第一组残石为纪功碑起首部分，大致述及碑刻撰者、颂圣之华章、太祖名讳、降生神迹以及太祖之家世出身。

07GT4②：20-3 刻有“徽臣丁”，07GT4②：26-2 第 1 行刻有“等奉勅撰”（图 6-3-3，1、2）。据残石右侧留白及语义，此处所记当为纪功碑之撰者，大致当为“（残）臣（残）徽、臣丁（残）等奉勅撰”。检诸史籍，暂未发现太祖时“丁”姓臣僚。名字与“徽”相关者，辽初有佐命功臣韩延徽，“太祖初元，庶事草创，凡营都邑，建宫殿，正君臣，定名分，法度井井，延徽力也”[2]。延徽卒于应历九年（959 年），远远晚于纪功碑撰写年份，故此处名姓含“徽”的臣僚或有可能是韩延徽。

07GT4②：26-2 第 2 行刻有“右族名王赵魏雄飞岂在”，第 3 行刻有“遊紫府感鹤驾”，第 4 行刻有“河割隶疆封”；07GT4②：21-3 刻有“寡和之”；07GT4②：27-3 刻有“池亘扶桑而”；07GT2②：48-1 第 1 行刻有“而宁世”，第 2 行刻有“无远”；07GT2②：4-1 刻有“华宗夏士”（图 6-3-3，2~6）[3]。诸石右侧皆有留白，知其为碑刻起首之文。揆诸文句，皆为颂扬太祖之华辞丽藻，当为篇首之语。

［1］整理、缀合之后的图片和录文可参见图 6-3-8、6-3-9。

［2］《辽史》卷七四《韩延徽传》，第 1357、1358 页。

［3］“华宗夏士”典出《晋书》卷一二六《秃发傉檀载记》（中华书局 1974 年版，第 10 册，第 3151 页），史称“命世大才、经纶名教者，不必华宗夏士”，此句可补为“不必华宗夏士”。

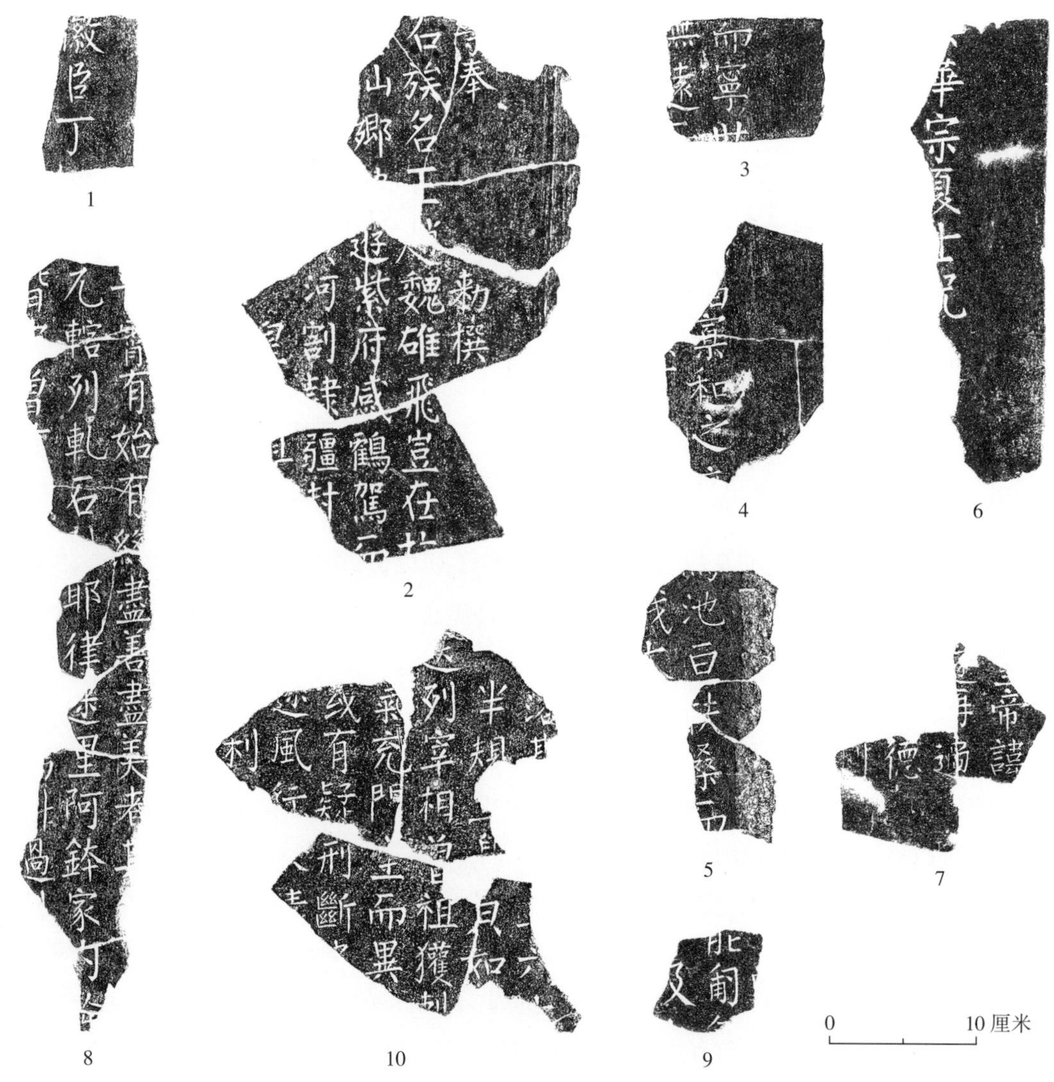

图 6-3-3　辽太祖纪功碑汉文碑刻第一组残石

1. 07GT4 ②：20-3　2. 07GT4 ②：26-2　3. 07GT2 ②：48-1　4. 07GT4 ②：21-3　5. 07GT4 ②：27-3　6. 07GT2 ②：4-1　7. 07GT2 ②：58-6　8. 07GT4 ②：34-1　9. 07GT2 ②：27-12　10. 07GT4 ②：26-1

因文字残缺过甚，无法缀连成文，姑将这些残片汇于一处。

07GT2 ②：58-6 第 1 行刻有“皇帝讳”；07GT4 ②：34-1 第 2 行刻有“元辖列轧石刺耶律迷里阿钵家内”，盖系介绍太祖名讳及出身之文（图 6-3-3，7、8）。此与《辽史·太祖纪》大致相合，是书开篇称“太祖大圣大明神烈天皇帝，姓耶律氏，讳亿，字阿保机，小字啜里只，契丹迭刺部霞濑益石烈乡耶律弥里人”[1]。

[1]《辽史》卷一《太祖纪上》，第 1 页。

07GT4②：34–1右侧（即第1行）刻有“有始有终尽善尽美者”等词，同属上文之华藻，说明虚文赞颂之后，碑文转而实写太祖之名讳、家世等内容。

07GT2②：58–6第2行刻有“遂再适”，所指不明，当指某重要女性改嫁之事。

07GT2②：27–12刻有“能匍匐”三字（图6–3–3，9），盖指太祖出生时之异象。《辽史·太祖纪》谓太祖甫一降生，“室有神光异香，体如三岁儿，即能匍匐”[1]。

07GT4②：26–1从右至左依次刻有“浴□□□□六□”“半规□□皃如”“迭列宰相曾祖获剌”“气充门望而异”“或有疑刑断”“迩风行□□”“利”（图6–3–3，10），此部分所指不详。我们怀疑“迭列宰相”“曾祖获剌”或指太祖之母族。《辽史》称太祖母亲宣简皇后为“遥辇氏剔剌宰相之女”[2]，或与此相关。“半规□□皃如”“气充门望而异”等句或与太祖体貌及出生异象有所关联[3]。这些残片有可能是叙述太祖体貌及神异事，并追述其母族，故暂置于第一组。

上文07GT2②：67–2从右至左依次刻有“况乃”“雄宗族”“兆人”等字，位于龙纹螭首右侧（图6–3–1，2），从位置及文辞来看，疑为篇首颂圣之辞，故亦置于第一组。

（二）第二组残石

第二组残石主要介绍公元901年至916年太祖之功绩，兼及应天皇后之家族世系。

07GT2②：41–6刻有“辛酉年”三字（图6–3–4，1）。太祖时之辛酉年为唐天复元年（公元901年），《辽史·太祖纪》纪年即始于该年。史称“唐天复元年，岁辛酉，痕德堇可汗立，以太祖为本部夷离堇，专征讨，连破室韦、于厥及奚帅辖剌哥，俘获甚众。冬十月，授大迭烈府夷离堇”。太祖纪功碑的纪年也应始于辛酉年，所记内容或与《太祖纪》相当，故暂将此残片置于第二组之首。

07GT2②：41–2第2行残有“□州癸亥”等字（图6–3–4，2）。“癸亥”当即太祖癸亥年（公元903年）。上残“□州”，颇疑为壬戌岁（公元902年）“城龙化州”事。《辽史·太祖纪》谓该年秋太祖“以兵四十万伐河东代北，攻下九郡，获生口九万五千，驼、马、牛、羊不可胜纪。九月，城龙化州于潢河之南，始建开教寺”[4]。此残石或可还原为“城龙化州癸亥年”。

---

[1]《辽史》卷一《太祖纪上》，第1页。

[2]《辽史》卷七一《德祖宣简皇后萧氏传》，第1319页。

[3]除上文“神光异香”诸事外，《辽史》卷一《太祖纪上》谓“初，母梦日堕怀中，有娠。……祖母简献皇后异之，鞠为己子。常匿于别幕，涂其面，不令他人见。三月能行；晬而能言，知未然事。自谓左右若有神人翼卫。虽龆龀，言必及世务。时伯父当国，疑辄咨焉。既长，身长九尺，丰上锐下，目光射人，关弓三百斤”（第1页）。《辽史》卷七三《耶律曷鲁传》称“闻于越之生也，神光属天，异香盈幄，梦受神诲，龙锡金佩”（第1347页）。

[4]《辽史》卷一《太祖纪上》，第2页。

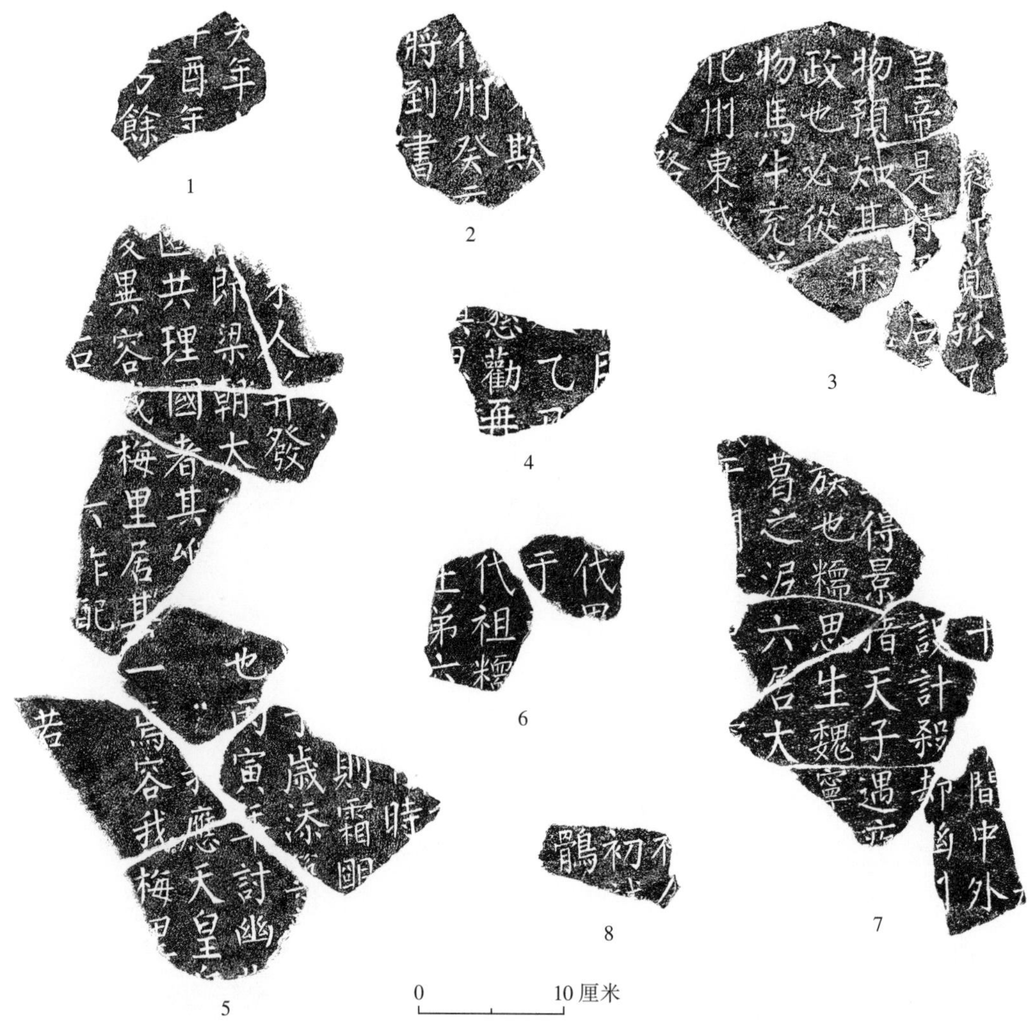

图6-3-4　辽太祖纪功碑汉文碑刻第二组残石

1. 07GT2②：41-6　2. 07GT2②：41-2　3. 07GT4②：11-1　4. 07GT2②：22-7　5. 07GT2②：6-1　6. 07GT2②：15-7　7. 07GT2②：18　8. 07GT4②：10-1

07GT4②：11-1第5行刻有“物马牛充□”，第6行刻有“化州东城”（图6-3-4，3）。“物马牛充□”或即上文太祖伐河东、代北获财物牛马事。“化州东城”当指甲子岁（公元904年）三月，太祖“广龙化州之东城”事[1]，此行或可复原为“广龙化州东城”。

07GT2②：22-7第2行刻有“乙丑”，第3行刻有“悬劝再”（图6-3-4，4）。“乙丑”即太祖乙丑岁（公元905年）。左侧“悬劝再”当指丙寅年（公元906年）

[1]《辽史》卷一《太祖纪上》，第2页。

十二月诸臣劝立太祖事，史称“痕得堇可汗殂，群臣奉遗命请立太祖。曷鲁等劝进。太祖三让，从之”[1]。

07GT2②：6–1第4行刻有“即梁朝太□□□也丙寅年讨幽州”，第5行刻有“□共理国者其唯凵凵凵我应天皇后”[2]，第6行刻有“俊异容我梅里居其一焉容我梅里”；07GT2②：15–7第3行刻有“代祖糯思”；07GT2②：18第2行刻有“设计杀却幽州”，第3行刻有“得景猪天子遇疾”，第4行刻有“族也糯思生魏宁”，第5行刻有“葛之泥六居大”（图6–3–4，5~7）。

据容我梅里、糯思、魏宁等字，知三块残石皆涉及应天皇后之家世，诸石所载当为叙事相连的一组文字。《辽史》载太祖皇后述律氏“其先回鹘人糯思，生魏宁舍利，魏宁生慎思梅里，慎思生婆姑梅里，婆姑娶匀德恝王女，生后于契丹右大部。婆姑名月椀，仕遥辇氏为阿扎割只”[3]。《辽史·地理志》“仪坤州”条称“应天皇后建州。回鹘糯思居之，至四世孙容我梅里，生应天皇后述律氏，适太祖”[4]。“月椀”“容我”系同名异译，碑石所载应天后世系大致与《辽史》相合。惟述律后出自回鹘之说，学界认知有所不同。我们遍检碑片，仅07GT4②：10–1残一“鹘”字（图6–3–4，8），可惜此字与述律后族属是否相关，终难凿实，只好暂且阙疑。

07GT2②：6–1第4行之“丙寅年（公元906年）讨幽州”，即该年二月“复击刘仁恭”事[5]。

07GT2②：18所记丙寅年（公元906年）之前事有二，一为“设计杀却幽州”，一为“得景猪天子遇疾”。“设计杀却幽州”或指甲子岁（公元904年）太祖败幽州赵霸事。是年九月，太祖“讨黑车子室韦，唐卢龙军节度使刘仁恭发兵数万，遣养子赵霸来拒。霸至武州，太祖谍知之，伏劲兵桃山下。遣室韦人牟里诈称其酋长所遣，约霸兵会平原。既至，四面伏发，擒霸，歼其众，乘胜大破室韦”[6]。若果如此，此石亦可与上文甲子岁三月“广龙化州东城”残石（07GT4②：11–1）相连[7]。

“得景猪天子遇疾”句较难理解，或指丙寅岁痕得堇可汗让位之事。《辽史·太祖纪》言“痕得堇可汗殂，群臣奉遗命请立太祖”，《辽史·耶律曷鲁传》称“会

---

[1]《辽史》卷一《太祖纪上》，第2、3页。《辽史》卷七三《耶律曷鲁传》有关于此事的详细记载，兹不赘言（第1346、1347页）。

[2]“凵”表示平阙所空之格。

[3]《辽史》卷七一《太祖淳钦皇后述律氏传》，第1319页。

[4]《辽史》卷三七《地理志一》，第505页。

[5]《辽史》卷一《太祖纪上》，第2页。

[6]《辽史》卷一《太祖纪上》，第2页。

[7]将07GT2②：18与07GT2②：6–1缀合、勾连的结果是“设计杀却幽州”句位于丙寅年之下（参见图6–3–8、6–3–9），与此推测有异。下文“得景猪天子遇疾”事，勾连后亦有不谐之处。因残石所缺过多，我们只能暂且存疑。

遥辇痕德堇可汗殁，群臣奉遗命请立太祖”，皆谓乙丑岁（公元905年）痕得堇可汗殂，太祖方得即位。然据中原文献，开平二年（戊辰岁，公元908年）五月，契丹前国王钦德（即“痕德堇”之异译）遣人向中原进贡马匹[1]，则太祖即位时，痕得堇仍在世。辽人赵志忠所撰《虏廷杂纪》亦称“八部落主爱其雄勇，遂退其旧主阿辇氏归本部，立太祖为王”[2]。“阿辇氏”即“遥辇氏”，亦指痕德堇可汗，未云痕德堇卒于退位之年。若此处“得景猪天子”指“痕德堇可汗”，则“遇疾”二字异于诸处记载，或有待发之覆。此残石亦可与上文丙寅岁（公元906年）“恳劝再”残石（07GT2②：22–7）相勾连。

07GT2②：18所记丙寅年（公元906年）之后事当为“□共理国者其唯凵凵凵我应天皇后”云云，此事当指丁卯年（公元907年）太祖获取汗位后，与应天后共理国政。该年春正月庚寅，太祖即位于如迂王集会埚，“群臣上尊号曰天皇帝，后曰地皇后”。史称太祖开疆拓土，述律后“有力焉”[3]。太祖纪功碑在叙述太祖称汗事之后，谓应天后与太祖“共理国”，并详述后族家世，此间或暗示太祖获取汗位很可能与述律后家族有较大关联。

07GT4②：41–2第1行刻有“奇自”，第2行刻有“会故改”，第3行刻有“匽岁国中”，第4行刻有“等无敢”，第5行刻有“两乳子之遇”，第6行刻有“余国於龙化州”，第7行刻有“浑攻破振武军”；07GT4②：41–1第1行刻有“安容淑丽机断精明”，第2行刻有“生女一人讳谩顮聪惠”，第3行刻有“州刺史将家属□”，第4行刻有“口为会盟口”，第5行刻有“银铁矿处”，第6行刻有“□俱伏天”（图6–3–5，1、2）。此二石可合二为一。

07GT4②：41–1第1行之“安容淑丽机断精明”及07GT4②：9–6之“聪知国体例”或指应天皇后而言。07GT4②：41–1第2行之“生女一人讳谩顮聪惠”及07GT4②：9–6第3行之“怀珠”（图6–3–5，3），或指应天后之女。然《辽史·公主表》谓太祖有女一人，名“质古”[4]，与此不合，故“谩顮”究竟是何人之女尚且存疑。

07GT4②：41–2第1行之“奇自”，07GT4②：41–1第3行之“州刺史将家属□”，盖指丁卯年（公元907年）秋七月乙酉，“平州刺史（刘）守奇率其众数千人来降”

[1]《五代会要》卷二九《契丹》，上海古籍出版社，1978年，第456页。《册府元龟》卷九七二《外臣部·朝贡五》，凤凰出版社，2006年，第12册，第11420页。

[2]《资治通鉴》卷二六六后梁纪一太祖开平元年条考异引赵志忠《虏廷杂纪》，中华书局，1956年，第18册，第8677页。

[3]《辽史》卷三七《地理志一》，第505页。

[4]《辽史》卷六五《公主表》，第1105页。

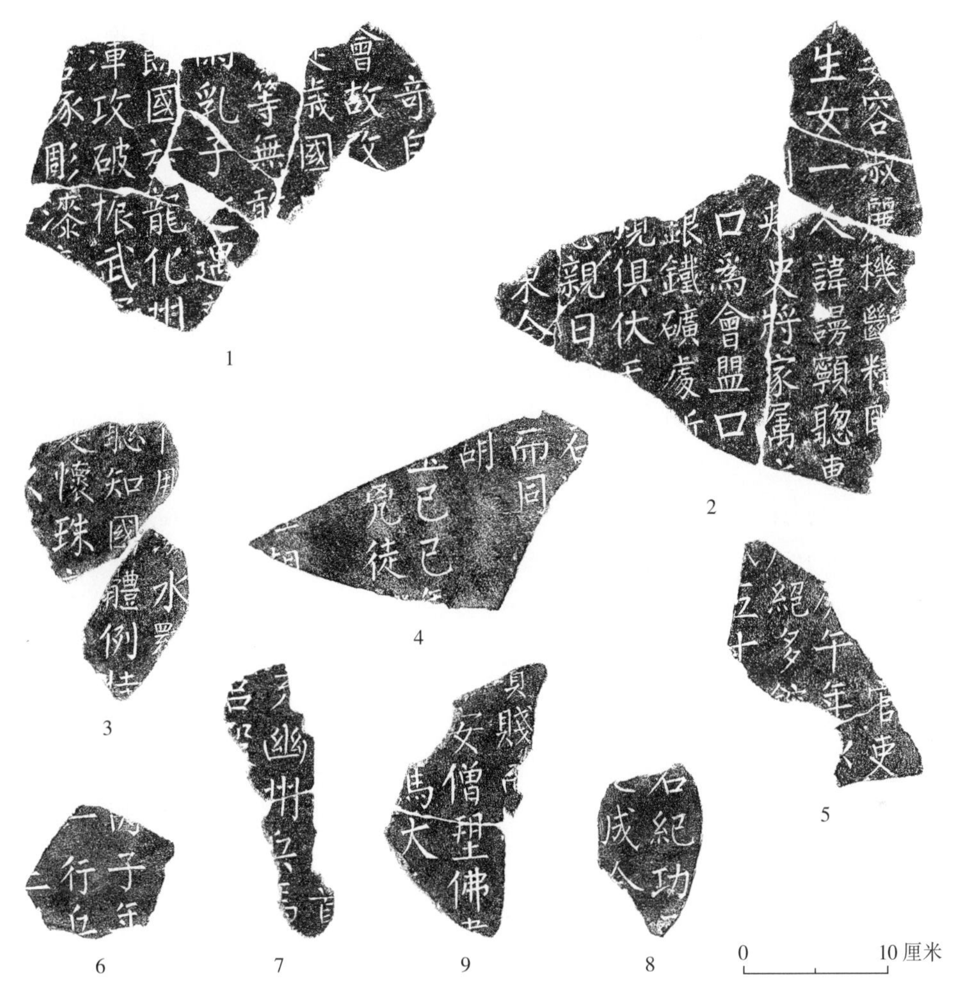

图 6-3-5　辽太祖纪功碑汉文碑刻第二组残石

1. 07GT4②：41-2　2. 07GT4②：41-1　3. 07GT4②：9-6　4. 07GT4②：32-1　5. 07GT4②：10-3　6. 07GT2②：7-1　7. 07GT3②：7-4　8. 07GT2②：38-2　9. 07GT4②：15-1

事[1]。此处可还原为“守奇自平州刺史将家属”。

07GT4②：41-2第2行之“会故改”，07GT4②：41-1第4行之“口为会盟口”，当指己巳年（公元909年）“三月，沧州节度使刘守文为弟守光所攻，遣人来乞兵讨之。命皇弟舍利素、夷离堇萧敌鲁以兵会守文于北淖口。进至横海军近淀，一鼓破之，守光溃去。因名北淖口为会盟口”[2]。此处可复原为“会故改北淖口为会盟口”。

07GT4②：41-2第3行之“是岁国中”，07GT4②：41-1第5行之“银铁矿处”，

[1]《辽史》卷一《太祖纪上》，第3页。

[2]《辽史》卷一《太祖纪上》，第4页。

或指辛未年（公元 911 年）冬十月戊午“置铁冶”事[1]，《辽史·食货志》谓“太祖征幽、蓟，师还，次山麓，得银、铁矿，命置冶”[2]，或亦与此相关。

07GT4②：41-2 第 4 行之“等无敢”，07GT4②：41-1 第 6 行之“□俱伏罪”，或指壬申岁（公元 912 年）太祖平诸弟之乱事。是年冬十月戊寅，剌葛与迭剌、寅底石、安端等反。壬辰，太祖“闻诸弟以兵阻道，引军南趋十七泺。是日燔柴。翼日，次七渡河，诸弟各遣人谢罪。上犹矜怜，许以自新”[3]。

07GT4②：41-2 第 6 行之“称国於龙化州”，当指神册元年（丙子岁，公元 916 年）太祖称帝建元事。是年二月丙戌朔，“上在龙化州，迭烈部夷离堇耶律曷鲁等率百僚请上尊号，三表乃允。丙申，群臣及诸属国筑坛州东，上尊号曰大圣大明天皇帝，后曰应天大明地皇后。大赦，建元神册”[4]。

07GT4②：41-2 第 7 行之“浑攻破振武军”，盖指公元 916 年太祖征吐浑诸部及拔振武军事。《辽史·兵卫志》称“神册元年，亲征突厥、吐浑、党项、小蕃、沙陀诸部，俘户一万五千六百；攻振武，乘胜而东，攻蔚、新、武、妫、儒五州，俘获不可胜纪，斩不从命者万四千七百级”[5]。

07GT4②：32-1 第 4 行刻有“己巳年（公元 909 年）”（图 6-3-5，4），可与上文“会故改北淖口为会盟口”诸石（07GT4②：41-2、07GT4②：41-1）相关联。

07GT4②：10-3 第 2 行“庚午年以”（图 6-3-5，5），疑此处为庚午岁（公元 910 年）七月戊子朔“以后兄萧敌鲁为北府宰相”事。

07GT2②：7-1 第 1 行刻有“丙子年”、07GT3②：7-4 刻有“充幽州兵马”，疑此处指丙子年（公元 916 年）以卢国用为幽州兵马留后事（图 6-3-5，6、7）。是年夏四月乙酉朔，“晋幽州节度使卢国用来降，以为幽州兵马留后”[6]。

07GT2②：38-2 刻有“石纪功”三字（图 6-3-5，8），或可与上文丙子岁（公元 916 年）攻破振武军事相关。是年八月，太祖“拔朔州，擒節度使李嗣本。勒石紀功於青塚南”[7]。以上三石，亦可与上文 07GT4②：41-2、07GT4②：41-1 二石相勾连。

---

[1]《辽史》卷一《太祖纪上》，第 5 页。

[2]《辽史》卷六〇《食货志下》，第 1032 页。

[3]《辽史》卷一《太祖纪上》，第 6 页。

[4]《辽史》卷一《太祖纪上》，第 10、11 页。

[5]《辽史》卷三四《兵卫志上》，第 450 页。《辽史》卷四一《地理志五》“振武县”条（第 2 册，第 581 页）谓“太祖神册元年，伐吐浑还，攻之（即振武军），尽俘其民以东，唯存乡兵三百人防戍。后更为县”；卷一《太祖纪上》（第 1 册，第 11 页）将“振武”记作“朔州”，“秋七月壬申，亲征突厥、吐浑、党项、小蕃、沙陀诸部，皆平之。俘其酋长及其户万五千六百，铠甲、兵仗、器服九十余万，宝货、驼马、牛羊不可胜算。八月，拔朔州，擒节度使李嗣本。勒石纪功于青冢南。冬十月癸未朔，乘胜而东。十一月，攻蔚、新、武、妫、儒五州，斩首万四千七百余级”。

[6]《辽史》卷一《太祖纪上》，第 11 页。

[7]《辽史》卷一《太祖纪上》，第 11 页。

此外，07GT4②：15–1 残有“安僧塑佛建”等字（图 6–3–5，9），或指壬申岁（公元 912 年）建天雄寺事。是年太祖“以兵讨两冶，以所获僧崇文等五十人归西楼，建天雄寺以居之，以示天助雄武”[1]。故暂与以上诸石列为一组。

（三）第三组残石

第三组残石主要介绍公元 917 年至 926 年太祖之功绩及太祖薨逝之事。

07GT2②：11–7 第 1 行刻有“周德威兵士”（图 6–3–6，4）。根据左侧残文之时序（详下），推测此处可能是指神册二年（丁丑年，公元 917 年）太祖攻幽州事，“三月辛亥，攻幽州，节度使周德威以幽、并、镇、定、魏五州之兵拒于居庸关之西，合战于新州东，大破之，斩首三万余级，杀李嗣本之子武八”[2]。

07GT2②：11–7 第 2 行刻有“年又亲征域屈里”，有可能是神册四年（己卯年，公元 919 年）太祖征乌古部事。乌古又称于厥、于骨里。此处“域屈里”亦为“乌古”之异译。据《辽史·太祖纪》，是年九月，太祖征乌古，“冬十月丙午，次乌古部，天大风雪，兵不能进，上祷于天，俄顷而霁。命皇太子将先锋军进击，破之，俘获生口万四千二百，牛马、车乘、庐帐、器物二十余万。自是举部来附”[3]。

07GT2②：11–7 第 3 行刻有“异母弟索限授南”，盖指神册六年（辛巳年，公元 921 年）“春正月丙午，以皇弟苏为南府宰相”事[4]。《辽史·皇子表》载太祖父亲德祖有六子，母宣简皇后生五子[5]，知德祖有一子为庶出。《皇子表》将耶律苏置于德祖诸子之末，盖以庶出之故。《辽史·耶律奴瓜传》称奴瓜为“太祖异母弟南府宰相苏之孙”[6]。故此处“异母弟索限”即耶律苏，残石可补为“异母弟索限授南府宰相”。

07GT2②：11–7 第 4 行之“令公男一人汉军大”，所指究竟何事，暂不可知。

07GT4②：36–1 之“胡琼”（图 6–3–6，5），当指天赞元年（壬午年，公元 922 年）四月太祖攻破蓟州，“擒刺史胡琼”事[7]。

07GT4②：36–11 第 2 行之“民历户”、07GT4②：3 第 6 行之“口滋□紏辖跦远遂分”、07GT2②：11–7 第 5 行之“二部立两节度使以统押”可以缀合为一，所指为天赞元年太祖二分迭剌部事（图 6–3–6，2~4）。据《辽史·兵卫志》，“天赞

[1]《辽史》卷一《太祖纪上》，第 6 页。
[2]《辽史》卷一《太祖纪上》，第 12 页。
[3]《辽史》卷二《太祖纪下》，第 17 页。
[4]《辽史》卷二《太祖纪下》，第 18 页。
[5]《辽史》卷六四《皇子表》，第 1067~1074 页。
[6]《辽史》卷八五《耶律奴瓜传》，第 1448 页。
[7]《辽史》卷二《太祖纪下》，第 20 页。

图6-3-6 辽太祖纪功碑汉文碑刻第三组残石

1. 采：50 2. 07GT4②：3 3. 07GT4②：36-11 4. 07GT2②：11-7 5. 07GT4②：36-1 6. 07GT4②：36-16

元年，以户口滋繁，糺辖疏远，分北大浓兀为二部，立两节度以统之"[1]。《辽史·食货志》亦谓太祖"尝以户口滋繁，糺辖疏远，分北大浓兀为二部，程以树艺，诸部效之"[2]。《辽史·太祖纪》则称天赞元年十月甲子，"分迭剌部为二院：斜涅赤

[1]《辽史》卷三四《兵卫志上》，第450页。

[2]《辽史》卷五九《食货志上》，第1026页。

为北院夷离堇，绾思为南院夷离堇。诏分北大浓兀为二部，立两节度使以统之”。综合以上记载及碑文所缺字数，此句可缀合补充为“民历户口滋繁糺辖疏远遂分北大浓兀为二部立两节度使以统押”。

此句中“糺辖”二字亦见于《辽史·国语解》，文称“糺辖。糺，军名。辖者，管束之义”[1]。因《国语解》系此词于“太祖纪”之下，故学界普遍认为“太祖纪”原有“糺辖疏远”等文字，后被元代史官删去。纪功碑之文可佐证学界这一推测。

此外，关于“糺”字的写法，学界也有争议。今日所存《辽史》诸本皆作“糺”，清人钱大昕曾见一《辽史》作“乣”[2]。由于乣与乣军涉及辽金元史上诸多重大问题，故学界对于“乣（糺）”字字形，展开了旷日持久的争论，迄今仍难以达成共识。纪功碑明确载有“乣（糺）”字，本可结案，可惜该字关键部分恰好剥落，历史真相就这样失之眉睫间，令人扼腕不已。

采：50 第 2 行刻有“平州拔”（图 6-3-6，1），当指天赞二年（公元 923 年）正月丙申“大元帅尧骨克平州”事[3]。

07GT4 ②：3 第 7 行之“部恃险偷”、07GT2 ②：11-7 第 6 行之“一鼓而亡余党归降各令”（图 6-3-6，2、4），盖指天赞二年（癸未年，公元 923 年）三月太祖平奚堕瑰部事。是年“三月戊寅，军于箭笴山，讨叛奚胡损，获之，射以鬼箭。诛其党三百人，沉之狗河。置奚堕瑰部，以勃鲁恩权总其事”[4]。《辽史·营卫志》亦载此事，“天赞二年，有东扒里厮胡损者，恃险坚壁于箭笴山以拒命，揶揄曰：‘大军何能为，我当饮堕瑰门下矣！’太祖灭之，以奚府给役户，并括诸部隐丁，收合流散，置堕瑰部，因堕瑰门之语为名，遂号六部奚。命勃鲁恩主之，仍号奚王”[5]。

07GT1 ②：10-1 第 2 行之“牢城使裴信父子”（图 6-3-7，5），所记当为天赞二年耶律德光擒裴信父子事。是年四月庚申，“尧骨军幽州东，节度使符存审遣人出战，败之，擒其将裴信父子”[6]。

07GT4 ②：3 第 8 行之“年六”、07GT2 ②：11-7 第 7 行之“皇后太子元帅王子太后二宰相诸”、07GT3 ②：13 之“部头等从”可大致缀合为“年六……皇后太子元帅王子太后二宰相诸部头等从”（图 6-3-6，2、4；6-3-8~6-3-10），所指当为天赞三年（公元 924 年）“六月乙酉，召皇后、皇太子、大元帅及二宰相、诸部

[1]《辽史》卷一一六《国语解》，第 1691 页。

[2] 钱大昕《十驾斋养新余录》卷中，“乣”条，陈文和主编《嘉定钱大昕全集》，江苏古籍出版社，1997 年，第 7 册，第 586 页。

[3]《辽史》卷二《太祖纪下》，第 20 页。

[4]《辽史》卷二《太祖纪下》，第 20 页。

[5]《辽史》卷三三《营卫志下》，第 439 页。

[6]《辽史》卷二《太祖纪下》，第 21 页。

头等诏曰”事[1]。

07GT4②：36–16第2行之“天”、07GT4②：19–1第3行“监惠及蒸民圣”、07GT3②：7–12第2行之“载一”、07GT3②：14–9第1行之“下降凡间”、07GT3②：14–14第2行之“是以”、07GT1②：10–1第3行之“在己取舍如神人”、07GT4②：4–3第1行之“人情”、07GT4②：36–42之“附”、07GT2②：48–3第2行之“舛讹”、07GT4②：3第9行之“巨”、07GT2②：11–7第8行之“之经营为群方之父母宪□斯在胤嗣何”、07GT3②：13第5行之“忧升降有”、07GT4②：19–1第4行之“自有侣於天”、07GT3②：14–9第2行之“年之后岁在丙”、07GT1②：10–1第4行之“事岂负”、07GT4②：4–3第2行之“严是”（图6–3–6，2、6；6–3–7，1~7、15；6–3–10）。

以上诸残片，虽是断烂不堪，难以卒读，然而经过仔细比对，我们确定这些文字实为太祖天赞三年之诏书。《辽史·太祖纪》载有天赞三年诏之全文，兹引如下，“上天降监，惠及烝民。圣主明王，万载一遇。朕既上承天命，下统群生，每有征行，皆奉天意。是以机谋在己，取舍如神，国令既行，人情大附。舛讹归正，遐迩无愆。可谓大含溟海，安纳泰山矣！自我国之经营，为群方之父母。宪章斯在，胤嗣何忧？升降有期，去来在我。良筹圣会，自有契于天人；众国群王，岂可化其凡骨？三年之后，岁在丙戌，时值初秋，必有归处。然未终两事，岂负亲诚？日月非遥，戒严是速”[2]。

依据残石07GT4②：36–16“天”字顶格书写以及07GT4②：19–1、07GT3②：14–9、07GT1②：10–1、07GT4②：4–3所载诏书文字左、右对应的规律，推测出诏文行数及转行之位置（图6–3–6，6；6–3–7，1、3、5、6）。现依据《辽史》所载诏书内容，结合碑刻残存文字，将石刻中的诏书文字及行款格式复原如下：

（上略）上

A　天降监惠及蒸民圣主明王万载一遇朕既上承天命下降凡间每有征行皆奉天意是以机

B　圣会自有侣於天人众国群王岂可化其凡骨三年之后岁在丙戌时值初秋?必有归处然

A　谋在己取舍如神人?国令既行人情大附舛讹归正遐迩无愆可谓大含巨海安纳泰山矣

B　未终两事岂负亲诚日月非遥戒严是速

[1]《辽史》卷二《太祖纪下》，第21页。

[2]《辽史》卷二《太祖纪下》，第21、22页。

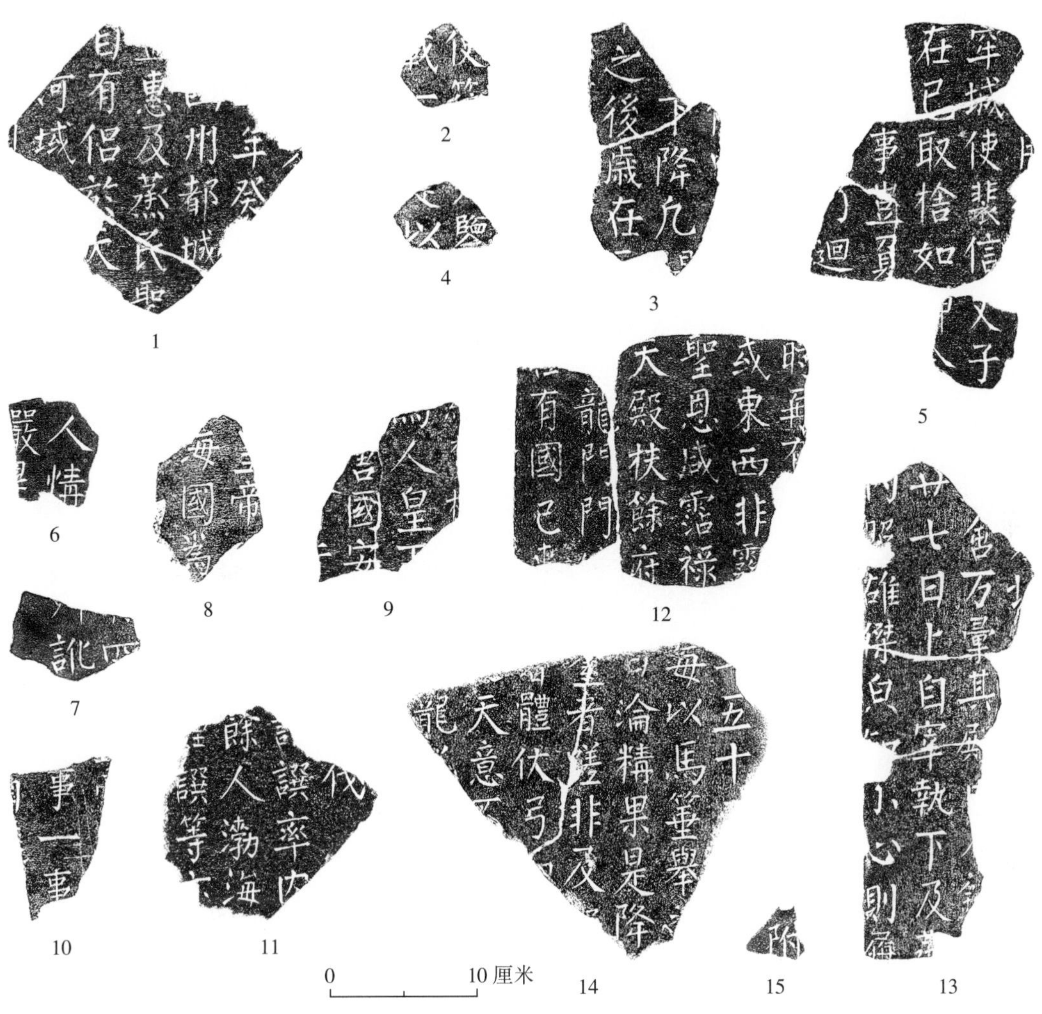

图 6-3-7　辽太祖纪功碑汉文碑刻第三组残石

1. 07GT4 ②：19-1　2. 07GT3 ②：7-12　3. 07GT3 ②：14-9　4. 07GT3 ②：14-14　5. 07GT1 ②：10-1　6. 07GT4 ②：4-3　7. 07GT2 ②：48-3　8. 07GT4 ②：25-6　9. 07GT4 ②：37-10　10. 07GT3 ②：1-1　11. 07GT3 ②：4-1　12. 采：43　13. 07GT4 ②：32-6　14. 07GT2 ②：42-1　15. 07GT4 ②：36-42

A　自我国之经营为群方之父母宪章斯在胤嗣何忧升降有期去来在我良筹凵凵凵[1]

监惠及蒸民 自有侣於天	下降凡 后岁在	取舍如 事岂负	人情 严是

[1] 诏文共有两行，我们标以 A、B 以示区别，粗体下划线文字表示石刻文字存在左右对应关系。

需要说明的是，“取舍如神人?国令既行”“丙戌时值初秋?必有归处然未终两事”两处文字应当与《辽史》略所不同，若非如此，则所示残石文字无法左右一一对应，我们暂以?表示存疑之字，以满足这一条件。

A 行“良筹”下三字空格，盖依据 07GT3 ②：13 残石之文（图 6–3–10）。该石除去诏书之“忧升降有”等文字之外，左侧尚残有十余行文字。其中与“筹”处于同一列的“之”“若”“圣”“龙”等字下仍有文字（图 6–3–8、6–3–9），可见“筹”字并非位于行末。依据残石左侧这些文字，推测“良筹”下当有三字空格，而这与纪功碑平阙格式恰好相符。据 07GT3 ②：13 第 12、13 行以及 16 行，“皇帝”以及“升天皇帝”前各阙三字，可知纪功碑平阙格式为阙三字。“良筹圣会”之“圣”字，按例亦需阙三字，因“筹”下仅有三字空格，故阙字之后，“圣会”二字正好提行书写。据此，我们推测纪功碑每行文字当为 105 字。

除此之外，纪功碑文字与《辽史》所载略有不同，现胪列如下。“自有侣于天人”，《辽史》作“自有契于天人”；“下降凡间”，《辽史》作“下统群生”；“大含巨海”，《辽史》作“大含溟海”。这说明《辽史》文字经过史官的进一步润色，有可能出自耶律俨或陈大任的手笔。

07GT3 ②：1–1 刻有“事一事”，当为天赞四年（乙酉年，公元 925 年）太祖伐渤海诏（图 6–3–7，10）。该年十二月乙亥，太祖诏曰：“所谓两事，一事已毕，惟渤海世仇未雪，岂宜安驻”[1]。此句可补为“两事一事已毕”。

07GT3 ②：13 第 9 行“天赞五年丙戌正月三日”（图 6–3–10），盖指天赞五年（丙戌年，公元 926 年，二月改元天显）攻克扶馀府事。是年正月庚寅（即三日），“拔扶馀城，诛其守将”[2]。

07GT3 ②：4–1 第 2 行之“諲譔率内”、第 3 行之“余人渤海”、第 4 行之“諲譔等”，07GT4 ②：25–6 第 2 行之“海国为”，07GT4 ②：37–10 第 1 行之“为人皇王”，07GT3 ②：13 第 10 行之“备亡国之礼降拜于京城”（图 6–3–7，8、9、11；6–3–10），盖指太祖灭渤海国事。天显元年春正月“己巳，諲譔请降。……辛未，諲譔素服，槀索牵羊，率僚属三百余人出降。上优礼而释之。……丁丑，諲譔复叛，攻其城，破之。驾幸城中，諲譔请罪马前。诏以兵卫諲譔及族属以出。祭告天地，复还军中”。二月丙午，“改渤海国为东丹，忽汗城为天福。册皇太子倍为人皇王以主之”[3]。

07GT4 ②：32–6 第 3 行“廿七日上自宰执下及愚”，07GT3 ②：13 第 13 行“原

[1]《辽史》卷二《太祖纪下》，第 23 页。
[2]《辽史》卷二《太祖纪下》，第 24 页。
[3]《辽史》卷二《太祖纪下》，第 24 页。

图 6-3-10　辽太祖纪功碑汉文碑刻第三组残石（07GT3 ②：13）

蔽日一昼一夜访可豁然凵凵凵皇帝圣躬不[和]”、第 14 行“考妣若覆乾坤蹑天路以难寻扣帝阍而不见”（图 6-3-7，13；6-3-10），盖指天显元年太祖驾崩事。天显元年七月“辛巳（27 日）平旦，子城上见黄龙缭绕，可长一里，光耀夺目，入于行宫。有紫黑气蔽天，逾日乃散。是日，上崩，年五十五”[1]。又，07GT2 ②：42-1 第 1 行之“[年]五十[五]”（图 6-3-7，14），疑指太祖之年寿，或可与上述二石相勾连，

［1］《辽史》卷二《太祖纪下》，第 25 页。

故将此石置于第四组。

07GT3②：13第15行"出焉远古之郡也以黄龙昼见今改[为]黄龙[府]"，盖指改扶馀府为黄龙府事。《辽史·地理志》谓"龙州，黄龙府。本渤海扶馀府。太祖平渤海还，至此崩，有黄龙见，更名"[1]。《辽史·太祖纪》亦谓"太祖所崩行宫在扶馀城西南两河之间，后建升天殿于此，而以扶馀为黄龙府云"[2]。

采：43第4行刻有"天殿扶馀府"（图6–3–7，12），此句疑为建升天殿于扶馀城附近事。《辽史·太祖纪》称"太祖所崩行宫在扶馀城西南两河之间，后建升天殿于此"[3]，然《辽史》将此事接于重熙二十一年（公元1052年）九月太祖加谥大圣大明神烈天皇帝之后，令人无法确知"升天殿"建立时间，今据纪功碑可知"升天殿"当建于太祖亡后不久的天显元年或二年。

采：43第4行"龙门门"（图6–3–7，12），当指祖州附近之龙门山及黑龙门事。《辽史·地理志》称祖州"有龙门、黎谷、液山、液泉、白马、独石、天梯之山"，"太祖陵凿山为殿，曰明殿。殿南岭有膳堂，以备时祭。门曰黑龙"[4]。

07GT3②：13第16行刻有"升天皇帝每因游猎[多][驻]跸於此今[建]"，"升天皇帝"为太祖之谥号，天显元年九月己巳，"上谥升天皇帝，庙号太祖"[5]。"每因游猎多驻跸於此今建"，或指建奉陵邑祖州事。《辽史·地理志》"祖州"条谓"太祖秋猎多于此，始置西楼。后因建城，号祖州"[6]。关于祖州建立时间，《辽史·太祖纪》称天显二年八月丁酉，"葬太祖皇帝于祖陵，置祖州天城军节度使以奉陵寝"[7]。

（四）第四组残石

第四组残石为碑文结尾部分，大致为总结太祖功绩之辞藻、铭文以及立碑日期。

07GT3②：6、07GT4②：6–4二石可以缀连成文（图6–3–11，1、2）。07GT3②：6第2行、07GT4②：6–4第3行可缀合为"庶政[必]资于亲授成谋不顾折狱无[疑]"，07GT3②：6第3行、07GT4②：6–4第4行可缀合为"决恤[邻]救患伐叛怀来晋国先王面"，07GT3②：6第4行、07GT4②：6–4第5行"基夷夏[之]君一人而已嗟乎昔来今去"，07GT3②：6第5行、07GT4②：6–4第6行可缀合为"截山

[1]《辽史》卷三八《地理志二》，第533页。
[2]《辽史》卷二《太祖纪下》，第26页。
[3]《辽史》卷二《太祖纪下》，第26页。
[4]《辽史》卷三七《地理志一》，第501页。
[5]《辽史》卷二《太祖纪下》，第26页。
[6]《辽史》卷三七《地理志一》，第500页。
[7]《辽史》卷二《太祖纪下》，第26页。

图 6-3-11　辽太祖纪功碑汉文碑刻第四组残石

1. 07GT3②：6　2. 07GT4②：6-4
3. 07GT3②：3-1　4. 07GT3②：11-2

神圣非常凵爰从族茂凵遽至其昌”，07GT3 ②：6 第 6 行、07GT4 ②：6–4 第 7 行可缀合为“生霜凵西界□□凵东臣乐浪凵怀彼宵”。

07GT4 ②：6–4 与 07GT3 ②：3–1 二石可相缀合（图 6–3–11，2、3），其间虽有缺字，但依据最右侧关于日期的文字，可以确定二石当前后相连。07GT4 ②：6–4 第 8 行之“天显二年”、07GT3 ②：3–1 第 8 行之“月己卯朔廿四日壬寅”，每字占据空间虽与右侧正文相当，但字形明显略大一些，异于正文，可知此句当为碑末之立碑日期。依据石刻末尾日期之惯例以及右侧铭文四字一句的特点，推测所缺字数以五字为宜。又据《辽史》相关记载，我们将此句补充为“天显二年岁次丁亥八月己卯朔廿四日壬寅”。具体论证，前文已有述及，姑不赘言。

07GT3 ②：11–2 第 4 行之“山积凵牛马谷量凵旧无规”、第 5 行之“天長凵巨海雖變凵斯文不”，07GT1 ②：12–2 之“萧萧”，07GT4 ②：37–12 第 2 行之“王凵德”、第 3 行之“网凵忽”，07GT3 ②：8–1 第 5 行之“风飘邃殿凵月照虚堂”，显为碑刻铭文，故置于第四组（图 6–3–11，4；6–3–12，1~3）。其中“风飘邃殿、月照虚堂”句，当为铭文结尾之辞，故将残石 07GT3 ②：8–1 置于相对末尾之处。

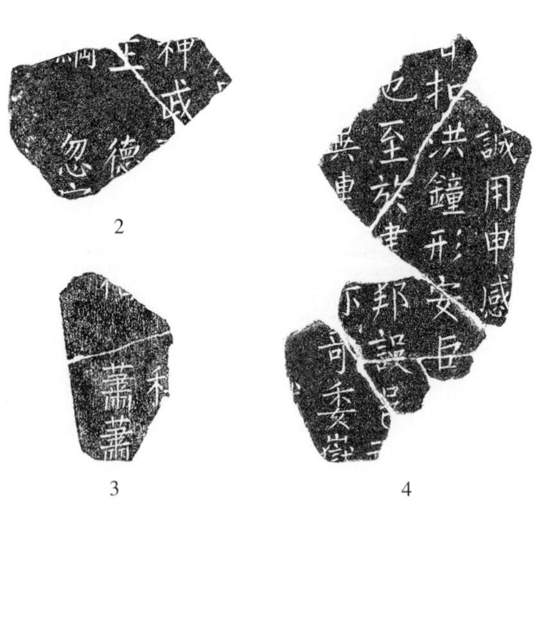

图 6–3–12　辽太祖纪功碑汉文碑刻第四组残石

1. 07GT3 ②：8–1　2. 07GT4 ②：37–12　3. 07GT1 ②：12–2　4. 采：87

此外，采：87 自右至左依次刻有“诚用申感”“扣洪钟形安臣”“至于建邦设邑”“异莲□□奇委臣”等词，当是总结太祖功绩之辞，亦置于第四组（图 6–3–12，4）。

三　契丹大字碑文释读

由于契丹大字的释读较为有限，且无可以参照的文本，我们面对这些残石断片，尚未发现关键线索，故难以缀连、复原，只好暂时阙如。现仅就契丹大字残碑文中可释读出的几个重要问题略作探讨。

（一）关于辽朝之国号

关于辽朝的国号，学界屡有争论。就契丹文字而言，争议的焦点在于“辽”字的释读。刘凤翥先生认为契丹大字墓志中的[illegible]一词可以汉译为“辽”。该词对应的契丹小字为[illegible]，可以拟音为 *xulus，意为辽远、辽阔。刘先生认为无论辽朝的汉文国号如何更改，在契丹文中使用的始终是双国号。当改国号为大契丹时，契丹小字墓志中的国号为[illegible] [illegible]，契丹大字墓志中的国号为[illegible]，汉译为“契丹·辽”。当改国号为大辽时，契丹小字中的国号则变为[illegible] [illegible]，契丹大字墓志中的国号则变为[illegible]，汉译为“辽·契丹”[1]。

乌拉熙春教授则认为契丹大字之[illegible]以及契丹小字之[illegible]的音值为 *hulʤi，含义与蒙古语 ulus 相近，本义或即“人众”，有可能具有“自家的人众”这一特定含义。她认为[illegible]（[illegible] [illegible]）较[illegible]（[illegible] [illegible]）更为常用。契丹人在建立王朝之前，以此自称；王朝建立后，则在其后加上汉借词国（契丹大字作[illegible]、契丹小字作[illegible]）作为国号[2]。

辽太祖纪功碑残石两见[illegible]（07GT2②：20–1 第 3 行、07GT2②：32–3 第 5 行）（图 6–3–13，1、2），[illegible]当为[illegible]之异体。07GT2②：20–1 第 3 行前后文已残，由于[illegible]有时会用作人名，我们暂时无法判定该词是国名还是人名。07GT2②：32–3 第 5 行刻有“[illegible]”三字，当即契丹文之国号，此后所残字当为[illegible]。我们推测契丹大字残石中应当出现了辽朝的国号“[illegible]”。

据上文所述，碑阴的汉文部分刻于天显二年（公元 927 年），按理碑阳的契丹

[1] 刘凤翥：《从契丹文字的解读谈辽代契丹语中的双国号——兼论“哈喇契丹”》，《东北史研究》2006 年 2 期，第 1~4 页；《契丹大字〈耶律祺墓志铭〉考释》，《内蒙古文物考古》2006 年 1 期，第 53~54 页。刘凤翥先生的观点发表后，学界仍有一些不同意见，陈晓伟从波斯文、藏文等史料入手，进一步论证了辽朝的双国号制度，参见氏著《辽朝国号再考释》，《文史》2016 年 4 辑。

[2] 爱新觉罗·乌拉熙春：《遼朝國號非「哈喇契丹（遼契丹）」考 ——兼擬契丹大字[illegible]及契丹小字[illegible]的音值》，氏著《愛新覺羅烏拉熙春女真契丹學研究》，［日］松香堂书店，2009 年，第 192~196 页。

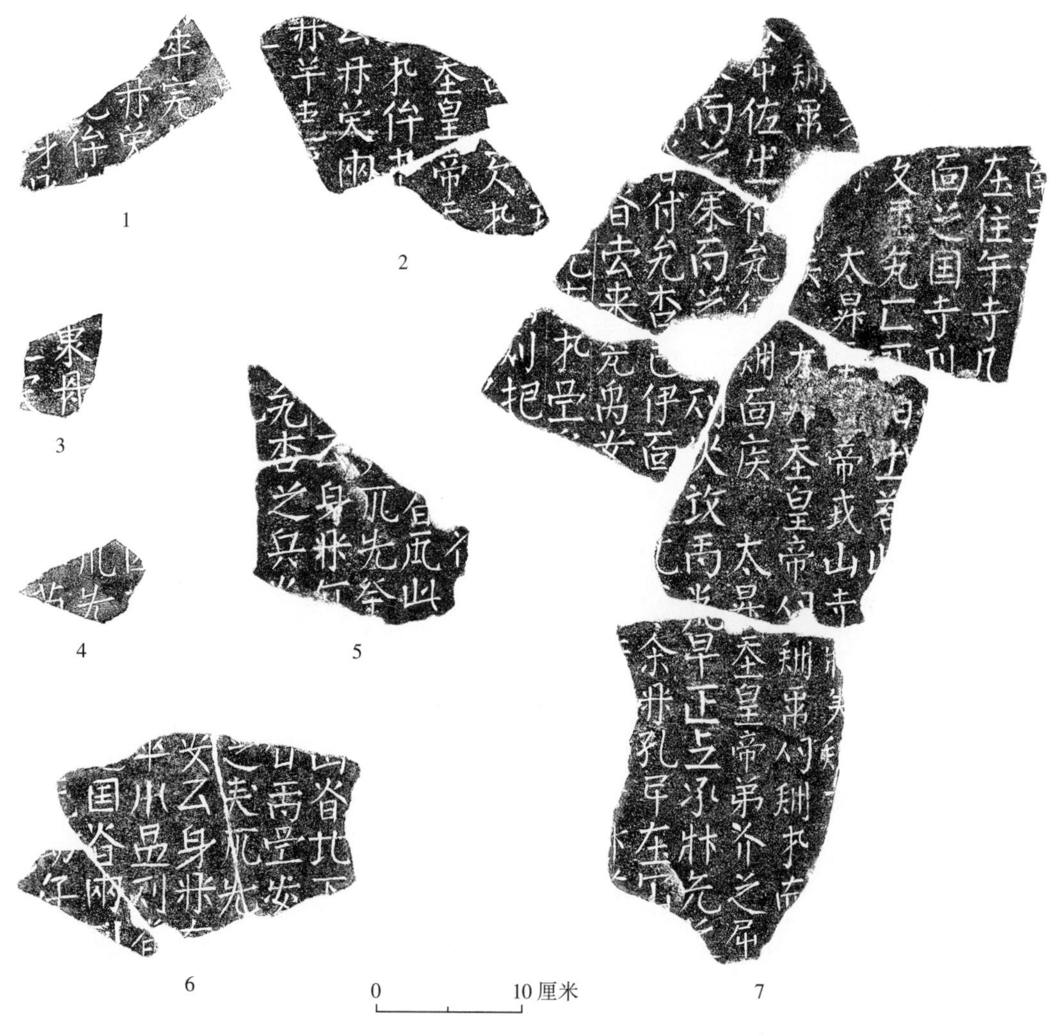

图 6-3-13 辽太祖纪功碑契丹大字碑文

1. 07GT2 ②：20-1 2. 07GT2 ②：32-3 3. 07GT2 ②：59-11 4. 07GT2 ②：7-2 5. 07GT2 ②：12-2 6. 07GT2 ②：19-1 7. 07GT4 ②：40-1

大字也应刻于同一年。然而，作为国号的“辽”晚至太宗时期方才出现。学界目前有会同元年（公元 938 年）建辽说和大同元年（公元 947 年）建辽说两种不同的观点，无论哪一种，皆与天显二年相去较远。残石中的“**亦央冈（刈）**”无疑对**亦央**为“辽”说以及双国号说造成了冲击。究竟如何解释这一现象，**亦央**究竟是“辽”，还是代表“人众”，抑或是语义发生了改变，仍需要我们进一步的调查与研究。

（二）关于东丹国之国号

关于东丹国国号，学界有两种截然不同的说法。金毓黻先生认为“东丹之名得自契丹，以其建国在契丹国之东也，亦即‘东契丹国’之简称”[1]。最初学界对于这一认知并无异议。但是随着契丹文字墓志的出土、释读，这一看法受到了挑战。

刻于辽兴宗重熙二十二年（1053 年）的契丹小字《耶律宗教墓志》第 4 行见“仍关 九交/村 火 𠃊”，意为“丹国之圣汗”[2]。与之对译的汉文墓志作“渤海圣王”，即渤海国王大諲譔。渤海亡国后，辽太祖改渤海国为东丹国。此处的“丹国”，应指“东丹国”。

刻于辽道宗大康七年（1081 年）的契丹大字《多罗里本郎君墓志》第 3 行称[3]：

佟札炋　英　乔卆　丕　皇帝　谷　玫　弃　𠁥国

寅底哂·兀里　宰相　天　皇帝　之　时　于　丹国

谷　乔卆　用工

之　宰相　授予

寅底哂·兀里为多罗里本之先世，汉名耶律羽之，《辽史·耶律羽之传》谓羽之曾任东丹国中台省右次相。此处的丹国显然是指东丹国。此处契丹大字之**𠁥国**与上文契丹小字之**仍关　九交**相对应，皆直译为“丹国”，用以指称东丹国。

刘凤翥先生依据契丹大、小字将“东丹国”直译为“丹国”的现象，推测“东丹”的国号与耶律大石之西辽、耶律淳之北辽类似，都是后世史家为便于区别契丹或辽朝而加上“东”“西”和“北”字。他认为“东丹国”实际的国号为“丹国”，“丹国”的“丹”字并不是“契丹”的简称，“东丹”国号与“契丹”没有任何关系[4]。

乌拉熙春教授也提出了类似看法。她依据《耶律宗教墓志》，认为“东丹之‘东’乃后加之语，至迟在兴宗之世仍称丹国。则‘东丹’之本义并非略自‘契丹之东’，而是源自‘丹国’”[5]。

刘浦江先生则认为“东丹国号的真实性是不容置疑的”，东丹国的全称应为“大东丹国”，契丹大、小字石刻资料中的所谓“丹国”仅仅是东丹国的简称，“东丹”之名后起说并不可信。

---

[1]《渤海国志长编》卷一九《丛考》，赵铁寒主编《渤海国志》，（台北）文海出版社，1977 年，第 359 页。金毓黻《东北通史》上编亦称“东丹之名，盖与契丹对举，义犹东契丹，以其建国于契丹之东也”（《社会科学战线》杂志社翻印本，1980 年，第 317 页）。

[2] 参见刘凤翥《契丹文字研究类编》，中华书局，2014 年，释文见第 3 册第 659 页，契丹小字拓本照片见第 4 册第 1126 页，汉文拓本照片见第 4 册第 1127 页。

[3] 参见丛艳双、刘凤翥、池建学：《契丹大字〈多罗里本郎君墓志铭〉考释》，《民族语文》2005 年 4 期，第 51、54 页；爱新觉罗·乌拉熙春：《遼朝の皇族——金啟孮先生逝去二周年に寄せて》，《立命館文学》第 594 号，2006 年，第 86 页。

[4] 刘凤翥：《从契丹文字的解读说“东丹”国号》，《东北史研究》创刊号，2004 年，第 42 页。

[5] 爱新觉罗·乌拉熙春：《遼金史札記》，《立命館言語文化研究》15 卷 1 号，2003 年；收入氏著《遼金史與契丹·女真文》，京都大学东亚历史文化研究会，2004 年，第 85 页。

刘浦江先生的依据主要是汉文石刻及文献。首先是辽代汉文石刻，刻于会同五年（公元942年）的《耶律羽之墓志》有“东丹国大内相”“收伏渤海，革号东丹”“君临东丹”[1]；刻于辽景宗保宁十一年（公元979年）的《耶律琮神道碑》追述太祖弟迭剌为“东丹国左宰相”[2]。

其次是中原文献，《五代会要》称耶律倍为“东丹王”，并谓“敕渤海国王、人皇王突欲：‘契丹先收渤海国，改为东丹，其突欲宜赐姓东丹，名慕华’”[3]。《册府元龟》以及宋初成书的《旧五代史》中亦屡见“东丹王”或“东丹国”之称，不下数十百条。陆游《南唐书》亦将契丹、东丹并称为“二丹”[4]。

最后是辽朝之文献，《辽史》卷三八《地理志》见《大东丹国新建南京碑铭》[5]。

刘浦江先生的论证翔实可信，可惜由于所用皆为汉文史料，有的学者对契丹文中的“丹国”仍心存疑虑。如今，契丹大字辽太祖纪功碑残石完全可以打消人们这种疑虑。

纪功碑07GT2②：59-11刻有[illegible]两个契丹大字（图6-3-13，3），可直译为“东丹”，显然是指东丹国而言。这说明早期的契丹文应当写作“东丹国”，后期的契丹文因为某种原因简称为“丹国”，从而造成今人的误解。纪功碑从契丹文字的角度证明了刘浦江先生论证的准确性。

综上，“东丹国”在契丹文中有“东丹国”“丹国”两种书写形式，后者为前者之简称，汉文中东丹之“东”并非后世所加，东丹国当得名于东契丹国。

（三）关于神册年号之问题

《辽史·太祖纪》明确称太祖于丙子年（公元916年）称帝并建元“神册”，然而由于中原文献失载神册、天赞年号，一些学者认为神册、天赞当出自后世史家杜撰，辽朝实际上并不存在这两个年号[6]。例如《册府元龟》卷九五六《外臣部·总序》谓“虏主德光始建年纪”[7]，《旧五代史·契丹传》称公元928年“德光伪改为天显元年”[8]，《宋会要辑稿》蕃夷一之一载“（阿保机）次子元帅太子德光立二年，

---

[1] 盖之庸：《内蒙古辽代石刻文研究（增订本）》，内蒙古大学出版社，2007年，第1~3页。

[2] 李逸友：《辽耶律琮墓石刻及神道碑铭》，载《东北考古与历史》第1辑，文物出版社，1982年，第181页。

[3]《五代会要》卷二九《契丹》，第456~458页。

[4] 陆游《南唐书》卷一八《契丹传》，傅璇琮、徐海军、徐吉军主编《五代史书汇编》，杭州出版社，2004年，第5605页。

[5]《辽史》卷三八《地理志二》，第2册，第518页。

[6] 关于这一问题的学术史梳理及研究，可参见刘浦江《契丹开国年代问题——立足于史源学的考察》，《中华文史论丛》2009年4期；收入氏著《宋辽金史论集》，中华书局，2017年，第17~23页。

[7]《册府元龟》卷九五六《外臣部·总序》，第12册，第11066页。

[8]《旧五代史》卷一三七《契丹传》，中华书局2016年修订本，第6册，第2134页。

始私建年号曰天显"[1]，他们一致认为辽朝直至太宗时才创建年号天显，太祖神册、天赞两个年号皆不见于记载。

刘浦江先生依据考古材料，详细论证了"天赞"年号的存在。刻于天赞二年的《大王记结亲事》碑[2]、赤峰阿鲁科尔沁旗宝山一号辽墓"天赞二年癸（未）岁"的墨书题记[3]、辽太祖纪功碑汉文"天赞五年"残片（07GT3②：13），皆可证"天赞"年号的真实性。不过关于"神册"年号，刘浦江虽然坚信其真实性，但苦于没有地下文物之证据，只能存而不论。

实际上，契丹文石刻中曾出现过"神册"年号。契丹大字《耶律祺墓志》第6行云：

叁皇帝仂叁下戊朱……夫爪先　赤米寺　关州寸

天皇帝之天下统　　神册　　六年于

叁网皇帝　仂　叁下　去消戊朱斋光毋仧夫坐日乃芥

天子皇帝　之　天下　兵　统　大元帅　　　　成为[4]

刘凤翥先生指出太祖天皇帝时年号满六年者，只有神册，故将**夫爪先**释读为神册[5]。乌拉熙春教授对该词进一步展开论证，认为**夫**应当对译"神"，**爪先**应当对译"册"，本义当为"排列"[6]。契丹大字"神册"年号的存在，可以说明"神册"并非向壁虚构之物。不过，由于《耶律祺墓志》刻于辽天祚帝乾统八年（1108年），已属辽朝末年，很难反驳神册为后人追加说。

幸运的是，我们在辽太祖纪功碑中发现了契丹大字"神册"一词。07GT2②：7-2以及07GT2②：12-2第3行刻有**爪先**，然而上部文字皆残，该词是否为**夫爪先**难以确定。07GT2②：19-1第3行刻有**夫爪先**，当即年号"神册"（图6-3-13，4~6）。我们认为契丹大字纪功碑与汉字石碑相同，皆立于太祖薨逝的次年，即天显二年（公元927年）。这说明"神册"年号应当是太祖时期就有的年号，并非出自后人杜撰。北朝系统的《辽史》对辽初年号的记载准确无误，南朝系统的文献则多有失实、失载之处。

（四）关于升天皇帝之称号

契丹大字残石07GT4②：40-1数次出现"**太昇叁皇帝**"，该词组显然是汉字残石

[1]《宋会要辑稿》蕃夷一之一，上海古籍出版社2014年点校本，第16册，第9711页。

[2]李义：《内蒙古宁城县发现辽代〈大王记结亲事〉碑》，《考古》2003年4期，第93页。

[3]齐晓光等：《内蒙古赤峰宝山辽壁画墓发掘简报》，《文物》1998年1期，第82、83页。

[4]天子皇帝即辽太宗耶律德光，此处当指太宗出任天下兵马大元帅之事，然《辽史·太祖纪下》及《太宗纪上》（第1册，第20、29页）皆系此事于天赞元年（公元922年）十一月，此处言神册六年（公元921年）授大元帅，或有讹误。

[5]刘凤翥：《契丹大字〈耶律祺墓志铭〉考释》，《内蒙古文物考古》2006年1期，第52~78页。

[6]爱新觉罗·乌拉熙春：《契丹大字「天神千万」考》，《立命館文学》第613号，2009年，第46、47页。

中的“升天皇帝”（07GT3②：13）之对译（图6-3-13，7）。然而，由于该词组多出“**太**”字，与汉字部分不完全对应，这给我们的释读造成了困扰。

“**太昇丞皇帝**”有四字已释读，**太**为汉语借词，可以音译汉字的“大”“太”等字，音值为 *tai。**丞**为契丹语词，意思为“天”，音值不详。**皇帝**二字为汉语借词，用以音译汉字“皇帝”，音值分别为 *ɣuaŋ 和 *ti。昇字系第一次出现，因其字形与纪功碑汉字残石的“升（昇）”完全相同，我们推测昇音值应当为 *ʃiŋ，用以音译汉字“升”及其同音字。

“**太昇丞皇帝**”可以有两种释读路径。第一种取径是，将“**昇丞皇帝**”视为一组，汉译“升天皇帝”。此前的“**太**”字可视为修饰词，音译为“大”，用以修饰“升天皇帝”。该词组可以汉译为“大升天皇帝”，与汉字碑刻中的“升天皇帝”大致对应[1]。

第二种取径是，将“**太昇**”视为一组，汉译“大圣”；将“**丞皇帝**”视为一组，汉译“天皇帝”。其中“天皇帝”的汉译当无疑问，《耶律习涅墓志》《多罗里本郎君墓志》《耶律祺墓志》皆曾单独出现“**丞皇帝**”，学界已屡次验证。“**太昇**”为首次出现，若昇的音值为 *ʃiŋ，“**太昇**”拟音为 *tai–ʃiŋ，可音译为“大圣”。契丹大字可以音译“圣”字者还有**外**、外以及**昪**。《北大王墓志》第11行之“**外伋皇帝**”、《耶律习涅墓志第6行“**外伋皇帝**”，皆可汉译为“圣宗皇帝”，**外**、**外**与汉字“圣”相对译。《多罗里本郎君墓志》第13行见“**堇束昪火**”，汉译人名“贤圣哥”，**昪**亦与汉字“圣”相对译。此处**昪**的字形与昇较为相近，或系同字异写。综上，该词组可以汉译为“大圣天皇帝”，若此，则纪功碑中太祖的契丹大字称号与汉文称号并无对应关系，而是各自书写，前者为尊号，后者为谥号。

（五）关于应天皇后之称号

契丹大字残石不仅出现了太祖的称号，还出现了应天皇后的称号，作“**應天癸坐**”（07GT2②：24-1、07GT1②：23-2）（图6-3-14，1、2）。“**應天**”即汉语之“应天”，“**癸坐**”应为汉语“皇后”之对译。

《辽史》卷七一《后妃传·序》谓“辽因突厥，称皇后曰‘可敦’，国语谓之‘䏗俚蹇’，尊称曰‘耨斡麽’，盖以配后土而母之云”。《辽史》卷一一六《国语解》则谓“可敦，突厥皇后之称”，“忒里蹇，辽皇后之称”，“耨斡麽。麽亦作改。耨斡，后土称；麽，母称”。如果算上汉语词汇，辽朝的“皇后”一词共有四种说法，即“可敦”“忒里蹇”“耨斡麽”“皇后”。

---

［1］笔者曾与刘凤翥先生探讨这一问题，他比较倾向于这一译法。

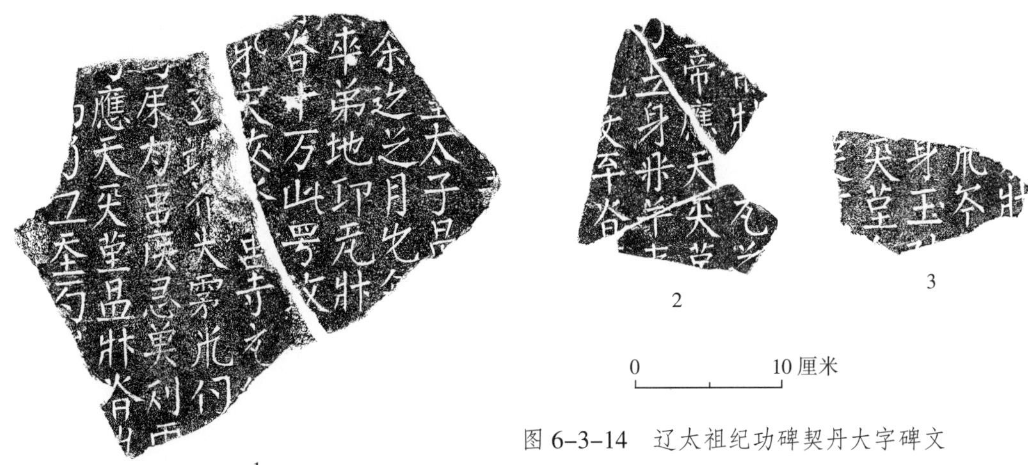

图 6-3-14　辽太祖纪功碑契丹大字碑文

1. 07GT2 ②：24-1　2. 07GT1 ②：23-2　3. 07GT2 ②：16-2

以上四种形式的“皇后”在契丹小字中皆有体现，兹列如下：一、**穴券丙**（耨斡麽），出现频率最高，常与汉语借词“皇帝”相匹配；二、**尓**（可敦），出现频率仅次于耨斡麽，常与“可汗”对举；三、**笭**（忒里蹇），与“**穴券**（地）”连用，作为“地皇后”（即应天皇后）的专称；四、**主介**（皇后），出现频率最低，仅见于契丹小字《仁懿皇后哀册》。

那么契丹大字的“关㞢”究竟应该对应哪一种形式的“皇后”呢？由于此前的契丹大字资料中从未出现皇后一词，这为我们的释读增加了难度，现仅就已知情况对“关㞢”的对应形式作一推测。

首先，汉语借词这一形式应当可以排除。契丹小字皇帝作“**主王**”，契丹大字作“皇帝”，**主**可以与皇相对应。契丹小字皇后作“**主介**”，根据**主**、皇相应的规律，契丹大字“皇后”的汉语借词更有可能作“皇（后）”[1]，而不太可能采用“关㞢”这一形式。

其次，耨斡麽（**穴券丙**）这一形式应当也可以排除。契丹大字中尚未发现与**穴券**对应的词汇，不过，谷可以与契丹小字**丙**对应，学界已有共识。谷字显然无法与关㞢相对应。此外，残石 07GT2 ②：24-1 第 9 行在关㞢之下虽然出现了谷，但该字应当与“皇后”无涉。这是因为“关㞢”与谷之间尚有𠀑、丱两字，𠀑的音值为 *ur 或 *ud，丱的音值 *ai，二字在语音上不仅与耨斡麽无法勘同，同时与其他形式的皇后也无法对应。又据 07GT2 ②：16-2 第 4 行“关㞢”下所残字，起笔为“点”，与𠀑明显不同，这也说明“关㞢”与𠀑丱谷没有固定的搭配关系，故𠀑丱谷当与皇后一词无关（图 6-3-14，3）。综上，关㞢不太可能是耨斡麽这一形式。

[1] 契丹大字“后”的汉语借词形式尚难推断，姑以括号表示。

最后，皇后一词仅剩下可敦和忒俚蹇两种形式。考虑到契丹小字中曾以耨斡忒俚蹇（[illegible]，即“地皇后”）指称应天皇后的用例，我们推测此处“[illegible]”为耨斡忒俚蹇，意为“地皇后”[1]。

第四节　辽祖陵陵寝制度初步认识

辽祖陵遗址作为辽代开国皇帝耶律阿保机的陵寝，其营建规制在辽代具有开创意义。根据考古调查、试掘和发掘的资料，我们认为辽祖陵遗址应该存在一个“辽祖陵陵区”。辽祖陵陵园是陵区的核心部分。本节根据现有考古资料，对辽祖陵陵寝制度略作探讨。

一　辽祖陵陵区的遗存构成

通过考古调查和发掘资料可知，辽祖陵遗址是在一个较大地域内由不同单元的建筑设施组合而成的，可将其称为“辽祖陵陵区”。“辽祖陵陵区”目前无法找到明确的地面范围界标，但是有迹象可循。我们根据遗迹分布情况初步推定其四至范围大致为：南至漫岐嘎山峰最南端的曼其格山附近；西到桃山和墩德达巴山谷以西的山岭；北抵大布拉格山谷北侧的山峰北麓山脚；东约在石房子嘎查（村）西侧的自然山丘（即鹊台）和其南平地突起的自然山丘（即鹊台）一线（图版一、一五）。

辽祖陵陵区由陵区入口鹊台、奉陵邑祖州城、陵园外太祖纪功碑楼和圣踪殿等祭祀建筑遗迹、陵园外陪葬墓区和祖陵陵园等一系列遗存共同构成（图1-5-1）。其中祖陵陵园是陵区的核心部分。作为奉陵邑的祖州城，位于辽祖陵陵园东南约0.5千米处。其既是守护太祖陵的城池，也是皇帝和百官拜祭太祖陵的前站。

陵园外神道有两段。一是从辽祖陵陵区入口的“鹊台”至祖州城的东南正门；二是由祖州城西北城门到祖陵陵园黑龙门，有一条祭祀祖陵的折曲道路。推测第二段神道具体路线：出祖州城西北门不远，沿较平缓的道路西行，大致到辽太祖纪功

[1] 刘迎胜先生认为忒里蹇一词为突厥语、回鹘语terken一词的音译，君主及其女眷都能使用，9~13世纪时，男性已有减少使用的趋势，参见氏著《西北民族史与察合台汗国史研究》，南京大学出版社，1994年，第54页。白玉冬先生认为回鹘文献中出现tärkän一词，多用于可汗称号，或为女王之称，忒里蹇与tärkän有密切关系，二者或有相同词源。回鹘语tärkän极可能借自曾经统治突厥语族集团的古代蒙古语族集团——柔然或鲜卑，忒里蹇应是契丹语自有词汇，参见白玉冬、赖宝成《契丹国语“忒里蹇”浅释》，《华西语文学刊》第8辑（契丹学专辑），四川文艺出版社，2013年，第77~80页。关于契丹大字“地皇后”的考证，参见康鹏《契丹大字中的“皇后”》（待刊）。

碑楼和圣踪殿之间南侧谷地的南端平台；由此折向北，沿谷地依次登上三层台地，在太祖纪功碑楼和圣踪殿之间通过；然后再折而向西，经圣踪殿北侧，向西通过一段现存的辽代“神道”（宽约 4 米，长约 40 米）和一处人工开凿的低山基岩豁口；出此豁口，再折向北，沿坡地而上，直通巍峨高耸的祖陵陵园正门——黑龙门。

漫岐嘎山位于辽祖陵陵园黑龙门外南部，是一片开阔平地中凸起的孤山，与祖陵黑龙门山口遥遥相对，宛如祖陵的屏风。漫岐嘎山应该是堪舆术中所谓的辽祖陵之“朝山”。在漫岐嘎山北麓的半山腰，遥对辽祖陵陵园的太祖玄宫，有一处低矮的山丘，上有前述漫岐嘎山北基址。从辽太祖陵玄宫，经过黑龙门，再到漫岐嘎山北基址，三点一线，形成事实上的轴线布局。因此，漫岐嘎山北基址所在的小山丘，很可能就是堪舆术中太祖陵的“案山”。

二　辽祖陵陵园布局

辽祖陵陵园是辽祖陵陵寝制度的核心部分。《辽史》卷三十七《地理志》云：

（祖州城外）有祖山，山有太祖天皇帝庙，御靴尚存。又有龙门、黎谷、液山、液泉、白马、独石、天梯之山。水则南沙河、西液泉。太祖陵凿山为殿，曰明殿。殿南岭有膳堂，以备时祭。门曰黑龙。[1]

根据考古调查和发掘资料，并结合文献记载可知，辽太祖陵玄宫及其祭祀建筑等，大多位于石房子嘎查西北的大布拉格山谷中。这个相对封闭的大布拉格山谷内，就是“辽祖陵陵园”（图 6–4–1）。辽祖陵陵园主要由陵门、陵墙、外陵区遗存、内陵区遗存和太祖玄宫，以及排水设施等组成（图 1–5–1）。

辽祖陵陵园平面略呈不规则“椭圆形”。陵园四面环山，仅在东南部有一个狭窄的出入山口——黑龙门。黑龙门是辽祖陵唯一的礼仪之门，呈一门三道格局，体现了帝陵规制。陵门朝向东南。黑龙门址自东向西分别由东墩台、东门道、东隔墙、中门道、西隔墙、过水涵洞（西门道不存）和西墩台组成。黑龙门依山为阙，两侧山势陡峭，特别是东侧高入云端，形如阙楼。峭壁之间近 90 米。

辽祖陵陵园没有发现类似关中唐陵人工修筑的封闭陵垣[2]，而是以四周自然山脊为陵园范围的界分。山脊时而陡峭，时而平缓。在较为平缓的山顶或者在豁口处，都有人为垒砌的石墙。石墙用大小不等的石块垒砌，朝向陵内一侧的墙面较为平齐。在陵园四周山脊豁口或平缓处共发现 30 余道石墙，最高一处石墙残高约 9 米。其中

[1]［元］脱脱等：《辽史》，中华书局，1974 年，第 442 页。
[2] 张建林：《唐代帝陵陵园形制的发展与演变》，《考古与文物》2013 年 5 期。

有的石墙顶面平整，高度不足 1 米，显然不具备防御功能。因此，这些封堵山脊豁口或在平缓处垒筑的石墙和自然山脊一样，是辽祖陵陵园域界的标志，是汉族文化“堪舆”观念的体现。

辽祖陵陵园西侧山脊内侧有三条大体平行的山岭伸向东部。由南至北分别称为第一道岭（L1）、第二道岭（L2）和第三道岭（L3）。每道山岭上都分布有重要遗迹（图 6–4–1）。

通过考古资料可知，第二道山岭（L2）西侧石墙当时或许与东部（太祖玄宫前面）的膳堂等建筑相连，再衔接东侧平地上的佛殿等建筑，形成一道文化区域的界分线，将祖陵陵园分为内、外两个陵区。山岭上人工石墙及其以北，以太祖玄宫为中心的区域，为陵园的内陵区（主陵区）；第二道山岭上的膳堂等建筑和佛殿等建筑及其以南区域，以膳堂和耶律李胡墓（即一号陪葬墓）为代表，为陵园的外陵区。

第三道山岭（L3）从高耸险峻的陵园西垣最高峰向东南蜿蜒盘卧，最东端折曲探伸到陵园中央，犹如卧龙之龙首。最东端有一处巨大的封土丘。我们根据《辽史》

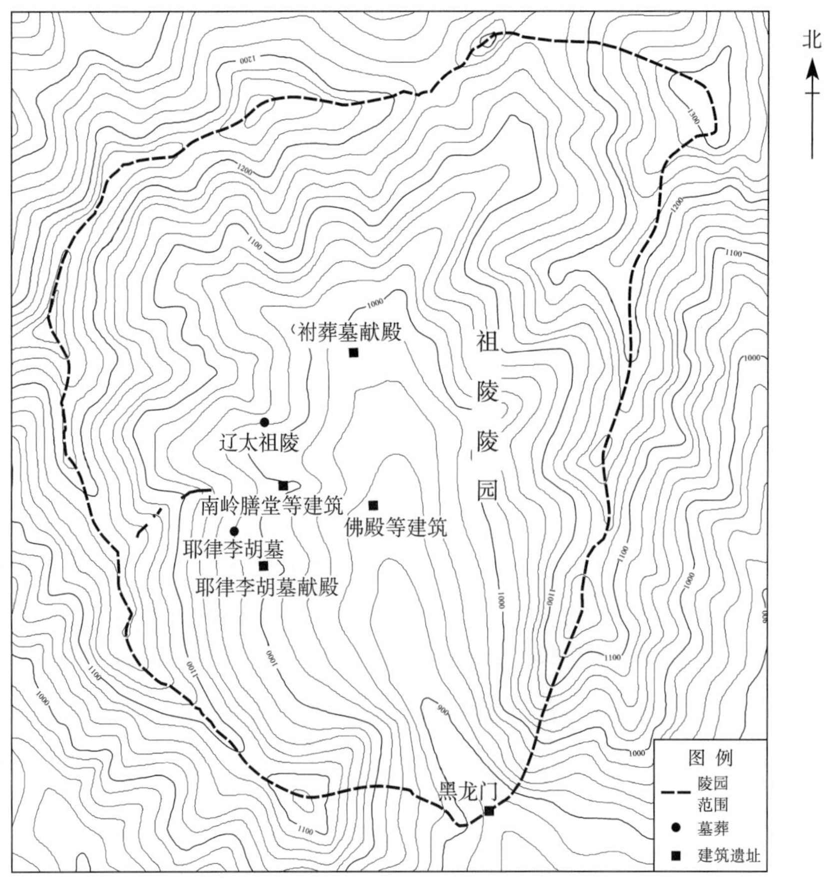

图 6–4–1　辽祖陵陵园主要遗存分布图

等文献线索，通过考古地面调查和试掘，首次从考古学上确认这处封土丘覆盖的山体内就是辽太祖玄宫[1]。辽太祖玄宫是辽祖陵最核心的建筑，是辽祖陵遗址考古最重要的成果之一。

辽太祖陵由“凿山为藏”的玄宫和巨大的封土丘组成。辽太祖玄宫主体是在自然基石山体（即“龙首”处）的半山腰，属于典型的“凿山为藏”。在玄宫山体之外，是一处人工夯筑痕迹清楚、呈弧面扇形的巨大的“封土丘”（图 6–4–1）。封土丘东西弧径约 125、上下斜高约 57 米，是用黄色厚夯土层和砾石块薄层交替分层夯筑而成。这是辽祖陵陵园内唯一一处规模宏大的人工夯土堆积，位置大体居于陵园中央。太祖陵玄宫方向应为东南向。

辽太祖陵的献殿设置在南侧山岭上，即南岭之膳堂。在南岭东侧的平地上，有大型佛殿等祭祀建筑。此外，在辽太祖玄宫封土丘南缘确认了一组石像生群，很可能是模仿唐陵而设立的蕃酋像。

辽祖陵陵园内除文献记载的太祖耶律阿保机和应天皇后述律平外，还有数座皇亲的重要祔葬墓。在陵园北山峰中部一道向南山岭上发现的一座大型建筑基址，就是一座重要祔葬墓的献殿（即三号建筑基址）。在外陵园，还有耶律李胡墓及其献殿等重要建筑。

排水工程是辽祖陵重要的附属设施之一。陵园内地势北高南低，西高东低。根据考古调查可知，陵园东北沟和西北沟都是较深的冲沟，可能都是辽祖陵陵园内的排水设施。这两条冲沟交汇后，沿陵园内东山角由北向南流，经过长方形深蓄水池，直通到黑龙门下的水道。陵园内排水，通过黑龙门底部的“过水涵洞”出陵园后，沿门外沟谷西侧的水沟从北向南流，在祖州城南部注入由西而东的季节河中，继续沿祖州城南侧向东流。

三　辽祖陵陵寝制度初步研究

陵寝制度是指古代皇帝驾崩后的祭祀礼制（“丧”）和埋葬规制（“葬”）的综合体。陵寝制度涉及内容很多，既有物质层面，也含精神层面。文献记载有些丧葬过程中的祭祀礼仪和制度，无法通过考古学手段来反映；而有些考古发现的现象恰是文献所没有记载的陵寝制度的重要内容。

从考古学视角探讨辽祖陵陵寝制度的研究内容，主要包括辽祖陵选址规划、与

[1] 董新林:《简论辽代祖陵遗址考古发掘及其学术意义》,《东亚都城和帝陵考古与契丹辽文化国际学术研讨会论文集》，科学出版社，2016 年，第 107~127 页。

辽祖陵陵区相关的地上建筑设施和玄宫制度等。其陵区地上建筑设施的核心是陵园制度，以及奉陵邑制度、陪葬墓制度、陵区祭祀基址、神道及其碑楼等设置。辽祖陵玄宫制度可以认知的内容有择地埋葬方式、地表封土情况、玄宫形制规模蠡测等。

（一）选址和规划理念

作为开国皇帝耶律阿保机的帝陵营建，是经过精心选址和规划的。秦汉时期皇帝有生前选定陵寝的传统。在唐朝，唐太宗和唐玄宗生前都曾选定陵寝之地[1]；而唐顺宗丰陵、唐宪宗景陵和唐宣宗贞陵都是在皇帝驾崩后修建的，其中唐顺宗和宣宗是在驾崩后七个月内入葬陵寝[2]。《辽史》卷二《本纪·太祖下》载：

> （天显元年七月）"甲戌，次扶馀府，上不豫。是夕，大星陨于幄前。辛巳平旦，子城上见黄龙缭绕，可长一里，光耀夺目，入于行宫。有紫黑气蔽天，逾日乃散。是日，上崩，年五十五。"（八月）"甲午，皇后奉梓宫西还。"（九月）"丁卯，梓宫至皇都，权殡于子城西北。己巳，上谥升天皇帝，庙号太祖。"（天显）"二年八月丁酉，葬太祖皇帝于祖陵，置祖州天城军节度使以奉陵寝。"[3]

从上文可知，耶律阿保机驾崩于天显元年（公元926年）七月，九月皇帝梓宫运到辽皇都（即辽上京）地区，"殡于子城西北"；天显二年（公元927年）八月丁酉，"葬太祖皇帝于祖陵"。辽太祖皇帝灵柩停放达11个月之久。这或许表明辽太祖陵是耶律阿保机驾崩后开始选址修建的。

1. 辽祖陵选址

"唐宋时代的墓葬形制和埋葬习俗，在很多地方都是根据当时的堪舆家所规定的制度来安排的，特别是在葬式、随葬明器、墓地的选择和墓区的地面建筑等方面，与堪舆术的关系极为密切。"[4]唐贞观年间吕才编著的《阴阳书》和北宋王洙等编著的《重校正地理新书》，是中国历史上两次大规模的官修堪舆书籍。唐代阴阳五行家众多，其中上层社会堪舆书中颇具代表性的有吕才《阴阳书》、一行《五音地理经》、由吾《葬经》和《天元房录葬法》等[5]。宋元时期著名的阴阳地理书以王洙《重校正地理新书》、张景文《大汉原陵秘葬经》和《茔原总录》为最流行[6]。

---

[1] 参阅沈睿文：《唐陵的布局：空间与秩序》，北京大学出版社，2009年，第46~53页。

[2] 沈睿文：《唐陵的布局：空间与秩序》，北京大学出版社，2009年，第53、54页。

[3] [元] 脱脱等：《辽史》，中华书局，1974年，第23、24页。

[4] 徐苹芳：《唐宋墓葬中的"明器神煞"与"墓仪"制度——读〈大汉原陵秘葬经〉札记》，《中国历史考古学论集》，上海古籍出版社，2012年，第180页。

[5] 沈睿文：《唐陵的布局：空间与秩序》，北京大学出版社，2009年，第64~82页。

[6] 徐苹芳：《唐宋墓葬中的"明器神煞"与"墓仪"制度——读〈大汉原陵秘葬经〉札记》，《中国历史考古学论集》，上海古籍出版社，2012年，第182页。

虽然不明确辽代统治者遵从哪类堪舆学说，但可以肯定的是，在辽祖陵的葬地选择上，辽代统治者显然借鉴了唐朝陵寝制度的堪舆思想。

辽上京城始建于神册三年（公元 918 年），是辽代营建最早、最重要的首都。耶律阿保机驾崩后，于天显二年（公元 927 年）葬在西距上京城约 20 千米的大布拉格山谷中。这与唐陵择地近都，位于都城西侧的规制相合。

辽祖陵依山傍水，“负阴抱阳”。其陵园倚靠大兴安岭南端的山系，位于陵区的北部，四面环山，山峰险峻起伏，东侧“青龙”高耸，西侧“白虎”低圆。仅东南向有唯一的陵门，门外有案山和朝山——漫岐嘎山，形若屏风（类似“朱雀”）。漫岐嘎山东侧和南侧地势开阔平缓。南侧有沙力河从西北向东南流经，在辽上京城东注入乌力吉沐沦河。在陵区西南不远处，还有一处较大的水泊。特别是太祖玄宫所在山岭陡峭高耸，形如“长龙”，从陵园西垣最高点（阴阳家称“玄武”）向东伸至陵园中央，“龙首”中凿有玄宫，堪称上佳的“吉穴”。根据环境考古研究可知，当时辽祖陵遗址的自然植被保存很好，是一处风景秀美的风水宝地。这些均与唐宋堪舆术的山形地势十分契合。

2. 辽祖陵规划理念

参考汉唐堪舆学说而选定的辽祖陵，是一处风水极佳的陵寝之地。辽朝统治者对辽祖陵的精心规划，带有明显的政治性和礼制规范，是中国古代帝陵营建的经典个案之一。

（1）帝陵若都邑是其规划理念的重要体现

中国古代丧葬制度，是联系生和死两个世界的行为方式。《荀子》第十九《礼论篇》载：

> 礼者，谨于治生死者也。……故君子敬始而慎终，终始如一，是君子之道，礼义之文也。”“丧礼者，以生者饰死者也，大象（像）其生以送其死也。故事死如生，事亡如存，终始一也。[1]

《礼记·中庸》第十九章云：

> 践其位，行其礼，奏其乐，敬其所尊，爱其所亲。事死如事生，事亡如事存，孝之至也。[2]

两汉以来，儒家思想成为历代统治者维系其政治权力的法宝。唐玄宗亲自为《孝经》作注，并大力倡导，用以巩固皇帝家天下的长治久安。“事死如事生”，就连

[1]［清］王先谦撰：《荀子集解》，中华书局，1988 年，第 358、359、366 页。
[2]［汉］郑玄注，［唐］孔颖达疏：《礼记正义》，中华书局影印《十三经注疏》阮刻本，2009 年，第 3535 页。

皇帝陵寝的营建设计也要模仿都城的规划。

有学者认为从唐乾陵开始，唐陵陵园和墓室的平面布局就是分别模仿长安城和皇帝内宫的建制设计的[1]。也有学者系统讨论了唐太宗昭陵布局模仿唐长安城的情况，认为“昭陵山陵南麓的陪葬墓区存在有意模仿长安城皇城行为，其陵山司马院则可能模仿长安城宫城”[2]。并且指出“将帝陵陵寝意象与长安城重合更成为此后唐陵一个重要的营造原则”。综合考古新发现资料，我们认为辽祖陵陵园规划设计也是模仿了辽上京城的布局。这应是承继了唐代陵寝若都邑的规划理念。

辽上京城平面呈“日”字形。北城是契丹皇帝和贵族生活与办公之地；南城是汉人、商人、使节等居住之地。这种形制布局直接反映出辽上京城市规划所体现的“因俗而治”，即“以国制治契丹，以汉制待汉人”的统治思想。同时，辽上京北城内中部偏东筑有近方形宫城，构成“回”字形环套式格局，并有东向中轴线。这体现的是以皇帝为核心的“皇权至上”儒家政治理念，是契丹皇帝模仿汉族皇帝营建帝都布局的真实写照[3]。

辽祖陵陵园平面略呈不规则“椭圆形”。大布拉格山谷四面环山，陵域沿自然山脊封闭而成，仅在东南部设唯一陵门——黑龙门。根据前文陵园分区研究可知，南岭上人工石墙与膳堂等建筑相衔接，再向东与平地的佛殿等建筑群一同形成一道文化区域的分割线，将辽祖陵陵园分为内、外两个陵区，形如“日”字形。南岭石墙以北的区域，以辽太祖玄宫为中心，为祖陵的内陵区（主陵区）；而南岭膳堂等建筑和佛殿等建筑基址及其以南的区域，以膳堂和耶律李胡墓为代表，为祖陵的外陵区。由此可见，辽祖陵陵园内、外陵区形成的“日”字形布局，应该是模仿辽上京城而设计的，是帝陵若都邑规划理念的体现。这种规划理念直接影响到辽太宗的怀陵陵园[4]。

（2）“天人合一”是规划理念的核心

中国北方和内亚大陆草原游牧地区的古代民族普遍信仰萨满教，契丹族也不例外。萨满教的核心是自然崇拜和祖先崇拜，相信“万物有灵”“灵魂不灭”。流行东向拜日和祭祀山神。萨满教的萨满在《辽史》称“巫”“大巫”和“太巫”，可以主持各类祭祀礼仪，沟通天与人，医病驱魔等。《辽史》多次提及“以青牛白马祭天地”，“祠木叶山”和“祭黑山”等；多次记载“谒太祖陵”和“谒太祖庙”等。这些内容可能都与萨满教信仰有关。前述《辽史》“凶礼·丧葬仪”，记载辽圣宗

[1] 黄展岳：《中国西安、洛阳汉唐陵墓的调查与发掘》，《考古》1981年6期。
[2] 沈睿文：《唐陵的布局：空间与秩序》，北京大学出版社，2009年，第261~273页。
[3] 董新林：《辽上京规制和北宋东京模式》，《考古》2019年5期。
[4] 张松柏：《辽怀州怀陵调查记》，《内蒙古文物考古》1984年总第3期。

丧葬祭祀时，萨满（巫、太巫）曾参与其中。

“天人合一”其实是典型的中国传统文化思想。传统的儒家和道家都重视“天人合一”，强调天与人的和谐统一，追求人类和自然和谐共存。董仲舒提倡“天人合一”思想，指出为政则逆乱顺治。《春秋繁露》卷十三《五行相生》云：

> 天地之气，合而为一，分为阴阳，判为四时，列为五行。……比相生而间相胜也。故为治，逆之则乱，顺之则治。[1]

辽祖陵规划理念中充满“天人合一”的思想。设计者将风光迤逦的大布拉格山谷体现的“自然”和精心规划的辽祖陵陵园体现的“人为”有机地融为一体，和谐统一。辽祖陵利用自然山丘做“鹊台”，陵园以自然山脊为陵墙，陵门依山为阙，都是法依自然。辽祖陵陵园依山傍水，常年有山泉水流出，树木郁郁葱葱。太祖玄宫所在山岭从西垣最高耸的山峰蜿蜒伸入陵园中央，犹如卧龙之首。在龙首处“凿山为殿”，作为玄宫；陵门口两侧山峰峭立，形如“阙楼”；门口外有形如扇面的漫岐嘎山做朝山，犹如影壁于前。漫岐嘎山北麓中部凹窝处有一处独特的低丘，上有祭祀性建筑基址，应为其“案山”。漫岐嘎山很可能是契丹人眼里的神山之一，是重要的“祭祖”场所。

耶律阿保机作为开国皇帝授命于天，生前称“天皇帝”，驾崩后谥为“升天皇帝”，奉陵邑置天城军。在太祖陵玄宫后面的山脊上，开辟升天通道，名曰“天梯山”。而且整个陵园以耶律阿保机太祖玄宫为核心，玄宫大体位于陵园的中央；从辽太祖玄宫经过黑龙门，至漫岐嘎山北侧的案山，形成清晰的轴线布局，体现出“皇权至上”的礼制。这些或许都是辽祖陵“天人合一”规划理念的物化表现。

（二）陵园制度

陵园制度是辽祖陵陵寝制度的核心。辽祖陵陵园形制和布局特点鲜明，独具匠心。

椭圆形陵园以自然山脊为陵墙，法依自然，是辽祖陵陵寝制度的重要特点之一。四周陵墙的山脊豁口或平缓处均砌有石墙，是堪舆思想的体现，即防止风水不外泄。

辽祖陵陵园仅在东南位设一座正门（即黑龙门），为一门三道的木过梁式建筑。这是辽祖陵陵寝制度的重要特点之一，与唐陵陵园开四门完全不同。

太祖陵玄宫凿山为藏，玄宫前有巨大的封土丘。其东南南岭上置有献殿，即《辽史》之“膳堂”，是日常祭祀太祖陵最重要的陵寝建筑。辽太宗怀陵及其后来的诸帝陵，帝陵玄宫的东南部都有献殿建筑。甚至一些重要祔葬墓也有同样的布局，如辽祖陵耶律李胡墓的东南部配有献殿。在唐陵玄宫和宋陵皇堂建筑前都没确认有类似的

[1]［汉］董仲舒著，［清］苏舆撰：《春秋繁露义证》，中华书局，1992 年，第 362 页。

献殿。

献殿等祭祀建筑多建在山岭上，是辽祖陵陵园制度的重要特点之一。辽祖陵陵园的自然地形和山势决定并局限了各类建筑的规模，导致陵园内遗迹的不对称布局。

陵园内东南广场建有高等级佛殿，是辽祖陵陵园制度的特色之一。其西侧有曲尺形登山路，通往祭祀辽太祖陵的南岭膳堂。这种陵园内设佛殿和膳堂前建曲尺形登山路的特点，与大同北魏方山永固陵[1]的设置相仿，或许说明二者可能受到相似的文化背景影响。契丹族是鲜卑族分支的后裔。

此外，辽太祖玄宫封土丘南侧发现有蕃酋像，应该与唐朝诸帝陵的蕃酋像[2]存在渊源。辽祖陵陵园内陵区有数座祔葬墓。外陵区祔葬有辽太祖耶律阿保机第三子耶律李胡墓等。

简而言之，辽祖陵陵园平面呈不规则椭圆形，以自然山脊为陵墙，仅设一个陵门。玄宫东南位建献殿于南岭之上，有曲尺形登山路登临。陵园内设有佛殿和蕃酋像，还有皇子等祔葬墓。可见辽祖陵陵园制度既有所继承，又有其创新性。

（三）奉陵邑制度

奉陵邑制度是辽祖陵陵寝制度的特色之一。位于辽祖陵陵园东南 1 千米处的奉陵邑祖州城，开启了辽代帝陵设置奉陵邑的规制。祖州城作为辽祖陵的奉陵邑，强化了对帝陵的管理，具有唐朝帝陵“下宫”的职能。辽祖陵是否借用了西汉帝陵“奉陵邑”的理念，值得探讨。

（四）陪葬墓制度

辽祖陵陵园外发现多处陪葬墓区。漫岐嘎山南麓和祖陵陵园两侧山谷中，都发现有被盗的辽代墓葬，表明辽祖陵存在陪葬墓制度。

（五）陵区祭祀建筑

在辽祖陵陵园黑龙门外两侧，有“太祖纪功碑楼”“圣踪殿”等多处祭祀建筑基址；在漫岐嘎山北麓中部的低丘上也有祭祀性建筑基址。这代表了辽祖陵的陵区祭祀制度。

[1] 大同市博物馆、山西省文物工作委员会：《大同方山北魏永固陵》，《文物》1978 年 7 期。张庆捷：《北魏永固陵的考察与探讨》，《古代文明研究通讯》第 19 期，2003 年。

[2] 刘庆柱、李毓芳：《陕西唐陵调查报告》，《考古学集刊》第 5 集，中国社会科学出版社，1987 年。沈睿文：《唐陵的布局：空间与秩序》，北京大学出版社，2009 年。参见“昭陵六骏与十四国君长像”。

（六）神道及其碑楼

神道两侧没有石像生，是辽祖陵陵寝制度的特点之一。从鹊台至祖州城东南的正门，再由祖州城西北城门到祖陵陵园的黑龙门，有一条折曲的神道，是祭祀祖陵的道路。神道两侧没有发现石像生。这与唐宋帝陵陵前神道笔直，且神道两侧置石像生的情况不同。

辽祖州城通往祖陵陵园的南北向神道上，东侧建有“太祖纪功碑楼”，西侧建有“圣踪殿”。这种碑楼（或碑亭）和祭殿分列神道两侧的布局，可能是辽祖陵之首创，是辽祖陵陵寝制度的重要特点之一。值得注意的是在明孝陵也发现类似现象[1]，或许不是巧合。辽代陵寝制度是否影响到了明孝陵的神道设置，值得关注。

（七）玄宫制度

玄宫制度是陵寝制度的重要内容。辽祖陵的玄宫制度应包括择地埋葬方式、地表封土情况、玄宫建筑材料、形制规模、棺椁制度、殓葬方式（尸骨葬或火葬等）、丧服制度和随葬器物及其组合等。因为没有对辽祖陵玄宫进行考古发掘，所以玄宫建筑材料、形制规模、棺椁制度、殓葬方式、丧服制度和随葬器物情况都不清楚。

根据前述研究可知，辽祖陵大致呈东南向，位于陵园内中央偏后的位置。既属于典型的“凿山为藏”，玄宫口外有一个高大的扇形封土丘，又具有“积土为藏”的特点，形制独特。这应是辽祖陵玄宫制度的重要特色之一。

辽圣宗皇帝的庆东陵玄宫是目前唯一经过考古清理的玄宫[2]。辽圣宗皇帝玄宫为砖筑七座殿堂组成的类屋式墓，即玄宫中轴线上有前、中、后三座殿，前殿和中殿两侧各有一座配殿。除前殿外，其余各殿平面呈圆形。从陵门到后殿北壁全长21.2 米，中殿左、右配殿间距最宽 15.5 米，玄宫殿内最高 6.5 米。辽兴宗和道宗的玄宫也是砖筑七座殿堂组成的类屋式墓。略有不同的是，此二陵玄宫的主殿平面呈八角形，反映出时代特点。

参考辽庆陵和耶律李胡墓的形制结构，推测辽祖陵玄宫凿山为藏，应是 7 座或 9 座殿堂组成的类屋式墓，即中轴线上有前、中、后三座正殿，正殿两侧有配殿。辽祖陵玄宫规制或许可以溯源到唐陵的玄宫形制[3]。

---

[1] 孟凡人：《明孝陵陵园形制布局及其相关问题的探讨》，《新世纪的中国考古学：王仲殊先生八十华诞纪念论文集》，科学出版社，2005 年，第 868~904 页。

[2] [日]田村实造、小林行雄：《慶陵——東モンゴリアにおける遼代帝王陵とその壁畫に關する考古學的調查報告》，座右宝刊行会，1952 年。

[3] 宿白：《西安地区的唐墓形制》，《文物》1995 年 12 期。

辽祖陵开启了辽代陵寝制度的先河，其主要规制为后来辽朝诸帝陵所遵循。这种陵园布局为辽代怀陵[1]所承继，代表了辽代早期陵园布局的模式。但从辽乾陵[2]开始，辽代陵寝制度出现了新变化。

综上所述，辽祖陵主要承继了唐代陵寝制度的规制，反映出契丹统治者对汉族文化传统的尊崇和效仿；同时又多有创新，体现出北方游牧民族在丰富中华文化内涵、对中华民族国家一体性的文化认同方面所做出的独特贡献。因此，可以说以辽祖陵为代表的辽代陵寝制度可以纳入中国古代陵寝制度的演变模式中，是其中不可或缺的重要组成部分。

第五节　余论

本报告刊发的是中国社会科学院考古研究所内蒙古第二工作队于 2003 年至 2004 年在辽祖陵遗址考古调查试掘的资料和辽祖陵考古队于 2007~2010 年在辽祖陵遗址进行考古调查测绘、试掘和发掘的全部资料。本报告按考古单位详尽、全面地公布了所有考古资料，为学术界研究辽代帝陵提供了重要的基础素材。本报告的考古新资料弥补了《辽史》关于辽祖陵记载的不足，丰富了辽祖陵的“史料”。

《辽史·地理志一·上京道》“祖州”条记载“太祖陵凿山为殿，曰明殿。殿南岭有膳堂，以备时祭。门曰黑龙。东偏有圣踪殿，立碑述太祖游猎之事。殿东有楼，立碑以纪太祖创业之功。皆在州西五里”。通过对考古钻探、试掘和发掘资料的整理，我们大体确认了太祖陵玄宫、南岭膳堂、黑龙门、圣踪殿和太祖纪功碑楼等的位置，印证了《辽史》关于辽祖陵记载的可靠性。同时，根据对现有考古资料的综合研究，提出了我们对辽祖陵陵寝制度的初步认识。

通过整理考古报告，我们对考古调查、试掘和发掘的资料进行了再确认。一方面本报告如实报道了辽祖陵遗址较为科学的考古发掘成果，反映了我们当时的考古发掘技术和认识水平。另一方面，我们在整理中认真总结了当时发掘工作中存在的一些局限性。譬如在发掘中过多考虑到保持遗迹的完整性，避免对墓葬或基址保存完好的砖面等进行破坏，所以一些现象没有做深入解剖，导致一些基址没有获得能

[1] 张松柏：《辽怀州怀陵调查记》，《内蒙古文物考古》1984 年总第 3 期。

[2] 辽宁省文物考古研究院等：《医巫闾山辽代帝陵考古取得重要收获——发现一批辽代皇家建筑基址和高等级墓葬，确定辽乾陵、显陵位置，填补辽代帝陵考古的空白》，《中国文物报》2018 年 3 月 22 日第 5 版。辽宁省文物考古研究院、锦州市文物考古研究所、北镇市文物管理处：《辽宁北镇市琉璃寺遗址 2016—2017 年发掘简报》，《考古》2019 年 2 期。

够展示其营建全过程的信息。这些问题为我们以后发掘同类考古遗存提供了借鉴和思考，即如何在做好大遗址保护的前提下，对遗存进行合理解剖以获得考古研究足够的信息，进而推进考古发掘技术的整体水平。

本考古报告是辽祖陵遗址考古的阶段性成果，是对辽祖陵遗址进行的基础性考古工作和初步认识。我们期待在条件成熟的情况下，后人还会在此基础上，继续对辽祖陵遗址进行考古发掘和深入研究，取得更重要的考古新发现。

附录一

辽祖陵遗址出土木材鉴定和树轮年代学研究

王树芝　董新林
（中国社会科学院考古研究所）

辽祖陵遗址位于内蒙古巴林左旗查干哈达苏木石房子嘎查西北的山谷中，东南约 2.5 千米处为其奉陵邑祖州城。辽祖陵坐落于一个口袋形山谷中，四面环山，仅在临近祖州的东南方向有一狭窄的山口，现存陵门基址。中国社会科学院考古研究所内蒙古第二工作队和内蒙古文物考古研究所联合组成辽祖陵考古队，于 2007 年 8 至 10 月对辽祖陵内一座被盗陪葬墓（PM1）和陵园外东侧的龟趺山建筑基址进行了抢救性考古发掘。一号陪葬墓是一座大型砖筑五室墓，由墓道、前室、前甬道、中室、南耳室、北耳室、后甬道和后室组成。全长近 50 米，墓葬方向为 118°。墓室内地面均铺有方砖，地面下有排水设施[1]。龟趺山建筑基址位于辽祖州城北门前往祖陵陵园黑龙门入口的必经之路上，坐落在一座山岭南面的一个相对平缓的小山丘上，是辽祖陵陵区重要的组成部分[2]。2008 年，辽祖陵考古队发掘了甲组建筑基址。甲组建筑基址由东、西、北三个单体建筑组成，南向。其中北侧建筑由东偏间和西正间组成。2010 年 7 至 10 月，辽祖陵考古队发掘了黑龙门遗址（一号门址）和四号建筑基址，黑龙门遗址主体保存完好[3]。在发掘过程中，采集了一些木炭和木材样品，其中黑龙门中门道出土的 10MZ1MD2 ③ B：焦 11 为长 64、宽 13 厘米的炭化木头（图 1）。这些木材的发现，对研究辽代居民木材的利用行为和当时的气候有重要作用。

---

[1] 中国社会科学院考古研究所内蒙古第二工作队、内蒙古文物考古研究所：《内蒙古巴林左旗辽代祖陵考古发掘的新收获》，《考古》2008 年 2 期。

[2] 中国社会科学院考古研究所内蒙古第二工作队、内蒙古文物考古研究所：《内蒙古巴林左旗辽代祖陵龟趺山建筑基址》，《考古》2011 年 8 期。

[3] 中国社会科学院考古研究所内蒙古第二工作队、内蒙古文物考古研究所：《内蒙古巴林左旗辽代祖陵陵园黑龙门址和四号建筑基址》，《考古》2011 年 1 期。

一　研究方法

图 1　10MZ1MD2 ③ B：焦 11 样品

（一）样品采样

2007 年在一号陪葬墓前室、墓前底部填土、后室上部深灰色沙石土内取到 3 个木炭样品，在墓内取到 1 个木材样品。2008 年在甲组建筑基址东偏间东北角瓮罐内和西正间南侧烟道内取到 2 个木炭样品。2010 年在黑龙门中门道和东门道取到 6 个样品，共取到 12 个样品。

（二）种属鉴定和浮动树木年轮年表的建立

将采集的样品登记。木炭样品按照横、径、弦三个方向切出三个面，在具有反射光源、明暗场、物镜放大倍数为 5 倍、10 倍、20 倍和 50 倍的 Nikon LV150 金相显微镜下观察，结合现代炭化木材结构及《中国木材志》[1]、《中国主要木材构造》[2]、《中国裸子植物木材志》[3] 等书对树种木材特征的描述进行木炭树种的鉴定，然后在 Quanta650 扫描电子显微镜下拍照。

用徒手切片法和冷冻切片法，将软化的木材按照横、径、弦三个方向切出 15~20 微米厚的木材薄片，用 1% 的蕃红染色，用不同梯度的酒精脱水和二甲苯透明后，用加拿大树胶封片，制成永久光学切片。

对样品 10MZ1MD2 ③ B：焦 11，掰开，出现新鲜表面，用德国 Heidelberg 公司生产的 LINTAB 树轮测量仪测量，按照树木年轮年代学的基本原理，采用 TSAP 软件分析程序，建立浮动年轮年表。

二　种属鉴定结果和树轮分析结果

（一）种属鉴定结果

对采集的 12 个木炭和木材样品、319 块木炭和木材进行鉴定，有 6 个种属，分别是侧柏属（*Platycladus* sp.）、硬木松（Subgen. *Diploxylon*）、云杉属（*Picea* sp.）、

[1] 成俊卿、杨家驹、刘鹏著：《中国木材志》，中国林业出版社，1992 年。
[2] 腰希申：《中国主要木材构造》，中国林业出版社，1988 年。
[3] 姜笑梅、程业明、殷亚方：《中国裸子植物木材志》，科学出版社，2010 年。

榆属（*Ulmus* sp.）、杏属（*Armeniaca* sp.）和桦木属（*Betula* sp.）（表一）。

这些种属的木材构造特征如下：

从横切面上看，生长轮明显，宽度不均匀，时有断轮或假轮出现，早材带占全生长轮宽度的绝大部分，晚材带极窄，早材至晚材渐变，轴向薄壁组织星散状及弦向带状，木射线稀至略密，极细，没有树脂道（图版七〇四，1）。从径切面上看，射线薄壁细胞与早材管胞间交叉场纹孔式为柏木型，早材管胞径壁具缘纹孔 1 列，极少成对，眉条明显（图版七〇四，2）。从弦切面上看，木射线单列，偶见 2 列或成对，高 1~28 个细胞，多数 2~15 个细胞，没有树脂道（图版七〇四，3）。由此断定为侧柏属。

从横切面上看，生长轮很明显，早材至晚材急变，没有轴向薄壁组织，有轴向树脂道（图版七〇四，4）。从径切面上看，早材管胞径壁具缘纹孔 1~2 列，眉条长，明显，晚材管胞径壁具缘纹孔 1 列，射线薄壁细胞与早材管胞间交叉场纹孔式为窗格型，少数松木型，射线管胞内壁有深锯齿（图版七〇四，5）。从弦切面上看，木射线具单列及纺锤形两类，纺锤射线具径向树脂道（图版七〇四，6）。由此断定为硬木松类。

表一　　木炭和木材鉴定结果统计

样品编号	侧柏属	云杉属	硬木松	榆属	杏属	桦木属	块数
08JJ2E1F1：样 1（T44 内东偏间东北角瓮罐内木炭）	7	43		4			54
08JJ2W：样 1（T44 内西正间南侧烟道内木炭）	8						8
07PM1：样 1（前室木炭）				25	5		30
07PM1：样 2（墓前底部填土木炭）				1	1		2
07PM1：样 3（后室上部深灰色沙石土内木炭）						1	1
07PM1：样 4（墓内出土木头）	1						1
10MZ1MD2 ③ B：焦 11（中门道东侧焦木）			30				30
10MZ1MD1 ⑤：样 1（东门道西侧立木）			57				57
10MZ1MD1 ⑤：样 2（东门中部未完全炭化木材）			34				34
10MZ1MD1 ⑤：样 3（东门道西侧横木）			29				29
10MZ1MD2 ③ B：样 1（中门道出土木材）			1				1
10MZ1MD1 前：样 1（东门道前出土木炭）			72				72
总块数							319

从横切面上看，生长轮明显，宽度均匀至略均匀，早材带较晚材带宽 2~3 倍，早材至晚材渐变，没有轴向薄壁组织，木射线稀至中，极细至甚细，有轴向树脂道，单独或 2 至数个弦列（图 2）。从径切面上看，螺纹加厚间或出现于早材及晚材管胞壁上，不明显至明显，平行排列，早材管胞径壁具缘纹孔通常 1（间或 2）列，眉条长，晚材管胞径壁具缘纹孔 1 列，射线薄壁细胞与早材管胞间交叉场纹孔式为云杉型，射线管胞内壁具有锯齿（图 3）。从弦切面上看，具单列射线和纺锤射线两类，单列射线，极少成对，高 1~22 细胞或以上，多数 5~15 细胞，纺锤射线具径向树脂道（图 4）。由此断定为云杉属。

从横切面上看，生长轮明显，环孔材，早材管孔略大，导管横切面为圆形及卵圆形，连续排列成早材带，具侵填体，早材至晚材急变，晚材管孔略小，导管横切面上为不规则多角形，多呈管孔团，稀单管孔及径列复管孔，弦列或波浪形。轴向薄壁组织多为傍管状，木射线密度稀至中，极细至中（图 5）。从径切面上看，螺纹加厚仅存在于小导管管壁上，单穿孔，射线组织为同形（图 6）。从弦切面上看，木射线非叠生，单列射线和多列射线两种（图 7）。由此断定为榆属。

从横切面上看，生长轮明显，半环孔材，导管在早材横切面上为长椭圆、卵圆和圆形，导管在晚材带横切面上为带棱的圆形、椭圆形和卵圆形，单生，2~3 个呈径列或斜列复管孔，少数簇生为管孔团，轴向薄壁组织傍管型者稀疏环管状及环管束状，

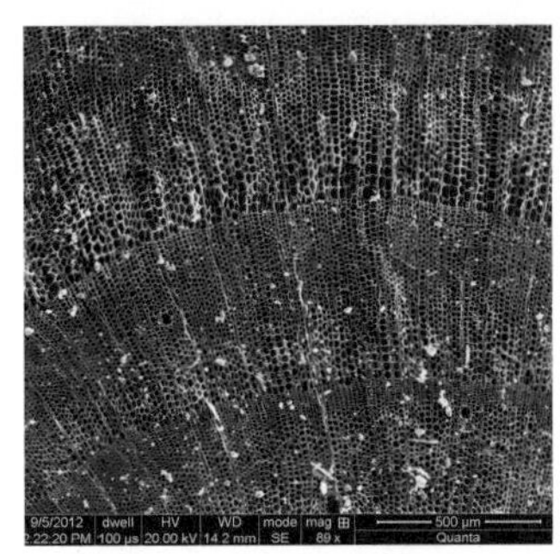

图 2　云杉属横切面

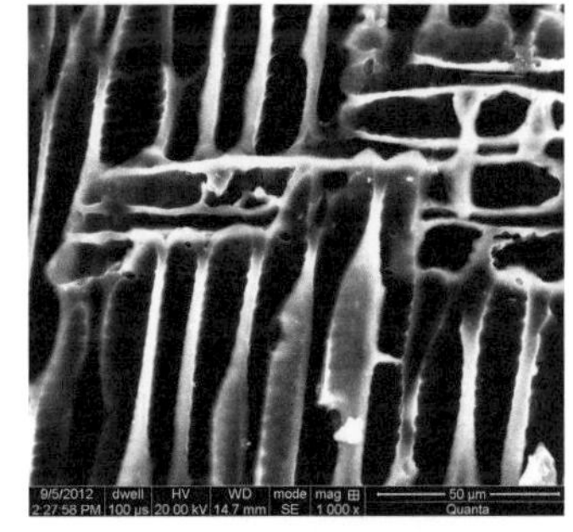

图 3　云杉属径切面

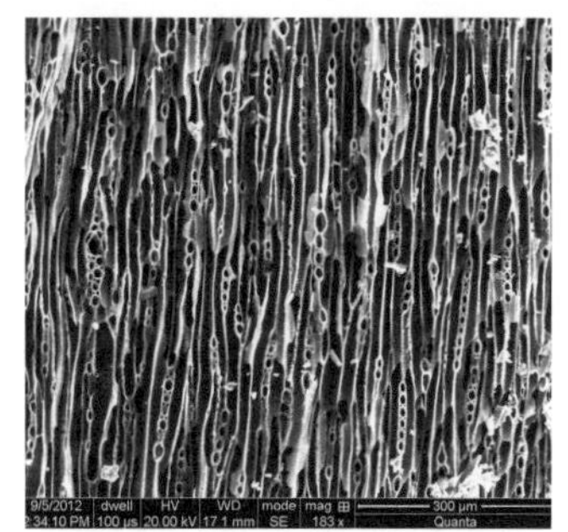

图 4　云杉属弦切面

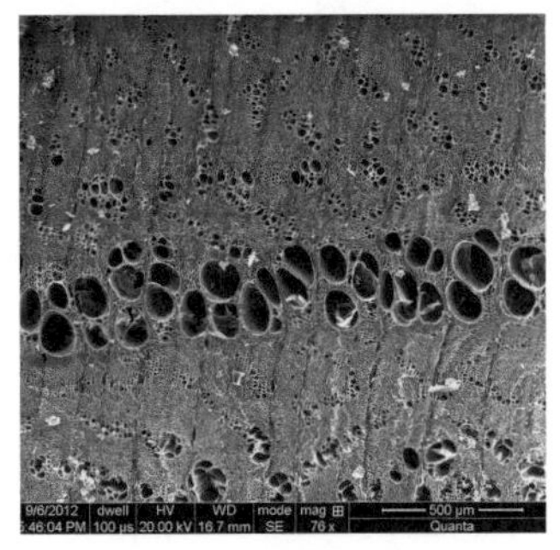

图 5　榆属横切面

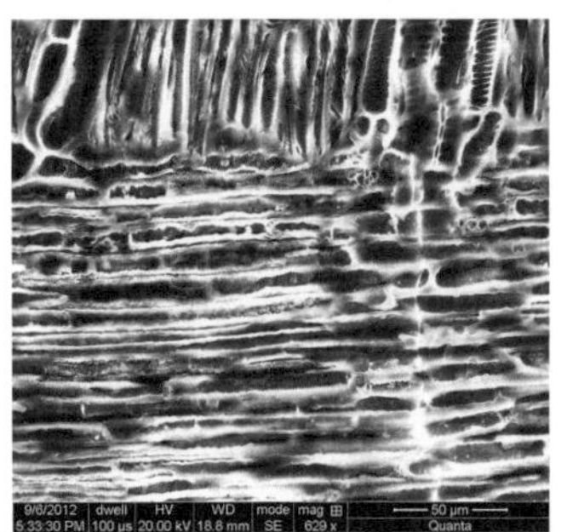

图 6　榆属径切面

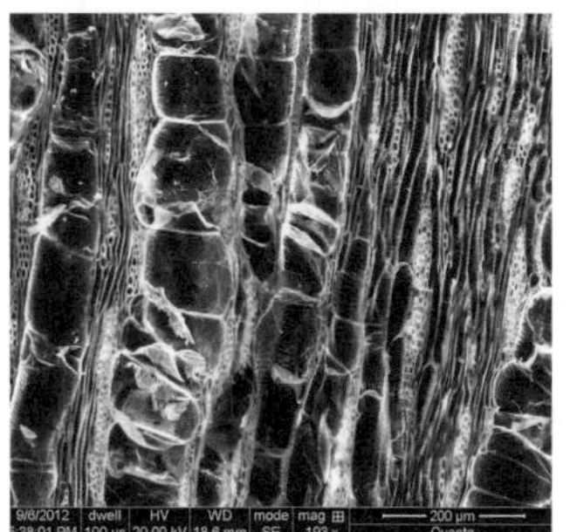

图 7　榆属弦切面

离管型者稀少，星散状（图 8）。从径切面上看，晚材导管螺纹加厚明显，单穿孔，射线组织主为异形（图 9）。从弦切面上看，木射线非叠生，单列射线和多列射线（宽 2~7 细胞）两种（图 10）。由此断定为杏属。

从横切面上看，生长轮略明显或明显，散孔材，导管横切面为圆形、卵圆形，单管孔及径列复管孔通常 2~4 个，少数呈管孔团，散生，管孔大小略一致，分布颇均匀，侵填体未见，轴向薄壁组织呈轮界状，木射线密度中，极细至略细（图 11）。从径切面上看，没有螺纹加厚，复穿孔，梯状，薄壁细胞端壁节状加厚明显，树胶偶见，晶体未见。射线组织同形，稀至异形Ⅲ型（图 12）。从弦切面上看，木射线非叠生，单列射线较多，多数高 5~15 个细胞，多列射线宽 2~4 个细胞，多数高 10~25 个细胞（图 13）。由此断定为桦木属。

根据鉴定结果，甲组建筑基址北基址（J2）东偏间东北角瓮罐内木炭为侧柏属、云杉属和榆属。西正间南侧烟道内木炭为侧柏属。与一号陪葬墓有关的木炭和木材植物种属为侧柏属、榆属、杏属和桦木属，黑龙门门址的木材和木炭都为硬木松类。

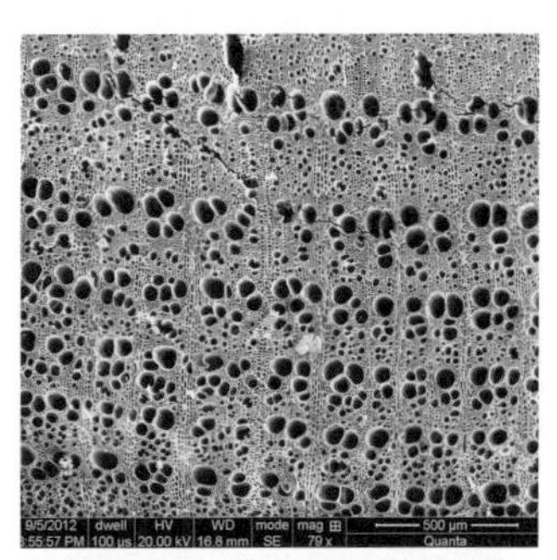

图 8 杏属横切面

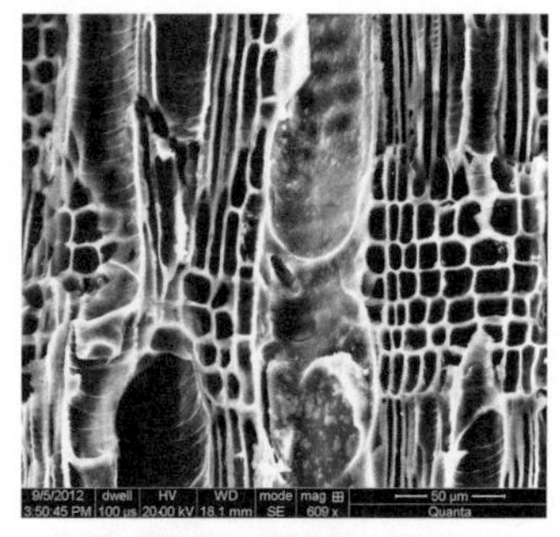

图 9 杏属径切面

图 10 杏属弦切面

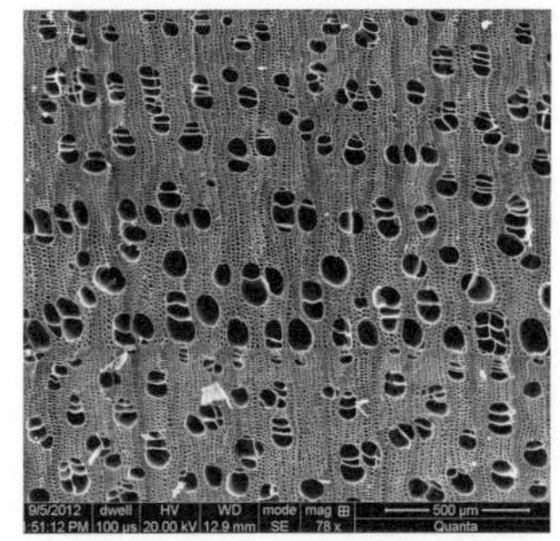

图 11 桦木属横切面

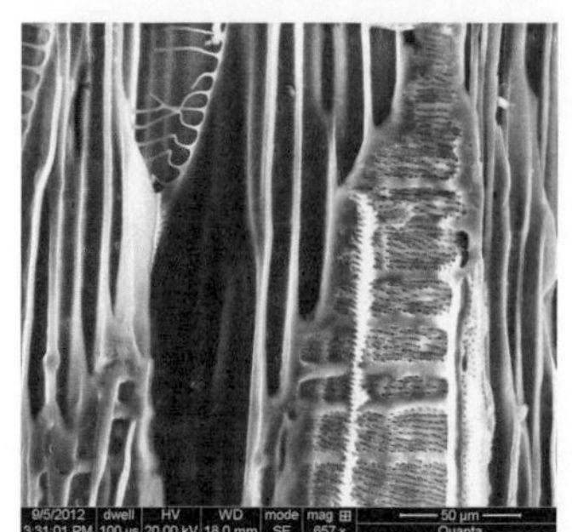

图 12 桦木属径切面

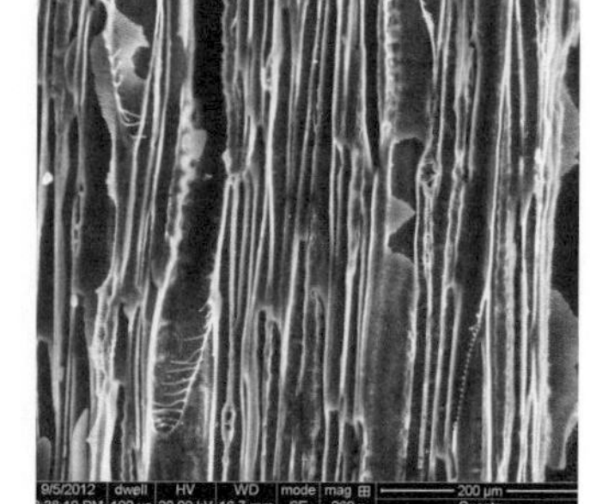

图 13 桦木属弦切面

（二）树轮分析结果

按照树木年轮年代学的交叉定年原理，采用 TSAP 软件分析程序，对 10MZ1MD2 ③ B：焦 11 木头做树轮分析，建立了 74 年的浮动年轮年表（图 14）。

测定结果表明，73 个年轮的总长度是 71.17 毫米，平均年轮宽度为 0.98 毫米。树木生长的前 49 年，年轮的平均宽度为 1.19 毫米，大于 0.98 毫米；后 24 年，年轮的平均宽度为 0.53 毫米，小于 0.98 毫米。

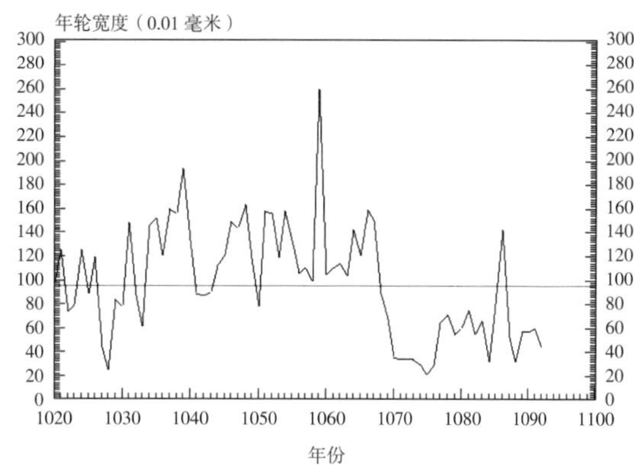

图 14　硬木松浮动年轮年表

三　讨论

（一）古代人类对树木的利用

树木的根、茎、叶、花、果实、种子六部分，每个部分对人类都是很重要的。尤其是遗迹明确的灶坑、房址里的木炭是人类短期的活动结果，反映了古代人类对植被的利用情况[1]。对这些遗迹中出土的木材种属进行分析可以了解先民对植物的利用信息。

古代人类对树木的利用，主要包括木材、树木可食部分、药用部分和香料等方面。木材可用于建筑材料、薪柴、制造各种器具的用材；植物的种子、果实、叶子乃至树皮可食用；有的植物具有药用成分和香精等。

从研究结果看，黑龙门门址 6 个样品中的木材和木炭均为硬木松类。由于松木树干高大，耐腐力强，强度较大，可供建筑、桥梁、矿柱、枕木等用。我们对金代宝马城长白山神庙遗址的建筑遗存进行分析后发现，其建筑用材主要是松科的落叶松和红松木材，所以黑龙门门址的用材是有意选用的硬木松类木材。

一号陪葬墓中木材为侧柏。侧柏木材性质优良，木材为淡褐色，有香气，材质细致，耐腐，耐湿，易加工，顺纹抗压极限强度（370kg/cm^3）和静曲极限强度（882kg/cm^3）大于圆柏，小于柏木，硬度大于圆柏，与柏木近似[2]。在中国古代，侧柏常被选作棺木和椁木的用材。如陕西秦公一号大墓，墓主人为诸侯，除椁盖外各部分用材都为侧柏[3]。再比如，陕西省旬邑县东汉壁画墓，墓主人为王，其棺用的是灰楸，椁用的是侧柏[4]。而且，内蒙古扎鲁特旗水泉沟辽代墓地 M5 的棺木为侧柏木[5]，

[1] Figueiral, Isabel, and Volker Mosbrugger. "A review of charcoal analysis as a tool for assessing Quaternary and Tertiary environments: achievements and limits." *Palaeogeography, Palaeoclimatology, Palaeoecology* 164, no. 1-4 (2000): 397-407.
[2]《中国森林》编辑委员会编：《中国森林》第 2 卷，中国林业出版社，1998 年，1071 页。
[3] 马振智：《试谈秦公一号大墓的椁制》，《考古与文物》2002 年 5 期。
[4] 冯德君、王望生、尹申平：《陕西旬邑县东汉壁画墓出土木材的研究》，《西北林学院学报》2002 年 17 卷 1 期。
[5] 王树芝：《木材考古学：理论、方法和实践》，科学出版社，2021 年，第 255、256 页。

因此，一号陪葬墓中的侧柏木材可能是葬具遗存。

一号陪葬墓前室木炭为榆属和杏属的木炭。榆属木材纹理直，结构较粗，花纹美观，有光泽，较难干燥，易翘曲，稍耐腐；供建筑、家具、车辆、枕木及农具等用。杏树心材淡红色，纹理直，质略重，结构细密，花纹美丽，可做美术用材。由于墓前室木炭的来源不明确，所以其具体用途不清楚。

一号陪葬墓墓前底部填土木炭也为榆属和杏属的木炭，说明墓葬周围土生土长有榆属和杏属。榆属树皮纤维强韧，可做人造棉、纸、绳索原料。树皮及根皮富含淀粉，可做糊料。翅果含油率达 25%，可榨油、供食用和医疗用。嫩叶可做饲料。果、叶、树皮可药用，能安神、利尿，可治神经衰弱、失眠、浮肿等症。杏果实多汁，味美，营养丰富，杏仁是重要的药材。食用部分也是肉质或纤维质的中果皮。据中央卫生研究院分析：每百克果肉含糖 10g，蛋白质 0.9g，胡萝卜素 1.79g，硫胺素 0.02mg，核黄素 0.03mg，尼克酸 0.6mg，抗坏血酸 7mg，钙 2.6mg，磷 2.4mg。杏除鲜食外，又可制杏干、杏脯、杏酱、杏汁、杏酒等[1]。杏是我国原产，栽培历史悠久。关于中国古代杏的人工栽培，依据《夏小正》的记载，出现专业性的果园栽培，至今已有 4000 多年了。《管子》中记载："五沃之土……其梅其杏，其桃其李，其秀生茎起。"[2]《山海经》记载："灵山……其木多桃、李、梅、杏。"[3]《齐民要术》记载："杏实大而甜，核无文采。"[4]此外《广志》《西京杂记》《王祯农书》《本草纲目》《群芳谱》等均有关于杏树栽培及其品种的记载。

一号陪葬墓后室上部深灰色沙石土内木炭为桦木属。桦木属木材强度较大，结构细致，易加工，可制家具、箱盒、门窗、车辆、线轴、工具柄、雕刻、农具等；原木可做矿柱、枕木，树皮不透水，常用作盖房屋，又可提制栲胶及蒸制桦皮油，桦木叶可饲育柞蚕。至于后室上部深灰色沙石土内桦木属木炭的用途，目前还不清楚。

甲组建筑基址北基址（J2 基址）东偏间东北角瓮罐内木炭有侧柏、云杉属和榆属。侧柏和榆属木材及树木利用在前面已经叙述，云杉木材黄白色，纹理直，结构细致，较轻软，有弹性，易加工，刨面略有光泽，供建筑、桥梁、车辆、乐器、家具等用。瓮罐内木炭的埋藏过程及用途不清楚。

甲组建筑基址北基址西正间南侧烟道内木炭为侧柏，侧柏含较高的油脂，是很好的燃料。因此，西正间南侧烟道内侧柏木炭有可能是燃柴的遗存。

[1] 河北农业大学：《果树栽培学各论》，农业出版社，1980 年，第 197 页。
[2] 黎翔凤：《管子校注》，中华书局，2004 年，第 1106 页。
[3] 袁珂：《山海经校注》（增补修订本），巴蜀书社，1992 年，第 186 页。
[4] [北魏] 贾思勰著，石声汉校释：《齐民要术今释》，中华书局，2009 年，第 354 页。

（二）年轮宽度所反映的气候

人类生活、生产活动与生态环境、气候密切相关，但《辽史》中有关旱、涝、冻灾的资料只是从辽太宗天显三年（公元928年）第一次记载"行瑟瑟礼"才开始的，公元928年以前的生态环境和气候尚不清楚。我们知道年轮的宽窄与相应生长年份的气候条件密切相关。干旱年份或低温年份树木生长缓慢，年轮就窄，反之则宽。

根据前面年轮分析的结果，前49年的年轮宽度大于总的年轮宽度的平均值，所以，这49年为较湿润期或温度较高的时期。之后24年，年轮宽度小于总的年轮宽度的平均值，这24年当为较干旱或者低温期。由于木材已经炭化，看不出木材的心材和边材，所以不知外面是否损失了年轮，损失了多少年轮。如果木材还存在最外层年轮，说明该木材使用前24年时间内气候较干旱或者温度较低，如果木材损失一定数量的年轮，说明该木材使用前一些年前有24年为较干旱或者低温期。

四　结论

对采集的12个木炭和木材样品，319块进行了鉴定，有6个种属，分别是侧柏属、硬木松类、云杉属、榆属、杏属和桦木属。根据木材性质，对出土木材和木炭的利用进行了讨论。可以肯定黑龙门门址建筑用的是硬木松类木材。甲组建筑基址北基址（J2）西正间南侧烟道内侧柏木炭有可能是燃柴遗存。一号陪葬墓中的侧柏木材可能是葬具遗存。一号陪葬墓前室木炭和一号陪葬墓墓前底部填土木炭都为榆属和杏属，说明墓葬周围生长有榆树和杏树。一号陪葬墓后室上部深灰色沙石土内桦木属木炭和甲组建筑基址房址东北角瓮罐内侧柏、云杉属和榆属木炭的用途，目前还不清楚。

另外，对样品10MZ1MD2③B：焦11的树轮年代学研究，建立了74年的浮动年轮年表。对年轮宽度的分析表明，前49年的年轮宽度大于总的年轮宽度的平均值，这49年为较湿润期或温度较高的时期。之后24年，年轮宽度小于总的年轮宽度的平均值，这24年为较干旱或者低温期。

附记：

感谢李存信老师提供黑龙门中门道出土的10MZ1MD2③B：焦11炭化木头样品。

附录二

辽祖陵出土石质文物鉴定

其和日格

（中国地质调查局）

遗址	编号	名称	质地
一号陪葬墓	07PM1：28	石构件残块	中细粒花岗岩
一号陪葬墓	07PM1：30	石构件残块	中细粒花岗岩
一号陪葬墓	07PM1：52	杯	玉质
一号陪葬墓	07PM1：54	石桌案残块	灰绿色细砂岩
一号陪葬墓	07PM1：61–2	石桌案腿残块	灰绿色粗砂岩
一号陪葬墓	07PM1：61–7	石桌案腿残块	灰绿色粗砂岩
一号陪葬墓	07PM1：76–1	器底	片岩
一号陪葬墓	07PM1：76–2	口沿	片岩
一号陪葬墓	07PM1：145	碗	硅质岩
一号陪葬墓	07PM1：146	甲方墓志残块	灰绿色粗砂岩
一号陪葬墓	07PM1：193	带孔石器座	石英斑岩
黑龙门遗址	10MZ1T47 ②：1	石臼	花岗岩夹杂黑云母
黑龙门遗址	10MZ1TG4 ②：1	夯头	砂岩
甲组建筑基址	08JJ1 ①：2	石像	中细粒花岗岩
甲组建筑基址	08JJ1 ①：26	石像	石英正长斑岩
甲组建筑基址	08JJ2 ①：156	石柱础残块	浅肉红色粗面火山熔岩
甲组建筑基址	08JJ2 ①：158	石柱础残块	凝灰熔岩
甲组建筑基址	08JJ2 ①：121	石杵	花岗岩
甲组建筑基址	08T21 ②：1	石构件	凝灰熔岩
甲组建筑基址	08T42 ②：18	石雕残块	灰黑色安山岩
甲组建筑基址	08G1 ①：3	石臼	浅灰绿色粗砂岩
二号建筑基址	09（二）G19 坑 1：53	石雕残块	灰色粗砂岩

遗址	编号	名称	质地
四号建筑基址	10（四）③：12	石构件	灰白色凝灰角砾岩
龟趺山建筑基址	07GT3②：21–1	柱础石残块	粗砂岩
龟趺山建筑基址	07GT3②：22–1	柱础石残块	粗砂岩
龟趺山建筑基址	07GT3②：22–2	柱础石残块	浅肉红色含角砾粗砂岩
龟趺山建筑基址	07GT2②：11–6	契丹大字乙组碑文残片	粗砂岩
龟趺山建筑基址	07GT4②：27–1	汉字甲组碑文残片	粗砂岩
龟趺山建筑基址	07GT4②：38–1	汉字碑首残片	粗砂岩

附录三

辽祖陵出土铁器研究

张明阳　李延祥

（北京科技大学）

辽祖陵遗址出土的铁器以兵器和生产、生活工具为主，大量铁器的出土为深入了解辽代钢铁技术提供了全新材料。为探明这批铁器工艺技术水平，本次对其中的21件铁器进行了检测。具体取样情况见表一～四。

本次取样的铁器主要出土在一号陪葬墓、黑龙门和甲组建筑基址这三处地点，一号陪葬墓为辽太祖三子耶律李胡墓；黑龙门为祖陵的陵园大门；甲组建筑基址为一大型的地面陵寝建筑基址[1]。

表一　　辽祖陵出土铁器取样情况

类别＼名称	铁器			器物数量统计
兵器武备	铁甲片 2	铁镞 3	头盔 1	6
生活用具	铁锅 2	铁钉 12	铁片 1	15
器物数量				21

表二　　样品出土位置统计

位置＼名称	铁甲片	铁镞	铁钉	铁锅	头盔	铁片	合计
一号陪葬墓	1	3	4	–	1	–	9
甲组建筑基址	1	–	1	2	–	–	4
黑龙门	–	–	7	–	–	1	8
合计							21

[1]中国社会科学院考古研究所内蒙古第二工作队、内蒙古文物考古研究所：《内蒙古巴林左旗辽代祖陵陵园遗址》，《考古》2009年9期。

表三　　辽祖陵铁器取样清单一览

实验号	出土编号	器物名称	取样部位
1	07PM1：178	箭镞（鸣镝）	镞身靠近锋部
2	07PM1：225	箭镞（鸣镝）	镞身靠近锋部
3	07PM1：215	箭镞	铤部
4	07PM1：231	甲片（残）	器身边部
5	07PM1：236	头盔（残）	器身边部
6	07PM1：190	钉	尖部
7	07PM1：35	鎏金铁钉	尖部、鎏金钉帽
8	07PM1：167	钉	器身
9	07PM1：133	钉	尖部、钉帽
10	10MZ1F1 ①：样 1	钉	尖部、钉帽
11	10MZ1MD2 ③ B：样 2	钉	尖部
12	10MZ1MD1 ②：样 1	铁片（残）	器身边部
13	10MZ1MD1 ③ B：样 1	钉	尖部
14	10MZ1T43 ④：样 1	钉	尖部、钉帽
15	10MZ1MD2 ③ B：样 3	钉	尖部
16	10MZ1MD1 墩台北①：样 1	钉	尖部
17	10MZ1MD2 ② A ：样 1	钉	尖部
18	08JJ1 ①：14	锅（残）	器身边处
19	08JJ2 ①：样 1	锅（残）	器身边处
20	08T55 ② A ：样 1	甲片（残）	器身边处
21	08JJ2 ①：样 2	钉	尖部

表四　　取样铁器形貌

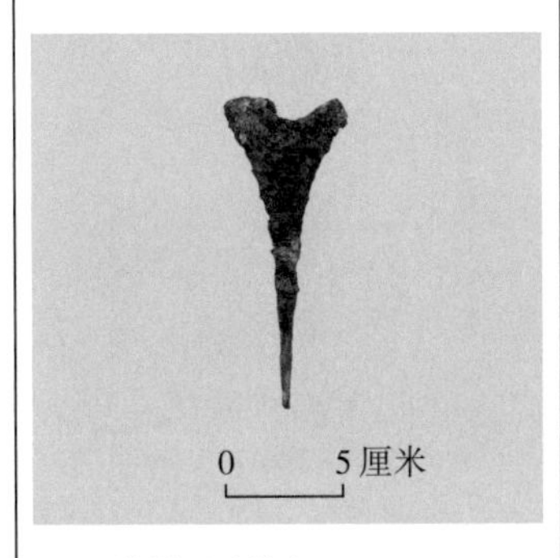

1. 箭镞（鸣镝）07PM1：178

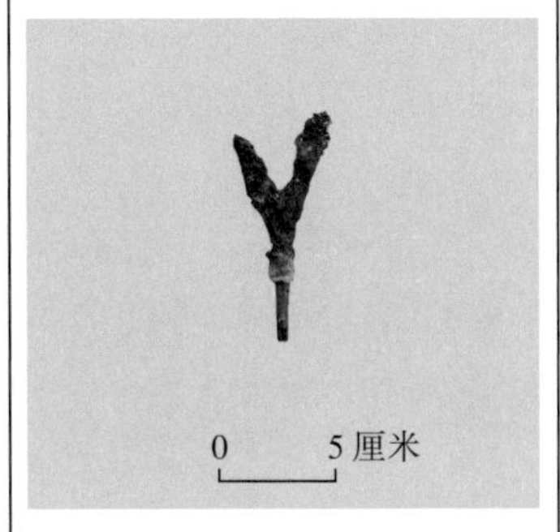

2. 箭镞（鸣镝）07PM1：225

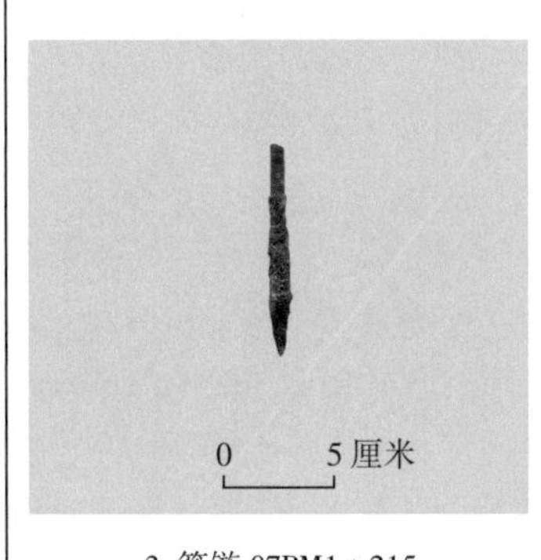

3. 箭镞 07PM1：215

续表四

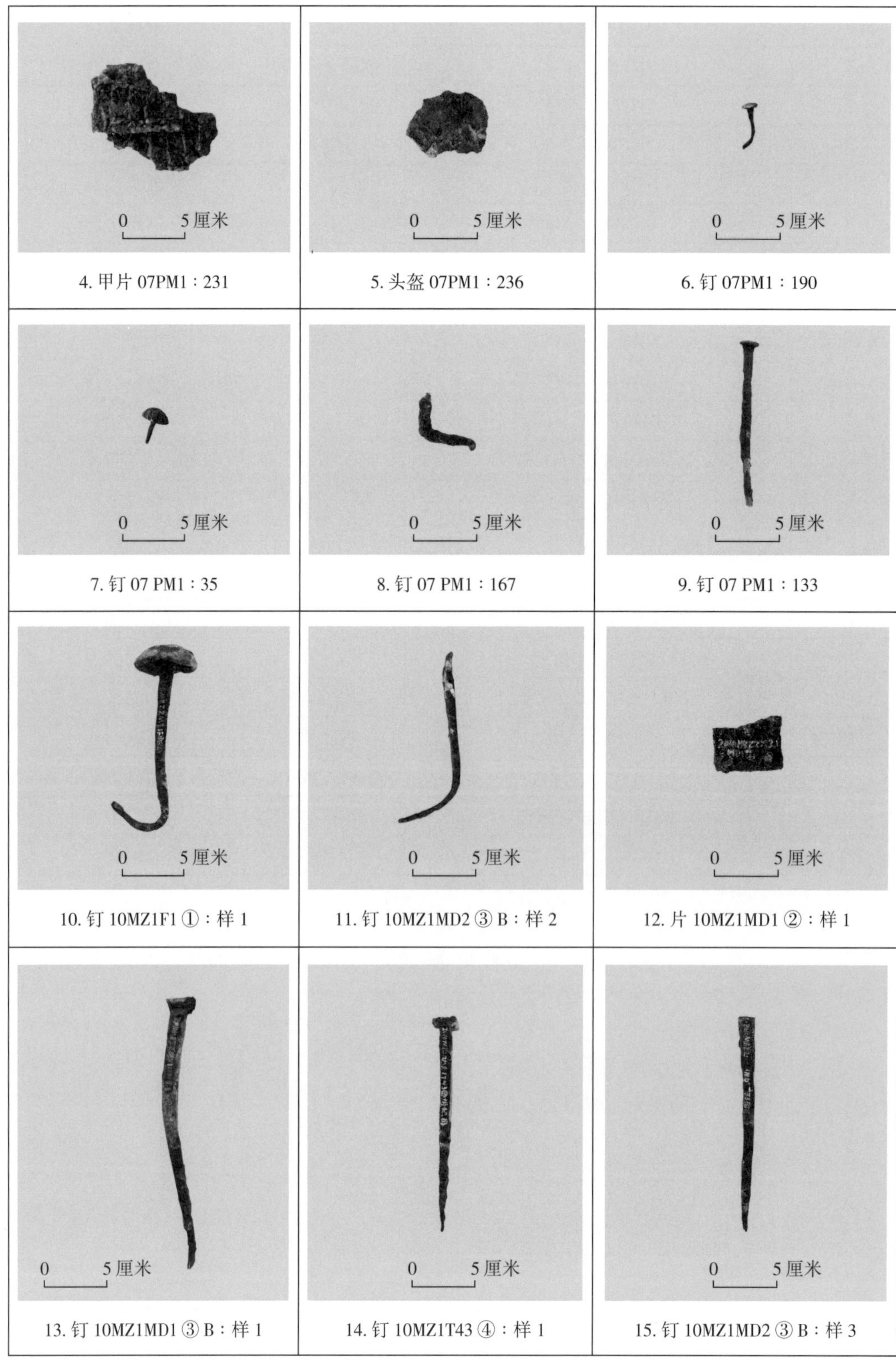

4. 甲片 07PM1：231
5. 头盔 07PM1：236
6. 钉 07PM1：190
7. 钉 07 PM1：35
8. 钉 07 PM1：167
9. 钉 07 PM1：133
10. 钉 10MZ1F1 ①：样 1
11. 钉 10MZ1MD2 ③ B：样 2
12. 片 10MZ1MD1 ②：样 1
13. 钉 10MZ1MD1 ③ B：样 1
14. 钉 10MZ1T43 ④：样 1
15. 钉 10MZ1MD2 ③ B：样 3

续表四

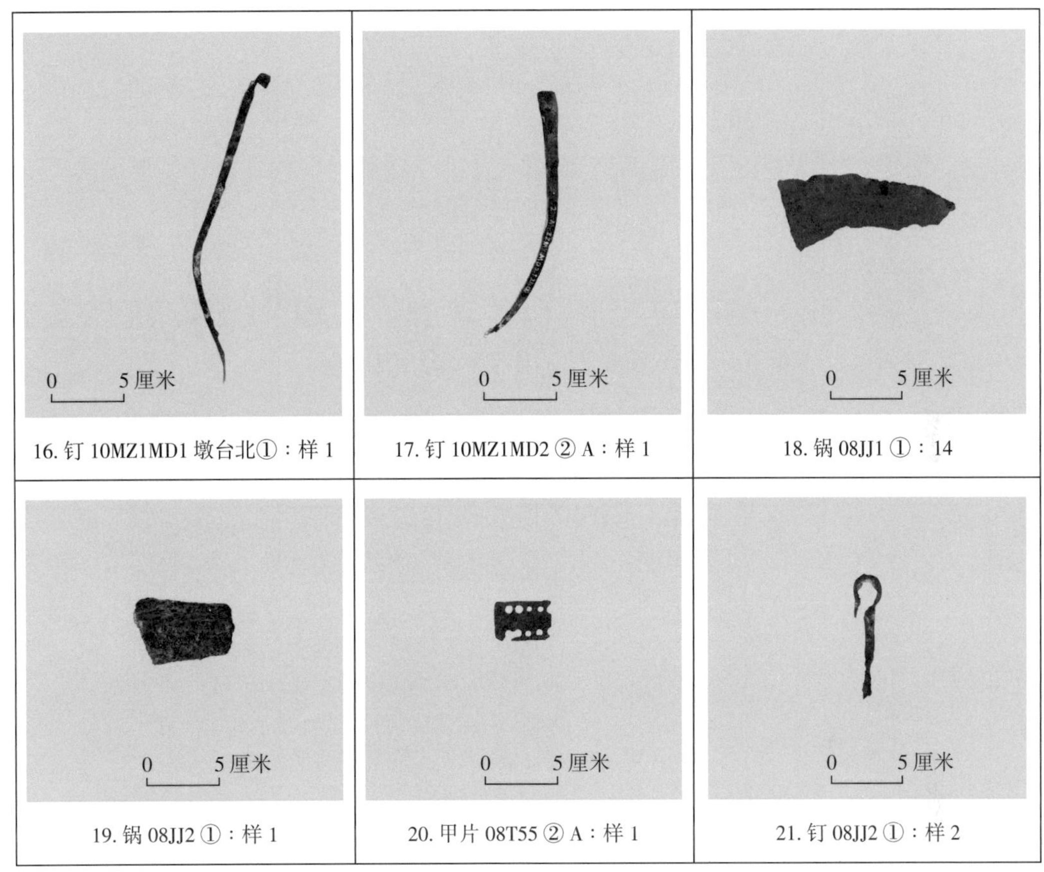

16. 钉 10MZ1MD1 墩台北①：样 1

17. 钉 10MZ1MD2 ② A：样 1

18. 锅 08JJ1 ①：14

19. 锅 08JJ2 ①：样 1

20. 甲片 08T55 ② A：样 1

21. 钉 08JJ2 ①：样 2

一　检测方法

本实验采用金相组织检验方法，对铁器样品进行了镶样、打磨、抛光，用 3% 的硝酸酒精溶液侵蚀，在金相显微镜下观察并照相，从而分析样品的金相特征。利用扫描电子显微镜及能谱分析仪对样品中的夹杂物组分及组分含量进行分析研究，进而判定金属的制作工艺等。

实验中使用的设备及实验条件：

（1）运用 LeicaDMLM4000 金相显微镜观察样品金相。

（2）运用扫描电子显微镜及能谱分析仪：VEGA3XMU 型扫描电子显微镜，配制 Bruker Nano Gmbh610M 型 X 射线能谱仪对样品进行成分分析。

针对不同的仪器设备，对样品相应做了以下处理：

（1）金相显微观察：利用环氧树脂对样品断面进行冷镶、打磨、抛光，对样品铁基体用 3% 的硝酸酒精溶液进行侵蚀。

（2）扫描电子显微镜能谱分析：对抛光后的样品表面进行喷碳处理。

二 检测结果

对所取的 21 件样品进行了金相组织观察及夹杂物分析，得到分析结果如表五、六所示。

通过实验检测得出：

1. 样品的金相组织整体上显示为铁素体 + 珠光体，部分样品为铁素体，晶粒度大小程度不一、含碳量不一。部分样品中出现魏氏组织。

表五 铁器金相组织观察及夹杂物描述

实验号	考古编号	器物名	金相组织观察和夹杂物描述	材质工艺	图号
01	07PM1：178	箭镞（鸣镝）	珠光体 + 铁素体组成的亚共析钢，含碳量不均，中间高，两边低，经历了脱碳处理。含碳量约在 0.07%~0.46%。有少量的硅酸盐单相夹杂及复相夹杂。	炒钢锻打	图 1
02	07PM1：225	箭镞（鸣镝）	铁素体 + 珠光体组成的亚共析钢，含碳量约为 0.15%。晶粒大小均匀，组织纯净，夹杂较少，为单项夹杂和亚复相夹杂。	炒钢锻打	图 2
03	07PM1：215	箭镞	铁素体 + 珠光体组成的亚共析钢，含碳量约为 0.07%。质地纯净，含有少量单相及亚复相夹杂，还有少量氧化铁皮夹杂，夹杂物沿加工方向变形，经历了锻打。	炒钢锻打	图 3
04	07PM1：231	甲片（残）	样品锈蚀严重，无法判断。		
05	07PM1：236	头盔（残）	样品锈蚀严重，存在莱氏体锈蚀的痕迹，中间与边缘明显为不同的组织，夹杂物沿加工方向变形，经历了锻打。	过共晶白口铁铸造	图 4
06	07PM1：190	钉	铁素体 + 珠光体组成的亚共析钢，存在魏氏组织。含碳量不均，中间低，两边高，共分为三层，表面经历了渗碳处理。含碳量约在 0.07%~0.5%。夹杂物沿加工方向变形，经历了锻打。	炒钢锻打	图 5

续表五

实验号	考古编号	器物名		金相组织观察和夹杂物描述	材质工艺	图号
07	07PM1：35	鎏金铁钉	钉身	珠光体 + 铁素体组成的亚共析钢，有大量魏氏组织。含碳量约为 0.15%。多为长条形夹杂，夹杂物沿加工方向变形，经历了锻打。	炒钢锻打	图 6
			钉帽	含碳量约为 0.07%。其余同上。	炒钢锻打	图 7
08	07PM1：167	钉		珠光体 + 铁素体组成的亚共析钢。存在魏氏组织。含碳量不均，中间含碳量高，两侧低，中间为铁素体基体上分布有网状渗碳体构成的过共析钢。含碳量约为 0.07%~0.69%。有大量变形的亚复相夹杂，且铁素体等组织以及夹杂物呈“U”型弯折现象，有明显的折叠锻打痕迹。	炒钢锻打	图 8
09	07PM1：133	钉	钉身	主要为铁素体组织，存在魏氏组织。含碳量约为 0.07%。质地纯净，夹杂很少。	炒钢锻打	图 9
			钉帽	铁素体 + 珠光体组成的亚共析钢，存在魏氏组织。含碳量约为 0.07%。质地纯净，夹杂物沿加工方向变形，经历了锻打。	炒钢锻打	图 10
10	10MZ1F1 ①：样 1	钉	钉身	只有铁素体组织的熟铁，存在魏氏组织。有细长的复相夹杂物，夹杂物沿加工方向变形，经历了锻打。	炒钢锻打	图 11
			钉帽	同上。	炒钢锻打	图 12
11	10MZ1MD2 ③ B：样 2	钉		锈蚀严重，只能看到珠光体残留，质地纯净。含碳量约为 0.3%。		图 13
12	10MZ1MD1 ②：样 1	铁片（残）		样品锈蚀严重，无法判断。		

续表五

<table>
<tr><th>实验号</th><th>考古编号</th><th colspan="2">器物名</th><th>金相组织观察和夹杂物描述</th><th>材质工艺</th><th>图号</th></tr>
<tr><td>13</td><td>10MZ1MD1 ③ B：样 1</td><td colspan="2">钉</td><td>珠光体 + 铁素体组成的亚共析钢，含碳量约为 0.1%。珠光体在晶界间析出。质地纯净，夹杂很少。晶粒沿加工方向变形，经历了锻打。</td><td>炒钢锻打</td><td>图 14</td></tr>
<tr><td rowspan="2">14</td><td rowspan="2">10MZ1T43 ④：样 1</td><td rowspan="2">钉</td><td>钉身</td><td>铁素体 + 珠光体组成的亚共析钢。含碳量不均匀，中间碳高，两侧碳低，共分为三层，经历了脱碳。含碳量约为 0.1%。长条夹杂物沿加工方向变形，经历了锻打。</td><td>炒钢锻打</td><td>图 15</td></tr>
<tr><td>钉帽</td><td>铁素体 + 珠光体组成的亚共析钢。含碳量不均匀。含碳量约为 0.1%。长条夹杂物沿加工方向变形，经历了锻打。</td><td>炒钢锻打</td><td>图 16</td></tr>
<tr><td>15</td><td>10MZ1MD2 ③ B：样 3</td><td colspan="2">钉</td><td>铁素体 + 珠光体组成的亚共析钢。含碳量不均匀。含碳量约为 0.07%~0.1%。有细长的复相夹杂物，夹杂物沿加工方向变形拉伸，经历了锻打。</td><td>炒钢锻打</td><td>图 17</td></tr>
<tr><td>16</td><td>10MZ1MD1
墩台北①：样 1</td><td colspan="2">钉</td><td>铁素体 + 珠光体组成的亚共析钢。含碳量约为 0.23%。晶粒大小不一。有长条形的复相夹杂，夹杂物沿加工方向变形拉伸，经历了锻打。</td><td>炒钢锻打</td><td>图 18</td></tr>
<tr><td>17</td><td>10MZ1MD2 ② A：样 1</td><td colspan="2">钉</td><td>铁素体 + 珠光体组成的亚共析钢，含碳量约为 0.15%。在晶界间有片状珠光体析出，质地纯净，夹杂较少。</td><td>炒钢锻打</td><td>图 19</td></tr>
<tr><td>18</td><td>08JJ1 ①：14</td><td colspan="2">锅（残）</td><td>莱氏体 + 渗碳体，为过共晶白口铁组织。含碳量在 4.3%~6.69% 之间。</td><td>过共晶白口铁铸造</td><td>图 20</td></tr>
<tr><td>19</td><td>08JJ2 ①：样 1</td><td colspan="2">锅（残）</td><td>同上。</td><td>过共晶白口铁铸造</td><td>图 21</td></tr>
<tr><td>20</td><td>08T55 ② A：样 1</td><td colspan="2">甲片（残）</td><td>大部分锈蚀，残留部分铁素体组织，质地纯净，夹杂较少。含碳量约为 0.07%。</td><td>炒钢锻打</td><td>图 22</td></tr>
<tr><td>21</td><td>08JJ2 ①：样 2</td><td colspan="2">钉</td><td>铁素体 + 珠光体组成的亚共析钢，局部有魏氏组织。夹杂物沿加工方向变形，经历了锻打。含碳量约为 0.1%。</td><td>炒钢锻打</td><td>图 23</td></tr>
</table>

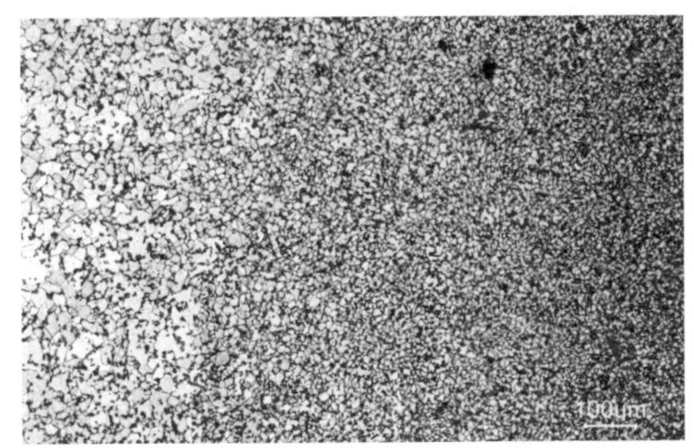

图 1　01 箭镞（鸣镝）07PM1：178 珠光体 + 铁素体

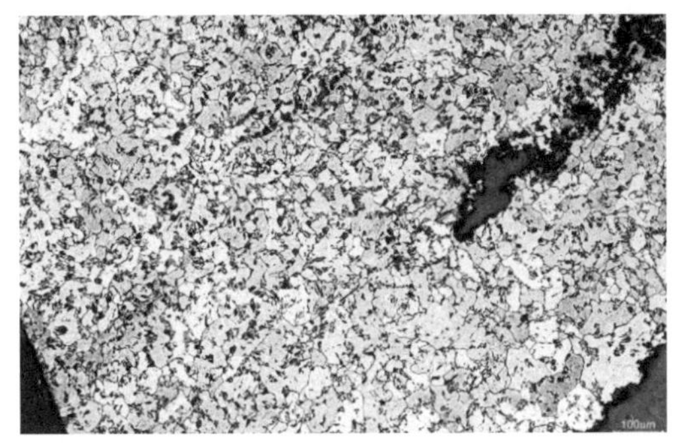

图 2　02 箭镞（鸣镝）07PM1：225 铁素体 + 珠光体

图 3　03 箭镞 07 PM1：215 铁素体 + 珠光体

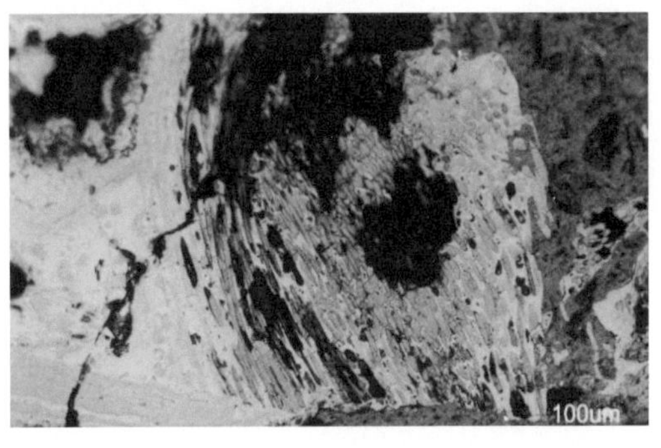

图 4　05 头盔（残）07PM1:236 残存铸造组织

图 5　06 钉 07PM1：190 渗碳

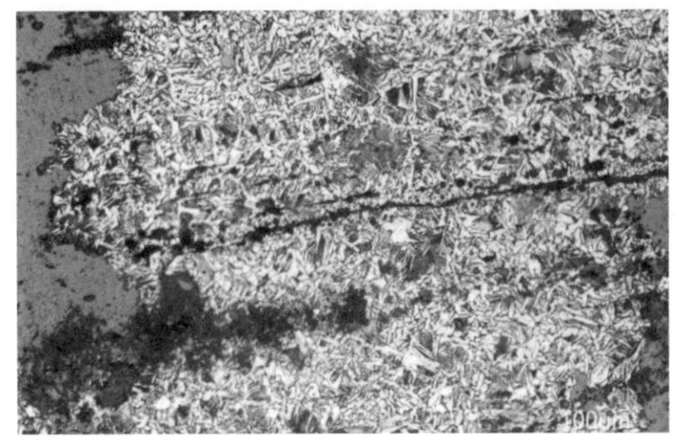

图 6　07 钉身 07PM1：35 魏氏组织

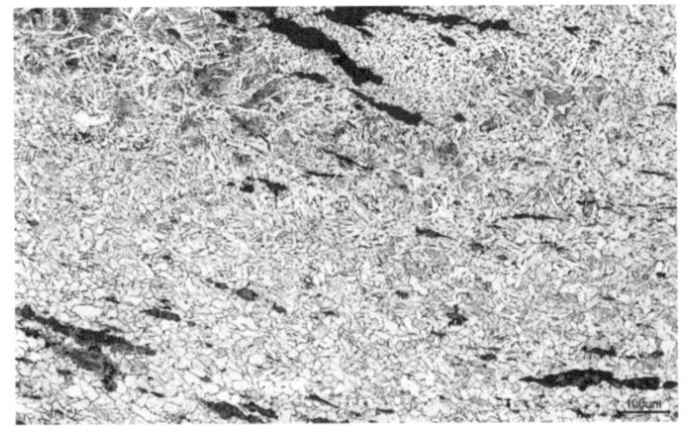

图 7　07 钉帽 07PM1：35 魏氏组织

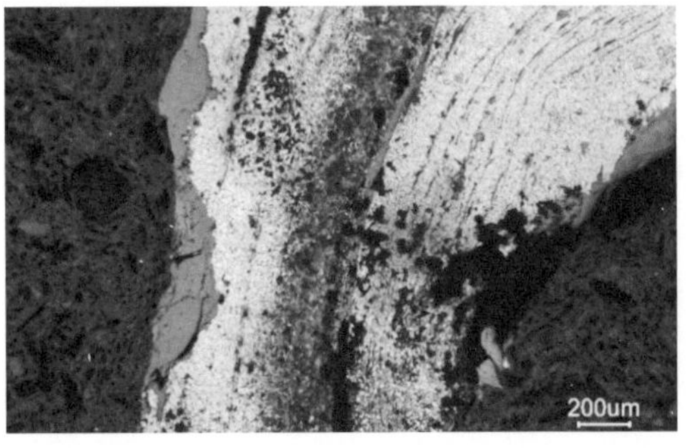

图 8　08 钉 07 PM1：167 锻打

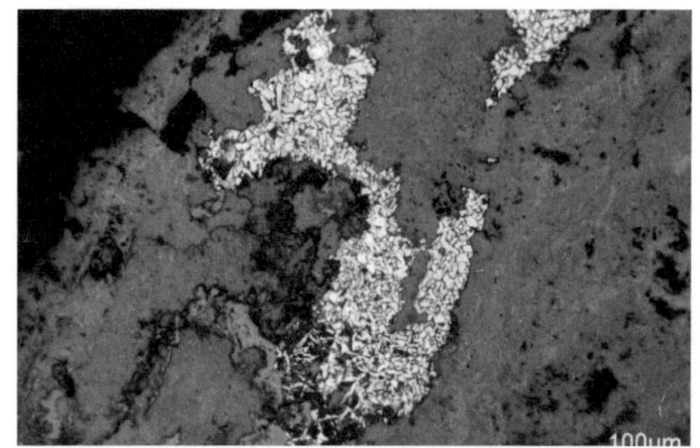

图9 09钉身07 PM1：133魏氏组织

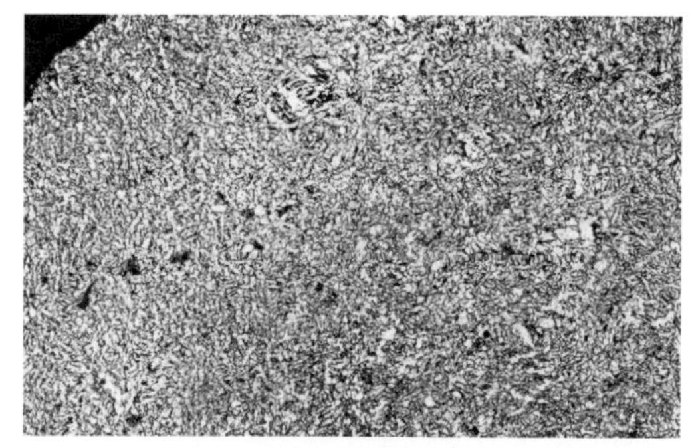

图10 09钉帽07PM1：133魏氏组织

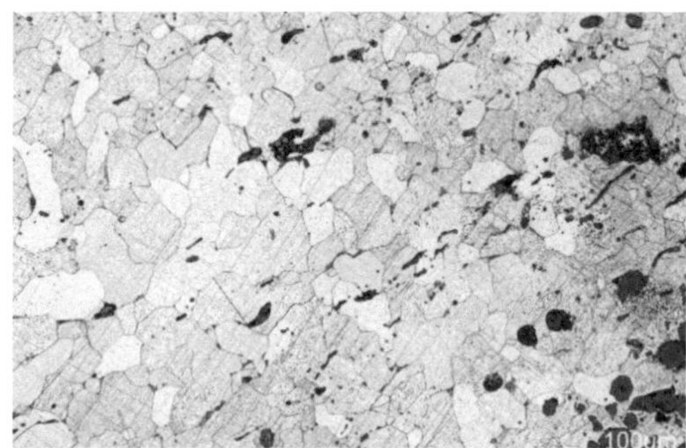

图11 10钉身10MZ1F1 ①：样1主要为铁素体

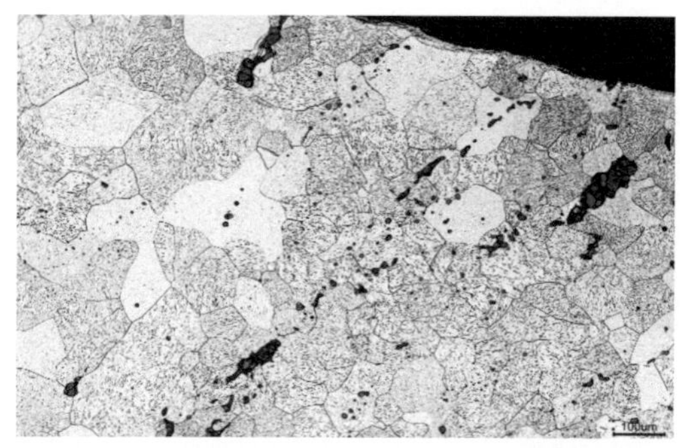

图12 10钉帽10MZ1F1 ①：样1铁素体

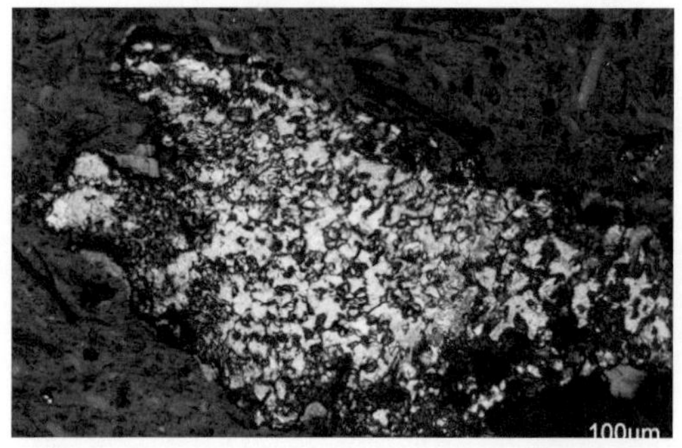

图13 11钉10MZ1MD2 ③ B：样2锈蚀严重发现部分珠光体

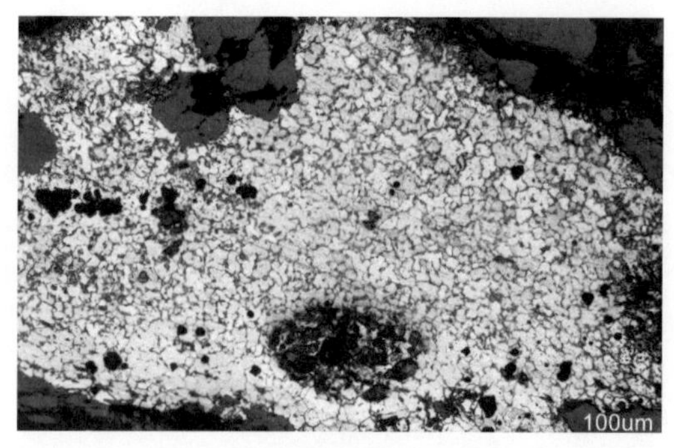

图14 13钉10MZ1MD1 ③ B：样1铁素体+珠光体

图15 14钉身10MZ1T43 ④：样1脱碳

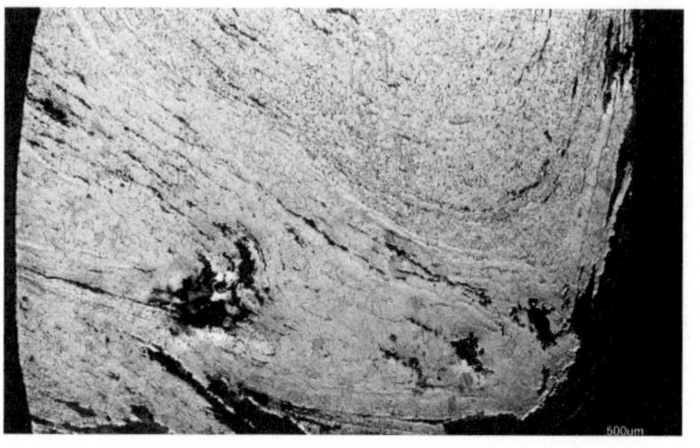

图16 14钉帽10MZ1T43 ④：样1锻打

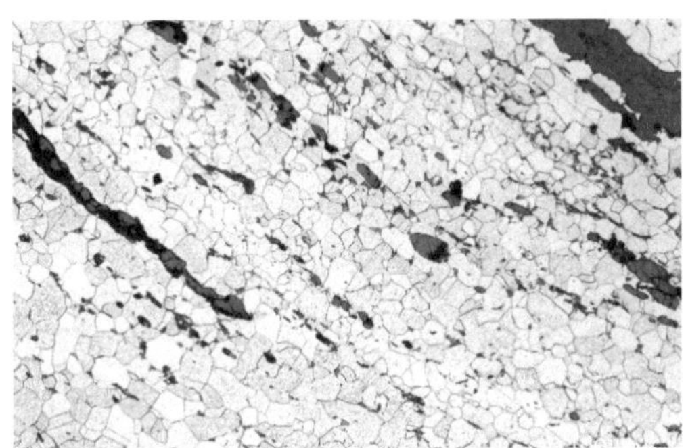

图 17　15 钉 10MZ1MD2 ③ B：样 3 铁素体 锻打

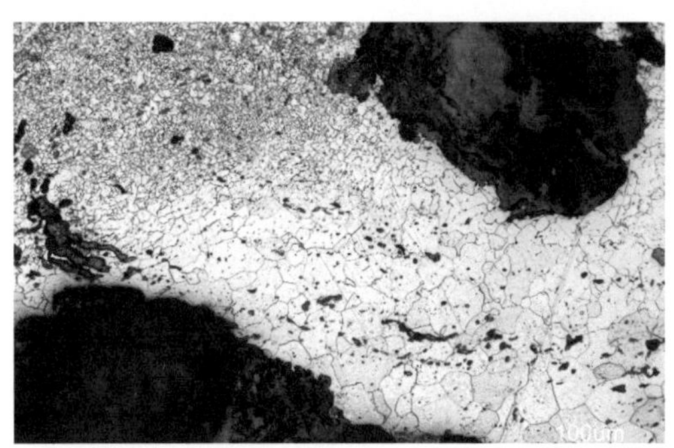

图 18　16 钉 10MZ1MD1 墩台北①：样 1 晶粒大小不一

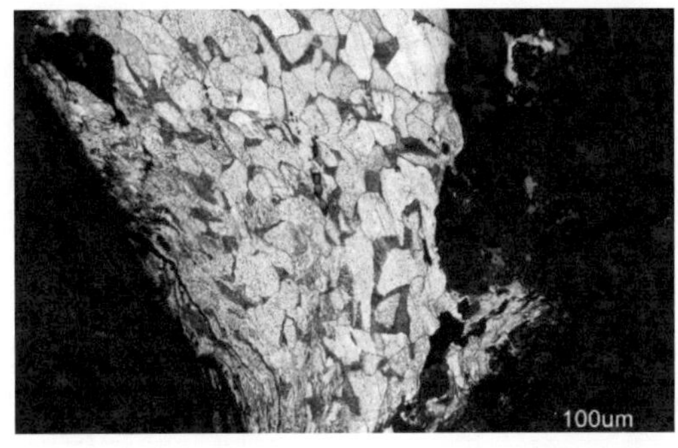

图 19　17 钉 10MZ1MD2 ② A：样 1 铁素体 + 珠光体

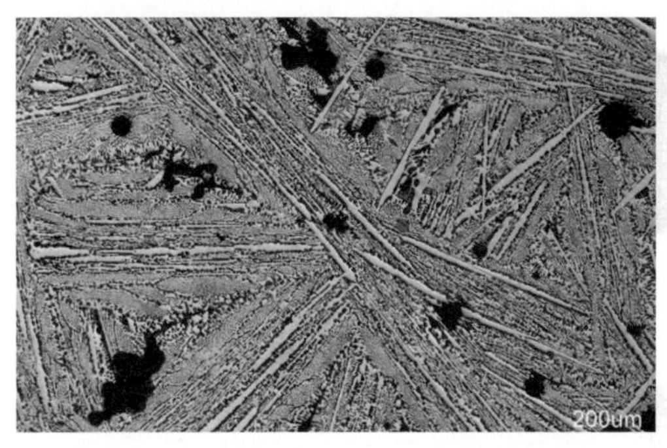

图 20　18 锅 08JJ1 ①：14 过共晶白口铁

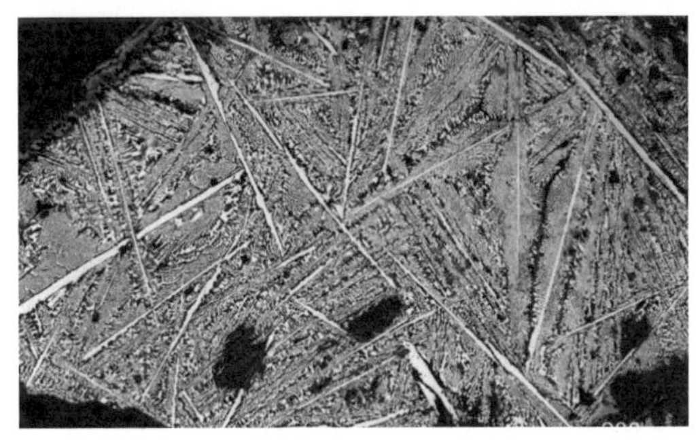

图 21　19 锅 08JJ2 ①：样 1 过共晶白口铁

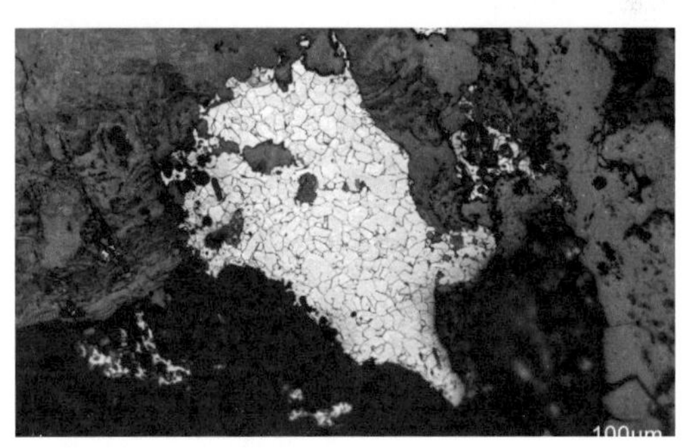

图 22　20 甲片 08T55 ② A：样 1 铁素体

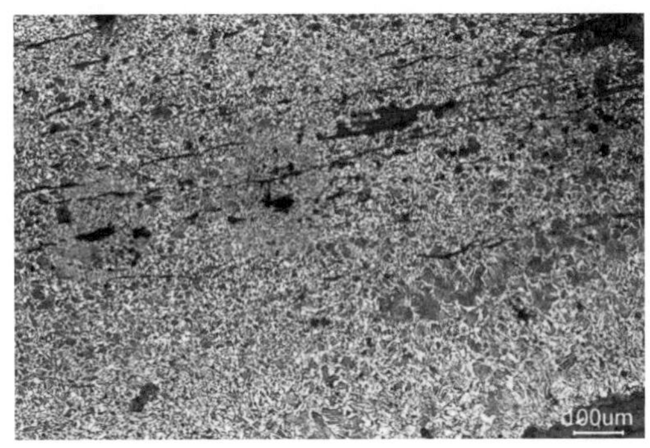

图 23　21 钉 08JJ2 ①：样 2 魏氏组织

表六　辽祖陵出土铁器夹杂物扫描电子显微镜能谱分析数据及相关照片[1]

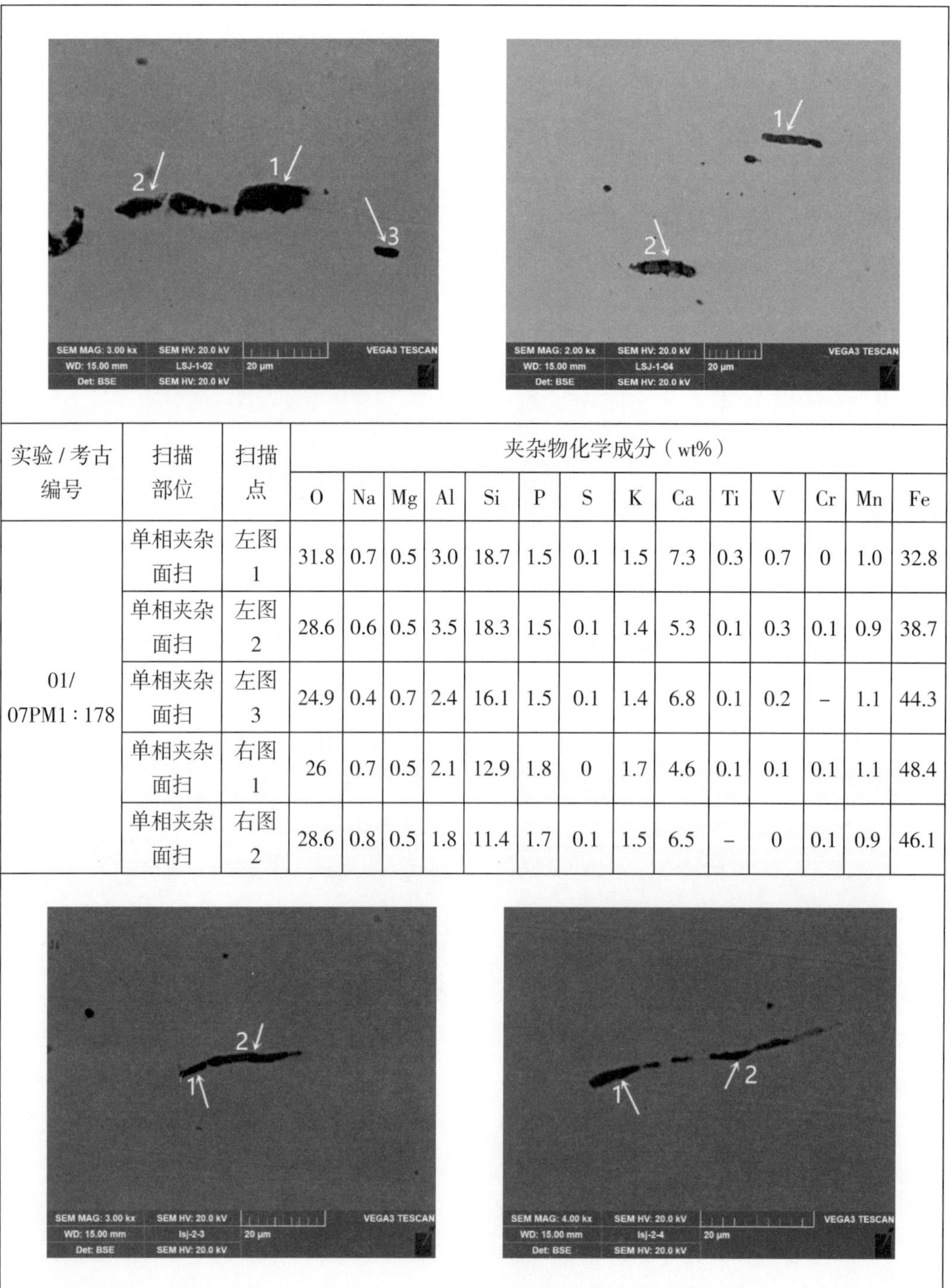

实验/考古编号	扫描部位	扫描点	夹杂物化学成分（wt%）													
			O	Na	Mg	Al	Si	P	S	K	Ca	Ti	V	Cr	Mn	Fe
01/07PM1：178	单相夹杂面扫	左图1	31.8	0.7	0.5	3.0	18.7	1.5	0.1	1.5	7.3	0.3	0.7	0	1.0	32.8
	单相夹杂面扫	左图2	28.6	0.6	0.5	3.5	18.3	1.5	0.1	1.4	5.3	0.1	0.3	0.1	0.9	38.7
	单相夹杂面扫	左图3	24.9	0.4	0.7	2.4	16.1	1.5	0.1	1.4	6.8	0.1	0.2	-	1.1	44.3
	单相夹杂面扫	右图1	26	0.7	0.5	2.1	12.9	1.8	0	1.7	4.6	0.1	0.1	0.1	1.1	48.4
	单相夹杂面扫	右图2	28.6	0.8	0.5	1.8	11.4	1.7	0.1	1.5	6.5	-	0	0.1	0.9	46.1

[1] 化学成分中“-”表示未检测出，“0”表示超过检测范围；图为选取较清晰者，且与表中扫描点对应，扫描点一列中“-”表示未给出相应图像。

续表六

实验 / 考古编号	扫描部位	扫描点	夹杂物化学成分（wt%）													
			O	Na	Mg	Al	Si	P	S	K	Ca	Ti	V	Cr	Mn	Fe
02/ 07PM1：225	单相夹杂面扫	左图 1	28.4	0.4	0.6	1.7	3.0	2.6	0.1	2.3	12.6	0.9	0.4	0.2	0	46.9
	单相夹杂面扫	左图 2	22.0	0.3	0.5	1.5	3.1	2.4	0.2	1.5	8.9	0.6	0.1	0.2	0	58.8
	单相夹杂面扫	右图 1	14.0	0.2	0.5	1.4	2.5	2.0	0.3	0.7	4.7	0.4	0.1	0	0	73.3
	单相夹杂面扫	右图 2	14.5	0.3	0.6	1.4	1.9	2.1	0.1	0.9	7.3	0.7	0	0.3	0.9	69.0

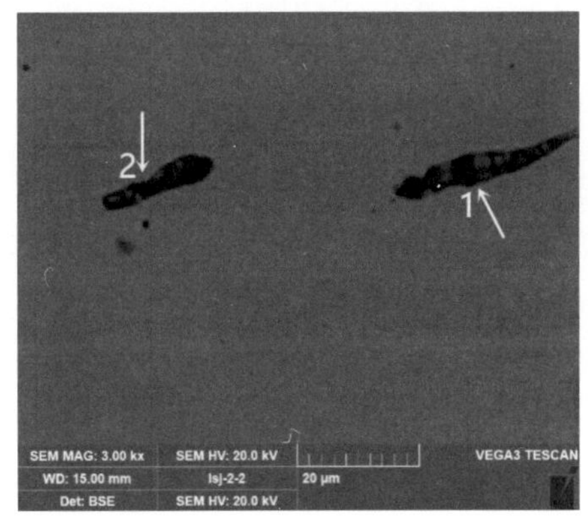

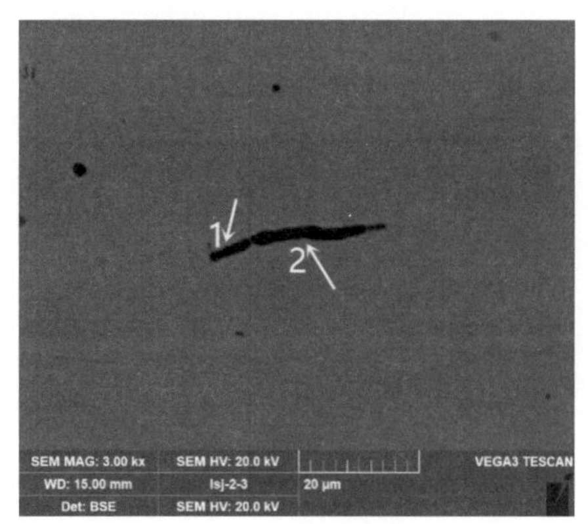

实验 / 考古编号	扫描部位	扫描点	夹杂物化学成分（wt%）													
			O	Na	Mg	Al	Si	P	S	K	Ca	Ti	V	Cr	Mn	Fe
03/ 07PM1：215	单相夹杂面扫	左图 1	24.9	0.3	0.3	1.1	3.6	2.0	0.2	1.5	7.4	0.3	0.2	0	0	58.1
	单相夹杂面扫	左图 2	22.5	0.6	0.2	1.2	3.9	1.9	0.2	1.3	5.5	0.2	0.4	0	1.0	61.1
	单相夹杂面扫	右图 1	28.4	0.4	0.6	1.7	3.0	2.6	0.1	2.3	12.6	0.9	0.4	0.2	0	46.9
	单相夹杂面扫	右图 2	22	0.3	0.5	1.5	3.1	2.4	0.2	1.5	8.9	0.6	0.1	0.2	0	58.8

续表六

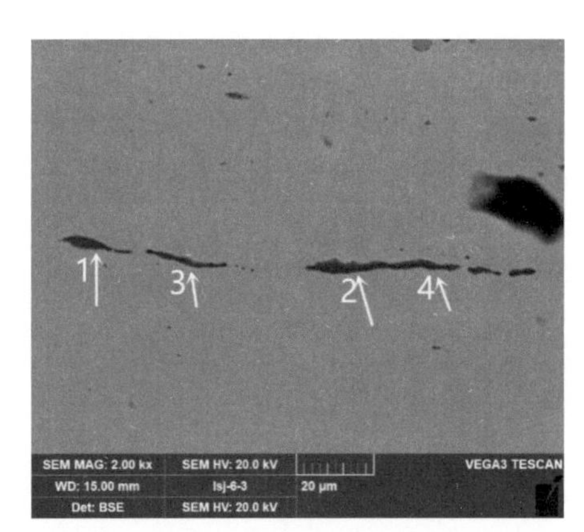

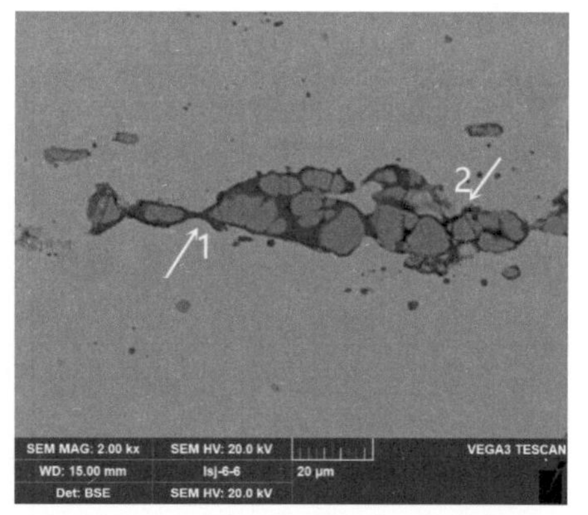

实验 / 考古编号	扫描部位	扫描点	夹杂物化学成分（wt%）													
			O	Na	Mg	Al	Si	P	S	K	Ca	Ti	V	Cr	Mn	Fe
06/07PM1：190	单相夹杂面扫	左图1	30.1	0.9	0.8	1.9	6.9	2.5	0.2	2.5	9.8	0.9	5.0	3.8	1.9	33.0
	单相夹杂面扫	左图2	24.1	1.2	0.9	1.8	6.4	2.4	0.1	2.1	9.0	0.7	0.3	0	1.8	49.1
	单相夹杂面扫	左图3	17.6	0.9	0.5	1.5	5.5	1.8	0.1	1.5	6.2	0.3	0.2	0.2	1.3	62.5
	单相夹杂面扫	左图4	26.4	0.9	0.5	1.8	7.3	2.5	0.2	2.2	9.3	0.8	0.8	0	2.0	45.4
	复相夹杂面扫	右图1	20.8	0.2	0	0.5	1.9	1.3	0.1	0.5	2.8	0.1	0.1	0.1	0.8	70.9
	复相夹杂面扫	右图2	19.3	0.2	0.1	0.3	0.9	0.6	0	0.1	1.3	0	0.3	0	1.0	75.8

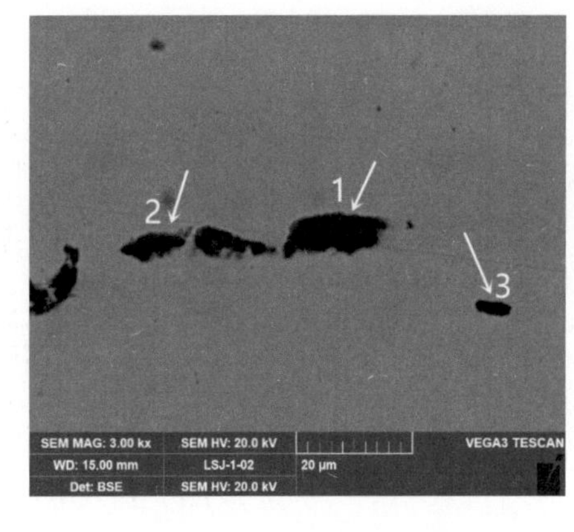

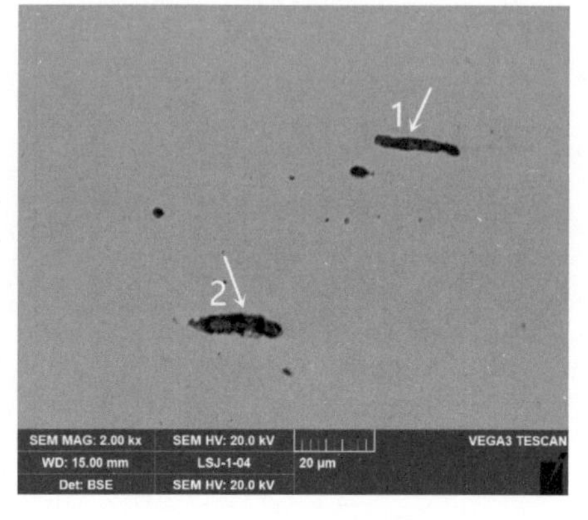

续表六

实验 / 考古编号	扫描部位	扫描点	夹杂物化学成分（wt%）													
			O	Na	Mg	Al	Si	P	S	K	Ca	Ti	V	Cr	Mn	Fe
07/07PM1：35（钉身）	单相夹杂面扫	左图1	19.6	0.9	0.9	1.7	6.6	1.4	0.1	1.6	6.7	1.1	0.2	0.1	0.9	58.3
	单相夹杂面扫	左图2	20.1	0.7	1.5	2.4	2.0	1.2	0	0.8	4.5	3.9	10.4	7.4	1.9	43.2
	单相夹杂面扫	左图3	24.9	0.1	1.2	0.7	1.4	3.7	0.1	0.5	14.1	1.1	2.6	0.2	1.2	48.1
	单相夹杂面扫	–	20.2	0.6	1.0	1.3	5.4	1.7	0.2	1.2	4.6	0.5	0	0	1.3	61.8
	单相夹杂面扫	–	16.0	0.5	0.5	1.1	3.1	2.4	0.1	1.2	8.7	0.3	0.4	0	1.2	64.6
	单相夹杂面扫	–	15.9	0.9	0.6	1.6	6.4	0.8	0.1	1.3	4.9	0.8	0.2	0.1	1.0	65.2
	单相夹杂面扫	–	28.8	0.5	0.1	0	0.9	3.3	0.1	0	15.8	0.3	0.8	0	2.6	46.6
	复相夹杂面扫	右图1	22.7	0.2	0.2	0.8	2.4	1.2	0	0.4	2.8	1.3	1.1	0.5	0.9	65.5
	复相夹杂面扫	右图2	23.9	0.3	0.4	1.0	3.7	1.6	0.1	0.9	2.4	0.9	0.6	0.8	1.0	62.3
	复相夹杂面扫	右图3	19.8	0.3	0.3	1.2	1.7	0.9	0.1	0	0.5	1.4	0.7	0.2	0.8	71.9
	复相夹杂面扫	右图4	22.7	0	0.3	1.7	3.1	1.8	0.2	1.2	4.9	1.4	2.3	6.2	0.9	53.3
	复相夹杂面扫	–	18.5	0.4	0.5	2.0	1.6	1.2	0.3	0.9	3.2	1.9	3.2	8.9	0.3	57.0

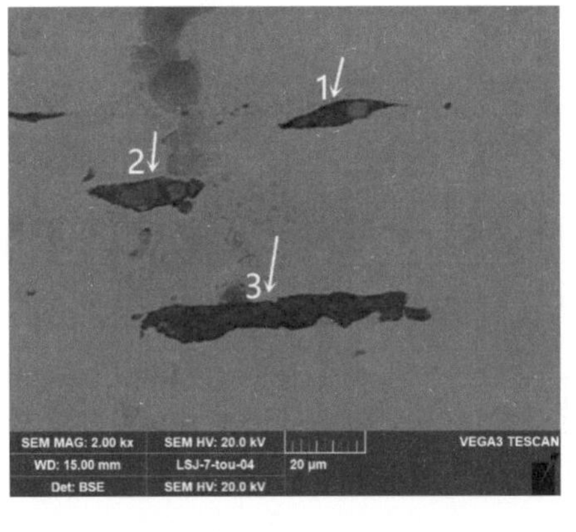

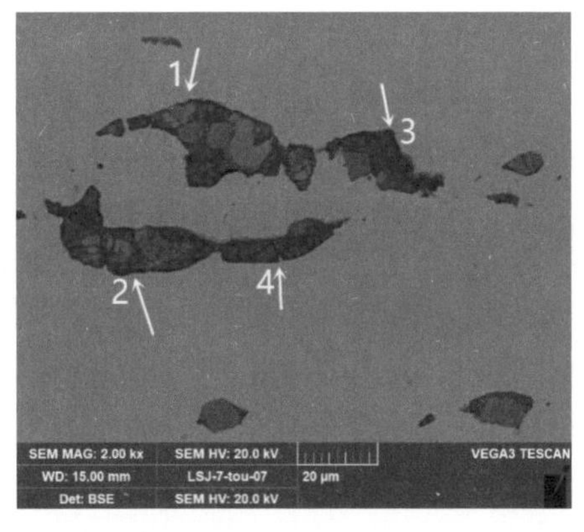

续表六

实验/考古编号	扫描部位	扫描点	夹杂物化学成分（wt%）													
			O	Na	Mg	Al	Si	P	S	K	Ca	Ti	V	Cr	Mn	Fe
07/07PM1：35（钉帽）	亚复相夹杂面扫	左图1	29.6	0.3	0.6	1.6	6.7	1.9	0	1.2	11.7	0.9	0.5	0.1	0.8	44
	亚复相夹杂面扫	左图2	22.4	0.4	0.5	3.5	4.3	1.4	0	0.7	4.5	3.7	8.5	7.9	0	42.4
	亚复相夹杂面扫	左图3	27.3	0.6	0.5	2.1	6.2	1.6	0.1	1.1	8.7	2.2	3.1	4.0	0.1	42.5
	亚复相夹杂面扫	右图1	27.2	0.5	0.7	2.6	6.8	1.7	0.1	1.1	9.1	2.3	3.4	4.5	0.1	39.9
	亚复相夹杂面扫	右图2	30	0.4	0.5	2.1	8.9	1.9	0	1.6	11.3	1.1	1.0	1.8	0.3	39.1
	亚复相夹杂面扫	右图3	31.2	0.7	0.6	2.2	9.2	2.3	0	1.7	13.8	0.4	0.1	0.2	0.4	37.3
	亚复相夹杂面扫	右图4	27.3	0.6	0.5	2.1	6.2	1.6	0.1	1.1	8.7	2.2	3.1	4.0	0.1	42.5

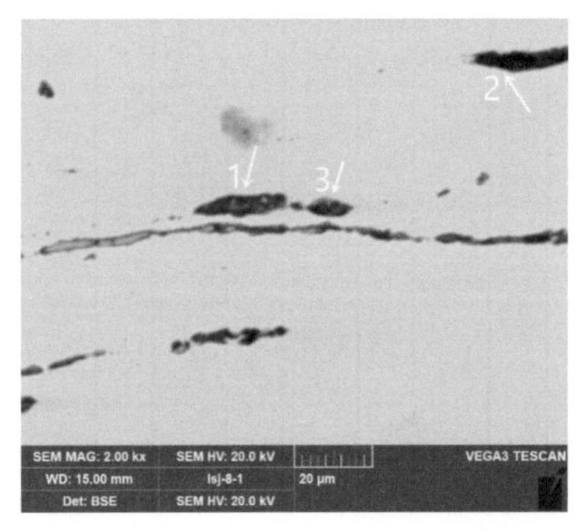

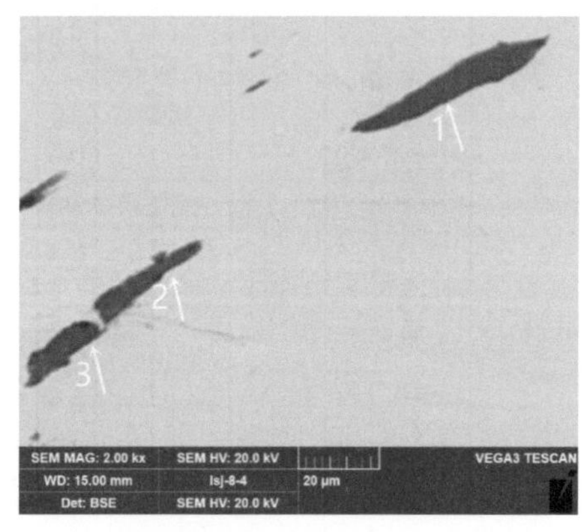

实验/考古编号	扫描部位	扫描点	夹杂物化学成分（wt%）													
			O	Na	Mg	Al	Si	P	S	K	Ca	Ti	V	Cr	Mn	Fe
08/07PM1：167	亚复相夹杂面扫	左图1	22.2	0.5	0.6	0.8	4.7	2.4	0.4	0.6	8.2	0.1	0.1	0	1.1	58.4
	单相夹杂面扫	左图2	14.9	0.5	0.6	1.3	5.0	1.1	0.1	1.8	10.3	0.3	0.3	0.2	1.5	62.1
	亚复相夹杂面扫	左图3	10.6	0.3	0.4	0.7	3.4	2.0	0.3	0.3	10.8	0.3	0.2	0	1.4	69.3
	单相夹杂面扫	右图1	33.6	1.6	1.5	6.1	20.4	0.4	0.3	3.6	21.1	1.2	0.1	0	0.9	9.3

续表六

实验／考古编号	扫描部位	扫描点	夹杂物化学成分（wt%）													
			O	Na	Mg	Al	Si	P	S	K	Ca	Ti	V	Cr	Mn	Fe
08/07PM1：167	单相夹杂面扫	右图2	31.9	1.5	1.4	5.4	18.4	0.5	0.3	3.6	18.8	0.9	0	0.1	0.6	16.7
	单相夹杂面扫	右图3	34.3	1.3	1.3	5.2	18.9	0.4	0.2	4.3	22.1	1.1	0	0.1	0.7	10

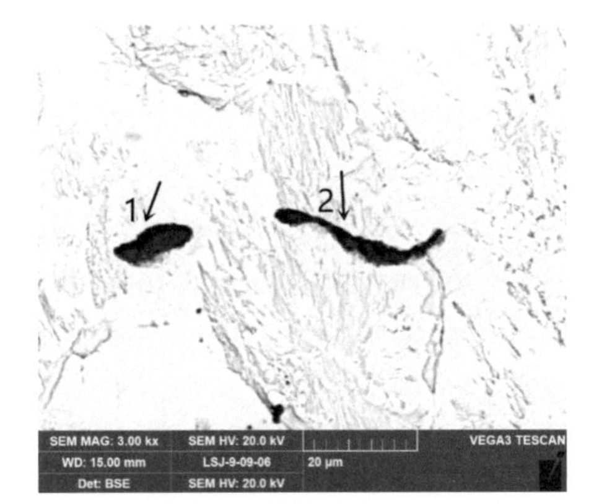

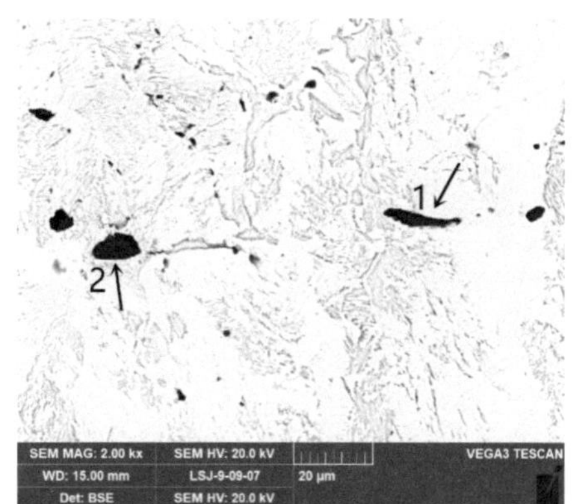

实验／考古编号	扫描部位	扫描点	夹杂物化学成分（wt%）													
			O	Na	Mg	Al	Si	P	S	K	Ca	Ti	V	Cr	Mn	Fe
09/07PM1：133（钉身）	单相夹杂面扫	左图1	29.1	0.3	1.4	4.1	16.1	0.2	0.1	2.7	20.8	0.5	0.2	0	0	24.5
	单相夹杂面扫	左图2	27.6	0.3	1.7	5.3	18.2	0	0.1	2.4	19.9	0.5	0.1	0.1	0.1	23.6
	单相夹杂面扫	右图1	26.4	0.2	2.2	5.5	16.3	0	0.1	3.0	21.8	0.7	0.1	0.2	0.1	23.4
	单相夹杂 面扫	右图2	32.6	0.2	2.7	6.4	18.7	0	0	3.5	23.3	0.9	0.1	0	0.4	11.2

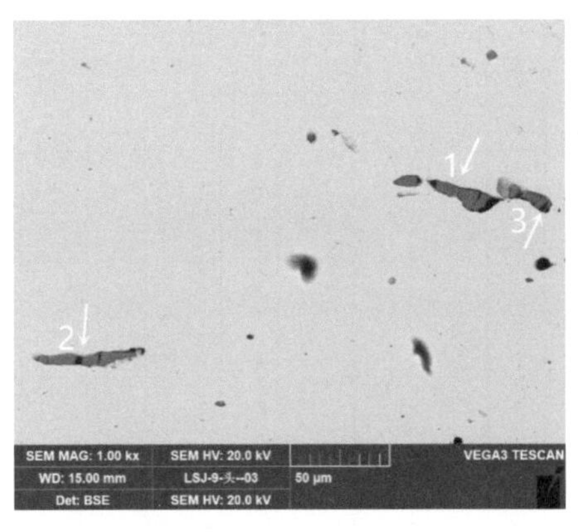

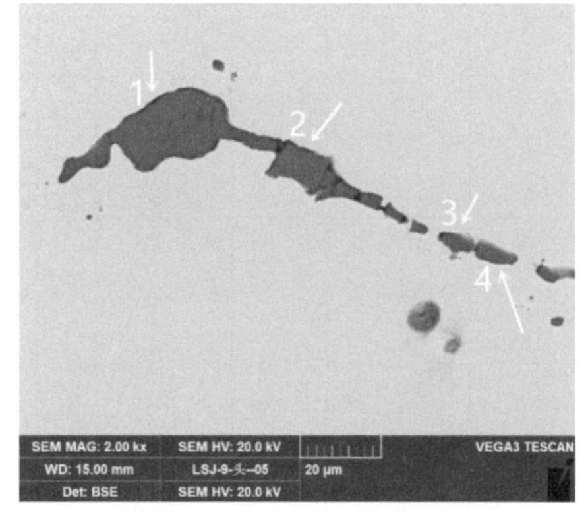

续表六

实验 / 考古编号	扫描部位	扫描点	夹杂物化学成分（wt%）													
			O	Na	Mg	Al	Si	P	S	K	Ca	Ti	V	Cr	Mn	Fe
09/07PM1：133（钉帽）	单相夹杂面扫	左图 1	31.9	0.6	1.6	4.2	14.3	1.6	0	2.1	17.5	6.6	0.6	1.7	1.7	15.7
	单相夹杂面扫	左图 2	28.9	0.6	0.7	3.5	26.7	1.3	0	2.8	5.9	5.5	1.0	0	2.0	21.0
	单相夹杂面扫	左图 3	32.0	0.6	1.5	4.6	15.7	1.6	0.1	2.0	17.4	6.3	0.7	1.5	1.7	14.3
	单相夹杂面扫	右图 1	34.5	0.7	0.8	4.6	24.4	2.2	0	2.3	15.4	0.6	0.5	0.1	1.0	12.9
	单相夹杂面扫	右图 2	31.6	0.6	0.9	4.1	21.8	1.7	0	2.2	14.5	0.6	0.8	0.3	1.1	19.9
	单相夹杂面扫	右图 3	33.3	0.7	0.9	4.3	22.5	1.9	0	2.1	16.4	0.8	0.4	0.1	1.1	15.5
	单相夹杂面扫	右图 4	27.8	0.6	1.0	3.6	17.8	1.3	0	2.0	15.1	0.6	0.5	0.3	1.1	28.3

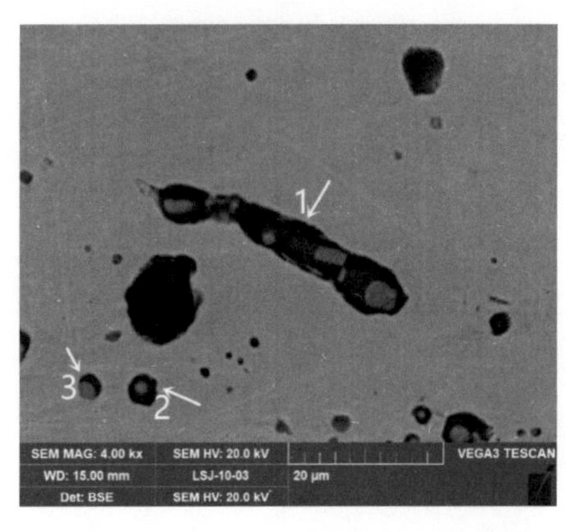

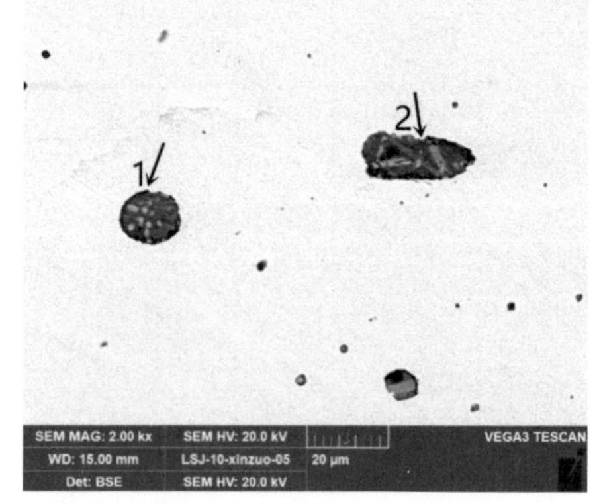

实验 / 考古编号	扫描部位	扫描点	夹杂物化学成分（wt%）													
			O	Na	Mg	Al	Si	P	S	K	Ca	Ti	V	Cr	Mn	Fe
10/10MZ1F1①：样 1	钉身亚复相夹杂面扫	左图 1	23.7	0.2	0.4	0.7	4.4	0.9	0.1	1.4	6.1	0	0.1	0	0	62.0
	钉身亚复相夹杂面扫	左图 2	17.4	0.1	0.3	0.5	3.1	0.4	0.2	0.8	2.5	0	0	0.1	0.1	74.6

续表六

实验 / 考古编号	扫描部位	扫描点	夹杂物化学成分（wt%）													
			O	Na	Mg	Al	Si	P	S	K	Ca	Ti	V	Cr	Mn	Fe
10/ 10MZ1F1 ①：样 1	钉身亚复相夹杂面扫	左图 3	25.7	0.1	0.1	1.0	6.4	1.4	0.1	1.7	4.8	0	0.2	0.1	0.1	58.1
	钉帽亚复相夹杂面扫	右图 1	30.6	0	0.2	0.4	6.1	3.8	0.1	1.0	3.9	0	0	0	0.2	53.8
	钉帽亚复相夹杂面扫	右图 2	29.8	0.1	0.1	0.8	5.7	3.5	0	1.0	3.4	0.1	0.1	0	0	55.2

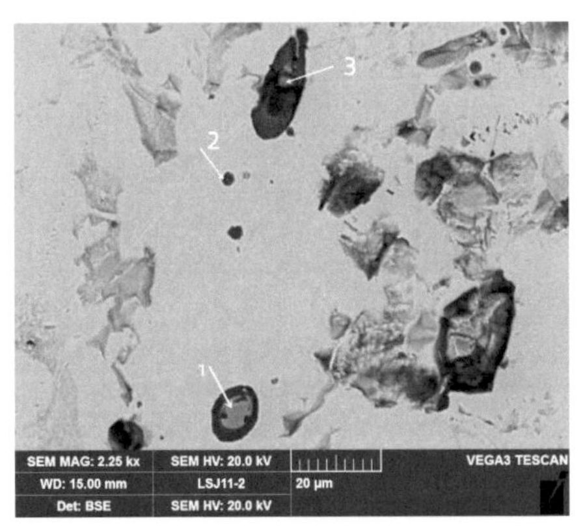

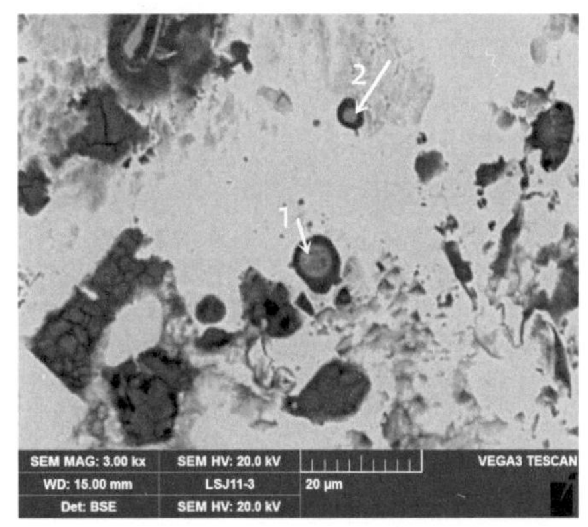

实验 / 考古编号	扫描部位	扫描点	夹杂物化学成分（wt%）													
			O	Na	Mg	Al	Si	P	S	K	Ca	Ti	V	Cr	Mn	Fe
11/ 10MZ1MD2 ③ B ：样 2	单相夹杂面扫	左图 1	24.1	0.4	0.2	0.5	0.2	0.1	0	0	0	0	0	0	0.8	73.8
	单相夹杂面扫	左图 2	15.2	0	0.2	0.3	0.3	0	0.2	0.1	0.3	0	0	0	0	83.4
	单相夹杂面扫	左图 3	7.1	0.3	0.5	0.4	1.7	0.3	0	0.1	0.5	0.2	0	0	0.9	87.8
	单相夹杂面扫	右图 1	23.7	0.2	0.5	0.6	0.6	0.1	0	0.1	0.3	0.1	0	0	1.0	72.8
	单相夹杂面扫	右图 2	19.7	0.2	0.2	0	0.4	0.3	0.2	0.1	0.3	0.2	0	0	0.7	77.7

续表六

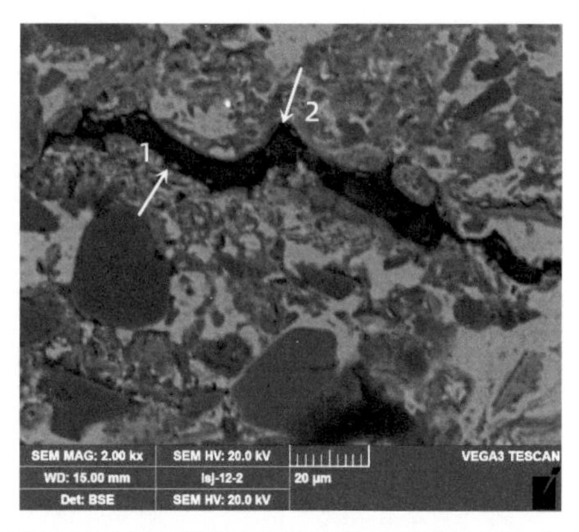

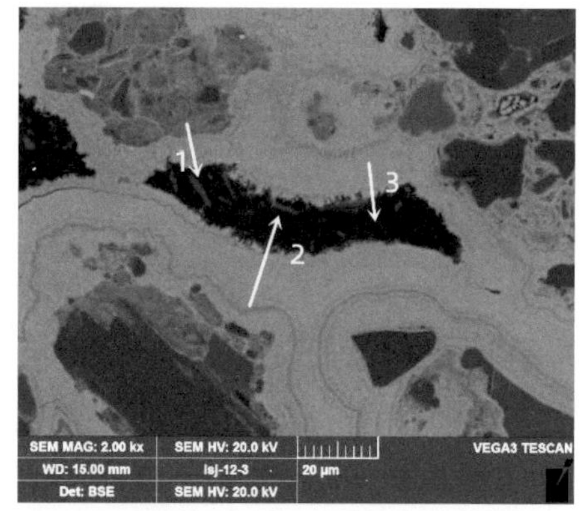

实验 / 考古编号	扫描部位	扫描点	夹杂物化学成分（wt%）													
			O	Na	Mg	Al	Si	P	S	K	Ca	Ti	V	Cr	Mn	Fe
12/ 10MZ1MD1 ②：样 1	单相夹杂面扫	左图 1	41.6	0.1	1.9	0.8	1.9	0.3	0.4	0.6	12.9	0.4	0	0	0	39.2
	单相夹杂面扫	左图 2	4.4	0	1.1	1.5	5.6	0.1	0.7	0.7	12.3	0	0	0	0	73.7
	单相夹杂面扫	右图 1	23.5	0	3.5	0.9	18.8	0	0.5	0.9	0.4	0	0	0	0.2	51.1
	单相夹杂面扫	右图 2	47.9	0	3.6	1.2	10.3	0.9	13.4	5.0	0.5	0.7	0	0	0.8	15.8
	单相夹杂面扫	右图 3	35.6	0	6.2	0.6	21	0.3	0.2	1.3	1.4	0.7	0	0	0.3	31.3

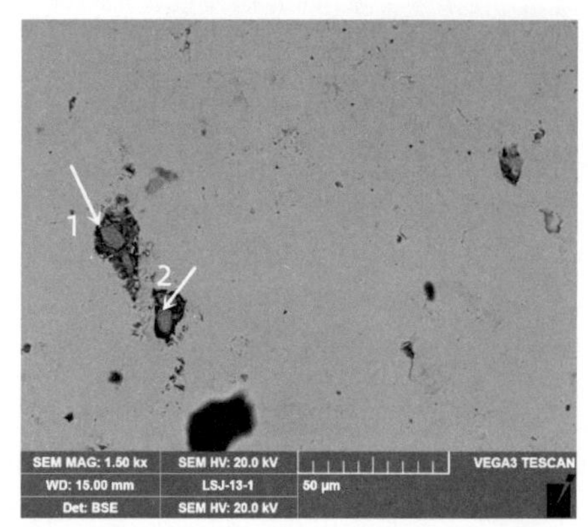

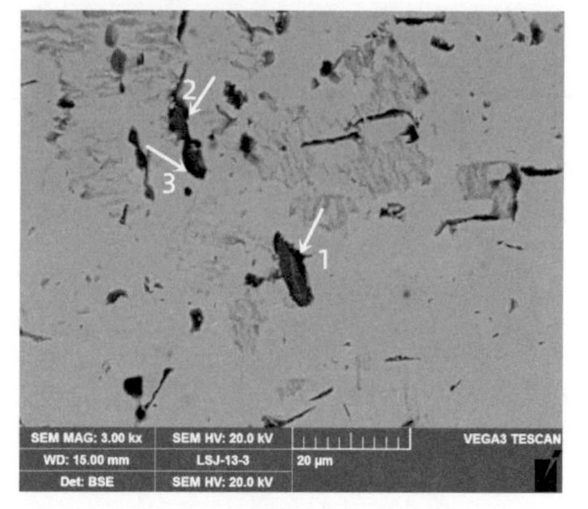

实验 / 考古编号	扫描部位	扫描点	夹杂物化学成分（wt%）													
			O	Na	Mg	Al	Si	P	S	K	Ca	Ti	V	Cr	Mn	Fe
13/ 10MZ1MD1 ③B：样 1	单相夹杂面扫	左图 1	25.4	0	0	0.1	1.1	3.5	0	0.2	1.9	0	0	0	0.2	67.6

续表六

实验 / 考古编号	扫描部位	扫描点	夹杂物化学成分（wt%）													
			O	Na	Mg	Al	Si	P	S	K	Ca	Ti	V	Cr	Mn	Fe
13/ 10MZ1MD1 ③B：样 1	单相夹杂面扫	左图 2	25.9	0	0.1	0.3	0.2	0.2	0	0.1	0	0	0	0	0	73.3
	单相夹杂面扫	右图 1	34.5	0.2	0.9	1.0	3.6	4.8	0.5	0.2	12.5	0.4	0	0	0	41.3
	单相夹杂面扫	右图 2	26.2	0.2	0.6	0.9	2.4	3.2	0.6	0.1	7.7	0	0	0	0.1	58.1
	单相夹杂面扫	右图 3	28.3	0	0.8	1.0	2.9	3.5	0.4	0.1	9.8	0	0	0	0.5	52.5

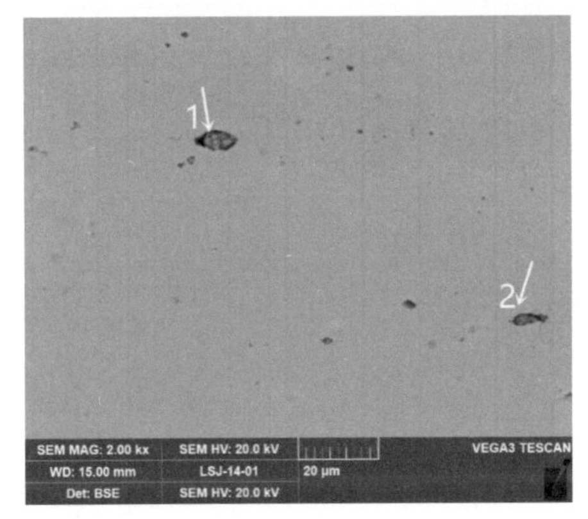

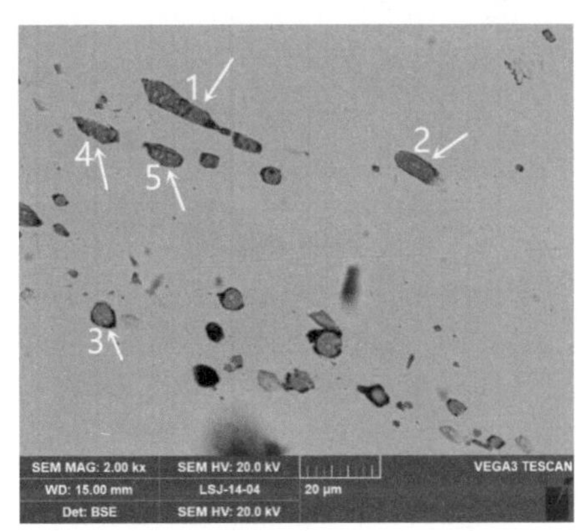

实验 / 考古编号	扫描部位	扫描点	夹杂物化学成分（wt%）													
			O	Na	Mg	Al	Si	P	S	K	Ca	Ti	V	Cr	Mn	Fe
14/ 10MZ1T43 ④：样 1（钉身）	亚复相夹杂面扫	左图 1	18.0	0	0	0.2	4.8	1.1	0.1	0.3	0.4	0	0.2	0	2.3	72.5
	亚复相夹杂面扫	左图 2	18.1	0	0.6	1.1	7.2	3.6	0	0.2	3.2	0	0.2	0.1	1.3	64.6
	亚复相夹杂面扫	右图 1	23.9	0.2	0.4	2.1	11.9	2.5	0	2.9	8.5	0.3	0	0	1.8	45.5
	亚复相夹杂面扫	右图 2	25.4	0.2	0.4	3.0	14.9	3.3	0	3.2	7.5	0.2	0.1	0	1.5	40.5
	亚复相夹杂面扫	右图 3	21.6	0.1	0.1	0	16.9	1.2	0	0	0	0	0.2	0	4.0	55.9
	亚复相夹杂面扫	右图 4	23.3	0.2	0.5	2.4	13.4	2.8	0	3.0	7.7	0	0.2	0	1.8	44.6
	亚复相夹杂面扫	右图 5	24.4	0.2	0.3	2.6	13.2	2.5	0	3.3	6.3	0.4	0.3	0.1	1.8	44.5

续表六

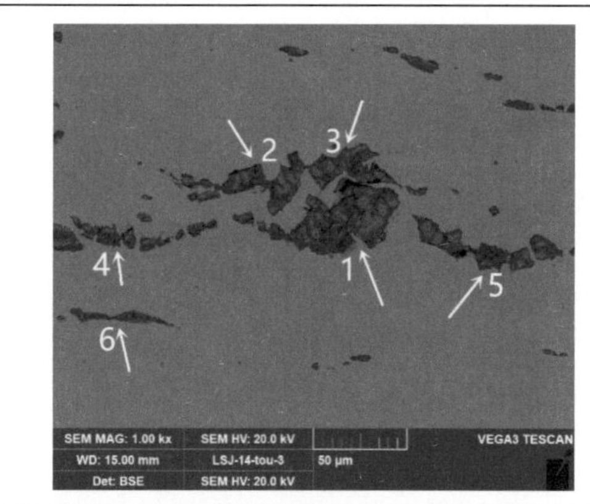

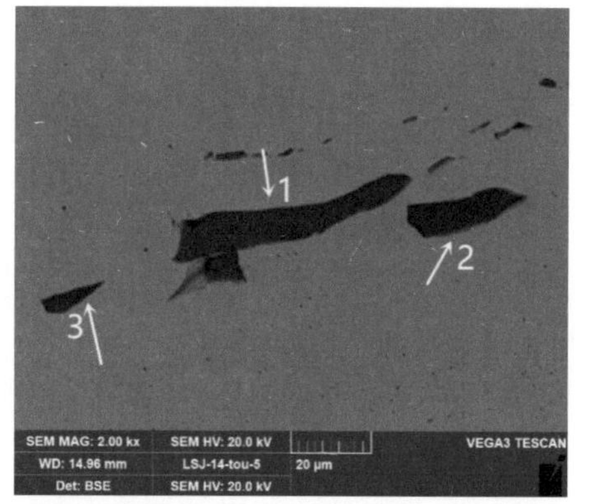

实验 / 考古编号	扫描部位	扫描点	夹杂物化学成分（wt%）													
			O	Na	Mg	Al	Si	P	S	K	Ca	Ti	V	Cr	Mn	Fe
14/ 10MZ1T43 ④：样 1 （钉帽）	亚复相夹杂面扫	左图 1	25.2	0.2	0.3	1.3	8.2	1.2	0.1	1.3	4.8	0.2	0	0	1.4	55.8
	亚复相夹杂面扫	左图 2	23.1	0.5	0.5	1.6	8.4	1.3	0.1	1.2	5.0	0	0	0	1.5	56.7
	亚复相夹杂面扫	左图 3	24.4	0.4	0.4	2.0	11.3	1.4	0.1	1.6	5.3	0.2	0.1	0	1.5	51.3
	亚复相夹杂面扫	左图 4	24.8	0.8	0.6	2.6	11.2	2.0	0.1	1.7	6.3	0.1	0	0	1.7	48.0
	亚复相夹杂面扫	左图 5	24.6	0.2	0.4	2.0	9.7	1.5	0.1	1.5	6.8	0	0.1	0	1.4	51.6
	亚复相夹杂面扫	左图 6	27.6	0.1	0.3	0.6	7.3	2.7	0	1.4	11.7	0	0.3	0	1.5	46.4
	单相夹杂面扫	右图 1	34.9	0.5	0.7	3.5	38.2	0.6	0.1	2.1	9.7	0.4	0.2	0	2.8	6.4
	单相夹杂面扫	右图 2	33.4	0.6	1.0	3.3	41.4	0.4	0	2.7	7.9	0.1	0.1	0	2.7	6.4
	单相夹杂面扫	右图 3	35.8	0.4	1.2	3.0	38.3	1.5	0	2.7	8.0	0.3	0.2	0.1	2.8	5.8

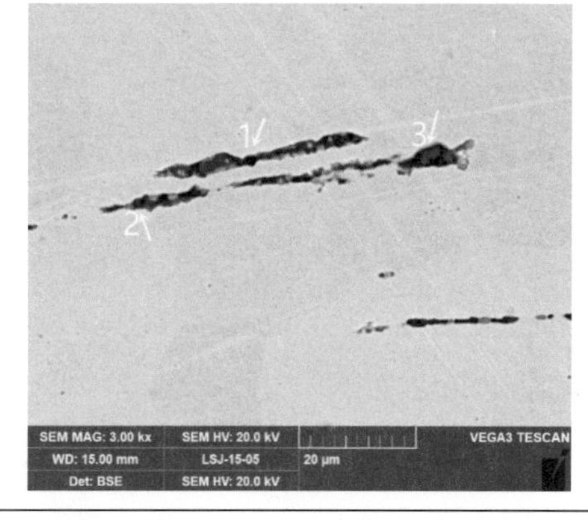

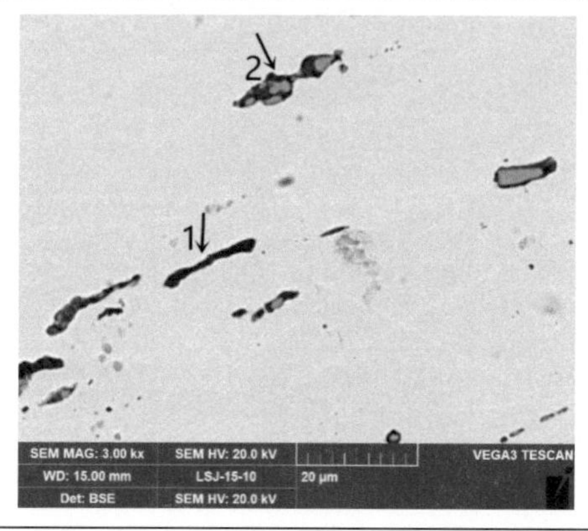

续表六

实验 / 考古编号	扫描部位	扫描点	夹杂物化学成分（wt%）													
			O	Na	Mg	Al	Si	P	S	K	Ca	Ti	V	Cr	Mn	Fe
15/10MZ1MD2③B：样3	亚复相夹杂面扫	左图1	13.0	0	0.1	0.8	3.7	1.4	0	0.6	1.0	0	0.1	0	0	79.2
	亚复相夹杂面扫	左图2	9.8	0	0.1	0.5	1.8	0.5	0.1	0.2	0.6	0.1	0	0.1	0.1	86.2
	亚复相夹杂面扫	左图3	18.8	0.1	0.1	1.0	5.6	2.2	0	1.2	0.9	0	0	0	0	70.1
	单相夹杂面扫	右图1	21.1	0.1	1.0	1.4	3.5	2.1	0.1	0.4	1.7	0	0	0	0	68.6
	复相夹杂面扫	右图2	23.1	0.2	1.8	1.7	7.5	3.5	0	1.1	2.0	0	0	0	0.1	58.8

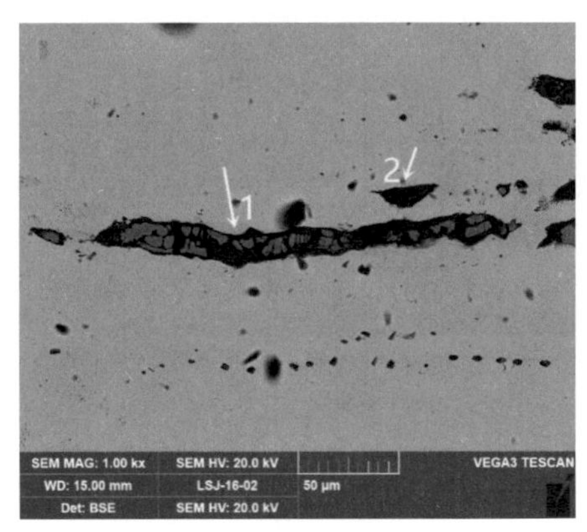

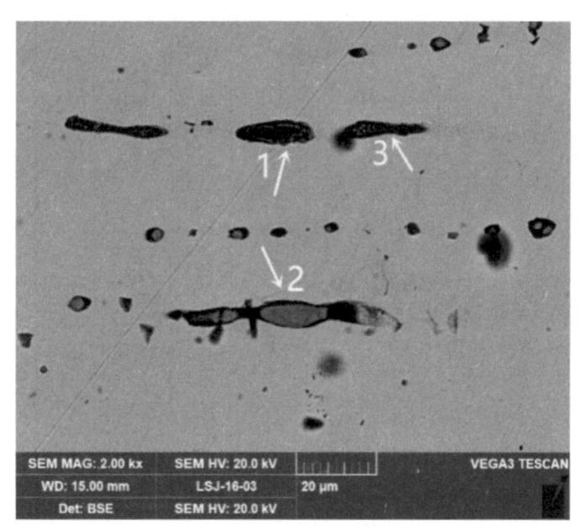

实验 / 考古编号	扫描部位	扫描点	夹杂物化学成分（wt%）													
			O	Na	Mg	Al	Si	P	S	K	Ca	Ti	V	Cr	Mn	Fe
16/10MZ1MD1墩台北①：样1	复相夹杂面扫	左图1	26.7	0.1	0.4	1.4	5.9	0.8	0.4	1.3	2.5	0.1	0.1	0.2	0.7	59.4
	亚复相夹杂面扫	左图2	31.5	0.2	0.6	4.5	16.5	1.6	0.2	2.5	7.0	0	0	0.1	0.7	34.6
	亚复相夹杂面扫	右图1	23.4	0.1	0.6	2.6	7.9	0.6	0.2	1.8	1.6	0	0.1	0.1	0.2	60.9
	复相夹杂面扫	右图2	21.4	0	0.2	0.6	1.8	0.2	0	0.2	0.7	0	0.1	0.2	0.8	73.8
	亚复相夹杂面扫	右图3	26.7	0.2	0.3	2.4	8.2	0.7	0.1	2.3	2.2	0.1	0.2	0.3	0.1	56.2

续表六

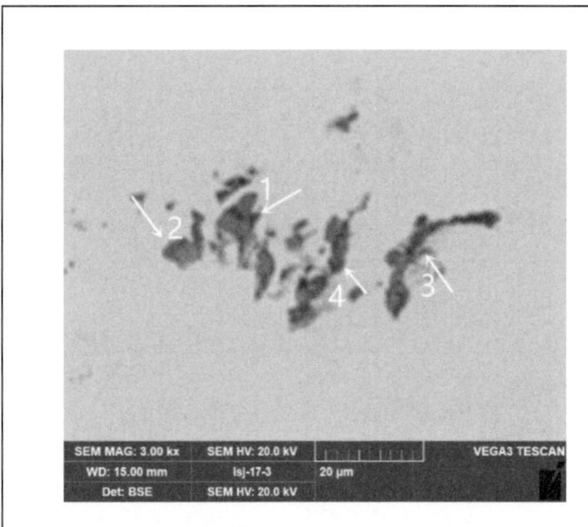

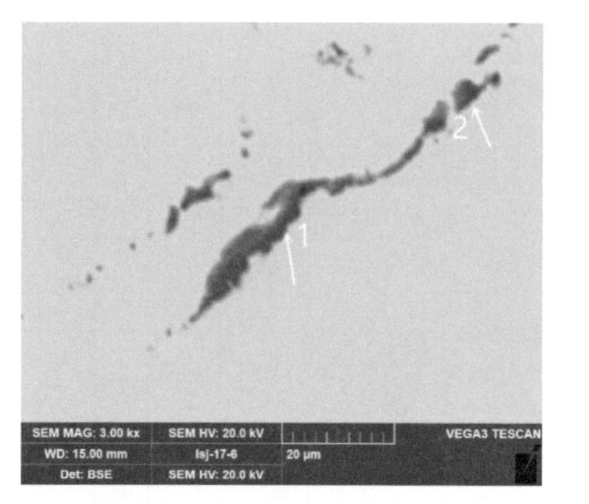

实验 / 考古编号	扫描部位	扫描点	夹杂物化学成分（wt%）													
			O	Na	Mg	Al	Si	P	S	K	Ca	Ti	V	Cr	Mn	Fe
17/10MZ1MD2②A：样 1	单相夹杂面扫	左图 1	27.2	1.4	7.8	2.1	13.9	0.7	0.3	0.7	3.1	0.1	0.1	0	2.1	40.5
	单相夹杂面扫	左图 2	18.7	1.6	3.8	2.5	9.1	1.0	0.3	0.9	2.6	0.1	0	0	1.1	58.4
	单相夹杂面扫	左图 3	19.7	1.4	4.2	5.2	10.1	1.0	0.4	1.7	3.3	1.8	4.9	2.6	1.3	42.5
	单相夹杂面扫	左图 4	21.8	1.5	4.4	3.3	9.7	0.8	0.2	1.1	2.9	0.7	1.7	1.3	1.5	49.2
	单相夹杂面扫	右图 1	21.2	0.6	1.5	4.6	11.9	0.7	0.1	0.7	7.9	0.3	0	0	0.7	49.8
	单相夹杂面扫	右图 2	21.6	0.4	2.5	4.8	13.0	0.9	0.1	0.7	9.1	0.4	0	0	0.7	45.8

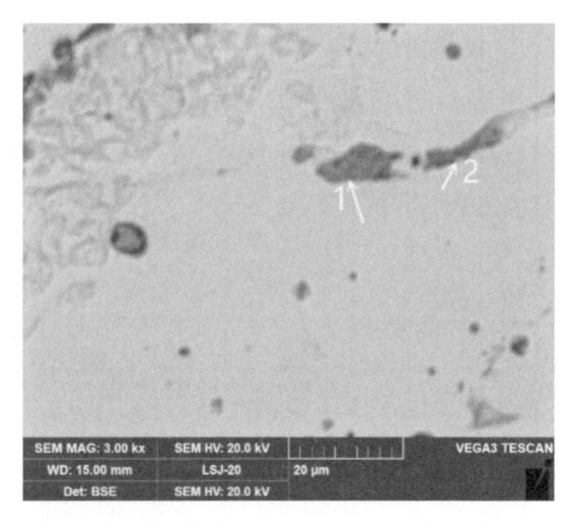

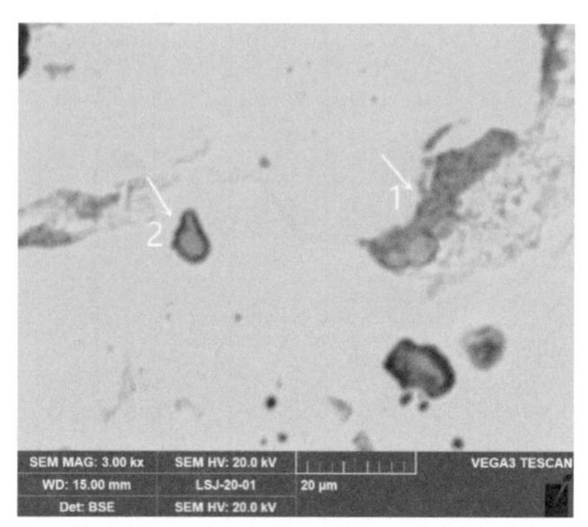

续表六

实验 / 考古编号	扫描部位	扫描点	夹杂物化学成分（wt%）													
			O	Na	Mg	Al	Si	P	S	K	Ca	Ti	V	Cr	Mn	Fe
20/08T55②A：样 1	亚复相夹杂面扫	左图 1	22.1	0.1	0.2	0.2	6.1	6.4	0.2	0.3	1.2	0	0	0	1.6	61.5
	亚复相夹杂面扫	左图 2	12.6	0.2	0.1	0.4	3.8	5.0	0.3	0.2	0.9	0	0.1	0	1.5	74.9
	亚复相夹杂面扫	右图 1	25.9	0.1	0.3	1.6	6.7	5.0	0.2	1.2	3.5	0.1	0	0.1	1.3	54.0
	单相夹杂面扫	右图 2	16.2	0.1	0.1	0.1	3.0	8.0	0.2	0	0.1	0	0	0.1	2.0	70.2

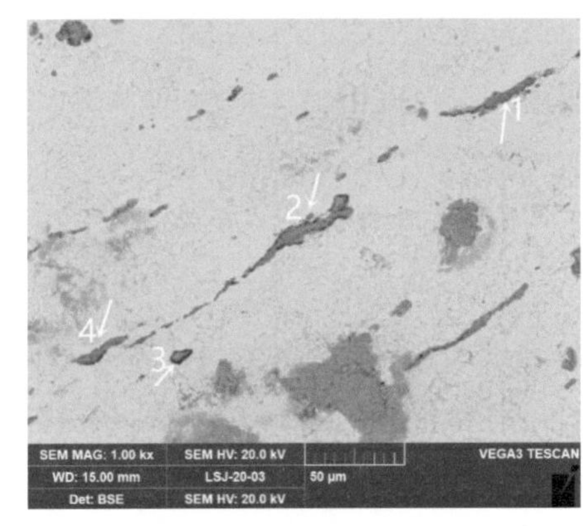

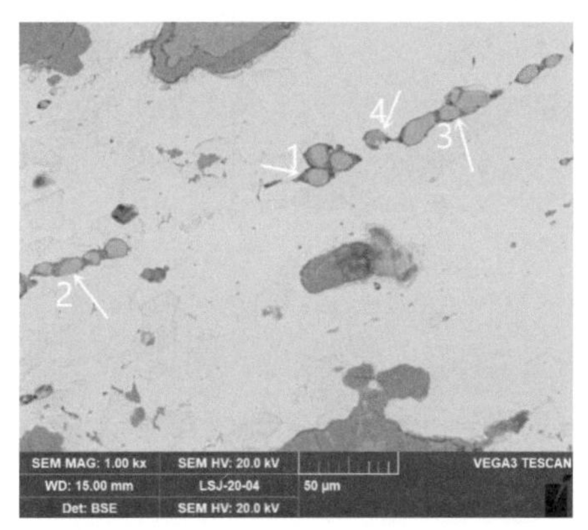

实验 / 考古编号	扫描部位	扫描点	夹杂物化学成分（wt%）													
			O	Na	Mg	Al	Si	P	S	K	Ca	Ti	V	Cr	Mn	Fe
21/08JJ2①：样 2	单相夹杂面扫	左图 1	23.2	0.3	0.7	2.0	8.6	1.4	0.2	1.8	4.1	0.2	0.1	0.1	0.9	56.5
	单相夹杂面扫	左图 2	20.9	0.7	0.9	2.6	10.3	1.6	0.2	2.3	5.3	0.4	0.5	0.2	1.2	52.8
	单相夹杂面扫	左图 3	15.4	0.3	1.4	2.9	6.3	1.7	0.5	1.3	4.0	1.3	5.9	5.3	0.9	52.9
	单相夹杂面扫	左图 4	21.6	0.5	0.4	2.2	8.2	1.2	0.1	2.2	3.8	0.2	0.2	0.1	1.1	58.2
	复相夹杂面扫	右图 1	21.1	0.2	0.3	0.8	3.2	1.6	0.2	0.6	2.2	0.2	0.1	0	1.0	68.5
	复相夹杂面扫	右图 2	21.8	0.1	0.3	0.6	1.8	1.2	0.2	0.3	1.4	0	0.2	0	0.9	71.3
	复相夹杂面扫	右图 3	17.8	0.2	0.3	0.6	1.8	1.0	0.1	0.5	1.6	0.1	0	0.1	1.1	75.0
	复相夹杂面扫	右图 4	18.7	0.4	0.4	0.5	3.0	2.2	0.2	0.3	2.2	0.1	0.1	0	1.0	70.7

2. 通过夹杂数据得出，辽祖陵出土铁器的夹杂物主要为铁硅钙系炉渣体系，即在炒炼过程中加入了含钙的造渣剂。

3. 通过铁器金相照片及其夹杂物的形态和组成成分分析可知，辽祖陵出土的铁器材质主要有铸铁和炒钢两类。

三 检测结果讨论

（一）铁器材质及相关问题探讨

综合对样品的金相观察实验和扫描电镜分析结果，对21件铁器样品的材质和工艺进行了判断，认定炒钢制品16件（11号铁钉样品锈蚀严重，但与同一地点出土的16号铁钉形制相同，因此推断其制作工艺也为炒钢），其中有一件样品还存在夹钢工艺。另有过共晶白口铁2件和因锈蚀无法判断的3件。这21件器物中，仅有二件为铸造，其余全部为锻制，锻打器物占检测器物的90%，表明锻造技术已占主要地位。锻打不仅能起到加工成型的作用，同时还能起到使夹杂物减少细化和成分均匀、晶粒细化的作用，显著提高了钢的质量[1]。虽然从事锻造工艺的铁匠不需要直接进行矿石的冶炼，但他们必须要掌握钢铁材料在不同温度及锻打条件下材料性能的变化规律，因此对工匠的技术水平要求是比较高的，这同时也说明了辽代钢铁技术已经发展到较高阶段。结果见表七。

炒钢

本次检测的21件样品中有16件是炒钢，分别是箭镞1、2、3号；铁钉6、7、8、9、10、11、13、14、15、16、17、21号；铁甲片20号。这些样品中常有较多的复相夹

表七 铁器材质和工艺分类

种类	铁器	数量/件	制作工艺	材质
兵器武备	铁甲片	2	锻	一件炒钢、一件锈蚀未知
	铁镞	3	锻	炒钢
	头盔	1	锻	锈蚀未知
生活用具	铁锅	2	铸	过共晶白口铁
	铁钉	12	锻	炒钢
	铁片	1	锈蚀未知	

[1] 李众：《中国封建社会前期钢铁冶炼技术发展的探讨》，《冶金史论文集（一）》，《北京钢铁学院学报》编辑部，1986年，第53~67页。

杂或单、复相夹杂并存，夹杂物变形量较大，各种元素的含量较均匀。将生铁加热至液态通过搅拌脱碳的方法处理得到的钢，称为炒钢。这种炼钢方法目前最早发现于战国中晚期。辽祖陵出土的炒钢制品表明炒钢技术在辽代已被北方草原民族熟练掌握，成为当时钢铁制品的主要制作技术。

目前经过科学检测的辽代冶炼遗址有内蒙古赤峰市林西县的饶州城冶铁遗址，辽宁昌图县永安冶铁遗址[1]，北京延庆大庄科水泉沟冶铁遗址、慈母川冶铁遗址、铁炉村冶铁遗址[2]，河北兴隆蓝旗营冶铁遗址、滦平东沟冶铁遗址、赤城上仓冶铁遗址、隆化北安州故城冶铁遗址[3]。在这些遗址中，饶州城冶铁遗址、永安冶铁遗址的冶炼产物均为炒钢产品，炉渣中的磷含量在0.3%~1%左右，永安冶铁遗址炉渣成分表明冶炼过程中添加了含钙助熔剂。北京延庆大庄科冶铁遗址的冶炼产物为生铁和炒钢，冶炼过程中也添加含钙的助熔剂。燕山地带的冶铁遗址中既有生铁渣也有炒铁（炒钢）渣，其中炒钢渣的磷含量为0.5%~1%，生铁渣中几乎不含磷。说明辽代使用了生铁冶炼和炒钢两种冶炼技术，并掌握了添加含钙助熔剂的冶炼技术。

通过对上述辽代冶铁遗址的炉渣分析检测，可以发现：辽代拥有生铁和炒钢两种技术并存的冶炼技术体系。但辽祖陵出土的铁器中炒钢制品占大多数，仅有两件铸铁。辽祖陵和采集到炒钢炉渣的饶州城冶铁遗址及昌图冶铁遗址的地理位置相近，由此推测在辽代内蒙古东北部地区炒钢制品可能占据了主要地位，但这还需要更多冶铁遗址的发现来验证。经过分析检测的所有辽代炉渣都经历了添加含钙助熔剂的冶炼工序，这和辽祖陵铁器的高钙特征相符，表明在辽代，冶炼工匠在加入含钙助熔剂方面已经有了相对统一的认识。

铸铁

本次检测的21件样品中有二件是铸铁，分别是18、19号样品，均为铁锅残片。这两件样品的金相组织由莱氏体加渗碳体组成。铸铁含碳量较高质硬而脆，韧性较差，正是适合制作对硬度要求较高且对韧性要求低的铁锅的材质。同时，在锈蚀样品5号铁盔的金相中也能看到莱氏体的残留，说明其材质也含有白口铁，头盔也是要求硬度的一种器物。这说明，北方草原民族在当时就已经充分了解不同种类钢铁材料的性能，并根据器物的特性选择合适的制作工艺。

各元素的含量

本次检测的器物中，除铸铁外，其余样品的磷含量普遍较高，为1%~2%，有的甚至达到6%，结合金相及夹杂物分析，确认这些样品均为炒钢。这些样品中除20

[1] 陈武：《辽代两处冶铁遗址炉渣研究》，北京科技大学硕士学位论文，2008年。
[2] 孔为：《北京市延庆县大庄科乡三处冶铁遗址调查及炉渣的研究》，北京科技大学硕士学位论文，2009年。
[3] 王启立：《燕山地带部分辽代冶铁遗址的初步调查研究》，北京科技大学硕士学位论文，2012年。

号铁甲片的磷含量达到6%外，其余均在1%~2%之间波动。磷含量比较均一，且钙含量也较高，说明当时的工匠已经知道了在炒炼过程中加钙以除去在钢铁制品中被称为有害元素的磷，并将加钙除磷熟练运用到了实际操作中。

古代铁器中的硅一般是由矿石和耐火材料带入的，铁器中的硅含量会随着冶炼温度的增加而增加，因此古代铁器夹杂中硅含量的高低在一定程度上可以反应当时的冶炼温度。本次检测的铁器夹杂中硅含量普遍在20%以下，与魏晋时期的铁器硅含量比较，我们发现在冶炼温度上辽代没有进一步的发展[1]。

古代铁器中的硫一般是由矿石和燃料带入的。宋代开始有了煤炼铁的记载，煤炼铁的硫含量较木炭炼铁的硫含量高很多[2]，本次检测的器物硫含量均很低，说明辽代可能仍延续了木炭炼铁的冶炼方式。

（二）同一地点出土铁器比较

上述21件铁器共出自三个地点，分别是一号陪葬墓（耶律李胡墓）、陵园门址黑龙门和甲组建筑基址。

在耶律李胡墓中取了1~9号共9件样品，分别为1~3号箭镞，经鉴定均为炒钢；4号甲片、5号头盔都因锈蚀无法判断其材质；6~9号铁钉均为炒钢，且含有魏氏组织。

在黑龙门遗址取了10~17号共8件器物。除12号为锈蚀严重无法判断材质的铁甲片外，其余均为铁钉，为炒钢锻打而成。

在甲组建筑基址取了18~21号共4件器物，其中18、19号为铁锅，经鉴定为白口铁铸件；20号铁甲片为炒钢；21号铁钉为炒钢制品，含有魏氏组织。

从上述的统计中，我们发现检测的器物制作工艺主要为炒钢锻打，以及根据器物特性选择过的共晶白口铁，因此推断这一时期北方草原地区也已经熟练掌握了铸铁脱碳钢和炒钢这两种工艺，并以炒钢工艺为主。魏氏组织的产生说明器物经过了人为的高温过程，含有魏氏组织的器物的冲击韧性较高，正是铁钉所需要的性能，这就说明人们已经认识到了要根据器物的用途选择合适的制作工艺。且含有魏氏组织的铁钉多出土在耶律李胡墓，可能与该墓的地位和等级存在关联。

（三）同类型器物间的比较

铁钉

本次检测铁钉12件，制作工艺全部为炒钢。一些夹杂物条沿铁钉的长度方向弯曲，

[1] 檀剑、李延祥：《黑龙江省凤林古城出土铁器的实验研究》，《中国文物科学研究》2015年1期。
[2] 刘培峰、李延祥、潜伟：《煤炼铁的历史考察》，《自然辩证法研究》2019年35卷9期。

且部分铁钉含有魏氏组织，可知这批铁钉是加热锻打成型的。本文所检测的样品中，出土于黑龙门的铁钉晶粒度均较大，且大小不均匀。晶粒的大小对金属的力学性能有很大影响，常温下，金属的晶粒越细小，强度和硬度则越高，同时塑性和韧性也越好[1]。对于钉这种需要较高强度的连接件和加固件，由于样品含碳量低，晶粒较大，因此金属构件材质的强度及硬度均较低，但由于地上的木制品加固比较隐蔽，使用场所对机械性能的要求较低，所以可以基本满足构件材质的使用要求。

铁锅

本次检测的铁锅共 2 件，均为白口铁，这与铁锅对硬度的要求高以及对韧性的要求低有关。

铁镞

本次检测铁箭镞 3 件，分别检测了箭镞的刃部和铤部，均为炒钢，经历了锻打。锻打一方面可以减少空气阻力，另一方面可以使铁镞更加锋利，提高强固程度。出土的三件铁镞材质相同，可能为集中生产。

（四）与其他时期比较

第一，与鲜卑比较。吉林榆树老河深鲜卑墓葬出土的铁器主要有铸铁和炒钢两类，说明早在东汉初年鲜卑民族就掌握了炒钢技术，但并不成熟，检测的器物中有两件铁镞和一件铁棺钉，铁镞分别运用了炒钢和韧性铸铁两种工艺，铁棺钉是运用炒钢工艺制成的[2]。与此次检测的铁器相比较，辽代的炒钢技术比鲜卑时期更为成熟。

第二，与北朝比较。北京昌平马刨泉遗址出土的北朝铁器，经杨菊等检测分析[3]，多为炒钢制品，出土的铁釜与本次分析检测的铁锅材质和工艺相同，均为铸造的过共晶白口铁；出土的铁箭镞共 3 个，制作工艺均为炒钢，与此次检测的铁镞的制作工艺相同，两个遗址的铁器在工艺上有延续性。

第三，与巴林右旗辽代巴彦塔拉遗址出土的铁器比较[4]。巴彦塔拉遗址的年代较辽祖陵晚，共取样 28 件，除一件鼎为铸造外，其余全部为锻造，这与辽祖陵的铁器相似，即已经开始根据器物的特性选择其制作工艺。检测的铁器中也有钉子和箭镞，钉子由多种工艺制成，甚至有的铁钉为废料打制而成，可能与巴彦塔拉遗址等

---

[1] 崔忠圻、覃耀春：《金属学与热处理》，机械工业出版社，2007 年，第 52、53 页。

[2] 韩汝玢：《吉林榆树老河深鲜卑墓葬出土金属文物的研究》，《中国冶金史论文集（二）》，人民教育出版社，1994 年，第 244~259 页。

[3] 杨菊、李延祥、赵福生等：《北京昌平马刨泉长城戍所遗址出土铁器的实验研究——兼论炒钢工艺的一种判据》，《中国科技史杂志》2014 年 35 卷 2 期。

[4] 李明华：《巴彦塔拉辽代遗址出土的铁器及相关问题研究》，《赤峰学院学报（汉文哲学社会科学版）》2018 年 39 卷 10 期。

级相对较低、年代偏晚有关。巴彦塔拉遗址中的箭镞制作工艺较高，存在冷加工痕迹，与辽祖陵出土的箭镞类似，说明辽人较为重视武器的生产。

第四，与宋比较。宋代的很多器物的硫含量较高，可能经历了煤炼铁[1]，但此次检测时未发现含量较高的硫，说明出土器物的冶炼方式延续使用了木炭炼铁。

第五，与元比较。北京延庆出土的元代箭头经过检测发现其材质有块炼铁、铸铁脱碳钢、炒钢三种，推测箭镞为废料锻打而成，存在夹钢工艺。作者认为箭头在战争中作为一种消耗型兵器，出于经济方面的考虑，用废料制作[2]。而辽祖陵检测的三件箭镞均为炒钢，很可能当时未使用废料打制箭镞，仍对箭镞进行统一的生产管理。

（五）鎏金铁器的讨论

此次检测样品中还有一件鎏金铁钉（图版七〇五，1），出土位置在耶律李胡墓。鎏金层厚度约为2~6μm，经电镜检测发现其共分为三层，最下面的是铁基体，为炒钢锻打而成；中间有一层含有许多铅颗粒的夹层，铅含量达到77.7%；最上面为鎏金层，金含量为67%。汞含量很少仅有0.7%左右，见表八。

判断其制作工艺为鎏金器的主要依据，一是它的金层厚度。在显微观察下，鎏金层厚度一般为2~10μm，敷金法的金层厚度则为0.1~0.4μm[3]。因此有学者提出通过观察金层的厚度，来区分鎏金和敷金法。杨小林在《中国细金工艺与文物》一书中指出，目前经过检测的辽代鎏金器的鎏金层厚度约为2~6μm[4]，与本次检测的样品鎏金层厚度相符。二是在检测中发现了汞元素的存在，虽然仅为0.7%~0.9%，含量较少，但汞元素的存在就证明使用了“金汞齐”这一方法鎏金，且通过对辽祖陵的铜鎏金的XRF检测，也发现铜鎏金中的汞含量较少或者没有，这说明器物汞含量较少可能是辽代鎏金工艺的特性之一。

鎏金，在西方被称为“火镀金”（Fire-gilding或Amalgam gilding），是以金、汞制成的金泥，在装饰部位涂抹，然后加热使汞蒸发，形成鎏金层[5]。最常见的是银鎏金、铜鎏金和铁鎏金三种方式。

辽代贵族随葬金银器成风。辽代贵族尚金，在陈国公主墓、耶律羽之墓、吐尔

[1] 黄维、李延祥、周卫荣等：《川陕晋出土宋代铁钱硫含量与用煤炼铁研究》，《中国钱币》2005年4期。

[2] 程瑜、李秀辉、范学新：《北京市延庆县大庄科乡出土元代箭镞研究》，《中国冶金史论文集（五）》，科学出版社，2012年，第370~381页。

[3] Jin, P.J., F.H. Ruan, X.G. Yang, H.X. Zou, J. Yi, Y. Zhang, and Y. Zhao. “Microstructural and componential characterization of the plating technology on Chinese Han Dynasty bronze fragments.” *Archaeometry* 59, no. 2 (2017): 274–286.

[4] 杨小林：《中国细金工艺与文物》，科学出版社，2008年，第143页。

[5] 刘艳、杨军昌、谭盼盼：《“错金银”新论》，《文物保护与考古科学》2019年31卷4期。

表八　7号样品鎏金铁钉（07 PM1：35）夹杂物扫描电子显微镜能谱分析数据及相关照片

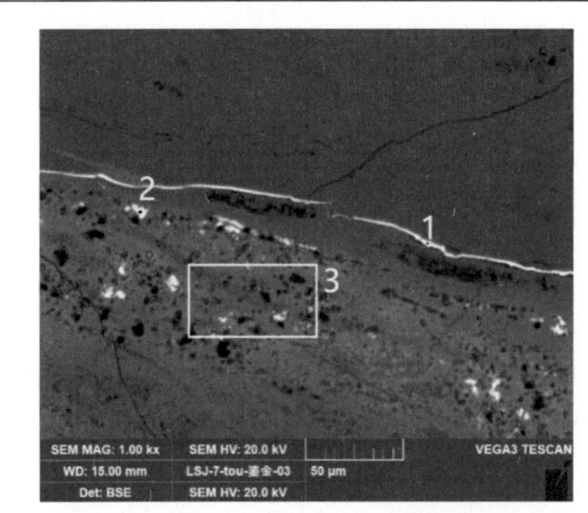

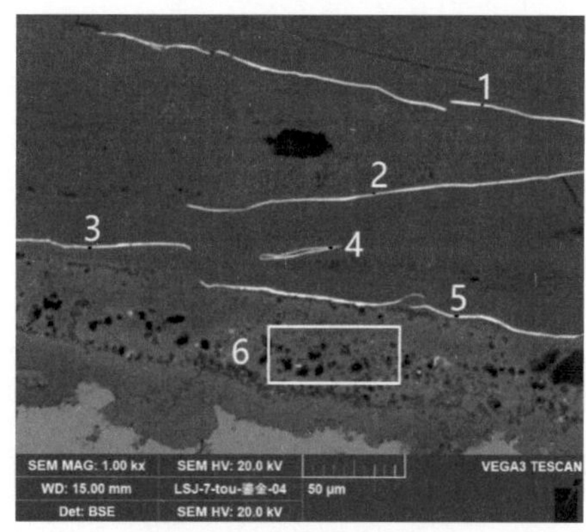

实验/考古编号	扫描部位	扫描点	夹杂物化学成分（wt%）					
			O	Hg	Fe	Ag	Au	Pb
07/07PM1：35 鎏金处（钉帽）	鎏金层	左图1	10.5	0.7	17.2	5.1	66.5	0
	铅颗粒	左图2	17	0	5.2	0	0	77.7
	铅层	左图3	33.3	0	55.3	0	0	11.4
	鎏金层	右图1	19.0	0.6	20.6	4.3	55.5	0
	鎏金层	右图2	21.6	0.7	18.4	3.8	55.4	0
	鎏金层	右图3	21.3	0.8	22.9	3.9	51.1	0
	鎏金层	右图4	18.8	0.8	27.8	3.2	49.4	0
	鎏金层	右图5	10.3	0.9	16.7	4.9	67.1	0
	铅层	右图6	34	0	55.5	0	0	10.5

基山辽墓等很多墓葬内都出土有精美的金银器。辽代金银器及鎏金银器物出土较多的原因不仅因为草原民族尚金银，还因为在辽统治的区域内金银矿产资源很多，如在辽祖陵附近就有敖汉旗金场沟梁金矿、赤峰市郊区红花沟金矿、赤峰市郊区莲花山金矿等[1]，且多伴生有方铅矿等。众多的金银矿产资源使得器物生产的原料较为充足。

但目前发现的鎏金铁器较少，王春燕对辽代出土的鎏金铁器进行了统计，发现报道材料仅有6件，为陈国公主墓的4件鎏金马具[2]、代钦塔拉辽墓出土的鎏金银包铁镳[3]、张家营子辽墓出土的错金铁质角形镳[4]。辽代早期鎏金铁器在出土的

[1] 内蒙古自治区地质矿产局：《中国矿场发现史·内蒙古卷》，地质出版社，1996年，第160~180页。
[2] 内蒙古文物考古研究所、哲里木盟博物馆：《辽陈国公主墓》，文物出版社，1993年。
[3] 兴安盟文物工作站：《科左中旗代钦塔拉辽墓清理简报》，《内蒙古文物考古文集》（第二辑），中国大百科全书出版社，1997年，第651~667页。
[4] 冯永谦：《辽宁省建平、新民的三座辽墓》，《考古》1960年2期。

金银器中所占比例很小[1]，数量很少，且几乎没有做过科学分析检测，因此本文检测的鎏金铁钉十分珍贵。

根据电镜数据发现，7 号鎏金铁钉（07 PM1：35）的铁基体为炒钢锻打而成，在铁基体上发现一层含有许多铅颗粒的夹层并在上面鎏金。铅与铁之间不能形成金属间化合物，所以在铁钉铁和金之间的铅是以铅颗粒的状态存在的。样品中铅颗粒层的存在可能是因为鎏的金不纯，许多赤峰地区的金矿中，多伴生有方铅矿，因冶炼过程中提纯程度不够，所以炼好的金中含有铅、银等杂质。具体的操作过程应该为先将含有杂质的金和汞熔化成膏状后加热汞挥发，金银成膜，最后仅剩不能成膜也不能和铁结合的铅以颗粒的形态存于铁和金的上面，但存在于金表面的铅银使用中会被抹掉，因此在检测中仅发现了铁和鎏金层之间的铅。但因目前检测的鎏金铁器太少，且本文中的样品数量仅为一个，因此还有待更多的资料来讨论。

四　结论

通过对辽祖陵出土铁器的科学分析，得出以下结论：

1. 从材质上看，辽祖陵出土铁器属于生铁系，包括生铁制品和生铁脱碳制品。生铁制品为编号为 18、19 号的两件铁锅，材质为过共晶白口铁。生铁脱碳制品共有 19 件，均为炒钢制品，说明当时制作铁器时主要使用炒钢技术。

2. 从工艺上看，该地区铁制品在加工过程中涉及锻打、铸造等，此外部分器件经过了局部热处理。器件的类型与其材质和工艺存在一定的联系，说明人们已认识到根据不同的需求对器物采取不同的加工方式。

[1] 王春燕：《辽代金银器研究》，吉林大学博士学位论文，2015 年。

附录四

辽祖陵出土铜器的初步研究

胡　冰　李延祥

（北京科技大学）

辽祖陵出土铜器制作精良，品种丰富，如铺首、铜钉、铜钱、饰品等。由于其出土的铜器基体保存较为完整，不宜进行破坏性检测，故本次研究对其中32件铜器进行无损检测，对另外二件进行了取样分析。

一　分析方法

本项研究工作采用了无损分析和取样分析两种方法。

（一）无损分析

无损分析使用的是便携式X射线荧光（pXRF）分析仪，其数据只能反映样品表面的元素组成，由于样品在埋藏过程中锈蚀等原因，其表面的化学成分可能和基体有一定差距，但是其结果不影响样品材质成分的定性。

此次对辽祖陵出土的32件铜器和辽上京出土的一件铜器进行检测，使用pXRF的合金模式，对铜器表面或断面上锈蚀较少的地方进行成分测定。测试时，测试距离小于1.5mm，测试时间大于60s，测试角度为0°。共获得pXRF数据174组。其中11件为鎏金铜器，测试点为铜基体处。

（二）取样分析

为进行更深入的材质成分及制作技术的研究，对辽祖陵出土的二件铜器进行实验分析，取样部位为器物边缘处。实验主要包括两个方面：一是金相分析，利用金相显微镜对样品的金相组织进行观察分析；二是利用扫描电子显微镜及能谱仪（SEM- EDS）对所取样品进行合金成分检测。

（1）金相分析

将样品清洗并烘干后，用电动切割机在样品边缘处取样。再将切割后的样品用镶样机嵌在电木粉之中。使用不同粒度的金相砂纸从粗到细打磨，后在抛光机上进行抛光。用莱卡（Leica）DM4000M 金相显微镜观察未经侵蚀和用 3% 三氯化铁盐酸酒精溶液侵蚀后的样品，识别侵蚀前后样品的组织、夹杂物形貌及分布等特征，并拍摄金相照片。

（2）SEM-EDS 分析

在金相观察后，对样品的观察面重新打磨、抛光并进行喷碳处理，使用扫描电镜能谱仪对样品进行成分分析。

SEM-EDS 分析 VEGA3XMU 型扫描电子显微镜， 配 Bruker Nano Gmbh610M 型 X 射线能谱仪， 分析设定电压为 20kV， 工作距离 15mm。成分检测中的面扫时间为 60s，微区扫描时间为 30s。

二 分析结果

（一）无损分析结果

将每件样品所测得的 pXRF 数据取平均值后对亲铜元素进行归一化，所得结果如表一所示：

表一 辽祖陵出土部分铜器的 pXRF 无损分析结果

序号	样品号	样品名称	化学成分（wt%）							合金类型
			Sb	Sn	Bi	Pb	As	Zn	Cu	
1	09G3⑤：样 1	铜环	0.19	7.61	0.11	11.21	0.65	–	80.23	Cu–Sn–Pb
2	07PM1：69–1	铜钉	0.17	14.64	0.25	8.56	–	0.17	76.22	Cu–Sn–Pb
3	07PM1：69–2	铜构件	–	1.21	–	9.95	0.89	0.20	87.74	Cu–Pb
4	07PM1：219–3	铜钉	1.54	15.71	0.44	28.93	4.48	0.18	48.72	Cu–Sn–Pb–As
5	07PM1：219–2	铜钉	1.27	9.06	0.25	16.30	–	0.15	72.97	Cu–Sn–Pb
6	07PM1：219–1	铜钉	0.99	11.29	0.21	18.44	1.15	0.16	67.77	Cu–Sn–Pb
7	10（四）K1：2	带孔钵形器	–	25.99	–	0.05	–	–	73.96	Cu–Sn
8	10（四）K1：1	铜钵	–	0.40	0.09	1.16	–	–	98.34	Cu
9	10（四）③：8	铺首	–	2.73	0.13	1.72	–	0.34	95.08	Cu–Sn

续表一

序号	样品号	样品名称	化学成分（wt%）							合金类型
			Sb	Sn	Bi	Pb	As	Zn	Cu	
10	08JJ1 ①：23	圆形莲花纹铜器	0.17	17.56	0.20	36.32	–	0.36	45.40	Cu–Sn–Pb
11	08JJ1 ①：44	铜鱼	–	22.86	0.23	38.32	–	1.06	37.53	Cu–Sn–Pb
12	10（四）② B：120	铜钉	–	7.33	–	0.19	–	–	92.48	Cu–Sn
13	08JJ2 ②：43	铜环	–	3.18	–	6.74	–	7.07	83.02	Cu–Zn–Pb–Sn
14	07PM1：37	铜构件	1.64	7.29	0.15	11.87	0.78	–	78.28	Cu–Sn–Pb
15	07PM1：209	铜构件	2.56	10.50	0.30	20.20	–	–	66.44	Cu–Pb–Sn–Sb
16	07PM1：244	铜钉	0.83	11.25	0.34	8.19	1.52	–	77.88	Cu–Sn–Pb
17	07PM1：220	铜构件	0.27	11.11	0.22	10.22	1.02	–	77.16	Cu–Sn–Pb
18	07PM1：89	铜钉	0.32	11.48	0.40	3.48	1.16	0.25	82.92	Cu–Sn–Pb
19	07PM1：230	鎏金弓形铜构件	–	3.51	–	25.03	–	4.38	67.08	Cu–Zn–Pb–Sn
20	07PM1：74	铜钉	–	0.29	–	6.31	–	0.67	92.73	Cu–Pb
21	07PM1：197	开元通宝	0.14	56.93	0.17	10.11	–	0.19	32.46	Cu–Sn–Pb
22	12YT1Q3 ④ b：14（辽上京西山坡寺院遗址出土）	铜镜	0.39	12.66	0.09	9.21	1.45	–	76.19	Cu–Sn–Pb
23	07PM1：191	铜镜	0.30	26.08	0.08	10.77	0.93	–	61.83	Cu–Sn–Pb
24	07PM1：250	鎏金铜钉	–	7.54	0.19	3.41	0.98	–	87.89	Cu–Sn–Pb
25	07PM1：103–4	鎏金铜钉	1.83	13.16	0.50	14.39	0.97	0.25	68.90	Cu–Sn–Pb
26	09（二）G17 ②：8	鎏金铜构件	–	–	1.07	0.15	10.14	–	88.64	Cu–As
27	07PM1：165	鎏金铜錾刻片饰	–	–	–	0.05	0.14	–	99.81	Cu
28	07PM1：207	圆柱形鎏金铜构件	–	0.11	–	0.44	–	–	99.45	Cu
29	07PM1：49–7	鎏金铜钉	0.18	14.69	0.09	2.37	–	–	82.68	Cu–Sn–Pb
30	07PM1：174	鎏金铜钉	0.49	10.23	0.19	8.63	1.27	–	79.18	Cu–Sn–Pb
31	07PM1：90	鎏金铜钉	0.32	12.87	0.56	13.37	1.02	0.17	71.70	Cu–Sn–Pb
32	07PM1：107	鎏金铜钉	1.63	13.39	0.35	18.03	1.41	0.16	65.04	Cu–Sn–Pb
33	07PM1：251	鎏金铜錾刻片饰	–	–	–	0.12	–	–	99.88	Cu

（二）金相组织观察和鉴定结果

用莱卡（Leica）DM4000M 金相显微镜对镶嵌好的二件样品拍摄了金相照片，其金相显微组织如图 1 和图 2 所示，鉴定结果如表二所示。

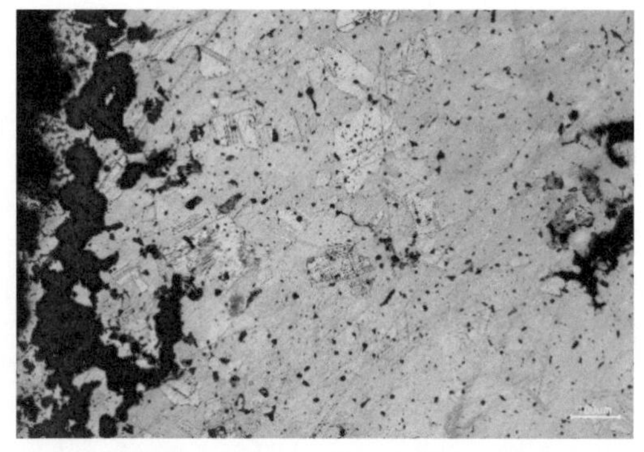

图 1 铜棒（08JJ2 ①：样 3）

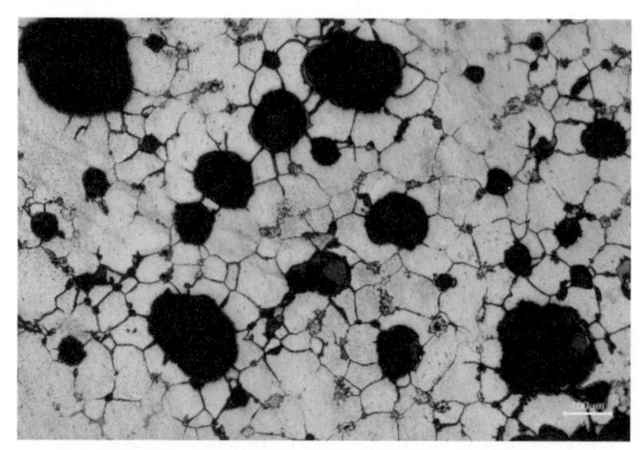

图 2 铜片（10MZ1MD1 ③ B：样 2）

表二 辽祖陵出土部分铜器的金相鉴定结果

名称	样品编号	金相组织观察结果	制作工艺	图示
铜棒	08JJ2 ①：样 3	α 固溶体再结晶晶粒及孪晶，有大量滑移带存在。铅颗粒、细小的硫化物及少量（α + δ）共析体分布于晶界。	热锻、冷加工	图 1
铜片	10MZ1MD1 ③ B：样 2	铸造后受热组织，α 等轴晶和孪晶组织，铅以网状分布在晶界，晶内分布有小的铅颗粒。	铸后受热	图 2

（三）扫描电镜观察和成分分析

测定结果排除氧元素的影响，并进行了归一化处理，结果见表三。

表三 辽祖陵出土部分铜器样品的成分分析结果

名称	样品编号	元素成分（wt%）					材质判断
		Cu	Sn	Pb	Zn	S	
铜棒	08JJ2 ①：样 3	75.20	0.71	4.13	20.06	–	Cu–Zn–Pb
铜片	10MZ1MD1 ③ B：样 2	87.65	10.50	1.34	–	0.51	Cu–Sn

经 SEM–EDS 微区分析，所取的两件样品中均含有硫化物夹杂，呈不规则状或颗粒状，如图 3 和图 4 所示。硫化物是铜器中最常见的夹杂物，一般以 Cu_2S 形式存在，常与铅伴生，附在铅表面。其有可能来源于原生矿石，或者是冶炼时的燃料或是其

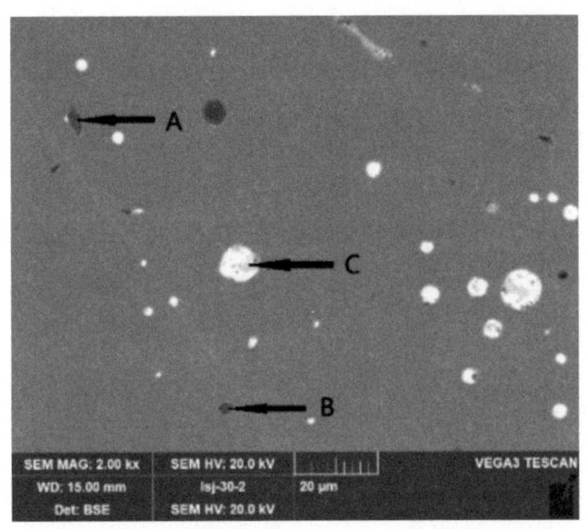

图 3　铜棒（08JJ2 ①：样 3）背散射电子图像 EDS 微区分析（wt%）

A. 硫化物 Cu 6.31，Zn 60.73，Pb 7.32，S 25.64
B. 硫化物 Cu 23.05，Zn 50.36，Pb 6.17，S 20.42
C. 白色为铅颗粒

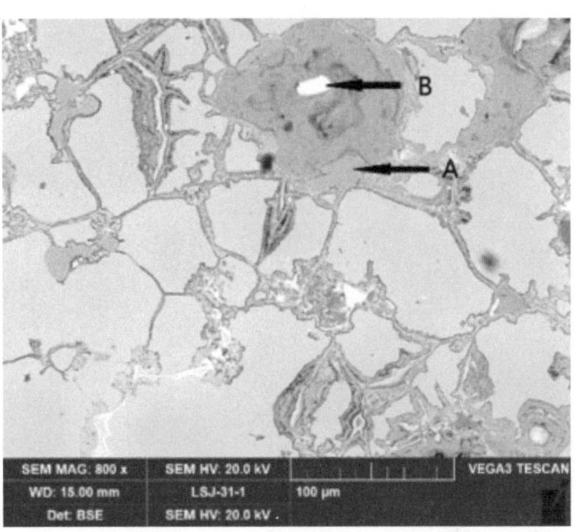

图 4　铜片（10MZ1MD1 ③ B：样 2）背散射电子图像 EDS 微区分析（wt%）

A. 硫化物 Cu 82.8，S 17.2
B. 白色为铅颗粒

他添加物。

铜棒（08JJ2 ①：样 3）为铜锌铅合金。锌含量为 20.06%。由 Cu–Zn 相图可知，锌含量小于 39% 的铜锌合金为单相 α 黄铜，α 相是锌溶解于铜的置换固溶体，面心立方结构；铅在铜中溶解度很小，常以铅颗粒形式独立存在；发现了铜锌硫化物夹杂。

铜片（10MZ1MD1 ③ B：样 2）中的硫化物夹杂主要为 Cu_2S，且部分夹杂中含有少量铁和砷元素。

三　相关问题的讨论

铜器的材质划分，采用 2% 为合金元素含量下限的划分标准，当铜器中锡、铅、砷、锌等元素大于或等于 2% 时，铜器的材质将被界定为相应的合金类型；含量小于 2% 的元素视为少量或微量元素。依据此标准，对实验所得铜器合金成分数据进行材质划分整理，分类情况如（图版七〇五，2）所示。

（一）关于锡铅青铜

锡铅青铜是此次铜器检测的主要合金类型。铜合金的成分对铜器的机械性能有直接影响，纯铜中加入一定量的锡，降低合金熔点的同时也能增加合金硬度。但是根据前人的实验研究，锡含量的增加也会造成铜器的脆性增大[1]。而加入一定量的铅可增加铜液的流动性，但是铅含量过高则会降低青铜的硬度和耐腐蚀性能。青铜中加入铅还能提高铜器的延展性，减少锡含量过高引起的脆性。

青铜中锡含量超过 17% 被认为是高锡青铜。本次实验中有五件青铜器锡含量超过 17%，青铜器表面出现富锡层可能有三个原因：（1）铸造过程中基体里的锡反偏析迁移至器物表面，锡含量由内而外逐渐升高；（2）高锡青铜埋藏过程中选择性腐蚀，铜流失，锡富集；（3）人工表面镀锡[2]。高锡的具体原因有待于进一步实验分析。

（二）关于红铜

红铜是铜器出现最早的形式，在石器时代向青铜时代过渡的时期，人们还不懂得加入合金元素以改善铜器的性能。红铜器物呈红色金属光泽，质地较软，硬度低，可塑性强。

本次研究发现有三件铜器的铜含量超过 98%，属于较为纯净的红铜。红铜中均含有少量的铅元素，可能来自于矿石。

北方少数民族在掌握了青铜、黄铜等技术后仍保留着较为原始的红铜制作工艺，这种现象并不是个例。谢然在对吉林吉安高句丽王陵出土铜器分析时发现高句丽地区北方少数民族制作铜器选用的材质以红铜为主，制作方法采用锻造成型[3]。

（三）关于黄铜

黄铜是以锌为主要合金元素的铜合金。本次实验中共发现有三件黄铜制品，其中样品铜棒（08JJ2 ①：样 3）含锌达 20.06%。这是中国考古发现较早的黄铜器物。

李秀辉对内蒙古察右中旗七郎山墓地出土金属器进行了分析研究，其中有二件黄铜制品[4]。可见，北魏时期，北方草原地区就已经开始使用黄铜制品。通过文献和考古发现可知，古罗马人和波斯人比中国人更早掌握黄铜的制作技术。本次在辽祖陵发现的黄铜制品可能来自于国外，也可能辽金时期已经掌握了黄铜的制作工艺。

---

[1] 赵春燕：《安阳殷墟出土青铜器的化学成分分析与研究》，《考古学集刊》（第 15 集），文物出版社，2004 年，第 243~268 页。

[2] 韩汝玢、孙淑云、李秀辉、潜伟：《中国古代铜器的显微组织》，《北京科技大学学报》2002 年 24 卷 2 期，第 219~230 页。

[3] 谢然：《吉林吉安高句丽王陵出土金属器的科学分析与制作技术研究》，北京科技大学硕士学位论文，2016 年。

[4] 李秀辉：《内蒙古乌盟商都东大井墓地、察右中旗七郎山墓地出土金属器物的金相学研究》，北京科技大学冶金与材料史研究所、北京科技大学科学技术与文明研究中心编《中国冶金史论文集》第四辑，科学出版社，2006 年，第 221~230 页。

（四）关于砷铜

砷铜具有良好的加工性能，加工硬化是砷铜的特性之一。本次实验中共发现2件砷铜制品，其中一件经pXRF检测砷含量10.14%。利用共生矿和混合矿直接冶炼得到的铜合金，其砷含量不会超过7%[1]，所以这有可能是契丹人有意识地在冶炼砷铜。

我国的砷铜器物主要出土于新疆东部地区和甘青地区，遗址年代较早，因涉及中国西北地区与欧亚草原的文化交流、中国冶金起源等问题的研究，得到学界关注。砷铜器物在中原及北方地区发现较少。赤峰北部富含铜砷共生矿，远在先秦时期，该地区就用这种矿物冶炼出含砷铜器。杨菊对大井古铜矿周边地区出土的夏家店上层文化铜器研究，发现其中存在若干砷铜制品，这些器物都属于小件的北方系青铜器[2]。

（五）关于矿料

根据铜器中的元素含量和夹杂物成分可以大致推断其矿料种类，具体来源则需要进一步的实验室分析。

在本次样品检测中，除了在古代铜合金中普遍存在的几种元素外，某些样品中还含有微量的锑、铋、砷，这些微量元素也可和铅同位素一样作为矿料来源的依据。如本次所检测样品近一半都含有微量的锑。含锑铜器的出现，与含锑铜矿（如黝铜矿、砷黝铜矿及银黝铜矿）的使用有很大关系[3]。

由于铜棒（08JJ2①：样3）的材质是黄铜且出现了特殊夹杂物，可对其矿料来源进行初步分析。

镉元素相对含量的高低可作为判断黄铜器物是矿炼黄铜还是单质锌炼黄铜的依据[4]。由于样品中不含镉元素，且含有一定量的铅，其中两件还含有锡，从成分上看，冶炼原料不是纯净的铜和锌，显示出矿炼黄铜的特点。根据冶炼过程中使用原料的差异，利用锌矿冶炼黄铜又可以划分为三类：铜锌共生矿的冶炼；铜矿与锌矿的冶炼；金属铜与锌矿的冶炼[5]。

由于在铜棒中发现了铜锌硫化物夹杂，推测其可能采用的是硫化矿冶炼。样品中还发现有较多铅颗粒，而闪锌矿和方铅矿常常共生，辽祖陵周边也有这两种矿产，

[1] 李秀辉、韩汝玢：《青海都兰吐蕃墓葬出土金属文物的研究》，《自然科学史研究》1992年3期。
[2] 杨菊：《赤峰地区青铜时代晚期铜器的科学分析研究》，北京科技大学博士学位论文，2014年。
[3] 潜伟：《新疆哈密地区史前时期铜器及其临近地区文化的关系》，知识产权出版社，2006年。
[4] 马越、李秀辉：《中国古代黄铜制品与冶炼技术的研究状况分析》，《中国科技史杂志》2010年31卷2期。
[5] 凡小盼、赵雄伟：《史前黄铜器及其冶炼工艺》，《中国国家博物馆馆刊》2016年8期。

增大了辽金时期炼黄铜的可能性。

（六）铸后受热

铜片（10MZ1MD1③B：样2）的金相照片显示其是铸造后受热组织。这个过程接近现代工艺的退火，就是将金属缓慢加热到一定的温度，并保持足够的时间，再以适宜的速度冷却。热加工是提高铸造锡青铜合金机械性能的主要手段。热加工使铜锡 α 发生再结晶，冷却到室温的组织是再结晶的等轴晶及孪晶，铸造青铜合金经过热加工，成分偏析减少，高锡的脆性 δ 相分解，锡含量均匀化，并且可以减少铸造缺陷，使组织致密，提高强度及韧性[1]。该铜片的受热原因有待查明，也有可能是当时工匠已经意识到退火可以增大青铜器的强度。

四　结语

辽祖陵出土铜器尽管材质种类丰富，铜锡铅三元合金仍占据主导地位，占比57.6%，红铜次之。此外，李秀辉对东汉晚期内蒙古乌兰察布盟东大井拓跋鲜卑墓葬出土铜器的分析结果表明，大部分铜器为铅锡青铜。由此推断，北方少数民族使用铅锡青铜是普遍现象。

此次实验中发现3件黄铜，其中一件含锌量较高，说明在辽金时期可能已经掌握了黄铜的冶炼技术。这对研究我国早期黄铜的冶炼和使用有重要的学术意义。我国北方草原地区的红铜、青铜、黄铜技术的关系也值得进一步研究。

样品的金相组织表明辽祖陵出土铜器至少存在热锻后冷加工和铸后热加工的工艺。当时的工匠可能已经意识到通过热加工来改善青铜合金的机械性能。且铜器中杂质含量较低，显示了较高的技术水平。

[1] 韩汝玢、李秀辉、孙淑云：《中国古代金属材料显微组织图谱（有色金属卷）》，科学出版社，2011年。

附录五

辽祖陵一号陪葬墓和四号建筑基址出土铜器的科技分析

肖红艳[1] 董新林[2] 汪盈[2] 崔剑锋[1]

（1. 北京大学考古文博学院 2. 中国社会科学院考古研究所）

引言

关于辽代冶铜技术的研究，目前可见包括李明华[1]、何莲[2]等总结了发现的重要辽代铜器，并根据实物观察判断了辽代主要合金类型和加工工艺；李辰元等[3]、刘文兵等[4]、陆金生[5]等则利用科技手段对一些辽代铜构件、金属面具和铜丝网络等进行了成分分析和工艺观察，为辽代铜冶金研究提供了初步的科学证据。然而以上研究不能够全面揭示辽代用铜制度和冶铜技术。

辽祖陵是辽代开国皇帝耶律阿保机的陵寝，位于内蒙古自治区赤峰市巴林左旗查干哈达苏木石房子村西北的山谷中。其中除了阿保机的祖陵外，还有阿保机皇后述律平的陵寝以及众多臣子的陪葬墓，为辽代早期最重要的帝陵遗址。从2007年开始，中国社会科学院考古研究所联合内蒙古自治区文物考古研究所对该遗址群开展了系统的考古调查和发掘，其中2007年发掘了编号为2007PM1（以下简写为PM1）的一号陪葬墓，2010年发掘了该陪葬墓的献殿遗址四号建筑基址，二者构成了以墓和庙为中心的完整二元祭祀格局。经过研究，发掘者认为该陪葬墓为阿保机第三子耶律

[1] 李明华：《辽代冶铜业概述》，《赤峰学院学报（汉文哲学社会科学版）》39卷2期，2018年2月。

[2] 何莲：《辽代墓葬出土铜器研究》，内蒙古大学硕士学位论文，2015年。

[3] 李辰元、武松、冯恩学等：《吉林乾安后鸣字区遗址出土辽金时期金属遗物初探》，《中原文物》2018年6期。

[4] 刘文兵、崔剑锋：《辽代契丹族青铜制作技术管窥——通榆博物馆馆藏两件辽代青铜面具的科学分析》，中国文物保护技术协会：《中国文物保护技术协会第八次学术年会论文集》，科学出版社，2015年，第276~281页。

[5] 陆金生：《豪欠营辽代古墓中金属上锈蚀物的结构分析》，乌盟文物工作站、内蒙古文物工作队：《契丹女尸》，内蒙古人民出版社，1985年，第191~204页。

李胡之墓。

一号陪葬墓虽多次被盗，但仍出土较多的随葬品，包括上百件铜器。其献殿四号建筑基址也出土铜器 16 件。器类包含各类建筑构件、日用器和佛教法器等，为认识辽代早期铜器技术和用铜制度提供了宝贵的实物资料。基于此，北京大学考古文博学院和中国社会科学院考古研究所联合对这些铜器开展了系统的科学分析。

一　分析方法

1. 使用 NitonXL3t 型便携式 XRF，全金属模式对铜器的合金材质进行初步分析。

2. 在便携荧光分析的结果上选取 16 件样品，采用日本 Horiba 公司的 XGT-7000 型能量色散 X 荧光光谱仪对金属基体进行测试，加速电压为 30kV，电流 0.1mA，测试时间 100s，采用有标样基本参数法。

3. 样品经氧树脂镶嵌、砂纸打磨和抛光、3%$FeCl_3$ 盐酸酒精溶液腐蚀后，使用日本 Nikon 公司的 LV100 金相显微镜进行金相观察。

4. 样品除锈后，在王水中加热至完全溶解。使用电感耦合等离子体原子发射光谱仪（ICP-AES）测量溶液微量元素含量。溶液经过处理后使用北京大学地球与空间学院的 NU PLasma2 型多接收电感耦合等离子体质谱仪（MC-ICP-MS）测试样品的铅同位素比值。$^{207}Pb/^{206}Pb$、$^{208}Pb/^{206}Pb$ 和 $^{206}Pb/^{204}Pb$ 的相对误差分别小于 0.01%、0.01% 和 0.1%。

二　分析结果

表一 ~ 四为各类分析结果。

表一　　一号陪葬墓和四号建筑基址出土铜器合金材质统计表

器物			一号陪葬墓				四号建筑基址		
大类	器类	数量	Cu	Cu-Sn	Cu-Sn-Pb	Cu-Zn-Pb	Cu	Cu-Sn	Cu-Sn-Pb
铜构件	铜钉	23	1	1	16			3	2
	铜片	15	6		1		4	1	3
	铜铃	3	3						
	铜拉手	1				1			
	铜饰	2			1		1		

续表一

器物			一号陪葬墓				四号建筑基址		
大类	器类	数量	Cu	Cu-Sn	Cu-Sn-Pb	Cu-Zn-Pb	Cu	Cu-Sn	Cu-Sn-Pb
日用器	铜镜	1			1				
	铜钵	1					1		
佛教法器	铜磬	1						1	
总计		47	10	1	19	1	6	5	5

表二 一号陪葬墓和四号建筑基址出土铜器成型工艺一览表

器物		Cu	Cu-Sn	Cu-Sn-Pb	Cu-Zn-Pb
铜构件	铜钉			铸造	
	铜片	热锻			
	铜拉手				铸造
日用器	铜镜			铸造	
佛教法器	铜磬		热锻淬火		

表三 一号陪葬墓及四号建筑基址取样铜器 XRF 成分分析和铅同位素分析结果

单位：%

编号	器物	实验号	Cu	Sn	Pb	Zn	Fe	$^{208}Pb/^{204}Pb$	$^{207}Pb/^{204}Pb$	$^{206}Pb/^{204}Pb$	$^{208}Pb/^{206}Pb$	$^{208}Pb/^{206}Pb$
07PM1：49-1	铜钉	LSJ01	91.9	5.4	2.2		0.5	38.594	15.646	18.091	2.1334	0.8649
07PM1：103-4	铜钉	LSJ02	93.8	1.8	4.3		0.1	37.198	15.404	16.902	2.2008	0.9114
07PM1：103	铜钉帽	LSJ03	86.0	6.9	6.9		0.2	37.194	15.413	16.953	2.1939	0.9091
07PM1：样 5	铜片	LSJ04	100.0	–	–		–	41.474	16.088	20.890	1.9854	0.7702
07PM1：106	铜铃	LSJ05	98.8	–	0.8		0.3					
07PM1：191	铜镜	LSJ06	71.0	21.3	7.5		0.3	38.610	15.734	17.964	2.1493	0.8758
07PM1：220	铜钉	LSJ07	88.5	6.6	4.5		0.4	37.845	15.553	17.550	2.1565	0.8862
07PM1：230	铜拉手	LSJ08	79.5	1.1	6.9	12.1	0.3	39.327	15.793	18.904	2.0804	0.8355
07PM1：样 6	铜帽钉	LSJ09	85.3	10.8	2.7		1.3	38.595	15.690	18.047	2.1386	0.8694
07PM1：样 7	铜片	LSJ10	99.7	–	0.1		0.2	38.906	15.746	18.421	2.1120	0.8548
10（四）②B：73	铜片	LSJ11	96.5	1.9	1.4		0.2	38.257	15.600	18.026	2.1223	0.8654
10（四）②B：样 1	铜片	LSJ12	97.0	1.6	1.4		0.1	38.560	15.713	18.199	2.1188	0.8634

续表三

编号	器物	实验号	Cu	Sn	Pb	Zn	Fe	$^{208}Pb/^{204}Pb$	$^{207}Pb/^{204}Pb$	$^{206}Pb/^{204}Pb$	$^{208}Pb/^{206}Pb$	$^{208}Pb/^{206}Pb$
10（四）②B：样 2	铜构件	LSJ13	75.9	9.6	13.6		0.9	38.583	15.711	18.033	2.1395	0.8712
10（四）③：样 1	铜钉	LSJ14	72.7	9.7	16.3		1.4	38.331	15.612	17.902	2.1411	0.8721
10（四）③：样 2	铜钉帽	LSJ15	51.3	22.9	22.2		3.6	38.492	15.701	17.944	2.1451	0.8750
10（四）K1 ：2	铜磬	LSJ16	76.1	23.8	–		0.1					

表四　　一号陪葬墓及四号建筑基址取样铜器金相观察结果

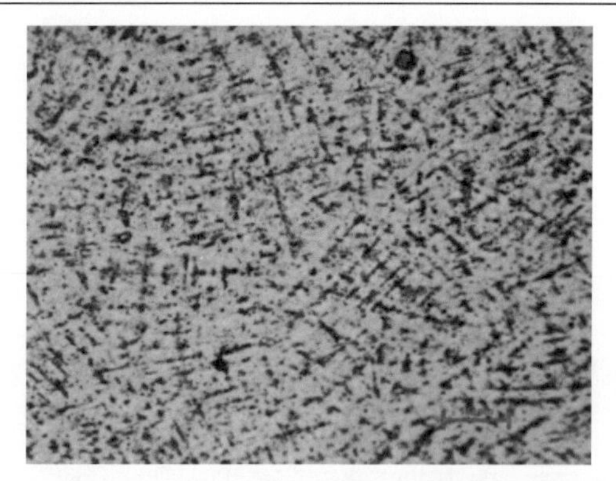

LSJ01：铜锡 α 固溶体树枝晶，树枝晶细小，未见共析体。铸造组织。

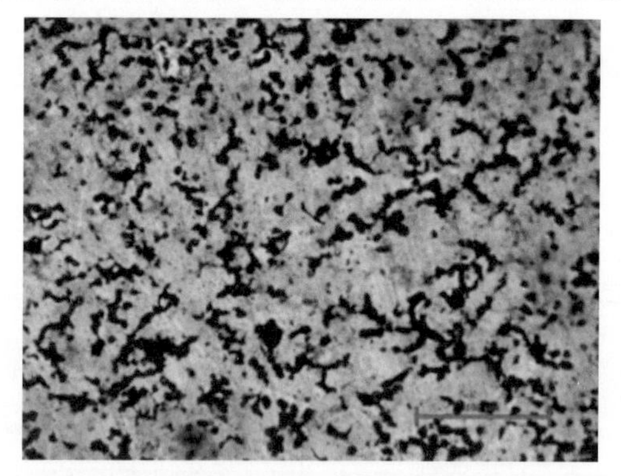

LSJ02：铜锡 α 固溶体树枝晶偏析明显未见共析体，铅颗粒呈树枝状分布晶间，晶粒较小。铸造组织。

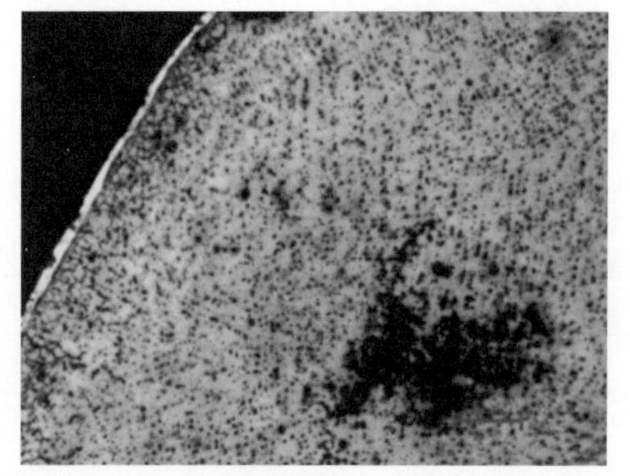

LSJ03：铜锡 α 固溶体树枝晶，晶间分布少量共析体，同时可见大量小球状铅颗粒和少量 α+δ 共析体。铸造组织。表面有鎏金。

LSJ04：α 等轴晶及孪晶，硫化物夹杂较多且沿加工方面拉长。热锻组织。

续表四

	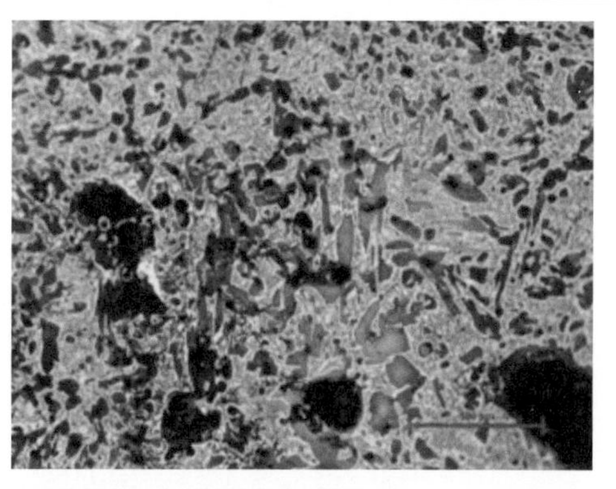
LSJ05：α 固溶体等轴晶和孪晶，热锻组织。最外层为鎏金层。	LSJ06：铜锡 α 固溶体树枝晶偏析，以 α+δ 共析体为基体，α 呈块状、树枝状等分布其上，铅呈小球状分布。铸造组织。
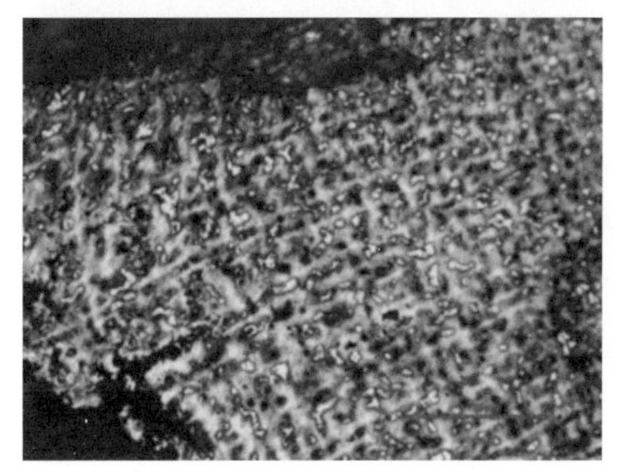	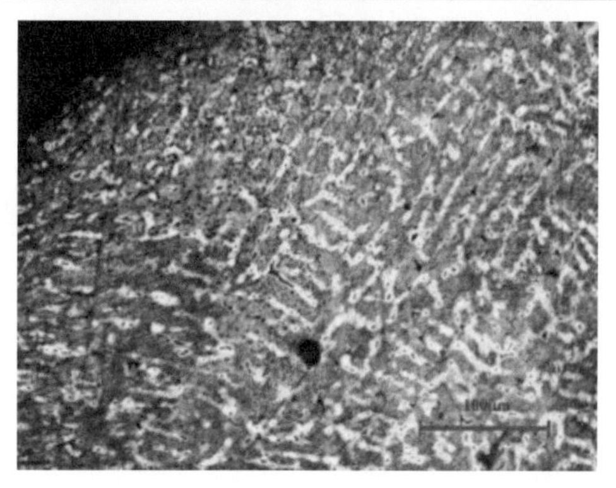
LSJ07：α 固溶体树枝晶，α+δ 共析体分布在枝间，同时弥散分布大量小球状铅颗粒。铸造组织。	LSJ08：α 固溶体树枝晶体偏析，晶间富集锌、锡，同时弥散分布大量小铅颗粒。铸造组织。
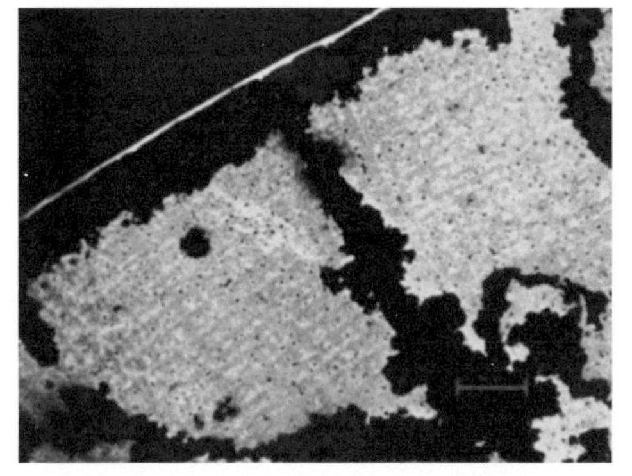	
LSJ09：α 固溶体树枝晶，α+δ 共析体分布在枝间，同时弥散分布有浅灰色硫化铜夹杂，表面鎏金，腐蚀较为严重。铸造组织。	LSJ10：α 固溶体等轴晶和孪晶，浅灰色硫化铜夹杂延加工方向分布。热锻组织。

续表四

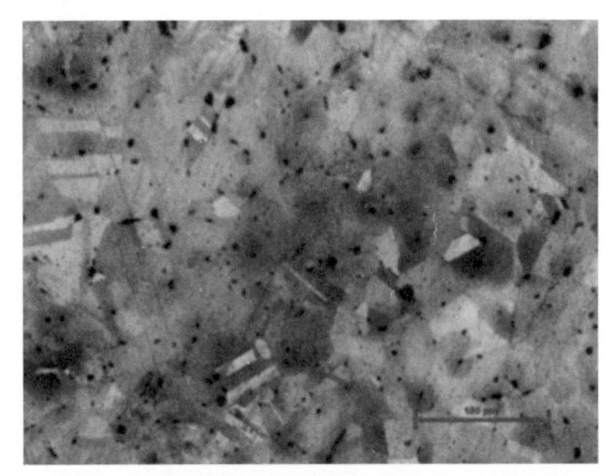	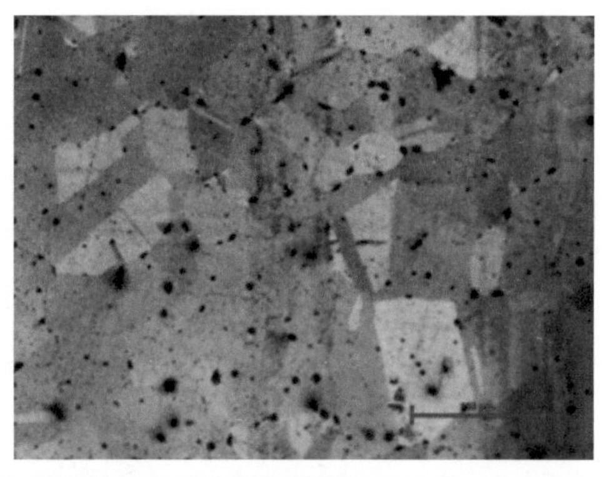
LSJ11：α 固溶体等轴晶和孪晶，浅灰色硫化铜夹杂延加工方向分布。热锻组织。	LSJ12：α 固溶体等轴晶和孪晶，浅灰色硫化铜夹杂延加工方向分布。热锻组织。
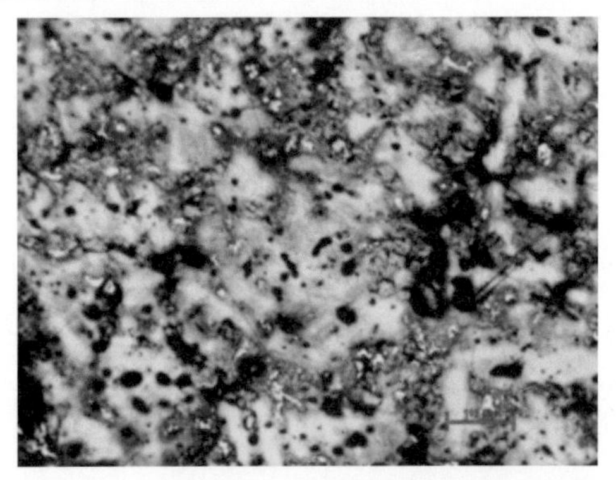	
LSJ13：α 固溶体树枝晶，α + δ 共析体分布在枝间，铅呈现小球状、枝状分布。铸后退火组织。	LSJ14：α 固溶体等轴晶，少量 α + δ 共析体、铅颗粒以及浅灰色硫化夹杂分布均匀分布。铸后退火组织。
	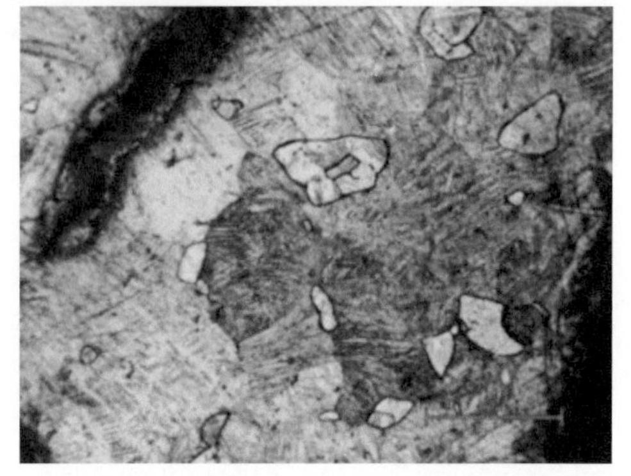
LSJ15：α 固溶体等轴晶，较多 α + δ 共析体、大铅颗粒以及浅灰色硫化物夹杂分布。铸后退火组织。	LSJ16：针状、条状淬火 β′ 马氏体为基体，少量铜锡 α 固溶体等轴晶及孪晶分布其上。热锻淬火组织。

三　讨论

一号陪葬墓和四号建筑基址所出铜器主要分为红铜和青铜两大类，除此之外一号陪葬墓还发现了铜锌铅三元合金（图 1）。金相观察显示，这些铜器的制作工艺主要为铸造和热锻退火。也包括一些特殊的制作工艺，如淬火、退火、鎏金等。

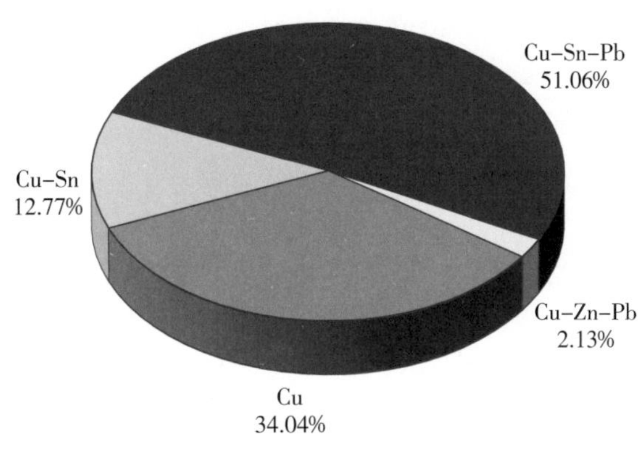

图 1　合金材质扇形统计图

大量使用红铜是出土铜器材质的一个显著特征。一号陪葬墓和四号建筑基址出土铜片、铜铃、铜环类构件和铜钵均为红铜。从金相分析结果看，红铜材质的铜片、铜铃加工方式多为热锻，这与红铜硬度低、延展性极佳、非常适合锻打成各类器物的性能相适应[1]。铅锡青铜在我国先秦至历史时期铜合金体系中一直占据主导地位，同一时期前后，北宋的用铜仍以青铜为主[2]，大量使用红铜是辽合金技术的特征之一。

铜器另一主要材质为青铜。几乎所有铜钉、部分铜饰和少量铜片均为青铜，根据铅的含量可以将青铜分为铅锡青铜和锡青铜两类。其中，铅锡青铜钉主要出自墓室，锡含量呈正态分布，平均值在 10% 左右（图 2）。锡青铜钉则主要出土于四号建筑基址，锡含量与铅锡青铜钉相近。一号陪葬墓内部、一号陪葬墓和四号建筑基址间出土铜钉材质的差别可能与生产组织形式有关，表明墓室和地面献殿尽管营建于同一时期，但可能是由不同的工匠群分工负责的。金相组织显示青铜钉均为铸造成型。其中四号建筑基址出土的铜钉金相组织存在明显受热均一化现象，这表

[1] 苏荣誉：《中国上古金属技术》，山东科学技术出版社，1995 年，第 281 页。
[2] 周卫荣：《中国古代钱币合金成分研究》，中华书局，2004 年，第 57~88 页。

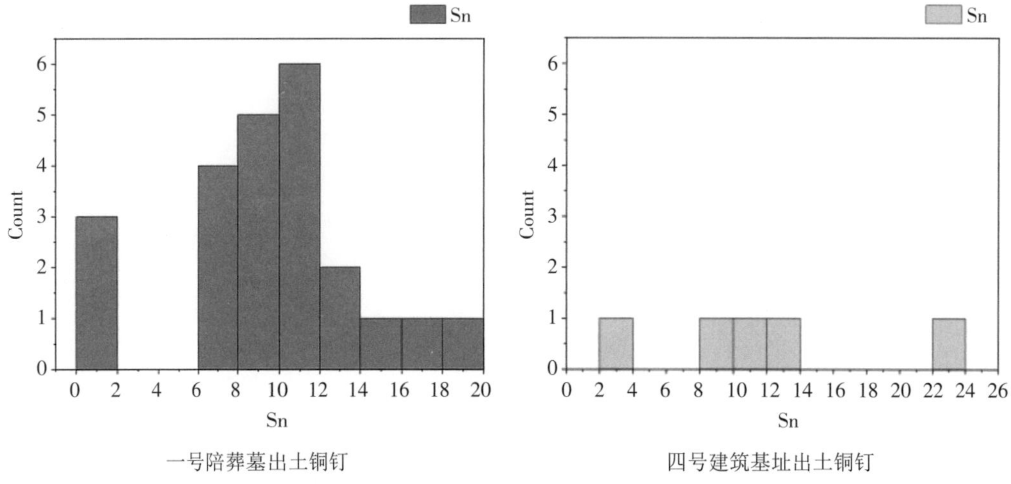

图2 一号陪葬墓和四号建筑基址出土铜钉锡含量条形图

明其铸后经过了退火处理，暗示四号建筑基址可能在后期经历过焚烧并最终导致其废弃。

从铅同位素比值结果看（图3），一号陪葬墓和四号建筑基址出土铜器中，红铜和铅锡青铜的铅同位素比值十分接近，矿料应该为同一来源。墓室内出土的与四号建筑基址出土的八件铜构件铅同位素比值几乎完全重叠，这种重叠度表明其不仅是使用同一来源矿料生产的，甚至很可能是在同一时期生产的，可见墓室和四号建筑基址的营建时间十分接近。大部分铜构件、铜饰件 $^{207}Pb/^{206}Pb$ 在0.850~0.890间，与内蒙古、辽宁地区矿山的铅同位素比值基本重合[1]。一件红铜片（LSJ04）$^{207}Pb/^{206}Pb$ 小于0.8000，$^{208}Pb/^{204}Pb$ 大于40.000，属于高放射性成因铅。已有同位素地球化学研究表明，辽东半岛是高放射成因铅的主要产地[2]。本次测试的另两件铅锡青铜钉（LSJ02和LSJ03）$^{207}Pb/^{206}Pb$ 大于0.9000，属于高比值铅，也是辽东半岛矿山的典型铅特征[3]。高放射性成因铅和高比值铅同时出现在一号陪葬墓中，表明这些铜构件使用的铜料和铅料最可能来自辽东半岛。辽朝境内的铜矿资源并不丰富。《辽史·食货志》记："坑冶，则自太祖始并室韦，其地产铜铁金银，其人善作铜铁器……以诸坑冶多在国东，故东京置户部司，长春州置钱帛司。"[4]可见黑车子

[1] Hsu, Yiu-Kang, and Benjamin J. Sabatini. "A geochemical characterization of lead ores in China: An isotope database for provenancing archaeological materials." *PloS* one 14, no. 4 (2019): e0215973.

[2] 朱炳泉、常向阳：《评"商代青铜器高放射性成因铅"的发现》，北京大学中国考古学研究中心，北京大学古代文明研究中心编著《古代文明（第I卷）》，文物出版社，第278~283页。

[3] 刘智海：《青城子矿区及外围铅锌矿床铅同位素地质初步研究》，《地质与勘探》1978年7期。

[4] [元] 脱脱等：《辽史》卷六十《食货志下》，中华书局，2017年，第1032页。

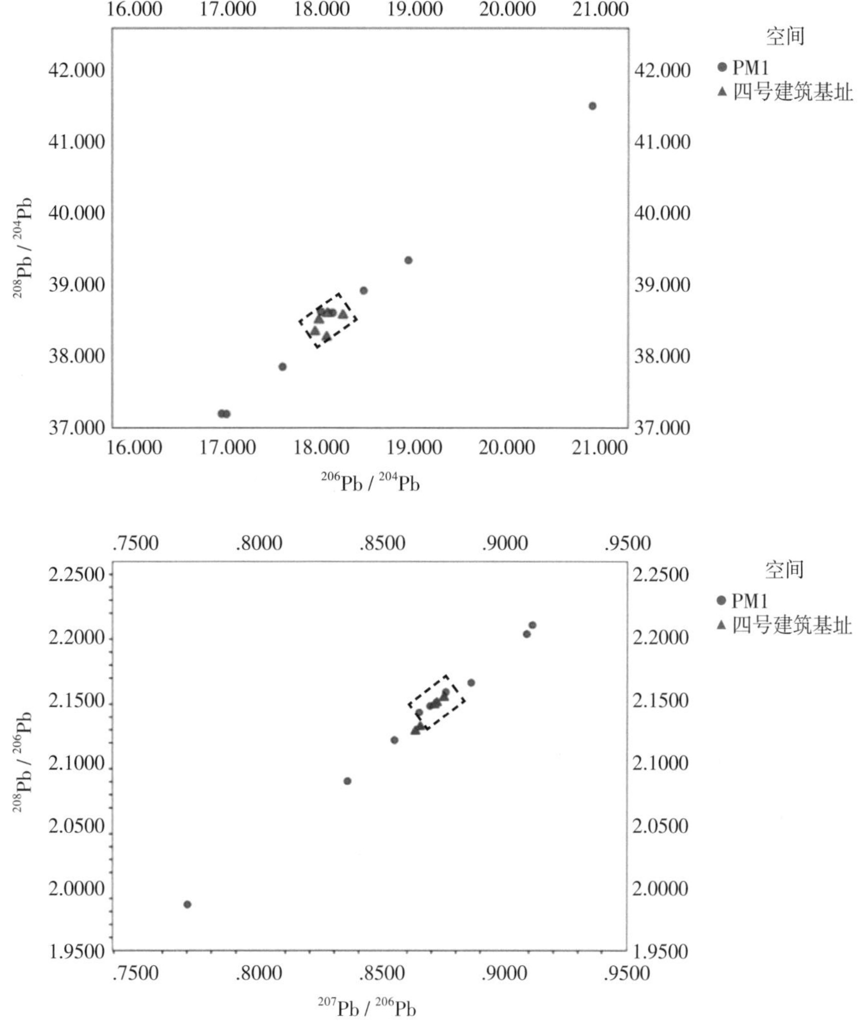

图 3　铅同位素比值散点图

室韦和渤海国被契丹征服后，内蒙古东部和辽东地区成为辽早期铜铅矿料的主要供给地。

综上，一号陪葬墓和四号建筑基址出土铜器类型十分多元化，青铜、红铜、砷铜并存。其中，青铜和红铜是辽早期用铜的主流。青铜多用于铸造铜钉类构件，红铜则多锻打加工成各类薄片。对不同材质的铜合金采用不同的加工手段，说明辽代工匠熟练掌握了铜合金的加工特性，也反映了在营建墓葬和享殿过程中工匠的组织分工情况。大量使用红铜和延续生产砷铜构成了辽早期用铜的两大特色。铅同位素特征表明生产使用的铜铅矿料主要来自辽东半岛。

一号陪葬墓中出土的若干件器物值得投以特殊关注。墓室内出土的一件青铜镜残片（07PM1：191），应与北方少数民族的“毁器”丧仪有关[1]。我国古代铜镜从战国到汉唐一直是高锡青铜，成分相对稳定，典型的唐镜约含锡25%，含铅5%；但入宋以后，铜镜成分迅速向低锡的新型配方转变，锡含量普遍低于15%甚至10%，纹饰也趋向简单粗率，铜镜艺术走向衰落[2]。一号陪葬墓出土铜镜中的锡含量超过21%，并含约7%的铅，接近典型汉唐铜镜成分，可见辽代早期基本继承了唐五代的铸镜配方，表现出明显的唐代遗风。

墓室中还出土了一件小型铜拉手（07PM1：230），由于一号陪葬墓遭数次盗掘破坏，随葬品大部分已遗失，难以得知具体的器物信息，但根据形制判断其可能为某件箱匣类随葬品的附件。这件铜拉手的锌含量高达12%，应属矿炼黄铜。由于锡的含量较低，人为添加的可能性较小，因此更可能是使用了回收的青铜替代红铜作为原料参与冶炼的结果。黄铜最初称“鍮石”，是汉唐时期经丝绸之路由西域贸易至中原的舶来品，根据文献记载其原产地为波斯、大石等国。作为仅次于金、银的第三等金属，“鍮石”在唐代常被用于制作标识身份等级的服饰配件、车马器等。辽仪卫制度沿袭唐制，变化不大，《辽史》中“八品、九品，幞头，绿袍，鍮石带，靴同”的规定[3]，表明至少在辽早期黄铜还具有一定的稀缺性。根据文献，炉甘石点炼黄铜的技术10世纪末在我国南方地区开始出现[4]，这个时段和一号陪葬墓的时间接近，因此基本可排除这件黄铜由南方传入的可能。从成分看，这件铜扣几乎不含锡，而有意添加了较高比例的铅，也与中亚和西亚地区黄铜生产传统一致[5]。因此在墓室内发现的这件黄铜附件，很可能是从西域输入的。

铅同位素分析结果显示，黄铜拉手的$^{207}Pb/^{206}Pb$为0.8300~0.8400，与各类铜构件的铅比值特征存在明显差异，表明其并非本地所造。将这件黄铜的铅同位素比值与已发表的铅同位素比值对照，可以发现其与地中海东部地区矿山的铅同位素比值接近[6]。这一证据进一步支持了这件黄铜器外来的推断。除这件铜拉手外，一号陪葬墓还出土了可能产自伊斯兰地区的玻璃碗（07PM1：83）和镶嵌有来自波罗的海地区琥珀的银饰件（07PM1：232），这些均表明一号陪葬墓作为王级别的大墓汇聚了

[1] 张英：《从考古学看我国东北古代民族“毁器”习俗》，《北方文物》1990年3期。

[2] 何堂坤：《中国古代铜镜的技术研究》，紫禁城出版社，1999年。

[3] ［元］脱脱等：《辽史》卷五十六《仪卫志二》，中华书局，2017年，第1012页。

[4]《日华子点庚法》：“百炼赤铜一斤，太原炉甘石一斤，细研水飞过石一两，搅匀，铁合内固济阴干，用木炭八斤，风炉内自辰时下火，煅二日夜足，冷取出，弄入气炉内煅，急扇三时辰，取出，打开去泥，水洗其物，颗颗如鸡冠色，母（每）一钱点淡金一两成上等金。”宋或稍晚《日华子点庚法》与其他丹经汇编成《诸家神品丹法》卷六，见文物出版社、上海书店、天津古籍出版社出版《道藏》，第19册，1988年，第214页。

[5] Craddock, P.T., S.C. La Niece and D. Hook. “Brass in the medieval Islamic world”. In Craddock, P.T. (ed.). *2000 Years of Zinc and Brass*. London: British Museum, 1990. Pp.73–114.

[6] Stos-Gale, Z.A., N.H. Gale, and N. Annetts. “Lead isotope data from the Isotrace Laboratory, Oxford: archaeometry data base 3, ores from the Aegean, part 1.” *Archaeometry* 38, no. 2 (1996): 381–390.

辽境内最高等级的器物作为随葬品，其背后映射的贸易网络甚至可直达环地中海和欧洲地区。

四号建筑基址东面小坑（K1）出土了两件钵形器，其中一件根据“钵形，底有窍”[1]的记载，应为“引磬”，是佛教呗器系统的代表器物之一。对铜磬［10（四）K1：2］进行了成分分析和金相观察，结果显示其含锡量约23%，成型工艺为热锻淬火。含锡量超过20%的青铜金相组织中δ脆性相含量较高，不易直接锻打。淬火工艺保留了高温β′马氏体，增强了合金韧性，使得高锡青铜可以进行热锻加工，同时还可以使原本呈银白色的高锡青铜变为明亮的金黄色泽[2]。这件铜磬表面还可见平行的旋纹，说明成型后又进行了车削加工，最终达到了器壁薄俏、金光璀璨的审美效果。

磬、锣、铙等打击乐器在古代统称“响器”，用于生产响器的合金则一般称“响铜”。响铜专指锡含量在20%左右、热锻淬火成型的铜锡二元合金。这种类型的合金内耗少，余音长，硬度高，能很好满足响器所需的力学性质[3]。从《天工开物》中“广锡参和为响铜”的记载看[4]，“响铜”这一概念在明代已经完全成熟，但自何时成形尚不明晰。从考古发现看，云南石寨山汉墓、广西罗泊湾汉墓出土的早期铜锣均为锡含量在20%左右的高锡青铜[5]，但为铸造成型。而经过分析的一些稍晚的含锡20%左右的淬火高锡青铜，如北票冯素弗墓出土的鎏金铜钵[6]、江都大桥窖藏出土的南朝青铜碗、盘、杯、钵等，均为日用铜器[7]，可见此时响铜概念并未出现。辽祖陵四号建筑基址K1出土的这件铜磬是使用高锡青铜制作并经热锻淬火成型的时代较早的响器，表明“响铜”这一概念至迟在辽金时期已经形成。

四　结论

辽祖陵一号陪葬墓和献殿四号建筑基址出土铜器是认识辽代早期铜冶金技术和用铜制度的重要材料。对辽祖陵一号陪葬墓地下墓室和献殿建筑出土铜器的初步分析结果表明：

1. 青铜和红铜是辽早期用铜的主流，大量使用红铜是辽早期用铜的突出特色。

---

［1］［日］无著道忠：《禅宗辞典禅林象器笺》，中华全国图书馆文献缩微复制中心，1996年。

［2］Scott, David A. *Metallography and Microstructure of Ancient and Historic Metals*. Los Angeles: The J. Paul Getty Trust, 1991. p.25.

［3］孙淑云、王克智：《中国响铜器的实验研究》，北京科技大学：中国冶金史论文集（二），1994年，第79~93页。

［4］［明］宋应星：《天工开物》下卷《五金》，明崇祯十年刻本，第3册第12页。

［5］李晓岑、韩汝玢、蒋志龙：《云南晋宁石寨山出土金属器的分析和研究》，云南省文物考古研究所等编著《晋宁石寨山——第五次发掘报告》，文物出版社，2009年，第209~221页。

［6］韩汝玢、柯俊：《中国科学技术史·矿冶卷》，科学出版社，2007年，第806页。

［7］余伟：《中国古代青铜器淬火的初步研究》，《南方文物》2013年2期。

两个遗址出土铜器的铅同位素比值分析表明，辽东半岛可能是铜器主要的重要矿料来源地，与文献记载相符。

2. 四号建筑基址旁祭祀坑出土的铜磬为含锡 23% 左右的铜锡二元合金制成，并经热锻淬火成型，表明“响铜”这一合金概念至迟在辽金时期已经成型。

3. 陪葬墓中出土的黄铜器的成分和铅同位素特征显示其极有可能原产自环地中海地区，表明地域辽阔的契丹王朝与西域通过丝绸之路始终保持着密切的贸易往来。

附录六

辽上京遗址与辽祖陵出土玻璃制品的科学分析

周雪琪[1]　崔剑锋[1]　董新林[2]　汪盈[2]
（1. 北京大学考古文博学院　2. 中国社会科学院考古研究所）

一　样品

见图版七〇六[1]、表一。

表一　　检测样品表*

检测号	出土编号	描述	时代
1	2013MZJF3Y1：2	白色乳浊玻璃簪	辽金
2	2013MZJF3Y1：4	月牙形饰件，透明，表面风化严重	辽金
3	2013MZJF9Y1：2	蓝色乳浊球形玻璃饰件	辽金
4	2013MZJT21③e：10	蓝色乳浊玻璃簪	辽金
5	2013MZJT21③e：3-1	蓝色围棋子	辽金
6	2013MZJT21③e：3-2	蓝色围棋子	辽金
7	08T45①：18	白色玻璃簪	辽金
8	08JJ2②：7	蓝色玻璃珠	辽金
9	08JJ1①：42	白色玻璃块	辽金
10	07PM1：83	蓝色透明	辽初

* 1~6 号标本出土于辽上京，7~10 号标本出土于辽祖陵。

[1] 10 号标本为 07PM1：83 的残片，完整器照片见图版一一六，1。

二 分析方法

采用SEM-EDS(电子扫描显微镜)对样品进行观察。共用到两台电子扫描显微镜。

A: HITACHI TM3030台式扫描电镜，能谱型号为BRUKER Quantac70。分析条件: 15kV的加速电压，进行无标样测试，测试时长70s。

B: Tescan Vega3, Czech，能谱型号为EDAX Element, USA，经过喷金处理后再于电子显微镜的高分辨模式下进行微区分析。成分分析时采用加速电压20kV，点分析采集活时间120s，束流1.5nA，计数率在8000cps以上。

样品的制备：取下约1cm×2cm左右大小的样块进行镶样，用环氧树脂包埋。待固化后对样品的观察面进行抛光。

采用激光剥蚀电感耦合等离子体原子发射光谱进行成分测试。仪器信息及测试参数如下：

（1）激光剥蚀系统: 型号UP226 MACRO（NEW-WAVE公司）。测试条件: 激光: Nd-YAG；激光模式：Q-switch；激光波长：266nm；输出能量：3.5~7Mj。

（2）ICP-AES： 型号LEEMAN-Prodigy。测试条件：RF generator：40.82MHz；RF power：1.1 kW；Argon flow rate: Plasma: 1.4 L/min；Nebuliser pressure: 30 psig。

拉曼物相分析使用Horiba公司的HR Evolution高分辨率拉曼光谱仪，根据样品状态采用波长785nm或532nm的激光，在50倍视野下选取测试点，取谱范围50到2000cm^{-1}，本文根据需要保留200到1600 cm^{-1}，光谱分辨率为2 cm^{-1}。

三 测试结果

（一）成分与物相分析

1. 成分分析

表二 LA-ICP-AES成分分析结果（wt%）

检测号	SiO_2	Al_2O_3	Fe_2O_3	MgO	CaO	Na_2O	K_2O	MnO_2	P_2O_5	TiO_2	Sb_2O_3	CuO
1	54.250	0.405	0.065	0.066	3.313	0.120	11.838	0.002	0.008	0.011	0.000	0.004
2	52.557	0.397	0.142	0.262	3.360	0.401	11.448	0.003	11.099	0.023	0.014	0.031
3	74.611	1.499	0.164	3.381	8.089	2.882	7.493	0.009	0.056	0.020	0.015	0.399
4	58.780	1.015	0.239	0.556	5.262	0.711	15.339	0.014	0.066	0.022	0.022	0.618

续表二

检测号	SiO_2	Al_2O_3	Fe_2O_3	MgO	CaO	Na_2O	K_2O	MnO_2	P_2O_5	TiO_2	Sb_2O_3	CuO
5	59.005	0.836	0.130	1.182	4.874	1.996	9.357	0.021	0.054	0.023	0.123	0.157
6	58.035	1.156	0.191	1.594	5.585	1.716	6.866	0.013	0.120	0.017	0.039	1.009
7	54.478	4.446	0.482	0.615	14.872	6.122	15.915	0.029	0.254	0.082	0.043	0.049
8	53.802	0.549	0.128	0.000	7.625	0.185	11.835	0.010	0.451	0.045	0.024	0.581
9	76.657	2.409	0.487	0.067	9.323	0.043	1.048	0.010	0.535	0.207	0.000	0.031
10	66.453	1.418	1.600	1.812	9.168	13.666	2.941	1.557	0.480	0.358	0.038	0.220
检测号	PbO	CoO	BaO	SnO_2	SrO	ZnO	B_2O_3	V_2O_5	NiO	ZrO	Ag_2O	
1	29.884	0.000	0.007	0.008	0.003	0.001	0.000	0.004	0.010	0.0000	0.0037	
2	30.477	0.000	0.023	0.019	0.102	0.010	0.009	0.010	0.013	0.0002	0.0006	
3	1.167	0.001	0.032	0.062	0.011	0.073	0.000	0.009	0.027	0.0000	0.0000	
4	17.221	0.000	0.012	0.072	0.004	0.018	0.004	0.006	0.014	0.0000	0.0046	
5	22.080	0.000	0.010	0.044	0.006	0.077	0.006	0.006	0.014	0.0000	0.0000	
6	23.432	0.000	0.012	0.083	0.008	0.098	0.005	0.005	0.013	0.0000	0.0029	
7	2.073	0.006	0.283	0.054	0.017	0.096	0.036	0.011	0.021	0.009	0.006	
8	24.599	0.000	0.013	0.073	0.005	0.013	0.028	0.010	0.017	0.006	0.000	
9	6.967	0.000	0.054	2.005	0.018	0.010	0.061	0.020	0.036	0.014	0.006	
10	0.033	0.037	0.027	0.019	0.072	0.022	0.032	0.005	0.017	0.024	0.001	

2. 拉曼分析结果（图 1）

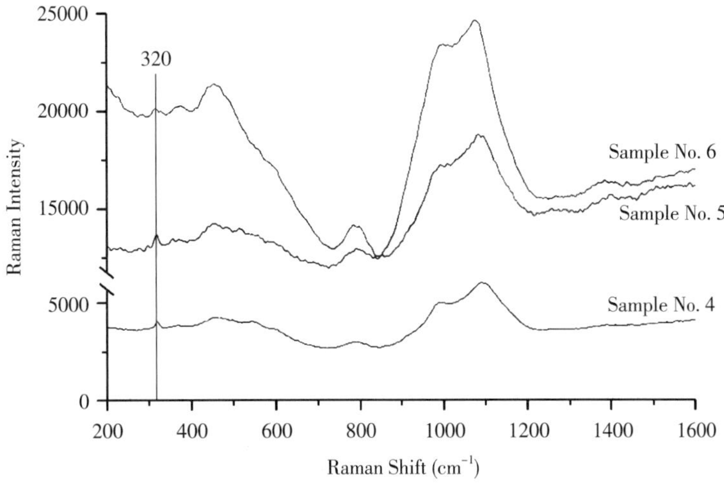

图 1　拉曼光谱分析谱图

（二）显微观察

1. 体视显微镜

玻璃样品在体视显微镜下的图像见图版七〇七。

2. 电子扫描显微镜—能谱联用（表三；图2）

表三 能谱成分测试结果（wt%）

检测号与测试位置		O	F	Na	Mg	Al	Si	P	K	Ca	Fe	Cu	Pb
1*	晶体	26.29	1.16	–	–	0.26	30.32	0.82	12.01	7.33	0.40	0.40	21.00
1*	基体	27.92	0.16	–	–	0.23	30.18	0.83	11.91	7.52	0.34	0.24	20.67
4	截面	26.71	3.16	1.30	0.52	0.80	29.76	–	13.22	8.21	0.40	1.06	14.85

注：带*的数据由B电镜联用的能谱测试得到，其余由A电镜联用的能谱测试得到。

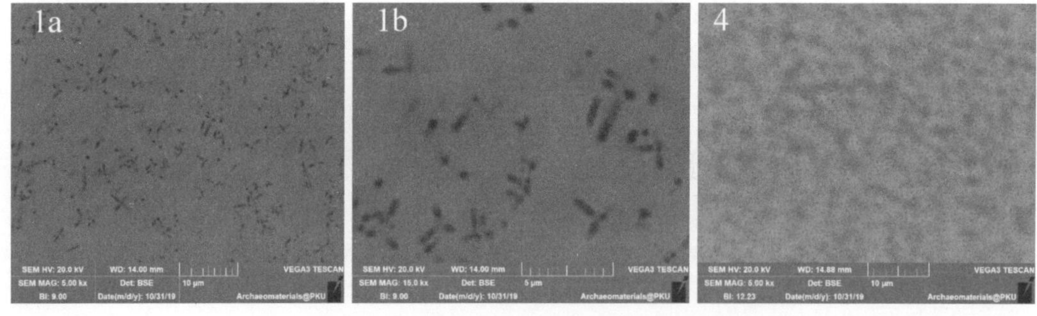

图2 1、4号样品抛光截面的电镜图像

四 讨论

（一）原料与配方

根据LA-ICP-AES的结果（表二），可以了解到大部分样品（1、2、4、5、6、8、9号）均属K_2O-CaO-PbO-SiO_2系统，3、7为K_2O（Na_2O）-CaO-SiO_2系统，10号为Na_2O-CaO-SiO_2系统，草木灰系钠钙玻璃，属于典型的伊斯兰玻璃。

其中10号样品出自辽祖陵一号陪葬墓，由钴、铜离子呈色。目前，我国内地还未发现有制作钠钙玻璃的证据，而西亚、中亚等伊斯兰地区则盛产这类玻璃。这枚钠钙玻璃具有一定的MgO、K_2O含量（1.8%与2.9%），经过与各类西方玻璃数据的对比，可知10号样品为典型的草木灰系钠钙玻璃，更可来自西亚地区[1]。除了辽祖陵以外，辽代皇室墓葬陈国公主墓、法库叶茂台七号墓，也都出土有西亚国家输入的玻璃器[2]。

我们所检测的玻璃多为钾钙铅、钾钙玻璃，根据检测结果，对其原料进行推测。一般认为，硝石或含钾矿物是我国古代玻璃引入 K_2O 的重要途径[3]，这种做法也被认为至少从战国就开始存在[4]。由于以草木灰的形式添加 K_2O，也容易提高 MgO、MnO_2、P_2O_5 等氧化物含量，所以研究者根据上述氧化物含量的多少来判断 K_2O 的来源。本研究中，除了钠钙玻璃制品外，其余标本的 MnO_2 含量均低于0.03%，除了2号样品由于风化严重而含有较高的 P_2O_5 以外，其他样品的含量 P_2O_5 基本低于0.5%。根据以上数据基本可以排除古人采用草木灰提高玻璃中 K_2O 含量的可能性。我国利用硝石的历史悠久[5]，在明清时期有关玻璃生产原料的文献中，常出现一类被称为"硝"的原料，宋代之后对玻璃的称呼包括"硝子"[6]，基于这样的传统，多有学者认为硝石可能是在玻璃中引入 K_2O 的重要矿物，我们认为本研究中的这几件玻璃器也不例外。并且，3、5、6号样品的 MgO 含量稍高，也可能是由于硝石矿物中含 Mg 杂质的引入[7]。

对1、4号样品进行显微观察，能够在电镜下发现晶体颗粒（图2），由于晶体颗粒太小，小于能谱的最小探测面积，无法测试到其准确成分。不过，1号样品中晶体颗粒较大，形态与萤石析晶类似，且晶体区域的F含量高于基体。对样品进行拉曼光谱分析（图1），1~3号样品荧光效应严重，无法得到有效谱图，而4、5、6号样品均在 $320cm^{-1}$ 附近的信号峰代表了 CaF_2 的存在。

萤石在我国古代被称为"紫石""紫石英"，我国对这种原料在玻璃上的运用

[1] a.Freestone, Ian C. "Glass production in Late Antiquity and the Early Islamic period: a geochemical perspective." *Geological Society, London, Special Publications* 257, no. 1 (2006): 201–216.
b.Brill, Robert H. "Thoughts on the glass of central Asia with analyses of some glasses from Afghanistan." In O.V. Mazurin (ed.). *Trudy XV Mezhdunarodnogo Kongressa po steklu* (XV International Congress on Glass: Proceedings). Leningrad: Nauka, 1989. Pp.19–24.
c.Brill, Robert H. "Opening remarks and setting the stage: Lecture at the 2005 Shanghai International Workshop on the Archaeology of Glass along the Silk Road." In Gan, F.X., R.H. Brill, and S.Y. Tian (eds.), *Ancient Glass Research along the Silk Road*, Singapore: World Scientific Publishing Co. Pte. Ltd., 2009. Pp.109–147.

[2] 干福熹等：《中国古代玻璃技术发展史》，上海科学技术出版社，2016年。

[3] 干福熹等：《中国古代玻璃技术发展史》，上海科学技术出版社，2016年。

[4] a. 干福熹等：《中国古代玻璃技术发展史》，上海科学技术出版社，2016年。b. Liu, S., Q.H. Li, and F.X. Gan. "Chemical analyses of potash–lime silicate glass artifacts from the Warring States period in China." *Spectroscopy Letters* 48, no. 4 (2015): 302–309.

[5] 孟乃昌：《汉唐消石名实考辨》，《自然科学史研究》1983年2期。

[6] 干福熹等：《中国古代玻璃技术发展史》，上海科学技术出版社，2016年。

[7] 吕竑树等：《金上京出土硅酸盐文物分析》，《北方文物》2019年1期。

被记载在孙庭铨撰写的《颜山杂记》里。《颜山杂记》于清初成书，其中《琉璃》一节被认为是明代颜神镇玻璃工艺的总结。该节在开头就指出“琉璃者，石以为质，硝以和之”。说明“硝”是琉璃配方的核心，接下来提到包括马牙石、凌子石、紫石在内的三种制作玻璃的基本原料，其中紫石被确凿无疑地考为萤石[1]，而关于马牙石所指的矿物却仍存在争议。马牙石可能为方解石、长石、石英[2]，凌子石可能为方解石[3]、白云石（$CaMg(CO_3)_2$）[4]，也有学者认为是长石。书中写道：“……白五之，紫一之，凌子倍紫，得水晶；进其紫，退其白，去其凌子，得正白……”其中，“白”指马牙石，“紫”指紫石。从上述表述可以发现，“凌子”多的时候得透明玻璃，“去其凌子”且“进其紫”时得白玻璃，就体现了“紫石”作为乳浊剂的效果[5]。CaF_2本身还具有一定助熔功能[6]，能与Al_2O_3、SiO_2等形成低熔点的化合物，能辅助硝原料降低玻璃的熔点[7]，得到更均匀的产品。此外，在《颜山杂记》的记录中，萤石的加入还能够让玻璃具有更好的“柔性”，更易“吹薄扩张”[8]。

由上述研究可知，辽上京遗址出土的$K_2O-CaO-PbO-SiO_2$系统的玻璃制品，主要原料应包括硝石与铅矿（助熔剂）、石英质原料（“骨架”）和萤石（乳浊剂），并在制备蓝色玻璃时加入铜料，也有可能加入了方解石之类的含钙原料，这还有待进一步研究。至于K_2O（Na_2O）$-CaO-SiO_2$系统的玻璃，则主要由硝石、萤石以及其他含钙原料制作，可能仅加入了非常少量的铅，且由于其含有更高的Al_2O_3，原料中可能带有长石。

（二）成型工艺

4号样品的截面上有同心圆（图版七〇七，4a），应是其在制作过程当中存在拉伸法，使用该法制作的玻璃也曾经历过快速冷却固化的过程[9]。1号与4号样品均为簪子，从截面的电镜图像上可以看到，其中的萤石晶体都非常小，分别小于5μm（图

［1］杨伯达：《清代玻璃概述》，《故宫博物院院刊》1983年4期。

［2］a. 干福熹等：《中国古代玻璃技术发展史》，上海科学技术出版社，2016年。b. 杨伯达：《清代玻璃配方化学成分的研究》，《故宫博物院院刊》1990年2期。

［3］易家良、张维用：《〈颜山杂记·琉璃〉解说》，《玻璃与搪瓷》1983年2期。

［4］张维用、易家良：《颜山杂记·琉璃》，《校注》1996年1期。

［5］杨伯达：《清代玻璃配方化学成分的研究》，《故宫博物院院刊》1990年2期。

［6］李玉萍等：《LiF和CaF_2助熔效果的研究》，《北京科技大学学报》2002年24卷4期。

［7］戴长禄等：《氟在建筑陶瓷釉料与微晶玻璃中的作用与影响》，《佛山陶瓷》2011年21卷7期。

［8］［清］孙廷铨：《颜山杂记》，《四库全书》（影印本）第592册，2010年。原文载：“……紫以为软，则斥之为薄而易张……”

［9］Bertini, Martina, Rajmund Mokso, and Eva M. Krupp. “Unwinding the spiral: discovering the manufacturing method of Iron Age Scottish glass beads.” *Journal of archaeological science* 43 (2014): 256–266.

2，1b）与600μm（图2，4）。与南海一号出土的南宋时期以氟化钙作乳浊剂的玻璃作对比，尽管它与本研究中的样品成分结构相近，均为钾钙铅玻璃系统，但它的CaF_2晶体一般可达10μm，最大的有100μm。据研究，析出CaF_2晶体的大小与冷却速率以及开始冷却前所达到的最高温度有关。根据复烧模拟实验的结果，有研究者认为南海一号的这枚玻璃器应采用了模铸技术，随炉冷却，降温速率很慢[1]。相比之下，辽上京的这两枚样品则经历了更快的冷却速率。除此之外，在5号、6号两个围棋子的弧面以及3号珠子都发现有螺线纹路（图版七〇七，5a、6a、3），说明这三件玻璃制品可能是由细的热玻璃条绕成的，即在浇铸的过程中玻璃液逐渐冷却、黏稠，可拉成条状。围棋子的弧面以及珠子都很圆润，但未见明显打磨痕迹，或许是借助类似一个凹槽的外模，将黏稠的玻璃液倒在外模凹槽的中心最低点开始缠绕。围棋子的底面中心的一个小凸起（图版七〇七，5c、6c），有可能是这样形成的：为了均匀地填满围棋内部最终于中心点结束，然后在此处将玻璃条截断。根据图版七〇六，8号样品可能为缠绕成型。

五　结论

辽上京遗址与辽祖陵出土的玻璃制品分别属于含钾钙铅玻璃（1、2、4~6、8、9号），钾钙玻璃（3、7号）与钠钙玻璃（10号）。其中祖陵一号陪葬墓出土的10号标本（07PM1：83）是典型的钠钙玻璃，采用草木灰为助熔剂，属于伊斯兰玻璃，可能来自中西亚地区。K_2O–CaO–PbO–SiO_2玻璃与K_2O（Na_2O）–CaO–SiO_2玻璃主要用到原料包括石英、萤石、硝石、铅矿、铜料等，其中萤石可能是我国玻璃成分系统由K_2O–PbO–SiO_2玻璃逐渐向K_2O–CaO–SiO_2转变的关键原料之一。

在成型工艺上，我们认为4号样品应部分采用拉制，它与1号样品都经过了快速冷却；3号样品与5、6、8号样品应是由缠绕的方式制成，并可能借助模具帮助成型。

[1] Zhou, Y.H., Y.W. Jin, K. Wang, J. Sun, Y. Cui, and D.B. Hu. "Opaque ancient K_2O–PbO–SiO_2 glass of the Southern Song Dynasty with fluorite dendrites and its fabrication." *Heritage Science* 7, no. 1 (2019): 1–9.

附录七

辽祖陵一号陪葬墓出土琥珀饰品科技分析

陈天然[1]　崔剑锋[1]　董新林[2]　汪盈[2]

（1. 北京大学考古文博学院　2. 中国社会科学院考古研究所）

辽祖陵是辽代开国皇帝耶律阿保机的陵寝。从 2007 年开始，中国社会科学院考古研究所联合内蒙古自治区文物考古研究所对该遗址群开展了系统的考古调查和发掘，其中 2007 年发掘了编号 2007PM1（以下简写为 PM1）的一号陪葬墓，本次检测样品出自 07PM1：232 的黄色镶嵌宝石。

一　样品

检测样品取自下图方框内（图 1）。

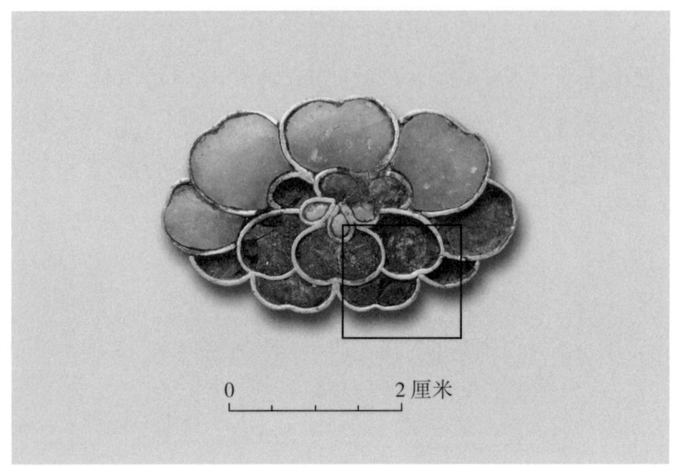

图 1　07PM1：232

二　分析方法

（一）放大检查

放大观察使用基恩士公司的 VHX-2000 超景深显微镜。

（二）红外光谱

采用溴化钾粉末压片透射法开展测试。测试设备为尼高力 380 傅立叶红外光谱仪，波数范围 4000~400cm^{-1}，分辨率 4cm^{-1}，扫描信号累加次数 64 次。

三　实验结果

（一）放大检查（图版七〇八，1、2）

样品为黄色，半透明，具有树脂光泽，无解理，放大检查可见气泡、流纹。

（二）红外光谱（图版七〇八，3）

本文样品的红外光谱见图：2937cm^{-1}，2860cm^{-1} 附近吸收峰由脂肪类 C–H 伸缩振动导致；1724cm^{-1}、1693cm^{-1} 附近为 C=O 伸缩振动；1450cm^{-1}、1377cm^{-1} 附近 C—H 弯曲振动峰；1262cm^{-1} 附近为 C–O 单键振动。上述样品光谱信息符合琥珀中脂肪族结构的基本骨架[1]。

根据对样品的放大检查、红外光谱测试，鉴定样品为琥珀。

（三）产地研究

放大样品的红外光谱信息（图版七〇八，4），可以在 1268cm^{-1} 处找到一个特征吸收，根据对以往琥珀产地的研究，波罗的海区域的琥珀在 1260cm^{-1} 左右肩峰特征，被称为“波罗的海肩”[2]（图版七〇八，5），可以作为产地辨识信息，据此认为样品琥珀应该来自波罗的海地区。

---

［1］王长秋、张丽葵：《珠宝玉石学》，地质出版社，2017 年，第 675~678 页。

［2］中国质量检验协会：《珠宝玉石鉴定红外光谱法》，T/CAQI73–2019，2019 年。

附录八

辽祖陵遗址出土青瓷、白瓷产地判断

吕竑树　崔剑锋

（北京大学考古文博学院）

2020年，北京大学无机材料科技考古实验室为配合辽祖陵报告的出版工作，对中国社会科学院考古研究所辽上京工作站内的样品进行了无损分析。本报告为对青瓷和白瓷产地判断的内容。

一　分析方法

采用BRUCKER Tracer 5i型便携式X射线荧光光谱仪（XRF）对辽祖陵遗址出土瓷器进行原位无损分析，选择Mudrock trace标准曲线采集釉层数据进行产地分析的讨论，分析环境为空气，光管电压为40kV，电流为40μA，准直器 ϕ 径为3mm。

二　分析结果

（一）青瓷

青瓷样品共6件。选择K、Ca、Ti、Mn、Fe、Cu、Zn、Rb、Sr、Y、Zr等元素与五代耀州窑、临汝严和店窑、上林湖越窑的数据比对。数据处理方法选择主成分分析法，基于特征值大于1，共提取到两个主成分，并据此制作二元散点图（图1）。从图1中可以看到，07PM1：161和10（四）② B：130落入耀州窑范围，其余四件则全部落入越窑的范围。但是，由于10（四）② B：130表面受修复痕迹影响，污染严重，产地暂时归为待定。

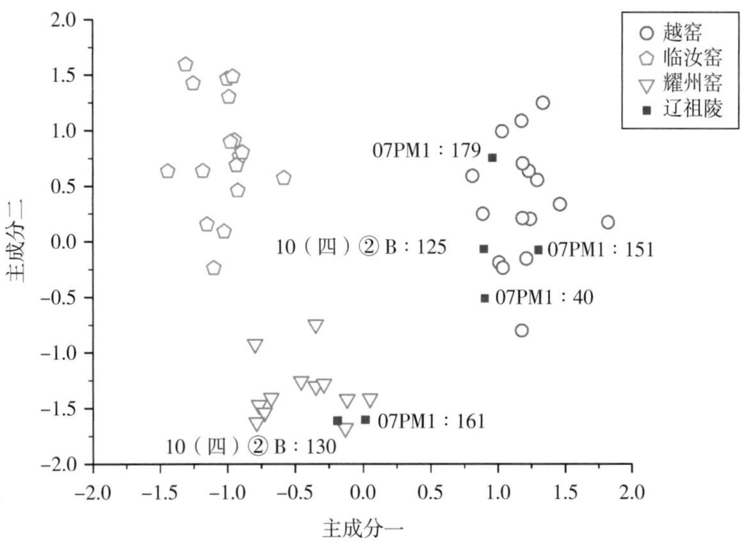

图1　青瓷主成分分析结果

（二）白瓷

白瓷样品共41件。制作Sr含量的箱式图（图2），根据Sr含量，辽祖陵的样品可以分为两组，高Sr组的含量普遍在310ppm以上，低Sr组则低于310ppm。高Sr组的样品可能来自缸瓦窑和龙泉务窑，而低Sr组的样品则更可能来自定窑、林东窑、江官屯窑。

制作高Sr组样品的Fe-Mn含量二元散点图（图3），多数样品落入龙泉务窑的

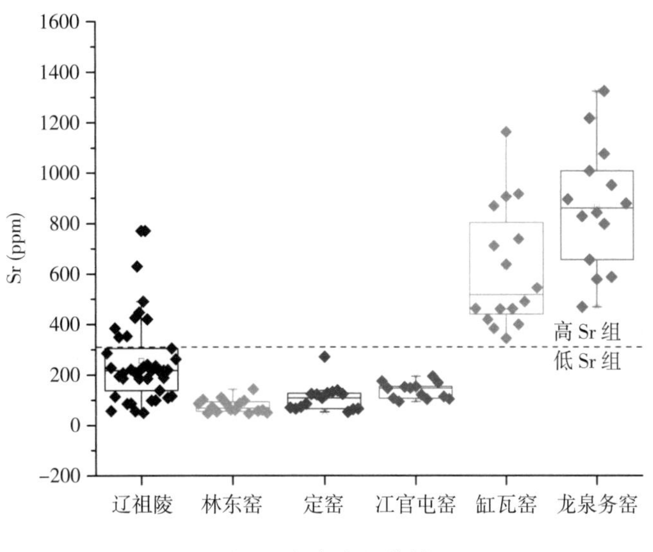

图2　白瓷分组结果

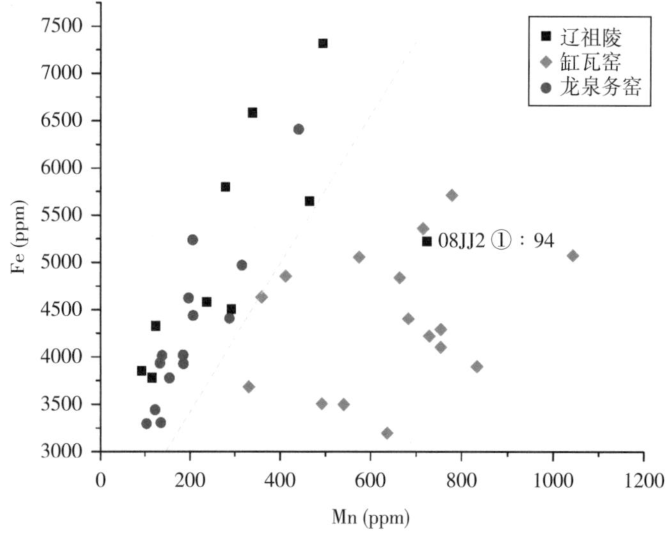

图 3　白瓷高 Sr 组 Fe-Mn 二元散点图

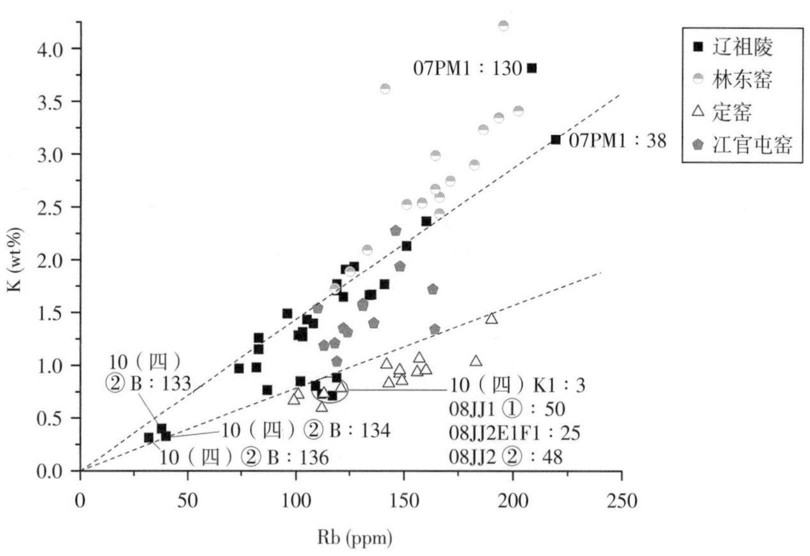

图 4　白瓷低 Sr 组 K-Rb 二元散点图

分布区域，只有一件样品 08JJ2 ①：94 落入了缸瓦窑的范围。

制作低 Sr 组样品的 K-Rb 二元散点图（图 4）。从图中可以发现，林东窑、定窑、江官屯窑的样品可以通过斜率即钾铷比进行一定程度的区分。辽祖陵的样品中 07PM1：130、07PM1：38 落入林东窑的范围，10（四）K1：3、08JJ1 ①：50、08JJ2E1F1：25、08JJ2 ②：48 落入定窑的范围，而 10（四）② B：133、10（四）② B：134、10（四）② B：136 这三件样品则单独聚成一类，可能为其他来源。其他样品多处于窑址数据的范围外或位于两个窑址数据的边界处，暂且归为待定。

三　结论

青瓷样品中，07PM1∶161落入耀州窑范围，07PM1∶40、07PM1∶151、07PM1∶179、10（四）②B∶125落入越窑的范围。

白瓷样品则根据Sr含量分为两类，高Sr组中08JJ2①∶94落入缸瓦窑的范围，其他则落入龙泉务窑的范围。低Sr组中两件样品落入林东窑的范围，四件样品落入定窑范围，其余样品产地暂时未知。但有三件样品可能为一来源。

表一

辽祖陵出土瓷器 Brucker tracer 5i 型 pXRF 分析结果

（Si, K, Ca 的单位为 wt%，其他元素单位为 ppm）

样品编号	类型	来源	Si	K	Ca	Ti	V	Cr	Mn	Fe	Co	Ni	Cu	Zn	As	Rb	Sr	Y	Zr	Mo	Ba	Pb	Th	U
07PM1：40	青瓷	越窑	11.6896	0.7662	6.2471	1497	b.d.	b.d.	1342	9001	4	19	26	94	b.d.	135	446	38	220	7	1078	21	11	b.d.
07PM1：179	青瓷	越窑	11.4557	0.6822	5.2968	1733	b.d.	b.d.	1343	10026	4	19	17	65	b.d.	135	255	43	383	8	975	21	11	b.d.
07PM1：151	青瓷	越窑	11.4177	0.5108	6.7202	1463	b.d.	b.d.	2402	11072	5	22	16	105	b.d.	138	388	43	229	b.d.	963	18	11	b.d.
07PM1：161	青瓷	耀州窑	14.3735	0.6978	5.1223	219	b.d.	b.d.	282	7489	3	17	16	18	b.d.	64	303	34	202	b.d.	644	b.d.	7	b.d.
10（四）②B：130	青瓷	耀州窑	9.2515	1.0276	4.7879	174	b.d.	b.d.	240	9322	4	12	12	28	11	87	339	29	143	10	456	20	9	b.d.
10（四）②B：125	青瓷	待定	8.9549	0.6331	5.486	1375	b.d.	b.d.	2295	10193	4	32	14	102	b.d.	141	344	35	215	b.d.	988	19	11	b.d.
07PM1：158	白瓷高Sr组	缸瓦窑	10.7196	0.924	2.3773	506	b.d.	b.d.	278	5799	3	60	79	81	60	57	349	16	218	b.d.	377	24	5	b.d.
07PM1：155	白瓷高Sr组	缸瓦窑	13.6275	0.977	2.8804	611	b.d.	b.d.	339	6584	2	41	126	68	82	75	353	19	290	14	b.d.	48	7	b.d.
08JJ2①：125	白瓷高Sr组	缸瓦窑	9.7676	1.6166	3.3917	732	b.d.	b.d.	464	5648	3	49	190	135	30	111	384	27	297	15	b.d.	28	8	b.d.
08JJ2①：126	白瓷高Sr组	缸瓦窑	15.5648	1.2162	2.0042	1241	b.d.	b.d.	493	7320	4	70	44	74	118	70	420	25	333	16	475	51	6	b.d.
08T12①：2	白瓷高Sr组	缸瓦窑	12.7472	0.9866	3.7757	1382	b.d.	29	292	4505	2	15	64	68	26	66	426	25	200	b.d.	b.d.	36	7	11
08JJ2①：94	白瓷高Sr组	龙泉务窑	11.4707	1.7397	2.075	594	b.d.	b.d.	723	5225	3	26	153	114	35	106	447	20	240	b.d.	514	27	9	b.d.
08JJ2①：123	白瓷高Sr组	缸瓦窑	12.2948	0.9917	2.7146	1355	b.d.	18	237	4583	2	21	54	47	18	61	490	26	270	10	b.d.	21	6	b.d.

续表一

样品编号	类型	来源	Si	K	Ca	Ti	V	Cr	Mn	Fe	Co	Ni	Cu	Zn	As	Rb	Sr	Y	Zr	Mo	Ba	Pb	Th	U
08JJ2E1F1：24	白瓷高Sr组	缸瓦窑	11.3465	1.0873	1.3363	1997	98	b.d.	116	3780	1	8	b.d.	50	14	54	630	23	232	9	b.d.	39	7	b.d.
08JJ2 ①：124	白瓷高Sr组	缸瓦窑	14.1863	1.0247	1.6581	2243	84	b.d.	93	3852	1	10	8	39	17	59	771	29	251	9	b.d.	50	7	17
08JJ2 ①：122	白瓷高Sr组	缸瓦窑	13.3385	1.0302	1.7184	2382	116	b.d.	125	4325	2	9	7	46	13	64	771	26	247	11	b.d.	44	7	15
07PM1：130	白瓷低Sr组	林东窑	11.5955	3.816	0.9134	390	b.d.	b.d.	620	5695	2	b.d.	b.d.	45	b.d.	208	50	42	209	15	b.d.	14	15	b.d.
07PM1：38	白瓷低Sr组	林东窑	11.0896	3.1384	0.5327	362	b.d.	b.d.	416	2672	1	6	b.d.	41	12	219	56	38	202	13	b.d.	21	15	16
10（四）K1：3	白瓷低Sr组	定窑	12.5687	0.7296	1.5992	896	136	b.d.	176	5032	2	16	160	90	11	112	57	33	361	13	b.d.	70	9	b.d.
08JJ1 ①：50	白瓷低Sr组	定窑	8.7137	0.8057	1.3936	236	b.d.	b.d.	128	4808	2	15	14	53	8	109	85	28	278	14	b.d.	38	8	b.d.
08JJ2E1F1：25	白瓷低Sr组	定窑	10.4895	0.8825	1.6981	841	b.d.	15	156	5454	2	13	10	43	5	119	87	26	270	14	b.d.	42	9	b.d.
08JJ2 ②：48	白瓷低Sr组	定窑	11.4116	0.7134	2.0969	700	b.d.	15	169	5969	3	7	11	51	9	117	98	26	278	10	b.d.	36	9	b.d.
08JJ2 ①：101	白瓷低Sr组	待定	8.5952	0.765	1.0596	236	b.d.	b.d.	98	4341	2	15	11	59	10	87	99	20	215	b.d.	b.d.	38	7	b.d.
10（四）②B：133	白瓷低Sr组	其他来源	12.9177	0.3981	0.9081	166	b.d.	15	113	2693	1	4	b.d.	60	b.d.	38	109	b.d.	128	8	b.d.	36	5	b.d.
10（四）②B：134	白瓷低Sr组	其他来源	14.4142	0.3126	0.9556	129	b.d.	b.d.	126	2683	1	5	b.d.	62	10	32	114	10	137	b.d.	b.d.	25	4	b.d.

续表一

样品编号	类型	来源	Si	K	Ca	Ti	V	Cr	Mn	Fe	Co	Ni	Cu	Zn	As	Rb	Sr	Y	Zr	Mo	Ba	Pb	Th	U
10（四）②B：136	白瓷低Sr组	其他来源	13.4634	0.3266	0.9694	120	b.d.	b.d.	146	2934	1	5	7	59	b.d.	40	116	10	143	10	b.d.	45	5	b.d.
08JJ2①：50	白瓷低Sr组	待定	11.7036	0.969	2.0558	881	41	19	141	5365	3	17	33	49	15	74	138	34	238	9	b.d.	30	8	11
07PM1：189	白瓷低Sr组	待定	10.9589	2.13	0.9706	214	b.d.	b.d.	276	3336	1	b.d.	b.d.	48	23	151	185	25	175	13	b.d.	49	10	b.d.
07PM1：43	白瓷低Sr组	待定	7.3053	0.9787	1.4694	b.d.	b.d.	b.d.	237	3995	2	12	b.d.	56	14	82	185	16	134	12	b.d.	51	6	b.d.
10（四）②B：127	白瓷低Sr组	待定	12.8972	1.7663	1.6716	136	b.d.	b.d.	315	5109	2	5	b.d.	57	20	141	186	27	210	19	b.d.	122	10	12
10（四）②B：128	白瓷低Sr组	待定	14.7731	1.6463	1.6169	97	b.d.	18	312	3197	1	6	b.d.	61	28	122	188	26	188	21	b.d.	88	8	b.d.
10（四）②B：129	白瓷低Sr组	待定	11.4647	1.3957	1.7098	90	b.d.	17	295	4457	2	b.d.	b.d.	67	17	108	195	26	167	19	b.d.	94	8	b.d.
07PM1：58	白瓷低Sr组	待定	10.6478	2.3655	3.0407	206	b.d.	b.d.	644	5305	2	8	28	61	13	160	207	28	187	27	b.d.	80	10	b.d.
07PM1：183	白瓷低Sr组	待定	11.7791	1.7076	2.3069	66	b.d.	b.d.	262	4734	2	5	b.d.	90	21	119	209	22	160	11	b.d.	70	10	b.d.
07PM1：201	白瓷低Sr组	待定	12.0212	1.7666	2.1558	181	b.d.	b.d.	240	4818	2	b.d.	b.d.	79	25	119	213	24	174	9	b.d.	70	9	b.d.
07PM1：238	白瓷低Sr组	待定	9.4685	1.6688	2.3894	249	b.d.	b.d.	271	5308	2	5	b.d.	84	24	135	215	24	173	13	b.d.	76	10	11
07PM1：148	白瓷低Sr组	待定	11.5002	1.9339	2.2603	249	b.d.	b.d.	297	5625	2	b.d.	b.d.	77	20	127	217	24	158	8	b.d.	90	10	b.d.

续表一

样品编号	类型	来源	Si	K	Ca	Ti	V	Cr	Mn	Fe	Co	Ni	Cu	Zn	As	Rb	Sr	Y	Zr	Mo	Ba	Pb	Th	U
07PM1：184	白瓷低Sr组	待定	12.2601	1.9076	1.9789	165	b.d.	b.d.	255	5079	3	6	b.d.	77	28	123	217	25	162	10	b.d.	78	11	b.d.
07PM1：43	白瓷低Sr组	待定	11.4008	1.3147	2.3701	128	b.d.	b.d.	321	5082	2	12	b.d.	75	16	103	219	21	177	15	b.d.	72	7	b.d.
07PM1：148	白瓷低Sr组	待定	6.2978	1.2837	2.3618	78	b.d.	b.d.	216	3759	2	6	b.d.	93	24	101	221	18	123	10	b.d.	60	9	b.d.
10（四）②B：126	白瓷低Sr组	待定	14.3951	1.4322	2.2263	168	b.d.	20	199	3896	1	9	b.d.	59	13	105	228	23	164	12	b.d.	80	8	b.d.
07PM1：199	白瓷低Sr组	待定	12.0066	1.271	2.2873	189	b.d.	b.d.	353	5970	2	9	b.d.	80	22	103	231	19	176	11	b.d.	66	7	b.d.
07PM1：200	白瓷低Sr组	待定	12.029	1.6632	2.9919	218	b.d.	b.d.	292	5155	2	7	b.d.	103	24	134	235	26	175	13	b.d.	84	10	b.d.
07PM1：39	白瓷低Sr组	待定	11.6592	0.8491	2.951	101	b.d.	b.d.	123	4255	1	6	b.d.	70	16	102	240	24	170	12	b.d.	82	7	b.d.
10（四）②B：131	白瓷低Sr组	待定	11.6725	1.2581	1.6348	2286	50	b.d.	184	6035	2	15	b.d.	58	18	83	262	34	371	9	b.d.	53	8	b.d.
10（四）②B：132	白瓷低Sr组	待定	11.7265	1.4892	1.6123	126	b.d.	16	114	4811	2	7	b.d.	56	20	96	286	20	164	10	b.d.	75	8	b.d.
08T43①：8	白瓷低Sr组	待定	12.2881	1.1515	1.8392	658	b.d.	20	463	4733	3	78	75	81	28	83	305	20	266	13	372	57	9	b.d.

编后记

《辽祖陵——2003~2010年考古调查发掘报告》由中国社会科学院考古研究所董新林、汪盈编著，由董新林任主编。其中第六章第一、二节分别由中国社会科学院大学研究生岳天懿和陈泽宇参与编写；第六章第三节由中国社会科学院古代史研究所康鹏编写。岳天懿、陈泽宇在考古报告线图排版和文字核校方面做了大量辛苦的工作。本报告的英文提要由中国社会科学院考古研究所温成浩助理研究员翻译，加拿大英属哥伦比亚大学荆志淳教授校改；日文提要由日本东北学院大学佐川正敏教授翻译。

在2003至2004年考古调查和2007至2010年的考古发掘过程中，曾得到诸多领导和专家学者的关照与指导。2008年8月17日，著名契丹文字学家刘凤翥夫妇来工地参观考察。9月20日，内蒙古文物考古研究所塔拉所长等在赤峰市博物馆刘冰馆长陪同下，曾到发掘现场参观考察。2009年7月26日，中国社会科学院考古研究所汉唐考古研究室部分同仁到发掘工地参观研讨。7月28日，北京大学历史学系罗新教授带领美国、加拿大、英国、德国等国学者到辽祖陵考古现场参观考察。2010年8月2日，ICOMOS土遗址保护委员会主席约翰·赫德先生等到发掘工地参观研讨。8月8日，吉林大学冯恩学教授等到辽祖陵发掘现场参观研讨。8月27日，中国社会科学院考古研究所党委书记齐肇业在张坤陪同下到辽祖陵发掘现场检查指导工作。同日，中国文化遗产研究院永昕群工程师和天津大学建筑学院教师丁垚来工地做三维扫描成图的尝试。9月13日，中国社会科学院考古研究所白云翔副所长、汉唐考古研究室朱岩石主任等来工地参观研讨。9月14日，中国社会科学院考古研究所文化遗产保护中心杜金鹏主任一行到工地参观考察。9月17日，天津大学建筑学院丁垚老师等再来工地进行3D扫描测绘。9月18日，北京大学考古文博学院李志荣副教授等到考古发掘现场参观指导。9月25日，内蒙古文化厅文物处哈达副处长、考古研究所陈永志所长、盖志勇副所长也到考古现场参观考察。此外，日本、韩国等国考古学者也曾多次到辽祖陵考古发掘现场参观考察。

在历年的考古发掘过程中，国家文物局文物保护与考古司时任顾玉才司长、关强副司长（后任司长）、宋新潮副司长、闫亚林处长、张磊副处长、张凌副处长等；中国社会科学院考古研究所王巍所长、齐肇业书记、陈星灿副所长、白云翔副所长、安家瑶主任、朱岩石主任；内蒙古文化厅王志诚厅长、赵芳志副厅长、刘兆和副厅长、安泳鍀副厅长，文物处苏俊处长、王大方处长、哈达副处长、陈雅光副处长等；内蒙古文物考古研究所塔拉所长、陈永志所长、曹建恩副所长等诸位领导先后对我们的工作给予了大力支持。赤峰市文化局于建设局长、卞永新副局长、王瑞金科长、黄文博等；赤峰市博物馆刘冰馆长等，对我们的考古工作也给予了诸多帮助。巴林左旗中共旗委韩铭书记、王玉树书记、赵国新副书记，人大孙庆莲主任、牛新民副主任、马俊副主任，政协阎彪主席，旗政府邱文博旗长、李国副旗长、王建副旗长、田仲成副旗长，统战部部长王庆虎，宣传部部长房敏、副部长夏连林等对辽祖陵遗址考古发掘都给予了大力支持和帮助。特别是巴林左旗文化体育旅游局桑雨慧局长、夏连林局长、陶建英局长、马东旗副局长、宋庆军副局长等，巴林左旗博物馆（后称辽上京博物馆）唐彩兰馆长、王未想副馆长，以及康立君、王清煜、刘凤江、李建奎、王立华、敖立布、高娃、左利军等，都对我们的考古工作给予了很多具体的协助和支持。时任辽上京博物馆王未想和李建奎馆长将在一号陪葬墓采集的瓷片等，以及在龟趺山建筑基址采集的馆藏碑片等提供给我们与考古发掘资料一并刊布，为我们科学报道资料提供了重要支持。巴林左旗地方学者金永田、曹建华、葛华廷、王玉亭、辛慧廷、池建学等也曾给予我们各种帮助。巴林左旗辽祖陵文物管理所陈继和，从辽祖陵遗址考古调查、试掘，到整个发掘的过程中，对我们的工作和生活都给予了很大帮助，也是我们应该铭记的。查干哈达苏木领导和石房子嘎查干部与居民，以及石房子鹿场的居民等都对我们的工作给予了支持和协助，这也是不能忘记的。特别需要指出的是康立君先生，他在辽祖陵遗址考古调查、试掘和发掘中，一直全身心投入，为辽祖陵遗址考古工作做出了重要贡献。但遗憾的是，没有看到倾注他心血的本书成果的出版。我们会永远铭记他！此书的出版也是对他最好的纪念。

在报告编写过程中，除了考古研究所历届所领导给予大力支持外，还得到了中国社会科学院考古研究所杨泓、孟凡人、刘建国和李淼等诸多先生的帮助和指导。文物出版社编辑张庆玲对本书的顺利出版做出了重要努力。蔡敏、刘昶也给予了较多的帮助。

在此，我们感谢所有为辽祖陵遗址考古调查、试掘、发掘和资料整理编写过程中，给予过我们帮助的人们！

Zuling Mausoleum of the Liao Dynasty:

Report on the Archaeological Surveys and Excavations from 2003–2010

(Abstract)

The Liao Dynasty's Zuling Mausoleum site is located to the northwest of Shifangzi Gacha (Village), Qagaan Qada Süm (Township), Bairin Left Banner, Chifeng City, Inner Mongolia Autonomous Region. It is the mausoleum of the Taizu (the first emperor) of the Khitan Liao Dynasty, Yelü Abaoji, and his empress. The mausoleum was constructed in the first year of the Tianxian reign (926 AD) and abandoned in the tenth year of the Tianqing reign (1120 AD). From its establishment following the burial of Yelü Abaoji to the fall of the Liao Dynasty, the Zuling Mausoleum continually served as a sacred place of ancestral veneration for the royal family.

This report is the first published archaeological monograph on the Liao Dynasty mausoleums based on Chinese scholars' scientific archaeological excavations, with data yielded from archaeological surveys and trial excavations conducted from 2003-2004 by the Second Working Team in Inner Mongolia, Institute of Archaeology, CASS, and more important, the data from the archaeological surveys and excavations jointly conducted from 2007-2010 by the Liao Zuling Archaeological Team comprised of the Second Working Team in Inner Mongolia, Institute of Archaeology, CASS and the Inner Mongolia Autonomous Regional Institute of Cultural Relics and Archaeology. Related issues are also preliminarily discussed.

This report is composed of six chapters. The first chapter introduces the geographical location and natural environment of the Liao Dynasty's Zuling Mausoleum, the historical context of the region, the history of the mausoleum's discovery and research, as well as the background and academic purposes of excavation project, the summary of fieldwork, as well as other relevant information. The first chapter also summarizes the academic framework and the writing process of the monography. The second chapter highlights major burials inside the mausoleum courtyard as well as the location of the *xuangong* (underground burial chamber) of the mausoleum, with the detail of burial No. 1, a companion burial of a noble couple, and burial No. 2 with disturbed skeletons. The third chapter primarily provides a report on the major architectural foundations in the mausoleum courtyard, including the Heilong Gate, Group A and the No. 4 architectural foundations, along with the data from the trial excavations of the No. 2 and 3 architectural foundations. It also investigates the drainage system and stone walls along the hill ridge in the mausoleum. Chapter four focuses on the data from the excavations and surveys of important architectural foundations outside the mausoleum, including the architectural foundation at Guifushan which was also excavated, and the No. 2, 4 and 5 architectural foundations discovered outside the courtyard. The foundations of the symmetrical *quetai* (gate towers) inside the courtyard and the *shendao* (sacred way) outside the courtyard were investigated. The companion burials area and kilns for brick and tile firing are also briefly introduced. Chapter five primarily describes the mapping and survey data of the mausoleum town, Zuzhou. Building upon detailed data published in previous chapters. Chapter six preliminarily studies unearthed rooftile ends and porcelain remains in order to establish the chronological framework of the material remains. Meanwhile, inscriptions in Chinese and Khitan large script on pieces of stone steles celebrating Taizu's life achievements unearthed from the stele pavilion are also interpreted to expand our historical knowledge. Lastly, the mausoleum organization, courtyard layout, and the mausoleum institution are also preliminarily discussed.

It is documented in the article of *Zuzhou* in *"History of Liao - Treatise on Geography - Shangjing Circuit"* that "Taizu's mausoleum was built by cutting the mountain to construct the hall, and named it the Ming Hall. There was a dining hall in the range to the south of the Ming Hall for seasonal veneration. The gate is called Heilong. There was a Shengzong (Sacred Track) Hall to the east, in which a stele was erected recording Taizu's hunting travels. There was a pavilion to the east of the Shengzong Hall, in which a stele was erected recording Taizu's achievement of establishing the Liao Dynasty. All of them are located five *li* to the west of Zuzhou." Through archaeological coring, trial excavations, and full-scale excavation at the Liao Dynasty's Zuling Mausoleum by the archaeological team, the locations of Taizu's underground burial chamber, dining hall on the south ridge, Heilong Gate, Shengzong Hall, and the stele pavilion are approximately established and the reliability of historical records on the Zuling Mausoleum documented in *Liaoshi* are thus confirmed.

This report publishes all archaeological data according to features and units completely. It provides significant data for the study of Liao Dynasty mausoleums. New data unveiled in this report complements the historical records in *Liaoshi*, and enriches historical material on the Zuling Mausoleum. Therefore, it offers crucial data for the study of Liao Dynasty mausoleums, and will also benefit the study of mausoleum systems in ancient China.

This publication offers the most comprehensive report on Liao Dynasty mausoleum archaeology. The publication of the report will greatly enrich the archaeological study of Liao Dynasty mausoleums as well as ancient mausoleums in China. It will also have a profound influence on historical studies and other related disciplines.

This report will also be of interest to researchers focusing on archaeology, history, architecture, the Khitan writing system, fine arts, environmental science, zoology, and botany. It is also a great reference for those interested in ancient ceramics and numismatics.

遼祖陵

2003-2010 年の考古学的調査・発掘報告書

遼祖陵遺跡は、内モンゴル自治区赤峰市バイリン左旗チャガンハダソム石房子ガチャの北西に位置する。遼祖陵は、契丹・遼王朝を建国した皇帝である耶律阿保機とその皇后の陵墓であり、遼天顕元年（西暦 926 年）に造営が開始され、遼天慶十年（1120 年）に廃棄された。耶律阿保機の埋葬が開始されてから遼王朝が滅亡するまで、遼祖陵は遼代祖先祭祀の重要な聖地であった。

『遼祖陵－2003-2010 年の考古学的調査・発掘報告書』は、中国の考古学者が科学的な考古学による発掘を実施した遼代皇帝陵に関する最初の考古学の専門書である。本書では、まず中国社会科学院考古研究所内モンゴル第二隊が 2003 ～ 2004 年に遼祖陵遺跡に対して実施した考古学的調査と試掘の資料を掲載しており、つぎに中国社会科学院考古研究所内モンゴル第二隊と内モンゴル自治区文物考古研究所が共同して組織した遼祖陵考古隊が 2007 ～ 2010 年に遼祖陵遺跡において実施した考古学的調査の測量、試掘、発掘に関するすべての資料を重点的に発表し、さらにそれらに関連する課題を概括的に検討した。

本書は全部で六章に分かれている。第一章では、遼祖陵遺跡の地理的位置と自然環境、その地域の歴史的変遷について、また遼祖陵遺跡の発見と研究史について、そして考古学的調査の契機と学術目標、考古学的調査の概要について、さらに本報告書の基本的構成と編集の概況について紹介した。

第二章では、遼祖陵の陵園内の重要な陵墓について重点的に報告した。その主な内容は、遼太祖陵とその玄宮に関する考古学的調査と試掘資料について、そして一号陪葬墓と二号合葬墓の発掘資料などについてである。

第三章では、遼祖陵の陵園内の重要な建物跡について重点的に報告した。その主な内容は、黒龍門跡と甲組建物跡、四号建物跡の発掘資料について、また二号建物跡と三号建物跡の試掘資料などについて、そして陵園内の排水施設などに関する考察について、陵園を囲む山の稜線を塞ぐ石垣に関する考察などについてである。

第四章では、遼祖陵の陵園外の重要な建物跡の発掘資料と地表調査資料について重点的に報告した。それは亀趺山建物跡の考古学的発掘について、陵園外の調査でさらに発見された二・四・五号建物跡について、また陵区の鵲台と陵園外の神道遺構に対して実施した考古学的調査についてである。このほかに、遼祖陵の陪葬墓区と瓦塼窯跡の概況についても略述した。

第五章では、遼祖陵の奉陵邑である祖州城の測量と地表調査資料について概略を述べた。

第六章では、第五章まで詳細に報告してきた資料に基づいて、遼祖陵遺跡で出土した軒丸瓦と磁器に関して概括的な研究を行い、それによって構築した遼代皇帝陵の遺物の時期区分について、同時に遼太祖功績記念碑楼で出土した漢字と契丹大字の石碑片に関して釈読を行い、それによって得られたさらに多くの史料情報について述べた。最後に、遼祖陵の陵寝遺構の構成、遼祖陵の陵園内の分布、そして遼祖陵の陵寝制度について初歩的な検討を行った。

『遼史・地理志一・上京道』の「祖州」条には、「太祖陵は山を鑿して殿と為し、曰く明殿。殿の南嶺に膳堂有り、以て時祭に備う。門は曰く黒龍。東偏に聖踪殿有り、碑を立て太祖遊猟の事を述す。殿東に楼有り、碑を立て以て太祖創業の功を紀す。皆州西五里に在り。」と記載されている。遼祖陵考古隊は、遼祖陵遺跡の考古学的ボーリング調査と試掘、発掘によって得られた資料の整理と研究によって、太祖陵の玄宮、南嶺の膳堂、黒龍門、聖踪殿、太祖功績記念碑楼などの位置をほぼ確定し、『遼史』の遼祖陵に関する記述の信頼性を例証した。

本報告書は、考古学の機関が詳細かつ全面的に公表したすべての考古学的資料に基づいて、学術界が遼代皇帝陵を研究するための重要な基礎資料を提供した。また本報告書の考古学的新資料は、『遼史』の遼祖陵に関する記述の不足を補填し、遼祖陵の「史料」を豊富にした。そして遼代の陵寝制度、さらには中国古代の陵寝制度の研究のために、重要な資料を提供した。

『遼祖陵－2003-2010 年の考古学的調査・発掘報告書』は、目下全体がもっとも詳細で正確な遼代皇帝陵の考古学的成果である。本報告書の刊行は、遼代皇帝陵に関する、さらには中国古代皇帝陵に関する考古学的研究を大幅に推進するはずである。また、歴史学とその他の関連分野の研究に対しても重要な影響をもたらすはずである。

本報告書は、考古学、歴史学、建築学、契丹文字学、美術学、環境学、動植物学などの分野の研究者および関係者の学術研究に適している。また、古陶磁器、古銭などの愛好者にとっても、重要な参考となる。